权威 · 前沿 · 原创

皮书系列为
“十二五”“十三五”国家重点图书出版规划项目

中国文化金融发展报告（2018）

ANNUAL REPORT ON CHINA'S CULTURE FINANCE DEVELOPMENT (2018)

主　编／杨　涛　金　巍
副主编／刘德良　陈能军

社会科学文献出版社
SOCIAL SCIENCES ACADEMIC PRESS (CHINA)

图书在版编目（CIP）数据

中国文化金融发展报告．2018／杨涛，金巍主编
．--北京：社会科学文献出版社，2018.6（2019.3 重印）
（文化金融蓝皮书）
ISBN 978－7－5201－2731－8

Ⅰ．①中…　Ⅱ．①杨…　②金…　Ⅲ．①文化产业－金融支持－研究报告－中国－2018　Ⅳ．①G124　②F832.48

中国版本图书馆 CIP 数据核字（2018）第 097722 号

文化金融蓝皮书
中国文化金融发展报告（2018）

主　　编／杨　涛　金　巍
副 主 编／刘德良　陈能军

出 版 人／谢寿光
项目统筹／恽　薇　王婧怡
责任编辑／王婧怡　刘鹿涛

出　　版／社会科学文献出版社·经济与管理分社（010）59367226
地址：北京市北三环中路甲 29 号院华龙大厦　邮编：100029
网址：www.ssap.com.cn
发　　行／市场营销中心（010）59367081　59367083
印　　装／北京虎彩文化传播有限公司

规　　格／开　本：787mm×1092mm　1/16
印　张：21.25　字　数：319 千字
版　　次／2018 年 6 月第 1 版　2019 年 3 月第 2 次印刷
书　　号／ISBN 978－7－5201－2731－8
定　　价／98.00 元

皮书序列号／PSN B－2017－611－1/1

《中国文化金融发展报告（2018）》
编 委 会

学术顾问 李 扬 王永利 姚余栋 侯光明 柴 森
张晓明 魏鹏举 黄 隽

主 编 杨 涛 金 巍

副 主 编 刘德良 陈能军

撰 稿 人 （以文序排列）
金 巍 杨 涛 王邦飞 沈润涛 刘德良
董 昀 侯光明 张 琦 范 勇 蔡雨彤
陈能军 史占中 罗晓星 杨永民 田 威
曹赢琰 李 鑫

编 辑 部 齐孟华 沙晓君 段卓杉 江哲丰 常军强
高春爽 于 淼

编写单位

国家金融与发展实验室

中国文化金融 50 人论坛

特别鸣谢

梅花与牡丹文化创意基金会

中国社会科学院产业金融研究基地

金融科技 50 人论坛

深圳文化产权交易所

北京新元文智咨询有限公司

深圳市众投邦股份有限公司

主编简介

杨　涛　现任国家金融与发展实验室副主任；中国社会科学院产业金融研究基地主任；研究员，博士生导师。主要学术兼职包括中国社科院陆家嘴研究基地理事、中国人民银行支付结算司外部专家、中国银行间市场交易商协会经纪业务专委会委员、中国保险行业协会学校教育专委会副主任委员、中国金融科技50人论坛首席经济学家、新供给经济学50人论坛成员、中国文化金融50人论坛创始成员、中国中小银行发展论坛常务副秘书长。主要研究领域为货币与财政政策、金融市场、金融科技、文化金融等。

金　巍　现任中国文化金融50人论坛秘书长，中国社会科学院产业金融研究基地特约研究员，中关村梅花与牡丹文化创意基金会常务副秘书长、学术委员会副主任。兼任财政部文化司国资预算评审专家、腾讯研究院互联网文化产业智库专家、金融科技与共享金融100人论坛监事、中国经济网文化产业特约专家、广州市文化产业专家库专家、深圳文化产权交易所专家顾问等。主要研究领域为创新经济理论、文化经济学、文化金融、产业金融、金融科技研究等。

编写单位简介

国家金融与发展实验室（NIFD） NIFD系中央批准设立的国家级高端智库。实验室遵循科学性、建设性、独立性和开放性原则，针对国内外金融发展、金融治理、货币政策、金融监管和国际宏观政策协调等广泛领域，展开高质量、专业性、系统化、前瞻性研究，为提高我国经济和金融综合研判、战略谋划和风险管理能力服务，为国家制定货币金融政策和宏观经济政策服务，为各地区金融发展服务，为推动国内外金融学术交流和政策对话服务，为国内外科研组织、金融机构和工商企业提供应用性研究成果和咨询服务。2017年底，NIFD正式成立文化金融研究中心，目标是建设成为国内外文化金融领域的理论、政策与实践研究高地。

中国文化金融50人论坛（CCF50） CCF50系中关村梅花与牡丹文化创意基金会主办和管理的高端学术性平台，是我国文化金融领域的领先智库。论坛由基金会联合十家单位发起，成立于2016年1月，目前共有成员35人，特邀成员16人，来自金融机构、高校、科研机构和知名企业，均为在金融和文化产业领域具有较高学术水平和行业影响力的学者和专家。论坛旨在整合金融资源，关注文化事业和文化产业发展，并支持就文化金融领域热点课题开展科研活动。论坛成立两年来，已经成功举办数次高质量的峰会和研讨会，并与政府、金融机构和企业开展了多方面的合作。

前 言

《中国文化金融发展报告（2018）》系社会科学文献出版社皮书系列之“文化金融蓝皮书”的第二本报告，由国家金融与发展实验室与中国文化金融50人论坛共同推出。报告旨在梳理文化金融领域的制度、规则和政策演进，系统分析我国文化金融的发展状况，为文化产业与文化金融的监管部门、其他经济主管部门、各类行业组织提供重要的决策参考，为文化及相关企事业单位、金融机构和类金融组织提供实践分析材料，为文化产业和文化金融领域的研究者提供基础框架和文献素材。

在党的十九大报告中，习近平总书记提出，“中国特色社会主义进入新时代，我国社会主要矛盾已经转化为人民日益增长的美好生活需要和不平衡不充分的发展之间的矛盾”。我们看到，要真正解决这些矛盾，不仅需要持续推动经济社会的发展与优化收入分配，而且还需要加快推动文化事业与文化产业的高速发展，以此带来更加丰富多样的文化产品与服务，满足人民日益增长的文化需求。与此同时，对于金融发展与改革，中央也强调要服务实体和风险可控。文化金融正是推动金融回归实体、充实文化产业“润滑剂”的重要探索。

在本报告的研究与写作过程中，我们着力突出文化金融研究中的几个新要素。

第一个是新文化。新文化建设，是新型文化金融创新探索的基础和安身立命之本。从根本上看，如果金融服务的对象出了问题，或者金融只是被动地顺应文化需求，甚至是一些庸俗文化的需求，则难以带来健康稳定的创新尝试，最终也是“皮之不存，毛将焉附”。回归历史，早在20世纪初期，我国曾经掀起一轮“新文化运动”，核心是提倡科学，反对迷信，提倡民主，反对独裁，提倡白话文，反对文言文，宣传了西方的进步文化；以后又传播了社会主义思想，反映了新型的革命阶级的要求，在社会上产生了巨大的反响。当前，在社会主义改革的新阶段，我们同样需要再次审视金融扎根的文化基础。一方面，是推动文化产业与事业的真正落地，走下神坛与公众的需求更密切地结合。另一方面，则是坚持文化发展的底线，避免在追求符合大众口味的同时走向随波逐流的另一个极端。归纳来看，我们希望以金融创新来配合和引导文化发展，尤其是通过发展文化产业来促进文化发展。我们需要充分权衡文化精英与大众的需求平衡，实现多元化与个性化并重，同时明白文化发展的“天花板”与“门槛”在哪里。由此，促使文化与金融中的“良币”有效融合，而不是“劣币”扎堆。

第二个是新产业。当我们探讨文化发展的时候，一方面是从需求和消费的角度着手，另一方面则是从文化商品与服务的生产角度来探讨。1943 年，美国心理学家亚伯拉罕·马斯洛在《人类激励理论》一文中指出，人类需求像阶梯一样按层次从低到高分为五种，分别是生理需求、安全需求、社交需求、尊重需求和自我实现需求。从我国居民的文化需求看，在上述五个层次上都呈现了“百花齐放”“依次递进”的特点。同时结合互联网时代背景，文化需求也呈现“网络化”“智能化”“长尾化”特点，这些给相应的“文化消费金融”也带来新的要求。

同时，整个文化产业如何架构，也可能与过去有更多的差异性。例如，在整个文化产业链中，大企业跟中小企业之间可能有复杂关联，前者的发展带来文化产业的规模经济效应，后者则带来文化创意活力与增加就业。就金融角度来看，文化大企业与中小企业的金融支持呈现截然不同的路径与模式。再如，过去我们把文化定位为第三产业，但是第一产业跟第二产业里，同时也出现更多的文化要素，如农业里把绿色消费、乡村旅游文化等结合在一起；制造业里也有一些案例能深入到工厂内部，打造“工业旅游”和“工业文化消费”。这都使我们重新思考，在文化产业架构方面是不是有一些新的东西，可以更好地与金融资本相结合。

还需注意的是，过去我们讨论经济增长的时候离不开技术，讨论生产函数的时候有土地、劳动力、资本等一些要素，如今突然发现技术带来了更大冲击。例如，若是机器人在生产当中普遍应用，它是算劳动力要素还是资本要素？这些同样会给文化产业带来深远影响。此外，大数据时代，我们考虑文化生产者的时候，有可能不仅仅限于企业。依托于大数据、人工智能、互联网与分发式技术等，文化消费者都可能成为文化产业更深入的参与者，甚至是文化服务生产者。由此，原有的文化生产、分配、交换、消费的模式，完全可能被全面重构，也带来全新的文化产融结合的探索模式。

第三个是新金融。当我们研究文化金融时，除了关注文化自身的变化，还要看到，金融业态的变革和演进已经日新月异。例如，过去讨论文化金融时，人们更多关注的是文化信贷和文化保险，是金融机构对文化企业的单方面的支持。现在随着金融元素的丰富多彩，我们分析文化金融时，就不能仅仅限于过去的简单范畴。一方面，金融“去杠杆”“减泡沫”的趋势，也应该体现在文化金融创新中。因为文化金融发展中，曾经有一个非常突出的现象，就是利用文化概念来做金融炒作，比如前几年的邮币卡市场，还有一些基于文化产品的类证券化交易等。这些浮于实体产业之上的所谓文化金融“创新”，可能类似于啤酒的泡沫，有一点或许有益，但是泡沫过多了，肯定会影响整个文化金融的“口味”和健康发展。另一方面，金融要素与功能已经受到新技术的重大挑战，金融科技时代已然来临。按照金融稳定理事会（FSB）的定义，金融科技是指技术带来的金融创新，它能创造新的模式、业务、流程与产品，既可以包括前端产业也包含后台技术。实际上，金融科技的创新浪潮，为解决文化金融探索中的难题，同样开阔了视野。

第四个是新政策。无论是在文化领域，还是金融领域，目前都面临一个重大的不确定性影响因素，就是行业监管与政策可能的变化，这也是全球共同面临的问题。这不仅仅是中国特色，因为各国的监管部门，面对文化与金融领域的新现象，也需要不断观察与适应，并推出新的公共政策。由此，我们要研究新时期的文化金融创新，就必须要对政策与监管趋势有更深刻的认识与把握。这种理解和认识，一方面是着眼于制度规则的合规性，以及道德层面的合理性，或者其他方面的制度约束。否则的话，一旦误读政策性的风险挑战，过去做的很多文化金融创新的努力，可能都会走上岔路；另一方面，也是为了实现文化金融的前沿理论、实践创新，能够更好地把握效率与安全的“跷跷板”，最终真正有利于形成健康的文化生产与消费“新生态”。

与2017年的首本报告一样，本报告希望能够继续完善一个稳定的研究框架，为今后的文化金融理论、政策、实践研究提供平台和起点。从金融视角看，本报告从债权类、股权类和风险管理类三个方面对文化金融发展进行分析，从文化产业视角看，本报告重点关注了多个产业类型的文化金融业态，同时本报告用专题形式分析了互联网时代的文化金融创新的探索。

当然，由于文化金融领域不仅实务性较强，而且缺乏系统的理论支撑，更缺少足够的数据获取途径，本报告很可能会有一些不足或尚需完善的地方。我们期盼关注文化金融的各界同仁的批评和建议，并希望能够持续坚持这项工作，以此来“抛砖引玉”，促使政策层、业界和学术界更加重视文化金融研究，推动文化金融创新的健康与规范发展，真正使文化金融不仅仅成为金融机构的新蓝海，更成为文化繁荣发展的重要驱动力。

本报告是在国家金融与发展实验室、中国文化金融50人论坛相关领导和专家的大力支持下完成的，在写作过程中还得到了中国社会科学院产业金融研究基地、梅花与牡丹文化创意基金会、社会科学文献出版社、金融科技50人论坛等各方的热诚支持和帮助，并且获得了新元文智提供的数据服务，在此我们一并表示真挚感谢。本报告由杨涛和金巍担任主编，负责本报告的框架设计、组织编写、部分报告撰写、统稿和审定；副主编为刘德良和陈能军，负责部分章节写作和统稿。各部分执笔人分别为：第1章（金巍、杨涛），第2章（王邦飞、沈润涛），第3章（刘德良），第4章（董昀），第5章（侯光明、张琦），第6章（范勇、蔡雨彤），第7章（陈能军、史占中、罗晓星），第8章（杨永民、田威），第9章（刘德良），第10章（刘德良、曹赢琰），第11章（李鑫）。

摘　要

中国的文化金融研究是伴随着我国文化产业的发展和文化产业政策的出现而兴起的，具有极其鲜明的中国特色。本报告由国家金融与发展实验室与中国文化金融 50 人论坛联合发布，结合中国文化金融最新研究和实践成果，对中国 2017 年度文化金融发展进行了总结。本报告共分为总报告、工具篇、行业篇和专题篇四个部分。

总报告是本报告的核心部分，集中了课题组对文化金融研究和实践的基本观点。本报告先就 2017 年中国文化金融发展状况进行了分析，并且进一步探讨了文化金融未来发展中需要突破的三大领域，以及与文化金融相关的三大战略性重大命题回顾，最后提出了关于文化金融研究的几点建议，包括：坚持文化金融研究的科学性与规范性，坚持基础研究与关注产业热点相结合，坚持中国实际与国际视野相结合。

本报告的工具篇从债权、股权和风险管理三个角度总结分析了 2017 年文化金融发展状况。报告的行业篇对电影、艺术品、版权、传媒、文化创意和设计服务、文化旅游等领域的文化金融发展进行了分析，奠定了从产业视角研究文化金融的基础，有助于文化产业研究者继续深入开展研究。本报告的专题篇则深入探讨了与文化产业相关的互联网金融发展问题。

关键词： 文化金融　债权　股权　风险管理　互联网金融

Abstract

Research on China's culture finance has emerged with the development of China's cultural industry and the promotion of relevant policies, which is a research field with Chinese characteristics. This report, which is published jointly by National Institution for Finance & Development and China Culture Finance 50 Forum, summarizes of the development of China's culture finance in 2017. Based on the latest research and practice, this report is divided into four parts.

Part I isthe General Report, which is the core of the whole report, focusing on the basic ideas of the research group on the research and practice of cultural finance. This part summarizes the present status of China's culture finance, and explores the three major areas in the further development of culture finance. It also gives policy recommendations on the study on China's culture finance, including the normalization of research framework, the combination of academic research and industrial practices, and the integration of domestic topics and international perspective.

Part II summarizes and analyzes the development of China's culture finance in 2017 from three aspects: debt instruments, equity instruments and risk management instruments. Part III focuses on four industries: film, art, publishing, media, culturalcreativity, design services, and cultural tourism, laying a foundation for the studies on culture finance from the perspective of industries. Part IV is a special report focusing on the development of internet finance related to cultural industries.

Keywords: Culture finance; Debt instruments; Equity instruments; Risk management instruments ; Internet finance

目 录

Ⅰ 总报告

Ⅱ 工具篇

Ⅲ 行业篇

Ⅳ　专题篇

皮书数据库阅读**使用指南**

CONTENTS

I General Report

II Instruments Reports

Ⅲ Industries Reports

Ⅳ Special Report

总 报 告

General Report

B.1

中国文化金融发展：新时代与新起点

金巍　杨涛*

摘　要： 2017年，文化金融发展开启了新时代。在金融监管趋严、金融改革加快的形势下，文化金融实践整体上特征是调整中发展、规范中突破。在政策层面国家继续支持发展文化金融，各地政府在延续与深化文化金融政策。从金融市场视角或文化产业视角看，我国文化金融发展形态基本上是健康的，并有很多新的亮点。文化金融基础设施建设、文化金融机构专营化、文化金融中心城市建设是未来发展中需要突破的三大领域；供给侧结构性改革、文化金融服务实体经济问题、社会主要矛盾变化的问题是与文化金融相关的三大战略性重大

* 金巍，中国文化金融50人论坛秘书长，中国社会科学院产业金融研究基地特约研究员，中关村梅花与牡丹文化创意基金会常务副秘书长。杨涛，国家金融与发展实验室副主任，中国社会科学院金融研究所研究员，博士生导师。

命题，这些在总报告中进行了阐述。在总报告中对文化金融研究提出了几点建议，包括科学性与规范性，基础研究与关注产业热点相结合，坚持中国实际与国际视野相结合。

关键词： 文化金融　金融政策　金融监管　文化产业

一　2017年中国文化金融发展状况

从2017年年初至今，我国文化产业发展保持中高速增长，文化金融发展有调整，有突破，在宏观金融政策影响下呈现新的形态。2016年，文化金融进入创新与规范的平衡期，这种态势在2017年随着一系列金融监管政策出台而得到强化，2017年文化金融总体特征是调整中发展，规范中突破。

（一）宏观金融政策环境对文化金融的影响

1. 金融政策趋严，严监管时代来临

金融是国家经济的命脉和枢纽，在促进国民经济发展和增强国际竞争力方面发挥着至关重要的作用。我国经济新常态从高速增长阶段进入高质量发展阶段，金融发展也需要适应经济发展新形势。2015年以来，我国金融业出现的很多乱象引起监管层关注，如“三乱”（乱搞同业、乱加杠杆、乱做表外业务）等。在鼓励金融创新的同时，如何加强监管、防控风险必然成为重大的时代命题。

2016年，金融监管部门开始出台一系列政策，金融监管涉及信托公司风险监管、保险资管通道业务、商业银行理财业务、保本基金等领域；2017年金融监管更加趋紧，范围包括银行业“三套利”①、银行业

① 2017年4月，中国银监会发布《关于开展银行业“监管套利、空转套利、关联套利”专项治理工作的通知》（银监办发〔2017〕46号）。

“四不当”[①]、证券投资基金公司、证券期货经营机构、融资担保[②]、资产管理[③]、互联网金融、交易所、银信类业务等领域，涉及范围之广，文件密度之高，前所未有。

2017 年 7 月，全国金融工作会议的召开和国务院金融稳定发展委员会的成立，标志着我国金融改革新时代的来临。从 2017 年两会上的《政府工作报告》到全国金融工作会议，金融改革主要涉及了三大主题，即深化金融体制改革；增强金融服务实体经济能力；健全金融监管体系，守住不发生系统性金融风险的底线。

2017 年 10 月 18 日，中国共产党第十九次全国代表大会在北京召开。习近平总书记在党的十九大报告中指出，深化金融体制改革，增强金融服务实体经济能力，提高直接融资比重，促进多层次资本市场健康发展。健全货币政策和宏观审慎政策双支柱调控框架，深化利率和汇率市场化改革。健全金融监管体系，守住不发生系统性金融风险的底线。

在深化金融体制改革、强化金融监管的同时，金融服务实体经济、服务“双创”等方面也在稳步推进，而金融的开放脚步也并未停止。在 2017 年中美高层会晤期间，我国宣布进一步推动金融业大幅度开放，涉及证券、基金、期货、银行、资产管理公司、保险公司领域。我国金融领域的大幅度开放与国际合作是大势所趋，这一变化对文化金融的影响将在未来五年内显现出来。

2. 对文化金融的影响

由于文化金融与宏观金融政策环境的关系日益密切，宏观金融政策环境

① 2017 年 4 月，中国银监会下发《关于开展银行业“不当创新、不当交易、不当激励、不当收费”专项治理工作的通知》，以进一步提升银行业服务实体经济质效，规范经营行为，维护金融秩序，防控金融风险。

② 2017 年 6 月 21 日国务院第 177 次常务会议通过《融资担保公司监督管理条例》，自 2017 年 10 月 1 日起施行。

③ 2017 年 11 月，中国人民银行、证监会、保监会、国家外汇管理局印发《关于规范金融机构资产管理业务的指导意见（征求意见稿）》，由于资产管理涉及面较广，这一文件在金融界引起了广泛的反响。

的变化对文化金融的发展也产生了较大的影响。日益趋严的金融政策在客观上抑制了文化金融领域的创新，但许多鼓励创新的金融领域对文化金融是重大机遇，总体上对文化金融发展是有利的。

第一，有力防范文化金融领域的金融风险，促进文化产业领域实体经济发展。2017 年文化金融领域的风险防控有与整体金融防控衔接的部分（如资产管理、互联网金融等），也有相对独立的部分（如文化产业资本市场的过度投机等）。对金融领域虚假泡沫进行抑制并转向服务实体经济，实际上形成了对文化产业和文化金融发展极其有利的环境。2017 年 4 月，中国银监会在《关于提升银行业服务实体经济质效的指导意见》提出，要积极创新有利于医疗、养老、教育、文化、体育等社会领域企业发展的金融产品，探索股权、收益权、应收账款以及其他合规财产权利质押融资，激发社会领域投资活力。

第二，抑制过度投机，促进文化产业资本市场回归理性。2016 年以来，与文娱相关的并购、跨界定增等一直受到监管层关注；2017 年，由于监管越发严格，文娱上市公司再融资形势变得极为严峻。文娱类上市公司中，只有慈文传媒、奥飞娱乐两家公司的定增方案获批。2017 年境内与上市文化企业相关的过度投机行为屡被调查，以万家文化①为典型。文化产业投资领域因为过度投机形成的风险被抑制，总体上文化产业资本市场开始回归理性。

第三，限制对外非理性投资②，规范文化类境外投资行为。2017 年 8 月

---

① 据媒体报道，2017 年 11 月 10 日，上市公司祥源文化发布公告称，公司收到证监会行政处罚及市场禁入事先告知书，万家文化（已更名为祥源文化）、龙薇传媒等涉嫌信披违法违规案已调查完毕，依法拟对龙薇传媒、万家文化、黄有龙、赵薇、赵政、孔德永作出行政处罚和市场禁入。

② 据商务部信息，2016 年底，商务部会同国务院有关部门，在推动对外投资便利化的同时，加强了对外投资的真实性、合规性审查，非理性的对外投资得到有效遏制，对外投资结构进一步优化，涉及房地产、酒店、影城、娱乐业、体育俱乐部等领域的对外投资大幅下降。商务部数据显示，2017 年上半年，我国境内投资者对境外非金融类直接投资累计投资额为 481.9 亿美元，同比下降 45.8%。其中，文化、体育和娱乐业对外投资同比下降 82.5%，占同期对外投资总额的 1%。

17 日，国务院办公厅转发国家发展改革委、商务部、中国人民银行、外交部《关于进一步引导和规范境外投资方向的指导意见》，部署加强对境外投资的宏观指导，引导和规范境外投资方向，推动境外投资持续合理有序健康发展。其中，房地产、酒店、影城、娱乐业、体育俱乐部等境外投资项目被列入限制开展的范围。2018 年 1 月，“新闻传媒”出现在国家发展改革委《境外投资敏感行业目录（2018 年版）》中，总体上文化类境外投资监管越来越严格。

第四，促进文化金融既定政策的深耕，夯实文化金融创新方向。2017 年，在国家层面上没有文化金融发展方面较大的政策举措，但各地方政府则在深耕现有政策潜力，而且有一些政策亮点。在监管趋严的背景下，将创新和变革的注意力放在一些早有定论的领域，而不是跟风炒作新的概念，应是近几年文化金融创新的主要方向。实际上，自从 2014 年《关于深入推进文化金融合作的意见》出台以来，在全国大多数地区，该文件中的很多既定的政策还未发挥潜力，很多工作也并未真正落实，如文化金融机构专营化和组织创新问题，文化金融服务平台创新等。

第五，普惠金融等创新领域的政策形成文化金融未来发展的重点机遇。2017 年 5 月 3 日，李克强主持召开国务院常务会议，部署推动大中型商业银行设立普惠金融事业部，大型商业银行在 2017 年内要完成普惠金融事业部的设立。由于文化产业中小微企业较多，普惠金融的发展对文化金融发展是重大利好。普惠金融也惠及个人消费，基于一定场景的文化消费金融产品是极有潜力的创新领域。

（二）在调整中延续并深化文化金融政策

自 2005 年以来，我国文化产业一直保持高速增长。2016 ~ 2017 年，我国文化产业发展依旧保持中高速增长。国家统计局数据显示，2016 年全国文化及相关产业增加值为 30785 亿元，比上年增长 13.0%，占 GDP 的比重为 4.14%，比上年提高 0.17 个百分点。国家统计局数据显示，2017 年全国规模以上文化及相关企业共计 5.5 万家，实现营业收入 91950 亿元，比上年

增长 10.8%（名义增长，未扣除价格因素），增速提高 3.3 个百分点，继续保持较快增长。文化及相关产业十个行业的营业收入均实现增长。2018 年 3 月，在国家机构改革中，文化部和国家旅游局合并组建文化和旅游部，这将对文化产业的发展起到积极的推动作用。

2017 年，文化产业发展过程中，在资本市场投融资活动活跃，监管趋严背景下，新的文化金融政策内容对风险较高领域持谨慎策略，文化金融各领域发展格局日渐清晰，调整之下文化金融政策的主体部分得到进一步延续和深化。主要表现在三个方面：

第一，中央和文化主管部门出台的国家级政策文件中的文化金融内容，延续了以往发展文化金融的政策基调。

2017 年国家部门出台的文化政策文件主要包括 2017 年 5 月 7 日中共中央办公厅、国务院办公厅印发的《国家“十三五”时期文化发展改革规划纲要》，2017 年 2 月 23 日文化部印发的《文化部“十三五”时期文化发展改革规划》，2017 年 4 月文化部印发的《文化部关于推动数字文化产业创新发展的指导意见》（文产发〔2017〕8 号）等规划性或指导性文件。虽然 2017 年未有国家级文化金融专门政策或法规出台，但文化金融类政策内容仍然是 2017 年国家出台的文化政策文件中的标配内容。

《国家“十三五”时期文化发展改革规划纲要》作为顶层规划文件，在“完善和落实文化经济政策”中明确要求“发展文化金融”：鼓励金融机构开发适合文化企业特点的文化金融产品；支持符合条件的文化企业直接融资，支持上市文化企业利用资本市场并购重组；规范引导面向文化领域的互联网金融业务发展；完善文化金融中介服务体系，促进文化金融对接；探索开展无形资产抵押、质押贷款业务；鼓励开发文化消费信贷产品。

《文化部“十三五”时期文化发展改革规划》在“推动文化产业成为国民经济支柱性产业”中将文化金融作为重要内容，要求深化文化金融合作，发挥财政政策、金融政策、产业政策的协同效应，为社会资本进入文化产业提供金融支持。并将“文化金融创新工程”作为“文化产业四大计划两大工程”之一。具体内容包括鼓励金融机构针对文化产业特点创新产品和服务，推广无形资产评估和质押融资，逐步健全文化企业征信体系、融资风险补偿机制和信用担保体系。建立文化企业上市资源储备库，支持文化企业利用资本市场上市融资、再融资和并购重组，扩大文化企业债券融资规模。鼓励文化产业类投资基金发展。支持各地建立文化金融服务中心。创建文化与金融合作示范区。

《文化部关于推动数字文化产业创新发展的指导意见》（文产发〔2017〕8号）中，将“落实相关财税金融政策”作为第五条“加大数字文化产业政策保障力度”的首要内容，主要包括加大直接融资力度，鼓励符合条件的数字文化企业通过各类资本市场融资，积极运用债券融资，支持设立数字文化产业创业投资引导基金和各类型相关股权投资基金。建立投融资风险补偿和分担机制，鼓励开发性、政策性、商业性金融机构支持数字文化产业发展，推进投贷联动，实现财政政策、金融政策、产业政策的有机衔接。

第二，地方政府出台文化经济政策，结合本地实际延续和贯彻既定文化金融政策。

各地方政府在2017年至2018年初在相关政策中也重点涵盖了文化金融的内容，北京、上海、江苏、广东、陕西等地在文化金融政策制定和执行方面较有成效。

总体上，各地在相关文化产业发展规划中继续延续和贯彻了文化金融政策，结合本地实际细化了国家政策并出台具体落地方案；各地政策关于文化金融的内涵已经比较清晰；各地对文化金融的定位不同，发展方向也不同。

文化金融在各类文化经济政策文件中的定位，有的作为文化经济政策或保障措施，有的作为构建文化市场体系的内容，有的作为文化产业体系的内容。如上海将文化金融作为构建文化市场体系的组成部分，与北京市在将文化金融作为“建设高精尖文化创意产业体系”的内容①有很大不同，一个市场思维，一个产业思维，体现了两个城市规划者的不同理念。

2017 年 11 月，广州市印发《广州市推进文化创意和设计服务与相关产业融合发展行动方案（2016～2020 年）》。文件在提出“九大主要行动”的基础上提出“八大保障措施”。其中第六项保障措施即为“完善融合发展金融支撑体系。包括创新文化金融服务组织形式、创新文化创意金融产品、鼓励文化创意和设计企业直接融资”等内容。

2017 年 9 月，陕西省委、省政府发布了《关于进一步加快陕西文化产业发展的若干政策措施》，在文化金融方面，除了对上市奖励、贷款贴息做了明确规定外，主要内容还包括利用创新融资工具，发挥文化企业无形资产评估机构、担保机构等中介作用，鼓励商业银行建立文化产业支行，以知识产权质押、应收账款质押、收益权质押、融资租赁售后回租等融资工具支持文化产业发展。

2017 年 12 月，中共上海市委、上海市人民政府印发《关于加快本市文化创意产业创新发展的若干意见》（简称“上海文创 50 条”），文件将“加快金融服务体系创新”作为构建现代文化市场体系的重要组成部分，主要内容为三点：发挥产业基金撬动放大效应；构建文化创意投融资体系；充分利用多层次资本市场。

第三，地方出台的文化金融专门政策虽然较少，但在实施层面深化和细化。

自从 2014 年《关于深入推进文化金融合作的意见》出台以来，各地方

---

① 见北京市委宣传部、北京市发展和改革委员会于2016 年7 月发布的《北京市“十三五”时期文化创意产业发展规划》：促进文化与金融融合发展。完善首都文化创意产业投融资服务体系建设，充分发挥市文化投资发展集团的投融资平台功能。申报建设文化金融合作试验区，探索具有首都特色的文化金融合作新模式，搭建文化创意产业发展的金融支撑平台。引导和鼓励银行、保险等金融机构研发符合文化创意产业发展需要的产品与服务，发展电影完片担保、众筹等新产品、新模式。鼓励文化企业采用短期融资券、中期票据、集合债券等拓宽融资渠道，优化融资结构。支持文化企业在主板、创业板、新三板等多层次资本市场挂牌上市，推进形成“北京文化”板块。

政府根据这一政策纷纷出台相应“实施意见”，如《上海市关于深入推进文化与金融合作的实施意见》等，主要集中发布于2015年、2016年。按照一般规律，2017年应对前期出台的文化金融政策的执行情况进行评估。2017年虽然新的文化金融专门政策较少，但很多地方根据国家政策出台了就特定事项细化落实的政策文件，如文化金融合作试验区、“投贷奖”联动政策等。

2016年11月，中国人民银行南京分行、中共江苏省委宣传部、江苏省文化厅等部门发布《江苏省文化金融合作试验区创建实施办法（试行）》，并附“江苏省文化金融合作试验区认定评估指标体系”。这是依据国家文化金融政策落实文化金融合作试验区在省内进行创建工作的具体政策。同时期，江苏省发布《江苏省文化金融服务中心认定管理办法》。根据2017年11月公布的信息，2017年度江苏省省级文化金融合作试验区包括南京秦淮区、无锡高新区、苏州高新区、南京江宁区；省级文化金融服务中心包括南京文化金融服务中心、无锡影视文化金融服务中心。

2017年11月，北京市推出文化金融“投贷奖”联动政策。北京市文化改革和发展领导小组办公室发布《北京市实施文化创意产业“投贷奖”联动 推动文化金融融合发展管理办法（试行）》（京文领办文〔2017〕3号），为北京市文创企业提供贷款贴息、融资租赁贴租、发债融资奖励、股权融资奖励，为相应的各类融资服务机构提供银行奖励、融资租赁奖励、融资担保奖励、天使投资奖励、创业投资奖励，北京市国有文化资产监督管理办公室面向社会公开征集北京市文化创意产业“投贷奖”支持资金储备项目。

2018年2月5日，北京银监局、北京市文资办对外公布《关于促进首都文化金融发展的意见》。这一专门政策文件的主要内容涉及八个方面：政策、组织服务体系、文化产业新业态、资金投入方向、服务产品创新、业务流程和管理模式、金融服务平台、文化金融生态圈等。由于是银行业监管部门和文化产业主管部门主导制定的政策，并未能涵盖保险、证券等其他文化金融范围。

另外，正如中国银监会《关于提升银行业服务实体经济质效的指导意见》，中央和地方2017年出台的金融类专门政策或规划，已经对文化产业、文化建设给予了更多关注，相关内容也更加丰富，这对文化金融发展具有极大的推动作用。

（三）文化产业领域财政资金使用方式与政策导向

财政资金在文化产业的使用，是国家财政政策的一部分。国家财政资金主要通过发放文化产业发展专项资金、设立文化产业投资基金、设立国有投融资机构、文化领域PPP等方式对文化产业和文化金融发展产生影响。

1. 文化产业发展专项资金管理方式调整预示政策导向变化

2017年，财政部下发文化产业发展专项资金，其中重大项目方面186588万元，市场化配置方面139000万元，总计约32.56亿元。自2008年以来，财政部共计发放300多亿用于文化产业发展专项资金，扶持项目约6000个。

从2016年开始，国家开始重视财政资金的引导作用和杠杆作用。这是第一次重大调整。而从2017年年末出台的相关政策看，国家在文化产业领域投入的财政性扶持资金在延续引导和杠杆作用的基础上，透露了在财政资金使用方向、使用方式等方面的新思路，这是第二次重大调整。

2016年，财政部在文化产业发展专项资金使用上做出重大调整，取消一般扶持项目，只扶持重大项目，实行“市场化配置+重大项目”双驱动，市场化配置部分是根据以往资金使用效果做出的重大变革；建立了项目审批牵头部门负责制（中宣部、文化部、国家新闻出版广电总局、商务部等）。《关于申报2016年度文化产业发展专项资金的通知》（财办文资〔2016〕3号）中的重大项目部分，设置了“巩固文化金融扶持计划”等8个重大项目方向。在市场化配置部分主要参股文化产业基金和扶持省级文投集团①。

① 文件要求“落实《国务院关于改革和完善中央对地方转移支付制度的意见》（国发〔2014〕71号）有关要求，引入市场化运作模式，培育、遴选一批中央、地方和市场的优秀文化产业基金，支持重点省级国有文投集团加大债权投资力度，切实发挥财政资金引导和杠杆作用，积极撬动社会资本支持文化产业发展”。

2016 年，财政部下达文化产业发展专项资金共计 44.2 亿元，支持项目 944 个，其中市场化配置部分出资 15.6 亿元，占全部资金的 35.3%。从 2016 年开始，在国有文投债权投资补助部分，全国有北京文投、陕文投两家国有文化企业列入财政部债权投资扶持计划，并获得中央文化产业发展专项资金支持。

2017 年 4 月 21 日，财政部印发《关于申报 2017 年度文化产业发展专项资金的通知》（财办文〔2017〕25 号），其中“文化金融扶持计划”仍为重大项目内容之一，增加了“支持中华优秀传统文化传承发展”“支持体育健身休闲产业发展”两项，这与国家倡导中华优秀传统文化的国策以及财政部文化司成立后的职责范围有关。文件对重大项目部分的目标有调整：“调整资金投入结构，降低直接补助比例，提高贷款贴息、保费补贴等事后奖补比例，进一步放大财政资金杠杆、撬动效应。”而“市场化资源配置”部分要求没有大的变化。

但是，2017 年 11 月 29 日，财政部比往年提前印发 2018 年度文化产业发展专项资金申报通知，即 2017 年财政部办公厅《关于申报 2018 年度文化产业发展专项资金（重大项目方面）中央本级项目的通知》（财办文〔2017〕50 号）。专项资金（重大项目方面）征集、遴选、评审工作由中宣部、文化部、国家新闻出版广电总局、商务部和国家体育总局 5 个中央宣传文化部门牵头负责。将重大项目方面中央本级项目单独发文，显示了在对文化产业的财政扶持上有了明显的方向和方式的调整。

一是本文件只涉及重大项目，市场配置部分并未包含在内，重大项目和市场配置分置是趋势。市场化配置是财政资金使用的重要方向，既要保持财政资金公共性，又要发挥经济性杠杆作用，可能需要市场化配置计划的专门化，提升资金使用效率。

二是本次申报的项目为“中央本级项目”，中央财政与地方财政在文化产业扶持上各负其责。财政部对中央本级项目的支出预算管理有相关规定，中央本级项目的申报主体（项目承担主体）限制在与财政部有直接财务关系的中央各预算部门（单位）及直属企业和单位。项目承担单位为地方企业（单位）的申报不在此列。在文化产业发展专项资金使用上，中央财政与地方财政资金是否从此各负其责，中央财政是否再扶持地方项目，目前看还是个未知数，但总体上各司其职是一种趋势。

三是“文化金融扶持计划”不再列入重大项目，显示出文化金融的复杂性。

文化金融扶持计划类重大项目原来由文化部负责。实际上，文化金融涉及各个部门，与其他行业或产业类重大项目属于不同维度，由文化部单一部门牵头无法涵盖所有行业。文化金融扶持主要是贷款贴息和保费补贴，涉及各个分行业和主管部门，而且金融机构和企业申报起来较为复杂，不能及时满足资金需求，时效性差，无法释放政策效力。所以，文化金融扶持计划谁来主导、如何实施都需要慎重，需要在申报、审核、监督等方面的转变和变革，否则无法起到引导作用和必要的财政杠杆作用。

2. 产业投资基金的管理方式调整预示财政资金导向变化

2016 年 7 月 18 日，中共中央、国务院发布《关于深化投融资体制改革的意见》（以下简称《意见》）。这是首次由中共中央与国务院共同印发实施的关于投融资体制改革的文件①，文件明确了投融资体制改革的总体要求，形成了顶层设计，共计 19 条，各地政府在 2017 年纷纷出台相对应的“实施意见”，新一轮投融资体制改革拉开帷幕。

政府投资问题是《意见》中指出的五个主要问题之一，《意见》指出，要“完善政府投资体制，发挥好政府投资的引导和带动作用”，主要包括进一步明确政府投资范围、优化政府投资安排方式、规范政府投资管理、加强政府投资事中事后监管、鼓励政府和社会资本合作等五个方面的内容。这一文件对文化产业的三个领域促进作用最大，一是政府投资文化产业基金；二是文化领域政府与社会资本合作，即 PPP；三是文化产业直接融资，尤其是文化产业“双创”领域的私募股权投资。

① 2004 年 7 月 16 日，国务院印发《国务院关于投资体制改革的决定》（国发〔2004〕第 20 号）。

“政府投资基金”或“政府出资产业投资基金”在国家层面和地方层面都有设立，文化产业投资基金也有国家、地方两层。国家层面的如中国文化产业投资基金，地方层面的如北京市文化创意产业投资基金、上海市文化产业创业投资引导基金、陕西文化产业投资基金等。2017 年，地方政府财政资金主导或参与的文化产业投资基金还有上海双创文化产业投资母基金、成都音乐文化产业基金、广州文化产业投资基金等。

国家发展改革委于 2017 年 1 月公布了《政府出资产业投资基金管理暂行办法》，该办法自 2017 年 4 月 1 日起施行。这一文件与财政部在 2015 年印发的《政府投资基金暂行管理办法》（财预〔2015〕210 号）虽然有些差异（如投资领域方面），但资金来源上都是财政性资金，总体上没有太大差别。但是，国家发展改革委文件中的管理方式的变化也反映了财政资金使用的导向，文化产业投资基金设立和运行需要关注这些变化：一是政府财政资金的使用更加严格规范，这与财政金融监管强化的大环境有直接关系。如对基金管理人设立条件、投资方式、闲置资金使用方式等做了明确规定。二是从创业投资为主向创业投资和股权投资并重转变，这与我国“双创”理念的深入及财政资金杠杆作用的需求变化有关。

3. 政府与社会资本合作（PPP）倾斜文化领域

2014 年起，财政部开始分批公布政府和社会资本合作示范项目（称 PPP 示范项目）。2017 年 7 月，财政部发布《关于组织开展第四批政府和社会资本合作示范项目申报筛选工作的通知》，申报筛选工作由财政部会同相关行业部委联合开展。根据通知要求，本次申报中，文化类（含体育、旅游）作为“幸福产业”属于优先支持范围①。

2018 年 2 月，财政部公布了第四批 PPP 示范项目名单，共计 396 个项目，涉及投资额 7588 亿元。根据财政部网站数据，旅游、文化、教育、体育、养老等基本公共服务领域项目总数为 81 个，投资额为 751.30 亿元，分

① 通知原文：优先支持民营企业参与的项目，优先支持国务院确定的推广 PPP 模式成效明显市县的项目，优先支持环境保护、农业、水利、消费安全、智慧城市和旅游、文化、教育、体育、养老等幸福产业的项目。

别占全部入选示范项目数量的 20% 和投资额的 10%，比在第三批示范项目中的占比分别提高 6 个百分点和 4 个百分点，体现出国家对重点领域的政策扶持导向[①]。在本批次 PPP 示范项目中，文化类项目共计 56 个（其中文化 18 个，体育 11 个，旅游 27 个），占比约 14%；与第三批 PPP 示范项目相比，数量增加了 25 个。

（四）金融市场和工具视角的文化金融发展概述

1. 债权类文化金融

债权类文化金融工具、产品、业务及其构成的金融市场是文化金融的核心，是文化金融的基本面，也是文化金融生态的标志性环节。这部分主要包括银行信贷、信托融资、融资租赁、债券等。

2017 年，主要国有大型商业银行虽然继续支持文化信贷发展，但总体上并无大的突破。中小商业银行一直都在寻求在文化产业这一特殊领域的发展，纷纷从组织机构创新、文化金融产品创新等方面加大推进力度。组织创新方面如青岛银行设立文创支行，北京银行成立文创金融事业总部并成立三个特色支行，杭州银行在北京成立文化金融事业部等；产品创新方面如交通银行江苏省分行推出“文化征信贷”产品、青岛银行推出五大系列文化信贷产品（影视演艺贷、文化旅游贷、创意版权贷、文创园区贷、“一带一路”文化贸易贷）等。另外，各大银行在各地政府的协调下，对当地文化企业进行授信是近年来文化金融的一个亮点[②]。

2017 年发行的文化产业信托产品有“金鹤 293 号松桃九龙民族文化旅游开发有限公司贷款集合资金信托计划”“汉锦 42 号太白山文化旅游项目贷款集合资金信托计划”等 8 支信托产品，总发行规模为 12.589 亿元，比

---

① 《第四批示范项目分析报告》，财政部网站，http：//www. cpppc. org/zh/pppyw/6433. jhtml。

② 如：2017 年 11 月，北京市新闻出版广电局与北京银行签署了《支持北京新闻出版与广播影视产业发展的全面战略合作协议》，根据协议要求，北京银行将在未来 5 年内为北京市新闻出版广电局统筹管理和服务的文化企业提供 500 亿元的授信额度；2018 年 2 月，国家开发银行、中国建设银行、长安银行、西安银行、浦发银行、中国农业银行等 6 家银行机构联袂向陕西省委宣传部推荐的文化产业项目授信 600 亿元。

2016 年增加 3.769 亿元。按照信托资金用途，2017 年信托资金的主要投向大概有文化基础设施建设、影视作品制作、关联公司股权投资等类型。

2017 年文化产业债券发行支数为 29 支（证监会行业分类 – 传播与文化产业），占全部债券发行比例的 0.081%；总金额 185.84 亿元，占全部发行金额的 0.058%。从发行规模来看，2017 年文化产业债券比 2016 年可比口径减少了 170.61 亿元，缩水近半。发行利率大幅上行，这也是发行规模萎缩的重要原因。

从企业角度看，2017 年，排名前十位的文化上市公司（按总营收排序）的总负债较年初增加了 71.75 亿元，其中流动负债增加 62.38 亿元，非流动负债增加 9.16 亿元。主要原因或在于利率上行形势下金融机构更加偏好短期限资产。大部分文化上市公司总负债呈净增加态势，部分公司净负债有所减少。

2. 股权类文化金融

相比较而言，文化产业轻资产、高风险特性更适合股权类投资，因为股权类资金比债权类资金对风险的容忍度高。从市场规模看，股权类文化金融的比重越来越高，与债券共同构成文化产业直接融资市场的主体。各类风险投资基金、产业基金及多层次资本市场构成了文化产业的股权类金融市场。

新元文智 – 中国文化产业投融资数据平台数据显示，2017 年我国文化产业通过上市后再融资（以定增为主）、私募股权、上市首发融资、新三板、众筹等渠道流入的资金分别为 1397.43 亿元、1011.14 亿元、290.18 亿元、173.31 亿元和 11.04 亿元。

2017 年共计有 34 家文化企业主板上市，企业数量创历史新高，首发融资规模达 290.18 亿元，同比上涨 27.10%。2014 ~ 2017 年，全国共计新增 1711 家文化企业挂牌新三板。在经历了 2015 年、2016 年的爆发式增长之后，增速明显放缓，2017 年全国共有 387 家文化企业挂牌新三板，同比减少 53.71%。

2017 年全国文化产业创新创业持续火热，融资市场愈发活跃，创投（VC）融资规模 226.41 亿元；PE 融资渠道案例数量较 2016 年增加 40 起，

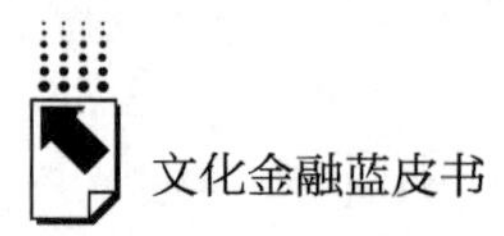

但整体融资规模有所回落，仅为784.73亿元。2014～2017年，全国文化产业股权众筹渠道共发生融资案例305起，涉及资金14.79亿元。股权众筹融资规模连年下跌，同比减少近六成。

3. 风险管理类文化金融

保险和担保是风险管理的主要工具形式。中国的文化保险领域正在步入快车道。各大企业不断加强文化产业保险专属产品的研发投入和商业化力度，持续扩大文化产业保险的覆盖范围。2017年，我国保险业对文化产业发展的重要支撑作用已开始显现。针对演艺、动漫、影视、艺术品等细分行业的特定风险，保险公司通过财产险、意外险、责任险、健康险等多险种组合，搭建细分客户综合保障产品体系，为文化企业提供专属、灵活、全方位的保险保障。2017年，风险管理类文化金融的亮点包括运用风险管理工具化解小微文创企业融资难的问题，互联网平台在提供文化保险和文化担保服务方面发挥更大作用，影视保险产品趋于丰富，动漫保险正在破题，演艺保险寻求新突破，文化担保越来越受到重视。

4. 互联网文化金融

自2016年4月开始的互联网金融专项整治工作并未在2017年结束。早在2017年年初，《政府工作报告》就已明确要加强金融风险防控，尤其指出对互联网金融等累积风险要高度警惕，同时指出要有序化解处置突出风险点，整顿规范金融秩序。一年来，互联网金融监管和清查整顿有强化趋势。

在此背景下，互联网文化金融在2017年仍有所发展。从文化众筹以及文化细分领域的P2P网贷等互联网金融机构来看，整体增速有所放缓。在互联网金融专项整治之下，文化众筹规模停止了快速上涨的势头，全年总项目数为2299个，筹集资金总规模为10.59亿元，比上年有所下降。淘宝众筹、京东众筹、苏宁众筹、聚米众筹、百度众筹、众客网在文化众筹领域表现抢眼。在监管从严的背景下，各地暂停新批网络小额贷款公司①，

① 2017年11月，互联网金融风险专项整治工作领导小组办公室印发《关于立即暂停批设网络小额贷款公司的通知》。

P2P 网贷运营平台数量显著下降，文化类网贷平台也受到影响。

各级政府主导建设的互联网文化金融服务平台依然在高速推进，文化企业和金融机构合作推进的互联网金融探索也在进一步深化。整体而言，互联网文化金融市场更加规范有序。

（五）文化产业的行业视角中的文化金融发展概述

从文化产业和分行业的视角上，我们选择电影、艺术品、传媒、文化创意与设计、文化旅游等行业对文化金融发展做一概述。

1. 电影金融

2017 年，全国电影总票房为 559. 11 亿元（约 87 亿美元），同比增长 13. 45%。金融与电影经历了 2015 ~ 2016 年的激烈碰撞之后，2017 年开始逐步转为良性互动——电影成为影响力杠杆，吸引了金融资本的关注，大量资本进入电影业，各类金融工具也得到创新。如电影衍生出类理财产品、电影保底发行、明星证券化、IP 资本化等金融工具。这些工具增加了电影行业的资金和资源，带动了观众的观影热情，但电影市场规模激增也引发了电影行业的泡沫。另外，完片担保等电影金融工具实践有了更多案例。“票结通”作为一种金融创新产品，通过买断制片方票房应收账款的方式，实现了制片方在影片上映一个月后回款的目标，为制片方提高资金使用效率，降低资金占用成本提供了有效的解决方案。

由于监管越发严格，文娱上市公司再融资情况变得极为严峻。据统计，2017 年文娱类上市公司中，只有慈文传媒、奥飞娱乐两家公司的定增方案获批。从 2017 年开始，影视龙头光线传媒、华谊兄弟、新文化、骅威文化、当代东方等纷纷宣布发行公司债券。中粮信托、万向信托等 4 家公司发行了多款影视投资信托产品。在目前已发行的影视投资信托产品中，除了直接投向影视制作公司外，亦有并购包含多家院线的综合影视公司的案例。

《战狼 2》是 2017 年的现象级电影，为电影金融发展提供了良好范本。一直致力于文化产业的北京银行为影片出品方及发行方累计提供贷款支持超过10亿元，北京银行服务影视的“江湖地位”也由此确立。“众多出品方风险共担、资源共享，平台帮忙售票、院线倾斜排片资源”已经是中国大制作电影的常态。各地出台的文化金融政策对电影产业都给予了关注。社会资本继续追逐优质电影项目，但基金和众多创投平台更加理性，促进了优质产品孵化。

2. 艺术品金融

艺术品金融（或艺术金融）是文化金融市场的重要组成部分。与2016年相比，2017年中国艺术品市场稍有回暖，以拍卖为代表的二级市场和一级市场中的艺博会交易规模有显著提高。据雅昌艺术市场监测中心（AMMA）不完全统计，2017年的中国境内艺术品拍卖市场成交总额为642.84亿元，同比上升24.8%。全球共有37件中国艺术品拍卖价格挺进亿元大关，2017年因此被业界期许为艺术市场的拐点。一级市场的新动向包括部分画廊放弃实体空间转战艺博会及线上销售，而艺博会越来越被当作画廊的替代品。

艺术品金融服务在这一年进行了多方探索。2017年，艺术品金融工具市场供给不足、金融监管政策收紧，艺术品金融市场整体规模下降。各地基于艺术品相关产业的供应链金融、基于行业背景的书画等抵押贷款、基于线下艺术社群的民间信用贷款、基于地方性特色产品如玉石等的应收账款保理业务等，在特定区域获得体量虽小但相对平稳的发展。而一些重量级机构，如银行系、拍卖系的艺术品金融，通过合理的业态布局，在艺术品金融领域获得了持续性发展。艺术品财富管理以及与艺术品电商相结合的艺术品金融方案成为趋势性亮点，通过促进消费、促进艺术品及相关产业的资金融通来释放流动性，未来市场潜力巨大。

3. 传媒产业资本市场

传媒产业包括图书、报纸、杂志、电视、广播等传统媒体及新兴的数字出版、移动资讯等新媒体，这是文化产业中最典型的一个部分。2017年，图书业在资本市场表现较为活跃；平面媒体业在资本市场的表现较为凄冷；电视业企业资本市场表现按市场呈现分化趋势——新三板市场及PE融资市场持续活跃、IPO 与再融资以及债券市场冷淡。

数字出版市场现阶段规模较小但增速较快，以掌阅、QQ 阅读为代表的互联网平台驱动型数字出版企业表现突出，网络文学市场快速增长。结合数字出版行业的体量看，数字出版企业 2017 年资本市场表现耀眼。移动资讯行业发展迅速，算法型模式平台引领潮流。一段时期内，传媒行业投资机遇主要分布在对流量价值洼地的挖掘，流量两端效率提升，人工智能与内容生产、渠道分发、竞争营销等领域。

4. 文化创意与设计服务产业资本市场

文化创意和设计服务产业是我国文化产业中最具发展潜力，也是最具文化要素输出能力的分行业。近年来，在国家一系列政策扶持下，这一行业的产业增加值及营业收入不断增长，融资需求也不断增加。我国文化创意和设计服务产业投融资渠道建设不断深入，但仍存在融资模式创新性不足、缺乏有效大数据支撑、监管日益趋严等问题。

2017 年，我国文化创意和设计服务产业私募股权融资规模、上市后再融资规模、新三板挂牌后融资规模均出现了不同程度的下跌，但多数渠道的资本活跃度依旧较高，同时呈现出明显的区域及行业集中性。2016 ~ 2017 年股权融资案例数量及融资规模均实现持续增长，分别由 32 起、45.21 亿元增长为 75 起、166.09 亿元，尤其是融资规模，连续两年的同比增幅均超过 260%。2017 年，我国文化创意和设计服务产业私募股权融资案例为 82 起，但资金规模却出现了轻微下滑，仅为 133.62 亿元，同比下降 19.55%。

未来，随着“互联网 +”浪潮的不断推进及国家“一带一路”倡议的实施，我国文化创意和设计服务产业资本市场将迎来前所未有的机遇。

5. 文化旅游产业资本市场

文化旅游产业（行业）是文化产业和旅游产业的融合性产业，不是严格的统计意义上的产业分类。随着特色小镇建设、全域旅游等规划的出台，随着《“十三五”时期文化旅游提升工程实施方案》等国家政策文件的出台①，2017 年文化旅游产业更加受到资本的青睐。

2017 年，全国文化旅游产业的资金流入量为 985.83 亿元。2017 年，我国文化旅游产业发生 52 起股权投融资案例，涉及资金规模 63.32 亿元，是近年来首次出现下滑；并购方面则有 7 起案例，涉及资金总额约为 5.35 亿元；同时，有 38 家文化旅游类相关企业挂牌新三板，占 2017 年文化产业挂牌总数的 9.8%；而主板上市的文化旅游企业仅有 1 家，但融资和投资规模分别高达 460.47 亿元和 417.52 亿元。

相对传统金融领域而言，在“互联网 +”的推动下，文化旅游与互联网金融联系得更加紧密，尤其是以途牛网、携程网为首的一批在线旅游平台企业，依托积累的大数据体系，纷纷推出各自的金融产品，完善互联网旅游金融模式，加强金融对文化旅游产业的服务和支持。在新时代的影响下，从个性化需求出发的创新金融产品、以大数据为基础的现代互联网金融基础设施建设、互联网旅游金融的资产证券化和文化旅游金融产品的场景化设计将成为未来的发展方向和趋势。

（六）“文化四板”成为文化产业多层次资本市场的亮点

1. 区域性股权市场在服务文化产业方面的探索

区域性股权市场是主要服务于所在省级行政区域内中小微企业的私募股权市场。2017 年 4 月 27 日，中国证券监督管理委员会 2017 年第 3 次主席办公会议审议通过《区域性股权市场监督管理试行办法》，自 2017 年 7 月 1 日起施行。根据该办法，各省、自治区、直辖市、计划单列市行政区域内设立的运营机构不得超过一家。区域性股权交易市场是多层次资本市场的重要组成部分，又被称为“四板市场”。

随着金融政策环境的变化，各地股权交易中心在服务实体经济方面采取了很多措施。因为文化产业作为很多省市发展的重点产业，一些股权交易中

① 2017 年 2 月 3 日，国家发展改革委会同国土资源部、住建部、文化部、国家新闻出版广电总局、林业部、国家旅游局、国家文物局等相关行业主管部门，研究制定了《“十三五”时期文化旅游提升工程实施方案》。

心尝试设立专门服务于文化创意产业的“文创板”。2016 年 10 月，北京市朝阳区国家文化产业创新实验区与北京股权交易中心（北京四板市场）合作在北京股权交易中心设立独立板块——文化创意板，被称为“文化四板”。该板块独立分配挂牌代码，为挂牌的企业提供融资、培训辅导、股权管理、转板上市等专业服务。

2017 年，又有江苏省、宁波市、广州市等省市的四板市场与相关机构合作探索设立独立交易板块，为文化企业提供服务。

2017 年 7 月 31 日，江苏股权交易中心与江苏省文化产权交易所共建的“文创板”项目正式启动。这是文交所和文化产业主管部门合作在股权交易中心交易规则基础上针对文化创意企业特点做出的重大变动。

2017 年 11 月 10 日，宁波市委宣传部、宁波市文化广电新闻出版局联合发文称，在宁波股权交易中心设立“宁波文创板”。根据文件设定的目标，到 2017 年年底，挂牌文创企业有望达到 100 家；到 2019 年底，挂牌文创企业将达到 200 家。

2017 年 12 月 22 日，由广州市文化广电新闻出版局、广州股权交易中心与广州市文化金融服务中心有限公司共同建设的“文创板”开板仪式举行。其设立的目标是 2018 年实现 100 家以上的企业挂牌，同时实现 5 亿元以上的融资（包括股权和债权）；到 2020 年实现 500 家企业挂牌，实现融资 50 亿元，重点培育 50 家企业转板到高层次资本市场，主要方向是新三板和创业板。

2. 文化产权交易所在文化产业资本市场上的新探索

文化产权交易所是我国文化产业发展的一种特色机制。十几年来，我国各地先后成立了上百家文化类交易所，由于缺乏严格的管理机制，一些交易所成为热钱投机的市场，引发了很多社会问题。除了文交所，其他类型的交易所如农产品交易所、有色金属交易所也出现了同样的问题。为防范金融风险、规范市场秩序、维护社会稳定，2011 年 11 月 24 日，国务院正式发布《关于清理整顿各类交易场所切实防范金融风险的决定》（简称“38 号令”）。随后，2011 年 12 月 30 日，中宣部等五部门联手出台了《关于贯彻落实国务院决定加强文化产权交易和艺术品交易管理的意见》（中宣发〔2011〕49号）[①]。2012年，国务院印发《国务院办公厅关于清理整顿各类交易场所的实施意见》(国办发〔2012〕37号)。

2017年是清理整顿工作关键的一年。2017年1月9日，清理整顿各类交易场所部际联席会议第三次会议在北京召开[②]。2017年3月16日，清理整顿各类交易场所部际联席会议印发《关于做好清理整顿各类交易场所"回头看"前期阶段有关工作的通知》[③]（清整联办〔2017〕31号文）和《地方交易场所主要违规交易模式特征、违规问题及整治措施》，开始第二轮清理整顿工作。2017年7月11日，清理整顿各类交易场所部际联席会议办公室（以下简称清整联办）召开了邮币卡类交易场所清理整顿工作专题会议。就此次会议内容，2017年8月2日，清整联办印发《关于〈邮币卡类交易场所清理整顿工作专题会议纪要〉的通告》（清整联办〔2017〕49号)。

2017年文化产权交易所经历了极为困难的一年。全国各地包括文化产权交易所在内的交易所大多数都积极配合国家的清理整顿工作，积极探索新

① 2011年12月30日，中宣部等五部委联手出台了《关于贯彻落实国务院决定加强文化产权交易和艺术品交易管理的意见》(中宣发〔2011〕49号)，其中主要内容可以概括为"四个不得"：不得将任何权益拆分为均等份额公开发行；不得采取集中竞价、做市商等集中交易方式进行交易；不得将权益按照标准化交易单位持续挂牌交易；任何投资者买入后卖出或卖出后买入同一交易品种的时间间隔不得少于5个交易日（即T+5）等。

② 会议指出，通过地方交易所摸底调查结果表明，目前国内共有1131家交易场所，其中文化艺术品类交易场所共有113家。与上一轮清理整顿后保留的交易场所相比，交易场所总量增加311家，且增加最多的是贵金属等商品类和文化艺术品类交易所。在文化艺术品类交易场所中，开展邮币卡交易的有37家，加上商品交易所开展邮币卡交易的15家，共有52家。在这52家中，有45家在邮币卡交易中存在违规交易现象。

③ 文件指出，部分文化艺术品类及商品类交易场所，以邮资票品、钱币、磁卡为交易对象，或以珠宝玉石、茶叶、老酒等为交易对象，进行"现货发售"，交易涉嫌违法违规，价格易操纵且波动大，藏品实物托管的真实性存疑。文件要求，除确有必要保留并取得交易场所所在地及注册地省级人民政府批准的交易场所以外，其他会员、代理商、授权服务机构一律限期停止交易业务，按属地原则由注册地省级人民政府于2017年6月30日前完成清理整顿。

的发展模式，在版权及其他知识产权、国有资产交易①、股权交易等方面进行探索。

深圳文化产权交易所是国家授权的两个文化产权交易所之一②，在清理整顿过程中率先转型，于2016年4月推出了“文化四板”平台服务，对文化产权交易所的发展方向进行了有益的探索。“文化四板”定位为文化产业的行业性资本市场和具有孵化功能的投融资服务平台，为文化类企业提供包括股权融资服务及不限于股权交易的全金融类和其他综合类服务。除了为文化企业提供股权融资外，“文化四板”还为企业提供资产处置、盘活企业存量资产、供应链融资服务，以及企业最终产品资产化、金融化流通和流转等全流程金融服务。

2017年5月，北京市文化产权交易中心推出文创企业股权转让平台，即“文创板”，以文创企业股权交易、投融资服务为业务核心，同时提供挂牌展示、培育孵化、规范发展、会展路演、培训咨询、估值定价、信用评级、风险管理等综合服务。自2017年11月27日北京市文创产业“投贷奖”联动政策发布以来，文创企业股权转让平台（文创板）作为北京市“投贷奖”联动体系服务平台已经为400余家文创企业和投资机构提供申报服务。

二　文化金融未来发展中需要突破的三大领域

“十三五”时期，文化产业将成为国民经济支柱性产业，文化金融发展

---

① 文化企业国有产权或资产交易需在指定的文化产权交易机构进行。中央文件主要有：2013年，财政部发布《关于加强中央文化企业国有产权转让管理的通知》和《中央文化企业国有产权交易操作规则》（财文资〔2013〕6号）；2017年，财政部印发《关于进一步规范中央文化企业国有资产交易管理的通知》和《关于中央文化企业国有资产评估管理的补充通知》。地方政府文件有：2017年11月22日，北京市文资办印发《北京市文化企业国有资产交易管理暂行办法》和《北京市文化企业国有资产交易操作规则（试行）》等。

② 2011年《关于贯彻落实国务院决定加强文化产权交易和艺术品交易管理的意见》（中宣发〔2011〕49号）规定：国家重点支持上海和深圳两个资本市场成熟、产权交易基础好的城市设立文化产权交易所作为试点，经批准可以进行文化产权交易方式探索，积累经验，发挥示范引导作用。中央文化企业国有产权转让须在上海和深圳两个文化产权交易所挂牌交易。

也进入了关键时期。在千头万绪的问题中，我们认为需要在三个方面取得关键性突破：建设文化金融基础设施，为统一的文化金融市场夯实基础；文化金融机构专营化，成为文化金融生态中枢；促进文化金融中心城市建设与发展，结合新一轮城市建设完成文化与金融融合发展的战略性全国布局。

（一）文化金融基础设施建设

近年来，在金融改革与发展中，金融基础设施（或金融市场基础设施）问题受到各方高度重视。之所以如此，是因为金融基础设施正如同“道路、桥梁、高铁、机场”一样，是金融体系中资源流动的重要载体，直接影响到金融“交通”的安全与效率。文化金融市场的长期、持续、健康发展离不开相应基础设施的建设与完善。

1. 狭义金融基础设施与文化金融

文化金融市场是文化要素与金融要素的结合，金融市场需要支撑现代金融活动的基础设施来保障文化金融交易的效率和安全。我们认为，文化金融基础设施包括两方面的内涵。

从狭义角度来看，金融市场基础设施（Financial Market Infrastructures，FMIs）是当前最重要而且具有挑战性的金融研究领域之一。2012 年国际清算银行支付结算体系委员会（CPSS）和国际证监会组织（IOSCO）联合发布的《金融市场基础设施原则》是围绕 FMIs 制定的国际“软法规则”，各国都在推动落实。具体来看，FMIs 包括支付系统（Payment System，简称 PS）、中央证券存管（Central Securities Depository，简称 CSD）、证券结算系统（Securities Settlement System，简称 SSS）、中央对手方清算制度（Central Counter party，简称 CCP）、交易数据库（Trade Repository，简称 TR）。

那么，从狭义角度看，所谓文化金融基础设施是统一的金融基础设施与文化金融服务之间的结合体，统一的金融基础设施是文化金融市场运行的基础；我们要关注金融基础设施中的创新成果，充分利用现有支付清算体系的创新成果，积极服务于文化金融。例如，新兴电子支付工具的快速发展，使得文化消费变得更加便利，从而有助于从需求侧推动文化产品与服务深入到大众日常生活之中。

2. 广义金融基础设施与文化金融

从广义角度来看，金融基础设施涉及金融运行环境的很多方面。如党的十八届三中全会指出，要“加强金融基础设施建设，保障金融市场安全高效运行和整体稳定”，其中涉及的内容可能更加广泛一些。习近平总书记指出：“统筹监管重要金融基础设施，包括重要的支付系统、清算机构、金融资产登记托管机构等，维护金融基础设施稳健高效运行”。在央行定期发布的《中国金融稳定报告》中，我们看到金融基础设施包括支付、清算和结算体系、法律环境、会计标准、信用环境、反洗钱等。可以看到，中央对金融基础设施的重视程度不断提升。一方面，与日益增长的经济金融创新与发展需求相比，我国的金融基础设施有效供给仍然严重不足；另一方面，金融基础设施建设如果出现“豆腐渣”工程，则会给金融安全带来深远的负面影响，因此必须强调高质量、高标准。

那么，从广义概念来看，金融基础设施是金融生态“软环境”的保障，文化金融体系的构建，也离不开在法律与制度层面、会计与税务标准层面等领域的建设。此外，考虑到文化金融创新领域也出现了一些“虚假创新”“泡沫劣币”现象，背后隐含着各类扰乱金融秩序的“灰色、黑色”活动，因此文化金融创新中的“反洗钱”“信用约束”也都是文化金融基础设施建设的重中之重。

3. 文化金融基础设施建设具有一定的特殊性

文化产业与文化事业具有一定特殊性，相应的产品和服务与其他行业有所差异。文化发展离不开具有文化特色的金融基础设施的保障。在金融监管趋严的环境下，必须在无形资产评估、企业征信、文化金融市场信息等方面取得进一步突破。

第一，文化金融发展迫切需解决无形资产评估难题。

金融服务是基于标准化的价值评估。文化类企业以无形资产比重较高为特征，在融资过程中经常会遇到评估难、融资难的问题。同时，文化产业的类型多样化，评估的标准难以统一、程序也不够规范、相应市场价值难以量化。2016 年中国资产评估协会发布了《文化企业无形资产评估指导意见》，但在实践中还有大量理论与现实问题没有得到解决。由此，在推动文化金融创新、促进文化无形资产向有形资产转化过程中，构建更加科学合理的资产评估体系，将成为重要的文化金融基础设施之一。

第二，文化企业信用评估与组织体系是文化金融的重要支柱。

信用是金融系统运行的核心与基础。2017 年，杭州银行经过多方调查研究后按照单独的准入政策、审批流程，最终为电视剧《人民的名义》提供了 1000 万元的纯信用贷款支持。在文化企业融资中，这种无需抵押质押的纯信用贷款只是个案。文化企业普遍具有轻资产的特性，能够抵押、质押的重资产较少，有些企业甚至无形资产也较少，那么企业信用在融资过程中的作用就显得尤为突出。例如，银行在提供授信业务时，一般常采用信用放款和抵押担保两种方式，而前者是信用授信，仅需借款人信用而不需要提供抵押担保。

依靠信用的融资需要完善的文化企业信用评估体系，需要相应的组织体系保障。国家企业信用信息公示系统是企业信用信息的基础系统，但是文化企业具有一定的特殊性，需要在此基础上进一步配套相应的信用评估体系。北京市朝阳区在国家文化产业创新实验区成立了文化企业信用促进会，通过行业组织进行企业信用评估①。只要有良好的信用评价评估体系，经过时间的积累，依托信用进行的文化企业融资能够成为文化金融的重要支柱之一。

第三，文化金融市场信息系统是基础中的基础。

当前文化产业的发展潜力巨大，如果再加上旅游、体育以及数字创意产业、创意农业、文化创意型消费品工业等融合性产业，我们面对的将是高达十几万亿产业增加值的庞大市场。因为对文化产业和文化金融市场的资料信息难以进行有效评估和判断，金融机构有时难以提供有效产品与服务。所

① 2016 年 8 月，全国首个文化企业信用促进会在北京市朝阳区国家文化产业创新实验区成立，填补了国内文化创意产业领域信用评价组织的空白，该促进会将对文创实验区范围内的文创企业组织信用评级，具备一定级别的企业可优先享受银行、担保类机构便利快捷优惠的融资担保服务。

以，我们急需从金融角度深度了解这一市场的结构、机理和趋势，急需推动文化金融市场信息系统建设。

一是完善文化与金融的相关统计指标体系。实际上早在2010年，相关部门就发布了《关于金融支持文化产业振兴和发展繁荣的指导意见》（银发〔2010〕94号），要求各金融机构要逐步建立和完善金融支持文化产业发展的专项统计制度，加强对文化产业贷款的统计与监测分析。但由于种种原因，这一工作的成效仍不够显著。

二是打造公共部门的文化数据共享与分析系统。协调政府部门建立合作和共享关系，采集国家统计局、商务部、中国人民银行、文化部等政府数据。

三是构建机构之间的文化金融数据与信用分享体系。协调各类金融机构和社会组织，包括各商业银行、保险公司、证券公司、信托公司、证券交易所、区域性股权交易市场、其他金融机构、金融行业组织、文化产业行业组织等。

四是在国家层面推动建设文化项目大数据分析系统。基于大数据和区块链技术的市场动态数据挖掘分析系统，需要专业的系统设计和专业化分析团队。该系统能够对文化项目进行更加精准的数据分析和评估，从而为金融支持文化项目奠定更加坚实的基础。

（二）文化金融机构专营化

文化金融本质上是金融，枢纽在于金融机构。机构创新工具，工具形成市场。就服务于特定产业而言，金融机构必须结合产业特点培育专门化的人才队伍和运营机制。文化金融机构专营化的基本逻辑是机构只能做文化产业，文化金融才有发展。

文化金融机构专营化问题从来没有当下这样迫切。2014年的《关于深入推进文化金融合作的意见》（文产发〔2014〕14号）对此有了明确要求①。文

① 中央宣传部、中国人民银行、财政部、文化部等九部门《关于金融支持文化产业振兴和发展繁荣的指导意见》（银发〔2010〕94号）主要聚焦文化金融产品创新和配套措施，并未对机构专业化、专营化提出要求。

件将“创新文化金融服务组织形式”作为创新文化金融体制机制的重要内容，主要有三个方面：一是鼓励银行建立专门服务文化产业的专营机构、特色支行；二是支持发展文化类小额信贷公司；三是支持发起设立为文化产业发展提供专业化服务的民资中小银行。

这三种类型中，银行设立专营机构较早，发展也较好；文化类小贷公司也有少量设立，如北京市文化产业小额贷款股份有限公司。尚无公开信息显示有独立法人的文化产业专业中小银行取得金融经营许可证并成立。

专业化、专门化或特色化不是严格意义的专营化。金融的重点就是机构、产品、市场和基础设施，其中机构是提纲挈领的节点。从目前从事文化金融领域的机构看，很多机构只是专业化、专门化或特色化，只是业务管理和业务战略的重构，而专营机构是具有法规意义的制度安排。所以，文化金融机构专营化不应停留在表面上，而应在制度层面进行变革使之更加有效。

我们暂且将专事于文化金融服务的机构统称为文化金融专营机构，不仅指银行的专营机构，也涉及保险、证券、信托、融资租赁等其他金融机构。

1. 有效的文化金融机构专营化的机制性条件

没有“机会成本”考量的岗位才能激发员工的积极性和主动性。一些银行声称建立的“特色支行”，一般只是将文化产业作为重点服务产业，但因为业务开展缓慢，风险又比较高，很多特色支行又将业务重点放在其他产业的金融服务上，员工会把精力放在其他客户上。这其中的关键症结在于机构和员工都有“机会成本”的考量，即从事其他产业的预期收益会被当作从事文化产业金融服务的成本，这样是非常不合算的。所以，如果设立专营性的机构，必须设立不同于其他产业服务的激励机制和风险容忍机制。

没有业务范围限制的专门化必然导致业务重心偏移。让各个机构对其设立的文化产业专营、专业或专门机构在业务范围上进行限制，是保障业务专注度的有效途径。一方面，银行自身（总行）可在内部限制，如杭州银行文创支行明确80%以上信贷资源必须投向文创行业板块，同时不得介入政府平台、房地产及传统制造或商贸行业；另一方面，监管部门批准设立专营机构时有明显限制性规定。根据中国银行业监督管理委员会制定的《中资商业银行专营机构监管指引》："专营机构是指中资商业银行针对本行某一特定领域业务所设立的、有别于传统分支行的机构；专营机构只能从事特许的专营业务，不得经营其他业务"。根据这个规定，文化金融专营机构应不得从事文化产业金融业务以外的其他金融业务。

2. 文化金融机构专营化与"金融牌照"问题

金融机构经营许可证在业界俗称"金融牌照"。文化金融机构专营化首先就是牌照问题。独立法人的文化金融牌照是否可行？

从当前金融政策与管制看，在银行、证券、保险、信托这些主要金融业务领域，单独为某个产业设立金融机构并颁发单独的金融牌照难度非常大。以银行为例，以往有国内学者呼吁建立文化产业发展银行（政策性银行），但一直无法实施；尽管《关于深入推进文化金融合作的意见》（文产发〔2014〕14 号）支持发起设立民资中小银行为文化产业发展提供专门化的金融服务，但至今并未有此类银行成立。显然，为一个产业单独设立商业银行，因为没有先例，同时与当前金融机构经营许可分类标准冲突而难以操作。近些年来，文化产业界和金融界也在探索成立文化产业保险公司，但未有进展。

根据中国银行业监督管理委员会制定的《中资商业银行专营机构监管指引》，专营机构及其分支机构开展经营活动，应当申领金融许可证，并在工商、税务等部门依法办理登记手续。从这一规定看，如果在银行总行下设立文化产业专营机构，是需要取得"金融牌照"的，只不过这不同于独立法人的金融机构经营许可证。根据中国银监会《中国银监会中资商业银行行政许可事项实施办法》（2017 年 7 月修订），如果设立文化金融专营机构，可通过中国银监会和各地银监分局、银监局等部门筹备并设立[①]。

商业银行在文化金融专营机构建设上起步较早，比较典型的是杭州银行、包商银行、北京银行等。2013 年，杭州银行设立国内首家文创金融专营机构——杭州银行文创支行，文创行业覆盖影视传媒、动漫游戏、设计服

① 根据《中国银监会中资商业银行行政许可事项实施办法（2017 年 7 月修订）》，中资商业银行分行、分行级专营机构的开业申请由其筹建申请人向所在地银监局提交，银监局受理、审查并决定。支行的开业申请由拟设地银监分局或所在城市银监局受理、审查并决定。

务、教育培训等领域。2015 年 10 月 28 日，光大银行北京文创园小微支行正式挂牌营业。2016 年 12 月，包商银行深圳分行文化产业专业支行在深圳市罗湖区揭牌，是华南地区首家文化产业专业支行。北京银行是商业银行中文化金融服务的领先者，2017 年 10 月 14 日，北京银行宣布成立文创金融事业总部及两家文创专营支行，进一步升级文化金融专营服务。

从金融机构看，银行、证券、保险、信托仍是最主要的机构类型，文化金融机构的专营化问题能否取得突破，主要看这几个类型。2014 年的《关于深入推进文化金融合作的意见》（文产发〔2014〕14 号）只涉及了银行设立专营机构问题，并未涉及证券、保险、信托机构设立专营机构问题。多年来商业银行在文化金融专营机构的努力虽未取得重大突破，但这种制度设计方向值得其他类型金融机构借鉴。

3. 其他类型的文化金融专营机构问题

除了银行、保险、信托、证券等金融机构，还有一些金融机构或类金融机构是文化金融发展值得重点关注的领域，主要有小额贷款公司、融资担保公司、融资租赁公司、典当行、商业保理公司、资产管理公司、投资公司、众筹公司以及区域性股权市场、各类交易所（含文交所）等。北京在其他类型的金融机构设立上起步较早，如北京市文化产业小额贷款股份有限公司，北京市文化科技融资租赁公司、北京市文创基金管理公司等。

随着金融监管环境趋严，其他类型的金融机构和类金融机构也一定会受到更严格的监管，一些原本不在金融监管部门监管范围的类金融机构也会逐步纳入监管，例如原本由商务部门审批的融资租赁公司必将划转银监系统监管，而深圳等地方已经先行一步①。据中国租赁联盟相关数据，截至 2017 年 9 月底，全国融资租赁企业总数约为 8580 家。今后融资租赁企业设立将

① 2017 年 12 月 5 日，深圳市金融办在其网站上发布“市金融办（市金融监管局）主要职责”，其中第五条为：负责对全市辖区内小额贷款公司、融资担保公司、区域性股权市场、典当行、融资租赁公司、商业保理公司、地方资产管理公司等金融机构实施监管，强化对全市辖区内投资公司、社会众筹机构、地方各类交易场所等的监管；配合有关部门加强对互联网金融的监管。

越来越难，而现在大多数融资租赁企业实际上是闲置的。如何利用现有牌照资源服务于文化金融，是值得思考的问题。

融资担保也是文化金融值得关注的机构类型。2017 年 8 月 21 日，国务院颁布了《融资担保公司监督管理条例》（简称《条例》）。《条例》规定，国家推动建立政府性融资担保体系，发展政府支持的融资担保公司，建立政府、银行业金融机构、融资担保公司合作机制。《条例》还规定，各级人民政府财政部门通过资本投入、建立风险分担机制等方式，对主要为小微企业和农业、农村、农民服务的融资担保公司提供财政支持。虽然并未特别指明文化产业，但由于文化产业的中小微企业比例极高，这一文件对文化产业来说仍具有一定的意义。融资担保行业正在由民营企业主导方式向政府主导方式转变，这对文化产业获得更多融资是有利的。在专营化方面的主要思路是众多民营融资担保公司在整顿和监管清查中需要重新定位发展方向，应鼓励一些机构将文化产业融资租赁作为特色服务，并取得政府财政支持，有条件的直接进行专营化改造。

（三）文化金融中心城市建设

文化产业与城市建设、区域经济的关系日益密切。在现代化新型城市（群）建设和区域经济规划中，文化产业已经开始承担重要的角色。因此，当金融和这个城市、这个区域相联系时，就必然要和文化产业相遇。文化金融中心城市建设问题承载了文化产业、金融中心、城市建设、区域经济等多个领域的内容，有可能成为文化金融发展中的重要命题。

1. 文化金融合作试验区：文化金融与城市建设融合的起点

2014 年 3 月，文化部、中国人民银行等部门联合发布的《关于深入推进文化金融合作的意见》（文产发〔2014〕14 号）将“探索创建文化金融合作试验区”作为文化金融机制体制创新的重要内容①。2014 年以来，很多

① 原文：为探索金融资源与文化资源对接的新机制，引导和促进各类资本参与文化金融创新，建立文化金融合作发展的长效机制，文化部、中国人民银行择机选择部分文化产业发展成熟、金融服务基础较好的地区创建文化金融合作试验区。

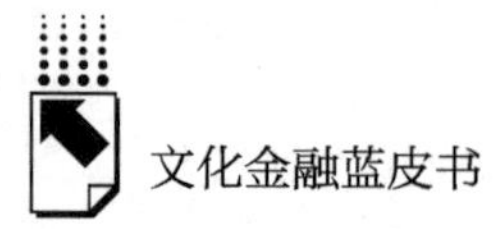

城市将创建国家文化金融合作试验区作为金融工作和文化产业发展的重要任务，如文化金融发展较好的南京市在《南京市“十三五”金融业发展规划》中提出“建成国家文化金融合作试验区”。近几年来，北京、南京、宁波、沈阳等地都启动国家文化金融合作试验区创建工作，而江苏省在其省内也开始启动省级文化金融合作试验区的创建工作。2017 年 12 月 15 日，在北京市文创产业投融资年会上，北京市东城区政府、央行、上海证券交易所等部门和机构就东城区创建国家文化与金融合作示范区分别签署战略合作备忘录和协议。

但是，国家级文化金融合作试验区（或示范区）的计划一直难以落地。如果说国家级文化金融合作试验区创建有什么问题需要解决，应主要是以下几个方面：一是各大城市将试验区（或示范区）当做“园区”，而金融集聚区和文化产业集聚区并不天然比邻，事实上物理园区形式的示范区合作有一定难度；二是依据目前申报要求，各大城市无法协调辖区内各区的利益，不得不将大半个城区联合起来作为示范区，实施上也打破了物理性界限，但同时因为“拉郎配”产生很多利益冲突；三是因为示范区集聚形式的效应已经弱化，作为一个城市的规划需求，现在更加重视试验区的辐射能力和服务功能，如果没有这方面的功能，城市管理者在战略上就缺乏积极性。

但是，在一个中心城市建立文化金融合作试验区（或示范区），仍然是文化金融与一个城市融合的开端，是文化金融融入城市建设和区域经济建设的良好起点，能够初步体现文化金融在城市经济生态建设中的作用。

2. 文化金融中心建设成为城市经济规划新选项

将一个城市建设成为辐射特定区域的文化金融中心，北京市应是提出较早的城市。2012 年，时任市委书记刘琪在中国共产党北京市第十一次代表大会上的报告中指出：“进一步优化首都金融发展环境，着力扶持优质品牌金融企业，加快建设国家科技金融创新中心、国家文化金融创新中心，积极推动场外市场发展，加快发展要素市场，加快建设具有国际影响力的金融中心城市”。

学者对文化金融中心建设问题也有探讨，如花建（2014）认为，随着中国成为全球第二大经济体，打造中国版的全球文化金融中心，正从美好的愿景走向逐步推进的宏伟现实。在实施文化强国战略、吸取国际经验的基础上，上海可以依托建设国际金融中心的强大能量，逐步拓展文化金融中心的核心功能①。

在2016年西安金融博览会主题论坛上，金巍阐述了对文化金融中心城市的观点。全国性的文化金融中心和全国性的文化产业中心不一定是一一匹配的，不是说有多大产业就有多大的文化金融，要看到未来的新趋势，成为文化金融中心不仅要服务当地的文化产业，还要有强大的辐射影响力，为更大区域的文化产业发展提供有力支撑②。金巍在2017年天府金融论坛上也指出，文化金融中心建设首先要求这个城市是区域性的经济金融中心，同时还要是文化产业中心③。

无论是国家文化金融创新中心、全球文化金融中心还是区域性文化金融中心，文化金融中心建设已经开始和一个城市的总体建设联系在一起。将文化金融中心城市建设纳入城市总体规划或产业发展规划，应更具有可行性，所以，文化金融中心可能成为城市经济布局的重要选项。

第一，文化金融连接了现代经济发展中最重要的三个要素中的两个。

没有金融血亏，没有科技腿软，没有文化心虚。在传统的生产三要素（土地、资本和劳动力）和现代经济发展六要素（技术、知识、制度、文化、管理和人才）中，只有资本、文化和技术既可以作为全要素的一部分，同时又成为遥遥领先的独立的产业业态，我们将金融、文化和科技称为“三元动力结构”，而金融产业、文化产业和科技产业称为“三大要素性产业”。能否成为文化中心、金融中心和科技中心是一个国家、地区或城市的

① 花建：《上海要打造国际文化金融中心》，《中国文化报》2014年10月。

② 《西安能否成为文化金融中心专家：必须是》，西部网，2016年11月4日，http://news.cnwest.com/content/2016-11/04/content_14235052.htm。

③ 《成都具备建设文化金融中心的潜力》，《成都日报》2017年11月27日。

经济和社会发达程度的重要标志。

在新的经济发展形势下，金融和文化在我国未来经济发展、社会发展和城市建设等方面的地位都被提到了前所未有的高度。金融是国家重要的核心竞争力，金融安全是国家安全的重要组成部分，金融制度是经济社会发展中重要的基础性制度①。而文化产业在国家战略中的地位也日益重要，在区域经济发展中的地位也日渐提高。在文化中心和金融中心建设同时发力的情况下，文化金融中心建设就必然成为重要课题。

第二，作为一种特色金融，文化金融适合很多城市的发展规划需求。

就特定城市而言，发展金融必须因地制宜，不是所有城市都具有北京、上海、深圳的条件。发展什么样的金融，需要结合城市特点、区位优势和产业特色。如何发展特色金融是很多城市的难题。如杭州正在大力打造新金融城市，并以科技金融为重点发展方向。

在绿色金融、普惠金融、科技金融、文化金融、养老金融、供应链金融、互联网金融（金融科技）等特色金融类型上，发展文化金融应是很多城市的重要选项，既发展了金融，又可以促进文化产业发展和文化繁荣。

第三，文化金融有利于城市建设和区域经济发展，是金融中心城市承载的重要职能之一。

区域性金融中心不仅要服务城市本身，还要辐射一定的区域。如何服务一定区域，要看金融中心建设能够承载什么功能或职能。以西安为例，西安作为区域性金融中心，不仅要服务和影响西安市和陕西省，还要辐射西北部大多数地区。而在西北部经济发展中，由于现代经济发展和生态文明建设的需要，发展文化、旅游、体育等泛文化产业已经成为极为重要的任务。如何服务以“大文化产业”为特色的经济，以金融支持文化发展，发展文化金融，建设文化金融中心城市就显得尤其必要。

3. 形成数个全国性文化金融中心城市是大势所趋

自从 2014 年 3 月文化部、中国人民银行等部门联合发布《关于深入推

---

① 引自习近平总书记在 2017 年全国金融工作会议上的讲话。

进文化金融合作的意见》以来，地方和基层相关的实施意见也相继出台，促进了文化金融合作更加深入，北京、南京、深圳等地的文化金融合作项目纷纷落地，形成了数个全国性文化金融中心城市。

文化金融中心城市从城市地位看，应具有这样的特征：金融产业和文化产业成为支柱性产业，金融与文化产业融合程度较高，文化金融服务也辐射了全国或一定区域。

能够形成全国性文化金融中心城市，需要有三个基础：第一，是国家中心城市或一线城市或具有其基础；第二，是全国性金融中心或区域性金融中心，金融服务辐射全国或一定区域；第三，具有较发达的文化产业基础，文化产业在全国或一定区域具有影响力。

目前，我国已经成为国家中心城市及具有国家中心城市建设资格的城市①有九个：北京、天津、上海、广州、重庆、成都、武汉、郑州、西安。国家中心城市不仅是国家经济中心，而且具有更综合全面的要求和功能，并具有一定的政治意义，比如九个国家中心城市中没有公认的一线城市深圳，而郑州、西安是 GDP 没有超过 1 万亿的两个国家中心城市（2016 年），从这个角度上看，东北不可能没有一个国家中心城市。根据很多学者的研究，我国需要更多的一线城市，经济学家姚余栋、管清友认为，在综合各项量化指标与节点城市基础上，具备成为一线城市基础的城市有杭州、天津、南京、苏州、成都、武汉，而重庆、宁波、青岛、厦门、西安、无锡、长沙、郑州和合肥有望成为准一线城市②。

从金融中心城市和文化中心城市看，我们可以参考中国（深圳）综合

---

① 2010 年 2 月，住房和城乡建设部发布的《全国城镇体系规划纲要（2010 ~ 2020 年）》明确提出建设五大（北京、天津、上海、广州、重庆）国家中心城市的规划和定位。2016 年 5 月国务院批复的《成渝城市群发展规划》明确提出，建设成都为国家中心城市。2016 年 12 月，国家发展改革委发布了《促进中部地区崛起“十三五”规划》（简称《规划》），其中明确提出，“支持武汉、郑州建设国家中心城市”。2018 年 2 月 7 日，国家发展改革委发布了《关中平原城市群发展规划》，其中提出“建设西安国家中心城市”。

② 《重塑中国经济新动能需要一批新一线城市》，21 世纪经济报道，http：//m. 21jingji. com/article/20170916/f0291b53f544f96e9131c648abc5473c. html。

开发研究院研发的“金融中心指数”和深圳大学研发的“中国城市创意指数”，如下面的两个表格（见表1、表2）。

表1　2016年金融中心指数

序号	金融中心	综合竞争力	金融产业绩效	金融机构实力	金融市场规模	金融生态环境
1	上　海	219.11	133.86	214.07	388.51	128.16
2	北　京	164.29	142.24	290.85	43.84	151.18
3	深　圳	101.75	95.19	123.39	71.75	113.55
4	广　州	60.29	71.59	66.80	0.07	107.77
5	成　都	45.72	64.59	46.69	0.99	74.40
6	杭　州	45.11	59.86	43.33	0.02	82.77
7	天　津	44.81	61.31	42.18	0.62	77.71
8	重　庆	43.90	55.37	46.16	1.39	76.66
9	南　京	43.49	58.05	41.70	0.02	79.54
10	苏　州	40.13	54.16	35.64	0.01	76.69
11	大　连	36.76	44.94	24.01	16.50	68.64
12	西　安	36.47	59.44	25.95	0.36	66.59
13	武　汉	36.37	47.19	29.65	1.03	74.20
14	郑　州	33.99	47.33	24.27	12.17	57.55
15	厦　门	31.97	55.59	19.76	0.03	58.91

资料来源：第八期2016年金融中心指数－中国（深圳）综合开发研究院。

表2　2016年中国城市创意指数

序　号	城　市	中国创意城市指数	产业影响力	要素推动力	需求推动力	发展支撑力
1	北　京	96.90	103.59	97.63	88.15	94.31
2	上　海	95.33	102.84	84.81	94.68	94.15
3	深　圳	82.84	84.88	81.52	74.27	85.78
4	杭　州	79.11	91.64	73.88	72.84	73.62
5	广　州	76.33	73.16	71.12	78.94	81.24
6	重　庆	75.17	67.58	71.58	81.92	82.21
7	苏　州	73.91	74.33	73.57	76.57	72.44
8	天　津	73.74	71.65	71.83	74.57	76.54
9	成　都	71.68	67.56	72.96	73.74	74.34
10	武　汉	71.11	71.12	67.37	71.23	73.06
11	西　安	70.25	70.02	73.33	69.30	69.32

续表

序号	城市	中国创意城市指数	产业影响力	要素推动力	需求推动力	发展支撑力
12	南京	69.54	68.28	70.48	73.14	68.64
13	青岛	68.76	67.82	67.97	70.56	69.27
14	长沙	68.63	70.91	65.42	71.35	66.81
15	宁波	68.37	64.56	69.60	71.74	70.11

注：根据深圳大学《2017 中国城市创意指数报告》* 内容整理。为了与上表对应比较方便，本表未含香港和台北，原表格中香港为第 3 位，台北为第 10 位。

* 该报告由深圳大学管理学院、深圳大学文化产业研究院、深圳大学国家文化创新研究中心于 2017 年 12 月 9 日发布。

综合国家中心城市及这两个指数，对文化金融中心城市我们有三点分析。

第一，国家中心城市和一线城市的建设势在必行，文化金融发展存在很多机遇。国家中心城市、一线城市建设，虽然需要从国家战略角度综合考虑，但其金融产业、文化产业和科技产业都必须具有一定的优势，任何一个短板都可能成为建设国家中心城市的阻碍。文化金融作为连接金融和文化建设两大领域的特殊金融业态，应在新一轮城市建设中发挥特殊的作用。

第二，国家中心城市（及一线城市）、金融中心城市、文化产业发达城市存在高度相关性。《2017 中国城市创意指数报告》数据结果显示，2016 年各大城市的创意指数与城市 GDP 高度相关，相关系数高达 0.934。金融中心和文化产业发达城市也存在高度相关性。在前十位中，除了南京和武汉在两个排名中稍有差异以外，其他九个城市几乎相同。文化与金融的这种关联性，使文化金融在这些城市的建设中具有先天禀赋。以上所涉及的这些城市都已经具有了成为文化金融中心的先决条件，基于各类中心城市的先天优势，很多城市成为事实上的文化金融中心城市是顺理成章的事。

第三，这些城市在金融业和文化产业两个方面都有良好的基础，但并不能说明文化金融发展的实际情况，或者说并不天然意味着文化金融发展水平

高。文化金融不仅是合作与融合，而且是一种有特色的金融服务业态，很多城市实际上在文化与金融的合作与融合方面并未形成自己的特色，也没有独特的文化金融品牌。如果一个城市拥有一个在全球都有影响力的“电影金融公司”，我们可以认为这个城市就拥有了作为文化金融中心城市的品牌。所以，从规划和战略角度上谈建设问题，需要发现资源优势，合力并进，推动文化金融中心建设。

总之，随着我国经济、文化建设的发展，对于很多大中型城市来说，促进文化金融合作与融合，以文化金融推动区域经济发展是很现实的选择；而对全国而言，形成5~8个文化金融发达的全国性中心城市是有可能的，这种趋势与全国中心城市和新一线城市发展的战略布局是一致的。

三　与文化金融相关的三大战略性重大命题回顾

近年来，文化产业在国家总体战略中的战略关联性、环境关联性都有极大增强。文化金融与文化产业之所以脆弱，往往正是因为有些重大联系没有梳理清楚，缺乏共识造成缺乏动力。其中比较重要的包括供给侧结构性改革问题、金融服务实体经济问题、社会主要矛盾变化问题等。结合近年来各界的研究，本节对这三个命题进行专门的分析。

（一）解决文化产业的供给侧问题根本在于制度有效供给

2015年11月10日，习近平总书记在中央财经领导小组第十一次会议上强调，在适度扩大总需求的同时，着力加强供给侧结构性改革，着力提高供给体系质量和效率，增强经济持续增长动力，推动我国社会生产力水平实现整体跃升。从此，供给侧结构性改革一直是我国宏观经济重大战略之一。党的十九大报告指出，必须坚持质量第一、效益优先，以供给侧结构性改革为主线，推动经济发展质量变革、效率变革、动力变革。由此判断，我国未来五年内经济改革的重点仍然是供给侧结构性改革。

供给侧结构性改革是宏观经济命题，文化产业是这一命题的一个环节。

从文化产业的宏观经济角色上来看，必须大力发展文化产业[①]。供给侧结构性改革在文化产业中的实际反映和投射，是文化产业界比较关注的一个命题，多数学者认为文化产业也存在供给侧结构性改革问题。

1. 从文化产品看文化产业供给侧问题

从产品供给本身来看，我国文化产品的供给的确存在很多问题。张振鹏（2016）认为，目前我国文化供给存在的主要问题是基本文化消费供给过剩且质量不高，发展型文化消费品供给数量和质量都明显不足；享受型文化消费品质量参差不齐但价格高企[②]。范周认为，文化领域供给侧结构性改革一方面是以创新形成更高质量的文化产品和服务的有效供给，带动新需求；另一方面是让市场及时出清，通过杜绝低俗供给、减少低端供给、淘汰过剩供给、清理僵尸供给、盘活呆滞供给，培育新的经济增长点[③]。卫绍生（2016）认为，在文化产品的供给方面，同样存在着增加优质供给、扩大有效供给、减少无效供给、提高文化产品供给的针对性和适应性的问题。

金巍（2016）认为，文化产品的供求关系受到了“供给创造需求”定律的影响。几十年以来，我国一直处于文化产品匮乏时期，我国政府既要大力发展文化产业增加供给，又要对危害意识形态安全问题保持警惕。事实上，我们并没有做好这方面的工作，于是出现了奇怪的结果：看似严格的文化产品监管制度下，透露出的却是对文化产品供给的放任，按照“供给创造需求”定律，这事实上造成了对文化消费的放任。基于纯粹经济观念的作品和基于现代娱乐观念的作品充斥市场，这些产品不仅影响了普通消费者，也极大影响了少年儿童的人生观价值观。畸形的消费形态，反过来又构成了对文化产品供给的约束，这种恶性循环值得关注。

2. 文化产业供给侧的重点是制度供给

新制度经济学认为，制度供给是经济发展的内生要素，与其他要素共同

---

① 金巍：《文化产业供给侧，该聚焦什么?》，《华夏时报》2016 年 1 月 23 日。

② 张振鹏：《供给侧改革：助推我国文化产业转型升级》，《光明日报》2016 年 01 月 07 日，第 16 版。

③ 范周：《关于文化产业供给侧结构性改革的几点思考》，2016 年 5 月 18 日，半月谈网。

构成要素供给体系。从中观的产业角度看，与其他要素比较起来，制度要素在一定历史阶段具有一定的外化特征。所以从文化产业本身的供给侧角度分析，文化产品供给的背后是要素供给，要素供给的背后是制度供给，这是文化产业供给侧的三层递进结构。

产品供给出现这样那样的问题，其根本原因是制度供给出现了问题，要么是供给不足，要么是供给效果不足。制度供给既要鼓励创新，也要形成制度性约束。良性的法治经济和契约经济环境才能提供良好的文化产品。

在文化产业供给侧结构性改革中，要素和制度供给是重点，核心是改革和创新。文化产业的供给侧改革就是着眼于国民经济发展和产业中长期发展，加大要素性投入的力度，优化制度供给，促进文化产业创新①。

3. 文化产业制度供给需要“中间开花，两侧结果”

从制度供给看，对于发展中国家来说，在要素体系中制度供给最为重要。二十年来，尤其是2003 年以来，我国主要是通过一系列产业政策为文化产业发展提供制度供给，我国文化产业发展也取得了令世界瞩目的成就。但是，问题恰恰就出在制度供给的形式上。作为正式制度，法律法规（含法律、行政法规、部门规章等）、公共政策（含规划、计划、指导意见等）、第三部门行业性制度（行业规范、规则与准则）构成制度供给的三个层次。在新制度经济学中，这些都属于在宪法秩序下的制度安排。

文化产业政策属于经济性公共事务政策。我国中央政府和地方政府出台的与文化产业相关的公共政策较多，成为十几年来文化产业发展的重要推动力。但目前看，我国在这方面的公共政策还处于机械排列阶段，缺乏体系，还需要对执行效果进行全面评估。同时需要重新梳理产业政策，推动现有政策成果“中间开花，两侧结果”，将多年来的文化产业政策成果向上位和下位制度转化和固化。

我国关于文化和文化产业的国家法律法规性质的制度极少，这是“十三五”时期重要的补短板任务。《国家“十三五”时期文化发展改革规划纲

---

① 金巍：《文化产业供给侧，该聚焦什么?》，《华夏时报》2016 年 1 月 23 日。

要》中对文化法律制度建设设定的任务包括制定文化产业促进法、公共图书馆法[①]，修订著作权法、文物保护法等。其中文化产业促进法如果能够顺利制定并颁布，将成为我国文化产业发展的最高法律，对我国其他层次的制度供给将有极大的推动作用。

在我国，第三部门行业性制度（行业规范、规则与准则等）可以视为政府制度供给的延伸，是政府需要引导、指导和监管的正式制度。但我国的行业组织建设和行业规则供给相对落后。第三部门既需要在政府制度框架下活动，也可以参与或部分替代政府为社会、产业发展等提供制度供给，具有更好的弹性空间，以往通过政府出台的一些规则完全可以通过行业组织进行供给。2016 年，中国资产评估协会发布了《文化企业无形资产评估指导意见》为此提供了良好范例。随着我国在社会组织、行业组织建设上的推进，文化产业的行业组织将具有更强的行业自律管理能力、行业规则制定能力。

（二）明确文化产业与实体经济的关系有利于文化发展战略

服务实体经济的命题一直伴随着我国金融发展进程。那么文化产业和实体经济是什么关系？文化产业是不是虚拟经济？如果将文化产业归于或等同于虚拟经济，可能会对文化产业发展造成巨大的伤害。

1. 正确理解文化产业和三种“虚拟经济”的关系

实体经济概念一开始不是与虚拟经济对应的。作为一种概念，实体经济对应的英文单词是“real economy”，是一种经济理论分析方法和框架，与货币经济（money economy）相区分[②]，而货币经济是指实际生产领域之外的货币交换形成的经济形态。货币经济作为实体经济的对应面，是如何又被等同于“虚拟经济”的，源流比较复杂。

从业态上，很多人将货币经济直接等同于现代金融业，认为金融不直接产生生产价值。从不直接产生生产价值这个角度上，现代金融业被称为虚拟

① 《中华人民共和国公共图书馆法》已于 2017 年 11 月 4 日在第十二届全国人民代表大会常务委员会第三十次会议通过，在 2018 年 1 月 1 日正式实施。

② 杨立杰：《金融与实体经济的关系》，《中国金融》2017 年第 10 期。

经济，但实际上也是比较牵强的。真正的“虚拟”不仅不直接产生生产价值，而是根本与社会生产无关。所以，并非所有金融都是虚拟经济，而只有金融体系中“钱生钱”的那部分，也就是金融领域价值生产闭环的那部分才是虚拟经济形态，这是价值的产生和计量问题。当资本完全在机构与机构之间流转并产生所谓的财富价值，几乎不流入实际生产领域时，虚拟化的经济形态就产生了。虚拟经济的出现是实体经济发展到一定阶段的产物，是金融与资本市场在为实体经济服务中衍生的，其存在具有一定的合理性[①]，但这种合理性也是有限的。无论货币经济、现代金融业是不是虚拟经济，从货币经济与实体经济的对应关系上，我们可以看出，文化产业和虚拟经济几乎没什么关系。

当然，文化产业存在虚拟经济成分是另一回事。文化产业中的文化产品进行“类货币化”“类金融化”，包含极大的经济泡沫成分。很多行业的产品一旦被过度金融化，就会有虚拟经济的形态出现。文化产业如果将产品过度金融化或不以生产为目的专事炒作，也会产生“钱生钱”的虚拟经济成分，如“邮币卡电子交易”，这如同房子不用来住只用来“炒”，这些都是需要警惕的。所以，很多产业都有虚拟经济成分的存在，不能简单说哪个产业是虚拟经济。

虚拟经济概念还有另一个来源，就是网络经济。互联网时代，一些生产、服务和消费是在网络上实现的，这不同于线下的实际场景，很多网络消费也不消耗传统的物质材料，所以被称为“虚拟经济”（virtual economy）。从这个来源看，虚拟经济和文化产业的关系是弱关系。如果说有关系，那么基于互联网技术和平台形成的互联网文化产业是虚拟经济的一部分，这种虚拟经济是有积极意义的。所以，任何产业都具有实体经济和虚拟经济两个部分，不能简单说哪个产业是虚拟经济，文化产业也是如此。

一般来说，物质产品和精神产品的生产和服务，都属于实体经济形态，所以文化产业属于实体经济。最具危害性的是把物质生产部门当作实

① 金巍：《文化产业当然属于实体经济》，《中国民商》2016 年 7 月刊。

体经济，而把精神产品生产部门当作虚拟经济，排除在实体经济之外。在这种情况下，文化产业直接被等同于虚拟经济。在虚拟经济被警惕的情况下，政府决策部门可能在此名义下忽视文化产业发展，这与我国促进文化产业成为国民经济支柱性产业的战略是相背离的；金融机构可能在“金融服务实体经济”的名义下忽视文化产业，导致文化产业资本短缺，投资环境恶化。

所以，不能简单将哪个产业归类到实体经济或虚拟经济，因为分类标准和分析模式完全不同。如果非要归类，将产业和某种经济形态作为子集和全集的关系，那么文化产业当然属于实体经济①，因为其大部分是实实在在的文化产品生产和服务，是实实在在的精神产品的生产和服务。

2. 正确理解“文化产业与实体经济融合”问题

有时，“文化产业和实体经济融合”也被作为一种学术命题，但在不明确何为实体经济的情况下，尤其是只将物质生产部门、甚至只将制造业作为实体经济的情况下，“文化产业和实体经济融合”就是一个伪命题。

正如前文所述，将某一产业归于虚拟经济是错误的，而简单将某一产业和实体经济直接对立起来也是错误的。“文化产业和实体经济融合”如果隐含了这种对立假设，便是错误的。如果非要说某个产业和实体经济融合，只有这样几种情况才可能成立。

一是要说明某个产业的虚拟经济成分过高，需要向实体经济回归，那么所谓“融合”便是“回归”，比如文化产业和实体经济融合，就是说文化产业发展向实体经济形态回归，要去除产业发展中的虚拟泡沫。

二是将某个产业作为某种生产要素供给或经济增长动力供给的来源地，为实体经济提供要素或动力。如金融与实体经济融合，是说金融产业作为实体经济的资本要素来源地，金融资本要和实体经济融合。而科技产业与实体经济融合，是指科技要素要与实体经济融合；文化产业与实体经济融合是指文化要素与实体经济融合。

---

① 金巍：《文化产业当然属于实体经济》，《中国民商》2016 年 7 月刊。

从当前一国经济发展的各要素看，资本、技术和文化是最重要的三个驱动力，对应在产业上是金融产业、科技产业和文化产业。文化产业中的一些供给，是作为生产服务业存在的，如工业设计、建筑设计等，国家推动文化创意与设计服务产业、装备制造业、消费品工业等相关产业融合发展①，这可以说是“文化产业与实体经济融合”的佐证。文化产业与这些产业的融合发展，目的是要提高相关产业的文化含量，提高其产业竞争力，表面上是文化产业与相关产业融合，本质上是文化要素服务于实体经济的问题。

所以，文化产业与其他产业融合发展问题，严格意义上不是文化产品与实体经济融合发展问题，而是文化要素与实体经济融合的问题。

3. 如何在文化产业发展中去“虚拟化”

在文化产业发展中，需要警惕的所谓“虚拟经济”有两个方面。

第一，通过金融监管去除金融服务领域的“虚拟经济”，切实保障金融资本转化为生产资本，切实保障金融为文化产品生产（创作、生产、流通、传播、消费）服务，同时要继续抑制文化产品（尤其是艺术品）的过度金融化，消除在文化产业（尤其是影视领域）的畸形投资和过度投机，坚决挤压虚拟泡沫。我国监管部门对各类交易所的清理整顿工作已经取得一定进展，全国各地的文化产权交易所正在积极转型，向良性路径发展。同时，监管部门对借助文化产业名义进行的过度投机行为也进行了压制。

第二，要借助科技的力量和标准体系来化解精神产品“被虚拟化”。文化产品是精神产品，缺少评估标准，所以比较“虚”，这种精神产品的所谓“虚拟”，需要通过科技力量和标准体系来消除。一是需要增加文化产品体系的科技含量。科技在文化产业领域的广泛应用，能使文化企业、项目和产品具有更高的可评估性，具有更好的核心竞争力。二是要尽快构

① 2014 年国务院发布《国务院关于推进文化创意和设计服务与相关产业融合发展的若干意见》（国发〔2014〕10 号），提出要推进文化软件服务、建筑设计服务、专业设计服务、广告服务等文化创意和设计服务与装备制造业、消费品工业、建筑业、信息业、旅游业、农业和体育产业等重点领域融合发展。文件出台以来，文化产业与相关产业融合问题一直都是各级政府在文化产业规划中的重要内容。

建文化产业无形资产评估体系，通过标准化体系实现文化资源的经济价值有据可依。

（三）发展文化产业是解决社会主要矛盾的题中之义

党的十九大报告提出："当前我国社会主要矛盾已经转化为人民日益增长的美好生活需要和不平衡不充分的发展之间的矛盾。"社会主要矛盾变化的这一判断为我们提出了新时代的一个重大命题，文化产业在其中如何寻找自身的定位？

1. 应切实认识到文化建设在五位一体总体布局中属于短板

美好生活需要体现平衡性、系统性的全民愿望和社会期望，不平衡、不系统就意味着不美好，这与"科学发展观""五位一体"总体布局是一脉相承的。党的十九大报告提出，"我们要在继续推动发展的基础上，着力解决好发展不平衡不充分问题，大力提升发展质量和效益，更好满足人民在经济、政治、文化、社会、生态等方面日益增长的需要，更好推动人的全面发展、社会全面进步。"我们应该认识到，在经济、政治、文化、社会、生态文明五个方面，文化建设总体上属于短板，在文化建设中，文化产业总体上属于短板。总体上，我国公共文化服务均等化水平不高，文化产业发展方式粗放，社会各个层面的文化建设相对滞后。

在五位一体总布局中，文化与经济发展水平的差距最大，尤其是在国际影响力方面。2017 年，我国国内生产总值达到 82.7 万亿元，比上年增长 6.9%，GDP 总量稳居世界第二位。经济和社会发展水平在发展中国家处于领先水平，国民收入也进入了中等收入国家行列。

但根据一项具有一定参考价值的 2017 年全球软实力排名①，我们可以发现我国文化发展水平的不足。中国在 30 个上榜国家中居于第 25 位，前 6 位的国家分别是法国、英国、美国、德国、加拿大和日本。中国在政府、全

① 2017 年 7 月，英国波特兰公关公司（Portland communications）联合美国南加州大学公共外交研究中心（USC Center on Public Diplomacy）共同发布了《软实力 30 强：2017 年全球软实力排名》，这是该机构连续第三次发布这一报告。

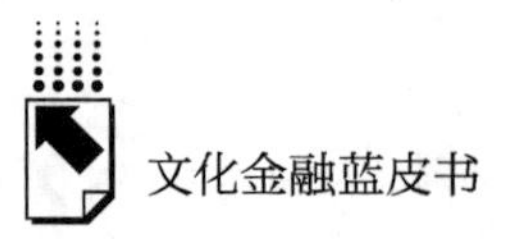

球参与、文化、教育等4项指标上提升较快，报告认为中国的软实力主要体现在文化领域。从这个排名可以看到，我国文化的国际影响力上升较快，但与其他方面的国际影响力相比仍然不尽如人意，软实力落后于硬实力。所以，在当前我国社会主要矛盾中，文化建设是相对不平衡、不充分发展的部分，还无法满足人民日益增长的美好生活需要。

2. 应切实认识到文化产业发展在化解社会主要矛盾中的历史责任

从文化建设谈社会主要矛盾的变化，首先要在宏观的、总体的视野上看文化建设的角色，看文化建设在解决社会主要矛盾中的作用。

2017年，我国GDP稳居世界第二位，全年人均国内生产总值59660元，比上年增长6.3%。全年国民总收入825016亿元，比上年增长7.0%。可以看到，我国居民的消费能力在继续提升。但是，我国居民年人均文化消费不高，文化消费缺口巨大。这一反差说明，我国国民的文化消费习惯、消费意识等还需要提高，同时我国的文化产品供给仍然存在很大问题。不能满足人民群众的文化消费需要，就谈不上美好生活。文化产业是文化建设的重要组成部分，文化消费中的供需矛盾主要通过发展文化产业来解决，所以文化产业在化解当前社会主要矛盾进程中应该有自身的担当，应该切实认识到自身的历史责任。从人民日益增长的美好生活需要来看，加快文化产业发展是非常紧迫的任务之一。

从国家发展战略上看，文化产业是文化软实力中的硬实力，没有发达的文化产业，就没有一个国家的文化软实力。所以，发展文化产业不仅是满足人民日益增长的精神与文化消费需要的基础，而且是提高国家软实力的重要途径。

3. 当然还应切实认识到文化产业自身也存在不平衡不充分的发展的矛盾

从文化建设谈社会主要矛盾的变化，还要看社会矛盾在文化建设领域的投射和社会主要矛盾在文化建设领域的特殊性，看文化建设本身是否有发展的不平衡不充分问题，是否满足了人民日益增长的精神与文化需要。

社会主要矛盾反映在文化建设自身，就是人民日益增长的精神与文化需要和文化建设不平衡、不充分之间的矛盾。文化建设尤其是文化产业发展不平衡不充分主要表现在：空间发展不平衡（主要是东西部发展不平衡和城乡发展不平衡）；产业结构发展不平衡；群体之间不平衡等。不充分的部分主要是政策与制度潜力发挥不充分；资金资本使用效率较低，资本潜力挖掘不充分等。

党的十九大报告指出："健全现代文化产业体系和市场体系，创新生产经营机制，完善文化经济政策，培育新型文化业态。"我国经济发展已经由高速增长向高质量增长转型，同时由于我国文化产业发展已经完成了原始积累阶段，加快发展文化产业不再是追求单纯的规模增长速度，更重要的是提升文化产业发展质量。

所以，社会主要矛盾变化的判断不仅为未来长时期内国家战略和社会发展规划提供了重要依据，而且也为我国文化建设和文化产业发展提供了重要的理论依据和逻辑基础①。

四　关于文化金融研究的几点建议

随着文化发展在综合国力建设中越来越重要、文化产业规模越来越巨大、文化与其他产业的相关性越来越强，金融界对文化产业的关注度越来越高，金融学家、经济学家和文化产业学者等各界学者对文化金融的研究也更加深入。

但是，文化金融毕竟是新兴的研究领域，文化金融研究仍然处于相对初级的阶段。所以，课题组根据对我国文化金融研究情况的观察和自身研究的总结，提出以下几点建议供研究界参考。

（一）坚持文化金融研究的科学性与规范性

近年来，我国学界对文化金融这一领域有了一定共识，但还未形成成熟

① 金巍：《社会主要矛盾变化的判断是加快发展文化产业的重要依据》，中国经济网，2017年11月7日，http：//www. ce. cn/culture/gd/201711/07/t20171107_ 26787865. shtml。

的理论体系和研究范式，也未建立共同的话语体系。在文化金融研究中坚持科学性和规范性，已经显得十分必要。

1. 明确文化金融研究中文化和金融的关系

文化金融反映的关系，只是文化与金融之间诸多关系中的一种。文化与金融的关系研究也有不同的视角。在文化产业及其资本市场发展背景下产生的文化金融概念，反映了文化与金融在现代经济文化条件下的特殊关系。所以，文化金融是基于文化生产领域的金融服务和资本市场体系，服务于文化生产与再生产是文化金融的根本目的，也是文化金融研究的基本范畴。

文化金融反映的关系中，文化是特性，金融是共性。忽视了文化或文化产业的特性，文化金融就失去了灵魂；忽视了金融的共性，文化金融就失去了基本规则。

文化金融作为一种业态，本质上是金融服务业。虽然在研究上也可以当作一种文化生产服务业，但从产业统计上，绝大部分产值不会计入文化产业。

2. 明确文化金融研究的范畴和边界

文化金融作为一个交叉研究领域，涉及的学科比较多，涉及的要素和因素也比较多。作为研究，应有边界、要有前提、要有假定、要有共同的语境。在文化金融研究中，研究者对文化和金融的内涵和外延需要有清晰的认识。

对于什么是金融一般少有争议，难度大的是如何界定文化金融中的“文化”。以文化生产为基础来认识解构文化金融中的“文化”，是目前认识文化金融研究范畴中较为实际的方法。从内容生产（内容产业）、文化产业（统计意义）到文化建设（含文化事业），文化生产界定不同，文化金融范畴也不同。其中文化产业金融是文化金融的主体，也是文化金融的狭义定义范畴，文化金融的分层就是在文化产业金融的基础上适度缩小边界。此外还有大文化产业（含文体旅）、泛文化产业等，在文化金融的研究中都需要明确界定。

3. 明确文化金融的研究路径

从当前看，“从金融到文化”和“从文化到金融”是最现实的两个研究路径，两者并行不悖。从工具看，有债权类文化金融、股权类文化金融、风险管理类文化金融等；从产业看，有电影金融、艺术品金融、传媒产业金融等。当两者交叉时，每个节点都是独立的关键的文化金融研究领域，例如“电影产业保险”“传媒产业私募股权市场”。从金融到文化的路径，不仅从机构和工具，而且从金融市场视角、金融基础设施研究文化金融；从文化到金融的路径，不仅是从文化产业的不同行业视角，还可以从无形资产（内容及版权）、文化资源及价值体系（文化资产等）等视角研究文化金融的特殊性（见图1）。

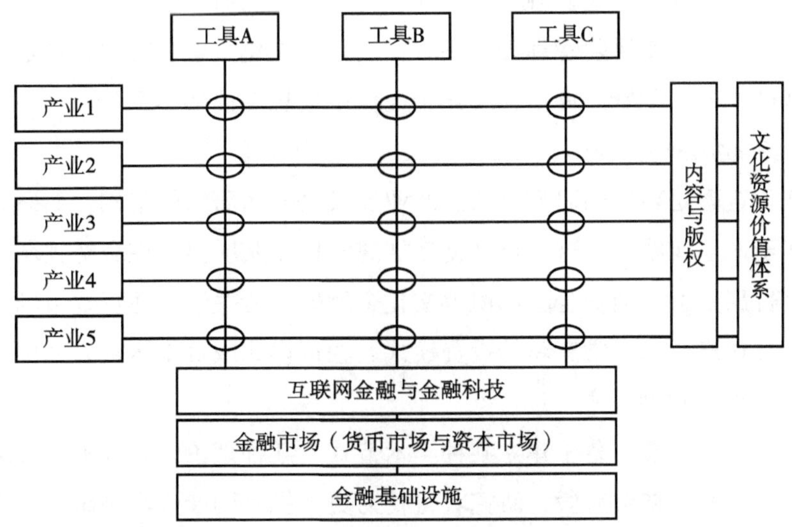

图1　文化金融分类及分析框架示意

这两种路径各有利弊，但总体上有利于发挥金融学者和文化产业学者各自的优势。金融界和文化界共同参与研究，将有利于文化金融研究在文化和金融之间搭建融合的桥梁，构建真正的文化金融生态。文化金融作为一种业态的成熟，必然是一种融合状态，而在研究中也需要寻找一种融合状态，并形成文化金融独特的理论架构和体系。

当前比较紧要的需要经济学者和金融学者的积极参与。由于历史和现实的原因，以往经济学界参与文化金融研究的学者一直比较少，但这种情况正在发生令人欣喜的变化。

（二）坚持基础研究与关注产业实践相结合

1. 文化金融研究应密切关注基础性研究课题

文化金融作为一种特色业态具有一定的独特机理，这需要关注一些基础性课题。有些问题直接决定了文化金融能否具有一个不同于其他产业金融的金融生态，如专业化的金融机构、独特的金融工具和产品体系、独特的金融基础设施等。有些问题是文化金融作为金融业态必须面对的基础问题，如文化产业资产管理、文化产业资产证券化、文化金融市场信息体系与指标体系、文化金融体系风险管理等。还有些问题是文化金融独有的，更是需要研究的基础，如文化资产评估、文化企业信用信息与评估体系等。

2. 文化金融研究应密切关注产业实践和热点问题

文化金融是新兴的研究领域。产业实践是学术研究的基础，而研究往往是落实于产业实践的，这一点在创新加速时期尤其明显。在金融领域，金融科技、普惠金融、消费金融都值得文化金融研究者关注；在资本市场，资本在热捧文化产业时经常有新的投资模式、融资模式或资本运营方式出现，这些都需要我们时刻关注。

从这个角度看，急于建立某种学术范式、某种理论体系都不切实际。在文化金融研究的初级阶段，研究者将精力更多投入到产业案例研究、产业规划研究方面，在文本上多形成研究报告、咨询报告等，反而更能够接近文化金融的实际。

（三）坚持立足中国实际与借鉴国际经验相结合

1. 文化金融研究应紧密根植于中国实际

虽然文化金融具有跨国界的统一规律性，但由于文化产业和文化建设在一个国家战略中的特殊地位，每个国家的文化产业发展都具有一定的特殊性。所以文化金融研究应在研究文化产业的基础上紧密根植于中国实际。

一是发展阶段特殊性。中国是最大的发展中国家，文化产业仍处于初级发展阶段，我国文化产业在国民经济体系中的地位还不高。与学术理论相比，政策设计与制度供给对产业实践的指导更加重要，这些构成了当前文化产业发展阶段的特殊性。在这样的发展阶段，资本和金融在其中发挥怎样的作用？低水平的产业发展，需要资本的持续投入，也需要资本的效率，需要通过资本融合度提高文化产业与国民经济体系的融合度。通过文化金融政策和制度供给，提高文化产业成熟度，培育现代文化产业市场体系，这都是文化金融研究的现实价值所在。

二是改革环境特殊性。文化金融发展同时受到文化体制改革和金融改革的影响，由此形成的改革环境具有复杂性。当前，我国还面临着极为重要的文化体制改革任务。文化产业与文化事业的发展都是建立在我国文化体制改革的基础上的，党的十九大之后，文化产业体制迎来新一轮改革，文化产业也将迎来新的战略布局。同时，我们应密切关注金融改革对文化金融的影响。2016 年以来，我国金融监管加强，随着 2017 年的全国金融工作会议召开，我国金融改革进入了新的时期。这些变化必然对文化产业的金融服务及资本市场产生影响。

三是战略关联特殊性。中国在文化产业发展上具有更加强烈的国家战略需求，与其他国家相比，我国文化产业发展的最大特点是，文化产业本身是文化强国战略关注的焦点，文化产业发展与其他国家战略又具有极其紧密的关系。在相关国家战略方面，我们应重点关注“双创”理念、供给侧结构性改革、“一带一路”倡议和区域协调发展战略。例如，党的十九大报告提出了区域协调发展战略，在这一战略中文化产业必然要承担自身的责任，将文化产业发展放在国家战略框架下思考，格局和空间就会变得更加广阔。

2. 文化金融研究应积极借鉴国际学术成果和实践经验

文化金融研究是随着我国文化产业发展和相关政策推动而兴起的，具有极其鲜明的中国特色，文化金融作为独立研究领域是中国的一种创造，我们甚至在国际文献中找不到对应的专有词汇（现在我们用 Culture Finance 来做英文术语）。从这点看，我们要构建文化金融这个高位的研究体系，几乎没有更多经验可以借鉴。

但是，在国际上有很多文化金融方面的成功经验值得我们学习。欧美国家的文化产业比较发达，文化经济政策体系比较完善，文化经济研究比较成熟。发达国家的文化产业也是在和金融相结合的基础上发展起来的，有很多具体领域的经验值得我们借鉴，如电影金融、艺术品金融等领域，就有很多学术成果和实践经验值得我们学习。

所以，文化金融研究首先应着重研究我国文化产业发展特点，研究我国经济社会发展战略，结合中国实际，勇于创新，同时还应积极加强国际交流与合作，积极学习和借鉴国际经验。

参考文献

1. 花建：《上海要打造国际文化金融中心》，《中国文化报》，2014。
2. 金巍：《文化产业供给侧，该聚焦什么?》，《华夏时报》，2016。
3. 张振鹏：《供给侧改革：助推我国文化产业转型升级》，《光明日报》，2016。
4. 范周：《关于文化产业供给侧结构性改革的几点思考》，2016。
5. 杨涛、王斌：《如何理解文化金融研究的新范式》，《当代金融家》，2016。
6. 金巍：《文化产业当然属于实体经济》，《中国民商》，2016。
7. 杨涛：《新型文化金融探索有三大“抓手”》，金融界网站，网址 http：//finance.jrj.com.cn/2017/01/16083321970533.shtml。
8. 杨立杰：《金融与实体经济的关系》，《中国金融》，2017。
9. 中国（深圳）综合开发研究院课题组：《中国金融中心指数（CDI CFCI）报告（第八期）》，中国经济出版社，2016。
10. 深圳大学管理学院、深圳大学文化产业研究院、深圳大学国家文化创新研究中心：《2017 中国城市创意指数报告》。

工　具　篇

Instruments Reports

B.2
2017年债权类文化金融发展状况

王邦飞　沈润涛*

摘　要： 债权类文化金融主要着眼于分析支持文化发展的各类融资模式和工具。本章以信贷、信托、融资租赁、债权为代表，通过数据分析和案例剖析，试图对债券类文化金融的发展现状及进展予以系统分析。具体而言，2017年，一是主要商业银行继续支持文化信贷发展，纷纷从组织机构、产品创新等方面加大推进力度。二是信托公司根据资金需求阶段的不同，综合利用股权、债权等多种方式来满足文化产业的融资需求。信托资金投向文化、体育、娱乐业的余额虽然比重仍偏低，但增长动力值得关注。三是在融资租赁市场中，飞机、轮船等固定资产市场占绝对主导。文化产业由于轻资产运营特征，

* 王邦飞，安徽枞阳人，国家金融与发展实验室特聘高级研究员；沈润涛，中国社会科学院研究生院博士。

相对占比较小。四是债券市场经历了大幅波动，债券市场发行普遍萎缩，融资信贷化的趋势愈加明显，文化产业债券融资情况也受到一定影响。

关键词： 债权类融资　文化产业　文化金融

2017 年，中国电影票房突破 550 亿元，同比增长 23%，大大高于 GDP 增速。文化娱乐业固定资产投资累计同比增长 10.53%，比全部固定资产投资增速高出 3.33 个百分点。文化产业在经济增长中的贡献越来越大。文化产业繁荣发展的内在原因是中国经济发展层次的提升，2017 年中国 GDP 增速为 6.9%，对全球经济增长的贡献率在 30% 以上。随着中国迈入中高收入国家行列，民众的文化消费需求越来越迫切。外在原因是产业、财政、金融等相关政策的大力支持（见表 1）。

表 1　政策对文化产业的支持情况

时间	相关部门	政策名称	主要内容
2009 年	国务院	《文化产业振兴规划》	首次将文化产业上升到国家战略层面
2010 年	中国人民银行等九部委	《关于金融支持文化产业振兴和发展繁荣的指导意见》	进一步改进和提升对文化产业的金融支持
2012 年	财政部	《文化产业发展专项资金管理暂行办法》	促进金融资本和文化资源对接。对文化企业利用银行、非银行金融机构等渠道融资发展予以支持；对文化企业上市融资、发行企业债等活动予以支持 对符合支持条件的申报单位通过银行贷款实施重点发展项目所实际发生的利息给予补贴
2012 年		《党的十八大报告》	到 2020 年全面建成小康社会，文化产业成为国民经济支柱性产业
2013 年		《中国共产党十八届三中全会公报》	鼓励金融资本、社会资本、文化资源相结合
2017 年		《党的十九大报告》	健全现代文化产业体系和市场体系，创新生产经营机制，完善文化经济政策，培育新型文化业态

资料来源：根据相关政策文件整理。

根据2012年出台的《文化产业发展专项资金管理暂行办法》，财政部于2017年4月21日启动了2017年度的文化产业发展专项基金申报工作。按照财政部印发的申报通知，“实施文化金融扶持计划”由文化部牵头负责。4月28日，文化部办公厅印发了《关于做好2017年度中央财政文化产业发展专项资金重大项目申报工作的通知》，明确指出文化金融支持方向：“主要采取贴息、风险补偿补助等方式，重点支持符合国家政策方向的文化产业项目通过银行、基金、融资担保、融资租赁等方式融资发展，以及相关机构在文化与金融合作领域的产品创新、服务创新、模式创新和机制创新，为文化产业营造良好融资环境，缓解文化企业融资难、融资贵、融资慢等问题”。财政与金融政策的密切配合为文化金融发展打下坚实基础。具体措施如表2所示。

表2 2017年文化部对文化产业的金融支持政策情况

支持对象	支持方式
文化企业信贷融资	对文化产业项目建设、运营期内发生的贷款利息予以贴息。贷款种类包括：项目贷款、贸易融资、文化消费贷款等，以及能够准确说明资金使用用途的流动资金贷款
文化企业债券融资	对债券发行的承销、注册、发行等费用及符合用途的兑付利息予以支持。债券种类包括银行间市场发行的非金融企业债务工具、交易所发行的公司债券（不含区域股权市场发行的私募债券）、发展改革系统审批发行的企业债券。债券融资应主要用于所申报文化产业项目的建设、运营
文化产业融资风险补偿	根据促进文化产业融资的实际绩效，对文化产业融资风险补偿基金、资金、账户等予以补助等支持
文化类创新性融资工具	对文化产业项目的实施采取融资租赁、信托融资、资管计划（不含保险类资管计划）等创新性融资工具所发生的利息予以贴息。各种融资工具须能准确说明资金用途
文化金融服务中心运营	对于运行良好、服务高效、促进文化企业融资成效明显的文化金融服务中心，在运营、服务网络建设、信用体系建设、培训对接等方面运营成本给予补助等支持

资料来源：根据文化部《关于做好2017年度中央财政文化产业发展专项资金重大项目申报工作的通知》文件整理。

一 文化产业银行信贷工具与信贷市场

2017年，我国主要商业银行继续支持文化信贷发展，纷纷从组织机构、

产品创新等方面加大推进力度。由于目前商业银行在信贷行业分类方面没有对文化信贷进行统一界定，因此相关业务数据难以获取。本文主要以案例介绍形式呈现商业银行在文化信贷方面的主要举措。

1. 完善组织架构，为文化信贷提供组织保障

（1）山东省首家文创特色银行挂牌。为解决文化创意产业“融资难”问题，推进文化产业发展，2017 年 12 月 28 日，青岛银行正式挂牌成立文创支行，这是山东省成立的首家文化创意产业金融服务机构。文创支行的成立既是青岛银行的一次尝试，也是青岛市委宣传部积极推动的结果。在此之前，青岛市有 12 万户中小微文化企业，这些企业普遍由于轻资产运营而面临融资难题。在认识到上述问题后，青岛市委宣传部坚持问题导向，打造市级文创产业金融服务平台，其重要举措之一就是推动设立文创特色银行。为了提升工作效率，青岛市委宣传部直接选择青岛银行现有支行成立文创支行，解决文创金融服务中存在的信息不对称和信用体系不完善的问题，打通文化金融服务的“最后一公里”。

（2）北京银行北京分行 2017 年成立文创金融事业总部并新设 3 家文创特色支行。文化中心是首都的四大功能之一。北京的文化产业处于国内领先地位，有着巨大发展机遇。2016 年，北京银行成立北京分行，并将服务文化创意产业作为北京分行的重要发展战略；积极规划文化金融发展，花大力气整合资源、谋划创新。为了做实文化金融业务，北京银行北京分行积极做好专营机构建设，如做好文创特色支行、信贷工厂建设。截至 2016 年年末，北京分行辖内已有 9 家经总行备案通过的文创特色支行，为文化金融体系建设、风控体系建设积累了宝贵的经验。2017 年年初，北京分行将下属小微业务规模居首的琉璃厂支行正式升格为系统内首家信贷工厂。10 月，北京银行举行了文创金融事业总部揭牌仪式，进一步升级文化金融专营服务；同时又新成立了大望路、雍和宫两家文创专营支行。打造“四专”“四单”业务模式，为专营机构提供优惠政策，加大资源投入。四专是指“专营组织架构、专项指标考核、专属业务范围、专职人员配备”；四单是指“单独绩效考核、单独权限设立、单独审批通道、单独额度匹配”。“四专”“四单”

业务模式确立了北京分行小微文化金融服务的特色化发展之路，为提升服务发展质效，形成完善的文化金融发展体系提供了重要保证。在新成立三家文创专营机构之后，北京分行已经拥有文化金融特色机构 12 家，占辖内分支机构总数的 30% 。

（3）杭州银行在京成立北京文化金融事业部。杭州是“全国文化创意中心”重要试点城市，为科技文化金融发展创造了优良的外部条件。杭州银行根植杭州这一文化产业沃土，于 2013 年成立了浙江首家文化金融专营机构——杭州文创支行；2016 年成立了国内第一家科技文创金融事业部。事业部涵盖科技金融与文创金融两大板块业务，整合长三角、北京、深圳三大区域资源，与上百家创投机构、数十家创业园区建立合作关系；与政府及专业服务机构一道聚合资源；服务科技文创企业客户近 5000 家，充分发挥规模经济和范围经济效应。在杭州银行的支持下，《人民的名义》《军师联盟》《建军大业》等一批优秀的文艺作品脱颖而出。为了给北京文化中心建设加油助力，2017 年 12 月 26 日，杭州银行在京成立了北京文化金融事业部。借此契机，杭州银行发布了为北京文化人才量身定做的金融服务方案——“追梦计划”；向北京符合条件的文化人才提供一揽子金融服务方案。同时，成立了“文化梦想导师团”，为文化创业者提供资源与支持。

2. 产品创新方面

（1）交通银行江苏省分行推出“文化征信贷”产品。交通银行江苏分行是南京市首批挂牌文化银行的金融机构，为更好服务文化企业，2017 年 4 季度，交通银行江苏分行推出了“文化征信贷”产品。“文化征信贷”产品的服务对象是经专业机构认证的初创成长期的文创小微企业，其信用风险管理模式是基于大数据的信用分析模式。因此，该产品发展的关键不仅在于交通银行，同时也在于相关合作机构，即南京文化金融服务中心、南京金电文创信用信息服务有限责任公司。前者负责文化小微企业的最终认证，后者负责出具文化小微企业的信用分析报告，交通银行负责发放贷款，额度最高可达 500 万元，利率最低可执行基准利率。

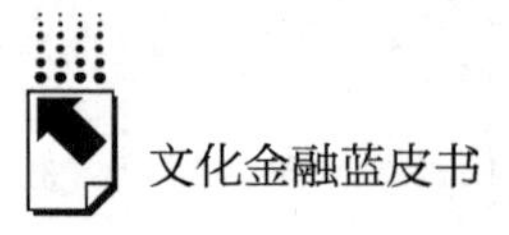

（2）青岛银行文创支行为文化企业量身定制金融产品。

青岛银行在广泛走访调研的基础上，根据不同类型文化企业特点及需求打造定制化金融服务。对于大部分文化企业而言，轻资产、高成长、高风险是其共同特征。针对轻资产中小文化企业，青岛银行推出五大系列文化信贷产品，分别是影视演艺贷、文化旅游贷、创意版权贷、文创小镇（园区）贷、“一带一路”文化贸易贷。同时，与 PE、VC 等相关机构合作，试点“投贷联动”模式，打造多元化金融服务体系，为高成长、高风险文化企业提供融资服务。

（3）杭州银行试水影视项目贷款。杭州银行为电视剧《人民的名义》提供项目贷款，树立了文创项目贷款的行业标杆。《人民的名义》在筹拍过程中并非一帆风顺。由于该片题材敏感、演员中没有“小鲜肉”，投资人普遍担心其商业前景，甚至在谈妥后最终选择退出。该片的第一出品人——嘉会文化是一家刚成立不久的新企业，无收入、无历史业绩，只有亏损；按照商业银行传统的信贷运作模式，这类企业根本没有可能获得贷款。但杭州银行经过多方调查研究后认为，《人民的名义》获得司法、党政部门多方支持，不仅政治正确、符合社会主义核心价值观，而且演员阵容强大，是一部商业前景看好的优秀作品。基于以上判断，杭州银行特事特办，按照单独的准入政策、审批流程，及时为项目提供了 1000 万元的纯信用贷款支持。

3. 业务支持方面

（1）北京银行多措并举，为文化产业提供多种业务支持。

一是继续深化银政合作，支持北京文化产业发展。2017 年 8 月，北京银行与北京市新闻出版广电局签署了新一轮为期 5 年的战略合作协议，支持北京新闻出版与广播影视产业发展。根据该协议，未来 5 年内，北京银行将为市新闻出版广电局管理和服务的文化企业提供 500 亿元授信额度，并对其推荐的优质文化企业提供融资便利，通过“绿色审批通道”方式提高业务支持力度及效率。

二是推出业内首个 IP 产业链文化金融服务方案“文化 IP 通”。该方案将文化企业“内容流”与金融服务“资金流”结合起来，涵盖三大服务系列“融资通”“投资通”“服务通”。其中，“融资通”聚焦IP产业链上中下游，为核心IP的孵化、开发、流通、衍生提供融资支持。

三是举办“文化金融”主题体验活动。2017年9月，北京银行南京分行携手北京京剧院程派传人青昀，在北京银行南京华侨路支行举行“文化金融”票友尊享见面会，并在随后的演出中为南京戏迷献上《白蛇传》等经典剧目。通过“金融搭台、文化唱戏”，北京银行不仅提升了自身在文化产业的品牌影响力，也为传统优秀文化传播发挥了积极作用。

四是支持电影作品制作发行。为支持影片《战狼2》的拍摄制作，北京银行创新采取“信用+追加股权质押+锁定《战狼2》票房回款”模式，向出品方春秋时代文化传媒有限公司提供综合授信8000万元。为了帮助《战狼2》开展宣传发行，北京银行向北京启泰远洋文化传媒有限公司提供了3500万元贷款。在2017年10月14日的文创金融事业部揭牌仪式上，北京银行与春秋时代文化传媒有限公司进一步深化合作关系，签订全面战略合作协议，为其提供2亿元的授信额度，着力打造春秋时代传媒有限公司旗下影视作品的产业链布局。

（2）上海农商银行运用产融结合模式扶持文化产业。

从2016年开始，上海农商银行就与上海沪剧院、上海报业集团先后建立战略合作关系，开启了沪上银行和传统院团合作的先河，以金融服务助力文化传媒创新。双方通过联合举办沪剧演出、沪语演讲比赛等方式传承本地文化。相关数据显示，近5年来，上海农商银行累计对200多家文化产业类客户给予信贷支持，截止到2017年9月末，发放的文化产业类贷款金额达到27.7亿元。

（3）宁波举办大型现场活动，撮合文化产业与金融资本对接。

2017年6月20日，宁波举办“文化金融走一线”大型现场活动，推动文化产业与金融资本合作。活动现场，来自银行、保险、股权交易中心等行业的30多家金融机构现场办公，与文化企业签约项目17个，金额合计5亿元；签署了文化产业信贷风险池项目，为8家文创企业带来约2000万元的信用贷款。其中，中国建设银行宁波分行对奉化广电网络有限公司追加授信1000万元（原授信1.5亿元），与浙江大丰实业股份有限公司签订信贷合同3亿元。

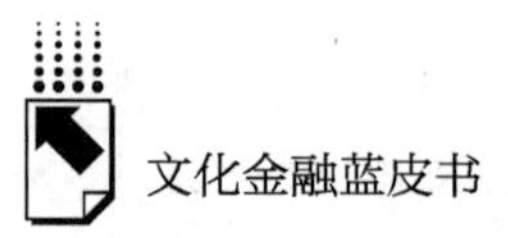

二　文化产业信托产品与市场

信托公司具有全牌照职能，与银行只能放贷不同，信托公司资金运用方式灵活，既可以发放贷款，又可以进行股权投资，还可以提供夹层资金支持，信托公司可以根据资金需求不同的阶段，综合利用股权、债权等多种方式来满足文化产业的融资需求。

相关数据显示，截至2017年9月底，信托资金投向文化、体育、娱乐业的金额为1164.47亿元，同比增长24.14%，占信托行业资产金额的比重为0.48%，总体仍然偏低；但较2016年底增加了218.82亿元，是近三年增幅最大的一年。在上述218.82亿元的年度增幅中，有183.5亿元是在2017年第一季度实现的；第二、第三季度的文化信托增速大幅趋缓。

（一）2017年文化产业信托产品发行情况

根据和讯信托数据，2017年发行的文化产业信托产品分别为“金鹤293号松桃九龙民族文化旅游开发有限公司贷款集合资金信托计划”“汉锦42号太白山文化旅游项目贷款集合资金信托计划”“影视基金5号集合资金信托计划”“至信271号华谊兄弟盒饭TV集合资金信托计划”“影视基金6号集合资金信托计划”“至信345号华谊艺术股权投资集合资金信托计划”“星辉影视股权收益权投资集合资金信托计划”“嘉惠2号影视投资集合资金信托计划”，总发行规模为12.589亿元，比2016年多3.769亿元，期限为1~3年，投资门槛均在100万元（见表3）。

表3　2017年文化产业信托产品发行情况

序号	产品名称	发行机构	发行时间	产品期限	发行规模（万元）	投资门槛（万元）	投资方式	预期年收益率（%）
1	金鹤293号松桃九龙民族文化旅游开发有限公司贷款集合资金信托计划	中江信托	2017年1月21日	36个月	20000	100	信托贷款	7.7~8

续表

序号	产品名称	发行机构	发行时间	产品期限	发行规模（万元）	投资门槛（万元）	投资方式	预期年收益率（%）
2	汉锦42号太白山文化旅游项目贷款集合资金信托计划	陕西国投	2017年1月21日	24个月	17000	100	信托贷款	6.5~6.8
3	影视基金5号集合资金信托计划	万向信托	2017年4月17日	24个月	11000	100	信托贷款	
4	至信271号华谊兄弟盒饭TV集合资金信托计划	民生信托	2017年5月27日	24个月	14200	100	组合运用	6.5~6.6
5	影视基金6号集合资金信托计划	万向信托	2017年6月29日	24个月	15000	100	信托贷款	
6	至信345号华谊艺术股权投资集合资金信托计划	民生信托	2017年7月12日	12个月	40000	100	股权投资	6.9~7.2
7	星辉影视股权收益权投资集合资金信托计划	四川信托	2017年8月21日	24个月	5490	100		7.2~7.3
8	嘉惠2号影视投资集合资金信托计划	国民信托	2017年12月6日	18个月	3200	100	信托贷款	

数据来源：和讯信托。

（二）2017年文化信托产品增信方式

2017年发行的文化信托产品采用较多的增信方式包括连带担保、保证担保、资金监管等。也有部分公司采用应收账款质押、资金分散化使用、行使影视作品联合出品署名权等方式实现信用增级。例如，“影视基金5号集合资金信托计划”和“影视基金6号集合资金信托计划”要求，任一用款项目，信托资金占影视剧总投资金额的比例不超过60%；条款中约定：“万向信托行使联合出品的署名权，成为该电视剧的联合出品方之一，控制销售回款”。

（1）股权回售

民生信托在发行“至信345号华谊艺术股权投资集合资金信托计划”时，与华谊投资签署投资协议，约定两类可以触发股权回售的条款。

a. 要求投资目标公司自民生信托全部投资款发放之日起连续三个会计年度盈利，盈利金额要分别达到1441万、2600万、3380万。任一年度未满足上述条件，信托计划有权要求华谊投资回购信托计划持有的1.5亿元股权投资对应的股权。

b. 自民生信托全部投资款发放之日起满三年内，公司完成合格新融资。如在民生信托全部投资款发放之日起三年届满之日，目标公司未能完成上述“合格新融资”，则信托计划有权要求华谊投资回购届时民生信托持有的全部股权。“合格新融资”需要满足的条件如表4所示。

表4 “合格新融资”需要满足的条件

序号	条件
1	目标公司估值不低于“信托计划剩余投资本金×2/信托计划届时持有的股权比例”
2	华谊关联方参与新融资的投资额不超过合格新融资总投资额的20%
3	合格新融资可以增资或以股权收购形式进行，投资价款应全部以现金支付（包括股权转让款及增资款）
4	参与新融资的投资人通过新融资取得的目标公司股权比例不低于5%

资料来源：和讯信托。

（2）银行股权质押

四川信托在“星辉影视股权收益权投资集合资金信托计划”产品条款中约定：星辉影视100%股权用于质押；星辉影视的母公司三信投资法人及阿拉山口三宝进出口有限责任公司分别将持有的新疆天山农村商业银行股份有限公司约2136万股、约534万股股权，共计约2670万股股权质押给四川信托。

（三）2017年文化信托资金应用情况

按照信托资金用途，2017年信托资金的主要投向大概有三类：文化基础设施建设、影视作品制作、关联公司股权投资。其中，文化基础设施建设既有影视城项目等硬件设施建设，也有粉丝经济平台等软件设施建设。在2017年发行的信托产品中，大部分产品为单一用途的产品，也有小部分产品为多用途产品。例如，“至信271号华谊兄弟盒饭TV集合资金信托计划”

募集的资金就有三个用途，在1.73亿元的总募集额中，450万元用于向星影聚合增资，1.455亿元用于向星影聚合发放信托贷款（增资和信托贷款的最终用途都是用于影视剧拍摄），剩余资金用于支付信托计划存续期间产生的各项费用或投资于固定收益类金融产品。除了上述产品外，还有两支产品也明确提出了金融投资用途，分别是“影视基金5号集合资金信托计划”、“影视基金6号集合资金信托计划”。上述产品除了用于影视剧的拍摄之外，闲置资金可用于投资依法公开发行的国债、央行票据、货币市场基金及保本型银行理财产品等金融工具（见表5、表6、表7）。

表5 2017年发行的文化基础设施建设用途信托产品

产品名称	金鹤293号松桃九龙民族文化旅游开发有限公司贷款集合资金信托计划	汉锦42号太白山文化旅游项目贷款集合资金信托计划	星辉影视股权收益权投资集合资金信托计划	至信271号华谊兄弟盒饭TV集合资金信托计划
用途	向松桃九龙民族文化旅游开发有限公司发放贷款，松桃九龙民族文化旅游开发有限公司将信托资金用于松桃县寨炳片区棚户区改造工程项目	用于陕西太白山御龙湾温泉旅游发展有限公司	用于新疆星辉影视有限公司（简称“星辉影视”）旗下新世界商业广场影视城项目和奥特莱斯影城项目建设	信托总规模不超过1.73亿元，其中，1.455亿元用于向星影聚合发放信托贷款。增资款及信托贷款将用于至信271号华谊兄弟盒饭TV粉丝经济平台项目的开发运营

资料来源：和讯信托。

表6 2017年发行的影视作品制作用途信托产品

产品名称	影视基金5号集合资金信托计划	影视基金6号集合资金信托计划	嘉惠2号影视投资集合资金信托计划
用途	信托资金用于向浙江永乐影视制作有限公司发放信托贷款，资金用于其拟投资拍摄的多部电视剧的摄制，其中闲置资金可用于投资依法公开发行的国债、央行票据、货币市场基金及保本型银行理财产品或我司认可的信托受益权等	信托资金用于向康曦影业深圳有限公司（以下简称“康曦影业”）发放信托贷款，资金以合法的形式提供给霍尔果斯康曦影业有限公司（以下简称“霍尔果斯影业”），用于霍尔果斯影业拟投资拍摄的影视剧的摄制，本期贷款资金用于《宣武门》这部剧的摄制	通过保利影业投资有限公司投资电影《鲛珠传》（暂定名，最终剧名以国家新闻出版广电总局批文为准）

资料来源：和讯信托。

表7　2017 年发行的关联公司股权投资用途信托产品

产品名称	至信 271 号华谊兄弟盒饭 TV 集合资金信托计划	至信 345 号华谊艺术股权投资集合资金信托计划
用途	信托总规模不超过 1.73 亿元，其中 450 万元元用于向星影聚合增资，计入注册资本，增资完成后，星影聚合注册资本金变更为 750 万元，信托计划持有该公司 60% 股权	通过增资、购买股权的方式，向华谊艺术投资 3.6 亿元，获得华谊艺术 24% 股权

资料来源：和讯信托。

三　文化融资租赁市场与产品

作为和实体经济联系紧密的一种金融工具，融资租赁在美国等发达国家仅次于银行业，是第二大融资工具。相比之下，我国融资租赁业务占比总体较低。截止到 2017 年底，金融机构信贷收支表中的融资租赁余额为 1.87 万亿元，仅占全部资金运用余额的 0.97%，占全部贷款余额的 1.55%。在融资租赁市场中，飞机、轮船等固定资产市场的占比又占绝对主导。文化产业由于轻资产运营特征，在融资租赁市场中的占比较小①。

文化租赁行业可以像航空、航运等企业那样开展有形资产融资租赁业务，例如通过“直租”或“售后回租”等方式开展多媒体设备、影院投影仪等有形资产租赁，同时，文化租赁还可以开展著作权、专利权、播映权、版权等无形资产融资租赁业务，其中后者才是文化租赁与其他行业融资租赁业务的根本区别所在。2015 年 9 月 13 日，《北京市服务业扩大开放综合试点实施方案》发布，明确将著作权、专利权、商标权等无形文化资产融资租赁业务纳入北京市服务业扩大开放试点政策范围，为文化租赁行业以无形资产作为融资租赁标的物提供了制度保障。以北京文化科技融资租赁公司为例，截止到 2017 年第一季度，该公司已为 170 多家文化企业提供了影视著

① 文化融资租赁破冰于 2014 年 9 月，以北京文化科技融资租赁股份有限公司的成立为标志；总的来看，文化租赁还处在初级阶段。

作权等无形资产融资租赁服务。

由于目前政府部门对文化产业有“贴息”等政策支持措施，文化租赁企业积极利用政策红利，参与“投贷补”[①] 业务联动试点。通过“投贷补”联动一方面可以降低金融机构面临的风险；另一方面可以降低文化企业的融资成本。北京文化租赁公司作为文创产业“投贷补”联动体系的首批试点机构，截止到2017年第一季度，为60多家获得补贴的文化企业提供了融资支持，资金成本可在基准利率的基础上下浮5%，有效减轻了文化企业的财务负担。以下是2017年两则文化租赁业务案例。

（一）北京文化租赁公司为金一文化提供融资支持

2017年9月，上市公司金一文化与北京文化租赁公司开展了融资租赁业务合作。双方合作主要内容是金一文化为满足融资需求，通过售后回租方式与北京文化租赁公司开展合作，将自身拥有的部分注册商品的商标权出售给北京文化租赁公司，同时将商标权租回使用。租赁期结束后，公司再依据约定向北京文化租赁公司购回商标权。上述租赁业务期限为3年，融资金额不超过3亿元。

（二）天津落地首批两单文化租赁业务

2017年8月，平安国际融资租赁（天津）有限公司与北京时代光影文化传媒股份有限公司、西安曲江春天融和影视文化有限责任公司合作，借助天津东疆保税港区租赁综合创新服务平台，通过售后回租形式，落地了天津首批两单文化类无形资产（电视剧本及电视剧的版权）融资租赁创新业务，项目金额合计为5390万元。

四　文化产业债券融资

从往年发行情况来看，文化产业债券市场的体量总体偏小。2017年，

① 所谓“投贷补”即是利用股权投资、债权融资、政策贴息等方式为文化企业提供融资支持。

债券市场经历了大幅波动；债券市场发行普遍萎缩，融资信贷化的趋势愈加明显。在此背景下，文化产业债券融资情况也受到一定影响。

（一）2017年文化产业企业发行债券整体情况

根据 Wind 资讯数据，2017 年文化产业（证监会行业分类－传播与文化产业）债券发行支数为 29 支，占全部债券发行比例的 0.081%；总金额 185.84 亿元，占全部发行金额的 0.058%；其中最小金额 1 亿元，最大金额 18 亿元，平均 6.41 亿元；最短期限 0.33 年，最长期限 18 年，平均 3.03 年；在利率上，最低年化利率 0.1%（可交换债），最高利率 7.3%，平均利率 4.7%，剔除转债和可交换债后，平均利率为 5.2%。

从发行规模来看，2017 年文化产业债券比 2016 年可比口径减少了 170.61 亿元，缩水近半。发行利率方面，2017 年较 2016 年平均上行了 80BP（含可转债与可交换债）；剔除可转债与可交换债后，平均利率较上年上行了 120BP。利率的大幅上行是文化产业债券发行规模萎缩的重要原因。在 2017 年发行的 29 支债券中，省级广电发行 1 支；新闻出版公司发行 8 支；文化产业投资公司发行 4 支；上市公司发行 8 支；其他发行 8 支（见表 8）。

表 8　2017 年文化产业债券发行单位类型

类型	发行数量（支）	占比（%）	发行单位
省级广电	1	3.45	上海广电
新闻出版公司	8	27.59	安徽出版集团有限责任公司；湖北长江出版传媒集团有限公司；重庆日报报业集团产业有限责任公司
文化产业投资公司	4	13.79	北京市文化投资发展集团有限责任公司；华闻传媒投资集团股份有限公司；上海交大产业投资管理（集团）有限公司；中原出版传媒投资控股集团有限公司
上市公司	8	27.59	吉视传媒股份有限公司；文投控股股份有限公司；北京光线传媒股份有限公司；蓝色光标；华谊兄弟；中文天地出版传媒股份有限公司
其他单位	8	27.59	北京华谊嘉信整合营销顾问集团股份有限公司；保利文化集团股份有限公司等

资料来源：根据 Wind 资讯数据整理。

（二）2017年文化产业企业发行的债券类型

在发行的29支债券中，超短期融资债券12支，可交换债2支，可转债1支，私募债1支，一般短期融资券3支，一般公司债4支，一般中期票据4支，银监会主管ABS共2支。超短期融资债券成为发行最多的融资品种，这在一定程度上是由于利率上行时期金融机构更加偏好短期资产。2017年发行的12支超短融出自8家发行主体，发行额62.9亿元，占全部发行额的33.85%；平均发行利率5.22%；平均发行期限0.62年（见表9）。

表9　2017年文化产业企业发行的超短融相关情况

债券简称	发行日期	到期日	发行面额(亿元)	利率(%)	期限(年)
17皖出版SCP003	2017/11/7	2018/8/6	5.00	4.99	0.74
17皖出版SCP002	2017/5/4	2018/2/2	8.90	4.95	0.74
17皖出版SCP001	2017/3/16	2017/12/12	5.00	4.60	0.74
17长江出版SCP002	2017/10/18	2018/7/16	5.00	4.87	0.74
17长江出版SCP001	2017/4/19	2018/1/16	5.00	4.71	0.74
17渝日报SCP001	2017/8/7	2018/5/6	1.00	4.93	0.74
17蓝色光标SCP002	2017/10/12	2018/4/14	5.00	7.30	0.49
17蓝色光标SCP001	2017/6/23	2017/10/25	5.00	6.99	0.33
17中原出版SCP001	2017/6/8	2018/3/6	5.00	5.09	0.74
17华谊兄弟SCP001	2017/5/24	2018/2/19	5.00	6.18	0.74
17中文天地SCP001	2017/8/21	2017/11/21	10.00	4.30	0.25
17文广集团SCP001	2017/5/2	2017/10/31	3.00	3.70	0.49

数据来源：Wind资讯。

不同的企业也结合各自实际，充分运用不同的债券类型开展融资。安徽出版集团有限责任公司2017年发行了5期债券。其中，发行超短融3期（17皖出版SCP001、SCP002、SCP003）；一般短融1期（17皖出版CP001）；可交换债1期（17版01EB）。华谊兄弟2017年发行了1期超短融（17华谊兄弟SCP001）、1期短融（17华谊兄弟CP001）（见表10）。

表10　安徽出版集团有限责任公司2017年发行的债券

债券简称	发行日期	到期日	发行面额（亿元）	利率（%）	期限（年）	债券类型
17版01EB	2017/11/28	2020/11/28	6.50	1.50	3.00	可交换债
17皖出版SCP003	2017/11/7	2018/8/6	5.00	4.99	0.74	超短期融资债券
17皖出版CP001	2017/4/27	2018/4/28	12.00	4.85	1.00	一般短期融资券
17皖出版SCP002	2017/5/4	2018/2/2	8.90	4.95	0.74	超短期融资债券
17皖出版SCP001	2017/3/16	2017/12/12	5.00	4.60	0.74	超短期融资债券

数据来源：Wind资讯。

五　我国十大文化产业上市公司债权类融资情况

根据2017年三季报，我们取总营业收入排名前10位的文化产业上市公司，梳理分析其债权类融资情况，探寻2017年债权融资市场变动态势（见表11）。

表11　2017年Q3我国前10大文化产业上市公司

单位：亿元

排序	公司代码	公司简称	总营收	净利润
1	600637.SH	东方明珠	121.98	11.89
2	300058.SZ	蓝色光标	104.71	2.91
3	002739.SZ	万达电影	101.85	12.63
4	600373.SH	中文传媒	89.91	11.02
5	601928.SH	凤凰传媒	73.65	9.01
6	601098.SH	中南传媒	69.57	12.33
7	600757.SH	长江传媒	67.01	5.28
8	600977.SH	中国电影	66.80	8.41
9	601801.SH	皖新传媒	64.37	10.46
10	601019.SH	山东出版	62.92	9.60

数据来源：上述公司三季度报告，按总营收排序。

截至2017年第三季度，十家文化上市公司总负债较年初增加了71.75亿元；其中，流动负债增加62.38亿元，非流动负债增加9.16亿元。主要原因或在于利率上行形势下金融机构更加偏好短期限资产。大部分文化上市公司总负债呈净增加态势，部分公司净负债有所减少，例如东方明珠总负债2017年前三季度净减少14.47亿元。10家公司所有者权益都呈现正增长，共增加66.21亿元（见表12）。

表12 2017年第三季度十大文化产业上市公司债权类融资情况

单位：亿元，%

序号	公司简称	短期借款	较年初	应付票据	较年初	应付账款	较年初
1	东方明珠	5.00	3.95	7.60	1.39	22.85	-6.48
2	蓝色光标	15.58	3.46	0.00	0.00	34.66	2.86
3	万达电影	19.06	14.06	0.00	0.00	6.89	0.25
4	中文传媒	3.91	2.61	6.39	-2.38	16.88	3.30
5	凤凰传媒	1.91	0.04	0.07	-0.13	40.63	8.34
6	中南传媒	0.00	0.00	2.68	0.09	27.69	1.08
7	长江传媒	0.00	0.00	11.00	-5.51	16.99	5.91
8	中国电影	0.00	0.00	0.00	0.00	38.49	21.80
9	皖新传媒	0.00	0.00	0.48	0.22	24.37	10.81
10	山东出版	0.00	0.00	0.55	0.40	22.41	3.36
序号	公司简称	长期借款	较年初	应付债券	较年初	长期应付款	较年初
1	东方明珠	0.00	0.00	0.00	0.00	0.00	0.00
2	蓝色光标	1.85	0.46	27.21	0.36	1.57	1.56
3	万达电影	41.28	13.14	0.00	0.00	0.31	0.31
4	中文传媒	0.27	0.00	2.00	-5.00	0.00	0.00
5	凤凰传媒	0.22	-0.27	0.00	0.00	0.09	0.00
6	中南传媒	0.00	0.00	0.00	0.00	0.00	0.00
7	长江传媒	0.00	0.00	0.00	0.00	0.03	-0.01
8	中国电影	0.00	0.00	0.00	0.00	0.45	0.00
9	皖新传媒	0.00	0.00	0.00	0.00	0.00	0.00
10	山东出版	0.00	0.00	0.00	0.00	0.00	0.00

（一）东方明珠。截至2017年第三季度，东方明珠有流动性负债63.87亿元，较年初减少14.32亿元，下降幅度为18.31%，是总负债下降的主要原因。分项目来看，东方明珠的短期借款余额为5亿元，较年初增加3.95亿元，上升幅度为376.19%；应付票据余额为7.6亿元，较年初增

加 1. 39 亿元，上升幅度为 22. 41%；应付账款余额为 22. 85 亿元，较年初减少 6. 48 亿元，下降幅度为 22. 08%。长期借款、应付债券余额为 0 元，与年初保持一致。总的来看，东方明珠的负债结构以短期负债为主；尽管总的流动负债出现下降，但短期借款、票据融资等主动负债并没有减少，反而出现增加。

（二）蓝色光标。截至 2017 年第三季度，蓝色光标的短期借款余额为 15. 58 亿元，较年初增加 3. 46 亿元，增幅为 28. 58%，系银行借款增加所致。应付账款余额为 34. 66 亿元，较年初增加 2. 86 亿元。无应付票据。长期借款余额为 1. 85 亿元，较年初增加 0. 46 亿元。应付债券余额 27. 21 亿元，较年初增加 0. 36 亿元。长期应付款余额 1. 57 亿元，较年初增加 1. 56 亿元，是相对增幅最大的长期负债项目。总的来看，蓝色光标通过贷款、债券等方式使得融资余额录得正增长；基本抵消其他渠道融资的负增长，或与当前融资回表的大趋势有关。相对于负债的平稳，蓝色光标的所有者权益 2017 年前三季度净增 16. 56 亿元，呈现去杠杆势头。

（三）万达电影。2017 年前三季度，万达电影的短期借款余额为 19. 06 亿元，较年初增长 14. 06 亿元，增幅 281%。应付账款较年初增加 0. 25 亿元，增幅 9%。长期借款余额 41. 28 亿元，较年初增加 13. 14 亿元，增幅 46. 71%。长期应付款余额由年初的 0 元增至 0. 31 亿元。各项负债合计较年初增长 26. 56 亿元，增幅远大于所有者权益（11. 71 亿元）。总的来看，万达电影 2017 年的资金面偏紧张，融资需求较为强烈。

（四）中文传媒。2017 年前三季度，中文传媒的短期借款余额为 3. 91 亿元，较年初增加 2. 61 亿元，增幅 199. 66%。应付票据余额 6. 39 亿元，较年初减少 2. 38 亿元，降幅 27. 15%。应付账款较年初增加 3. 3 亿元，增幅 24. 33%。应付债券余额 2 亿元，较年初减少 5 亿元，与非流动负债余额变动基本一致。总的来看，中文传媒 2017 年的流动负债增幅明显，非流动负债呈下降趋势，与其他上市公司的总体负债结构表现一致。

（五）凤凰传媒。截止到 2017 年第三季度，公司短期借款余额 1. 91 亿元，较年初净增0.04亿元；应付票据余额0.07亿元，较年初减少0.13亿元；应付账款余额40.63亿元，较年初净增8.34亿元；长期借款净减少0.27亿元。总的来看，凤凰传媒2017年主要通过商业信用进行短期融资；从金融机构获得的融资相对较为有限。

（六）中南传媒。2017年前三季度，中南传媒的短期借款、应付票据余额与年初基本持平；应付账款较年初增加了1.08亿元，增幅4.08%；无长期借款、应付债券、长期应付款。总体上，2017年中南传媒通过金融机构融资较少。

（七）长江传媒。截至2017年第三季度，长江传媒应付票据余额11亿元，较年初减少5.51亿元，降幅33.35%；应付账款余额16.99亿元，较年初净增5.91亿元，增幅53.26%；无短期借款、长期借款、应付债券；长期应付款较年初减少0.01亿元。总体上，长江传媒2017年通过金融机构的融资余额呈现净减少状态；总体负债基本与年初持平，外加所有者权益净增4.72亿元，企业杠杆率有所下降。

（八）中国电影。截至2017年第三季度，中国电影短期借款、应付票据余额为0元；应付账款余额38.49亿元，较年初净增21.8亿元，增幅130.65%，净增规模与全部流动负债的增长基本一致；无长期借款、应付债券、长期应付款。总体上，2017年中国电影主要通过商业信用解决资金周转问题，对金融机构融资依赖程度较低。

（九）皖新传媒。截至2017年第三季度，皖新传媒应付票据余额为0.48亿元，较年初增加0.22亿元；应付账款余额24.37亿元，较年初净增10.81亿元，增幅79.77%，无短期借款、长期借款、应付债券、长期应付款。总体上，2017年皖新传媒主要借助商业信用融资，外加少部分票据融资。

（十）山东出版。截至2017年第三季度，山东出版应付票据净增0.4亿元；应付账款净增3.36亿元，无短期借款、长期借款、应付债券、长期应付款。全年所有者权益增幅（5.9亿元）大于负债增幅，杠杆率有所降低。

参考文献

[1] 中国人民银行、财政部、文化部等部门《关于金融支持文化产业振兴和发展繁荣的指导意见》(银发〔2010〕94号)。

[2]《财政部关于印发〈文化产业发展专项资金管理暂行办法〉的通知》(财教〔2010〕81号)。

[3]《财政部关于重新修订印发〈文化产业发展专项资金管理暂行办法〉的通知》(财文资〔2012〕4号)。

[4]《文化部　中国人民银行　财政部关于深入推进文化金融合作的意见》(文产发〔2014〕14号)。

[5] 财政部办公厅《关于申报2017年度文化产业发展专项资金的通知》(财办文〔2017〕25号)。

[6]《文化部办公厅关于做好2017年度中央财政文化产业发展专项资金重大项目申报工作的通知》。

B.3
2017年股权类文化金融发展状况

刘德良*

摘　要： 近年来，我国文化产业资金流入量呈逐年上涨之势，2017年同比增加11.25%，互联网信息服务业持续火热，文化旅游业资本关注度极速上升。我国文化企业迎来“上市潮”，全年上市文化企业达34家，创历史新高，上市首发融资规模达290.18亿元，同比上涨27.10%；上市后再融资案例共发生172起，涉及资金2741.55亿元，同比增加21.59%；2017年全国上市文化企业共发生477起投资事件，投资规模为1928.61亿元，同比减少13.16%。非上市渠道中，股权众筹融资规模连年下跌，双向下滑趋势明显；创投、PE融资规模分别为226.41亿元、784.73亿元，出现小幅波动；挂牌新三板文化企业增速放缓，同比减少53.71%；新三板文化企业融资案例减少25起，规模为173.51亿元，同比下降了15.26%；投资方面，案例数量较2016年增加178起，创历史新高，但总体投资规模仅为132.02亿元，平均单起投资规模同比减少17.68%。整体来看，我国文化产业的资本关注度不减，行业集中度较高，文化旅游、网络直播等领域成为投资热点；围绕“IP”“泛娱乐”进行全产业链布局的投资并购事件不断；文化体育投资热度有所下降，共享健身成为新风口；以出版与发行业为主的国有文化企业与科技融合、创新

---

* 刘德良，新元文智咨询有限公司董事长，中国文化金融50人论坛副秘书长。

发展，陆续在主板登陆；受再融资新政的影响，债券成为上市文化企业的主要融资方式，而且在整个融资体系中成为主流；新三板文化企业数量不断减少，融资难度加大，纷纷将目光转向 IPO，预计 2018 年上市文化企业数量仍会保持增长。

关键词： 文化金融　上市文化企业　私募股权　创投　PE

一　我国文化产业资金流入的基本情况

近年来，我国文化产业快速发展，年增长速度持续高出同期 GDP 增速，成为促进产业结构调整的重点产业、经济增长新引擎。金融业对文化产业的重视程度不断提高，在文化产业发展的各个阶段扮演了重要角色。在政策和市场的双向发力下，我国文化产业与资本的融合更加紧密，迈入黄金发展期。

1. 我国文化产业发展情况

国家统计局数据显示，2017 年全国规模以上文化及相关企业共计 5.5 万家，实现营业收入 91950 亿元，比 2016 年增长 10.8%（名义增长，未扣除价格因素），增速提高 3.3 个百分点，继续保持较快增长。文化及相关产业 10 个行业的营业收入均实现增长。其中，实现两位数以上增长的四个行业分别是以“互联网 +”为主要形式的文化信息传输服务业营业收入 7990 亿元，增长 34.6%，增速最高；文化艺术服务业 434 亿元，增长 17.1%；文化休闲娱乐服务业 1545 亿元，增长 14.7%；文化用品的生产 33665 亿元，增长 11.4%，占比为 36.61%，是带动文化产业收入增长的重要领域。以上四个领域拉动作用明显，带动我国文化产业收入规模不断增长（见图 1）。

分区域看，东部地区规模以上文化及相关产业企业实现营业收入 68710 亿元，占全国 74.7%；中部、西部和东北地区分别为 14853 亿元、7400 亿元和 988 亿元，占全国比重分别为 16.2%、8.0% 和 1.1%。从增长速度看，西部地区增长 12.3%、中部地区增长 11.1%、东部地区增长 10.7%，东北

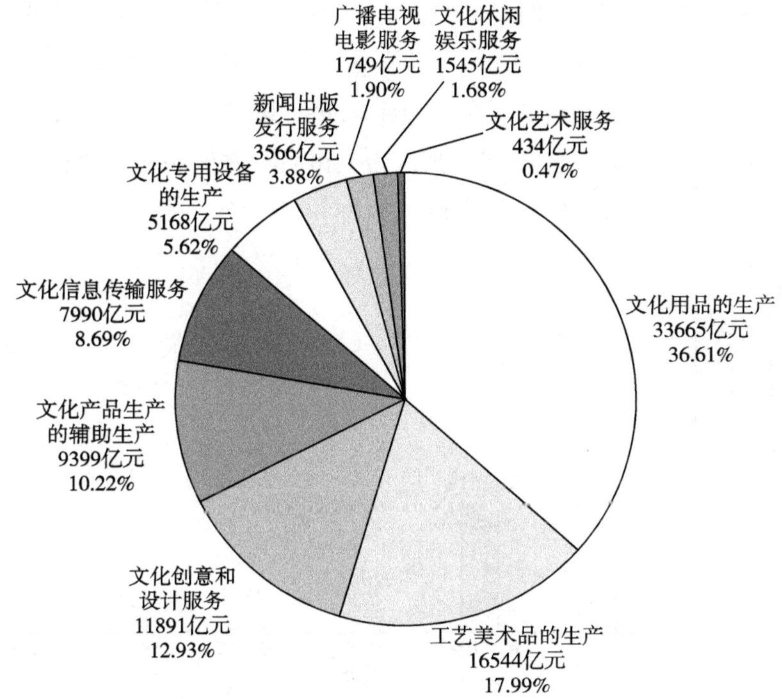

图1　2017年全国文化产业各领域收入规模

资料来源：国家统计局。

地区下降0.9%，但降幅比上年收窄12.1个百分点。①

2. 2017年我国文化产业资金流入量同比增长11.25%，债券渠道是吸金主力

近年来，我国文化产业融资渠道不断拓宽，为文化产业持续发展提供了巨量资金支持。根据中国文化产业投融资数据平台统计，2017年资本市场主流融资渠道流入我国文化产业的资金总量为5248.52亿元，较2016年同比增长11.25%，在资本市场监管日益趋严的背景下，我国文化产业资金流入依旧保持较高增速。从资金流入渠道来看，2017年我国文化产业通过债

① 数据来源：国家统计局，http：//www.stats.gov.cn/tjsj/zxfb/201801/t20180131_1579206.html。

券、上市后再融资、私募股权、上市首发融资、新三板、信托、众筹等渠道流入的资金分别为2222.42亿元、1397.43亿元、1011.14亿元、290.18亿元、173.31亿元、143.00亿元和11.04亿元。其中，债券融资规模占比达到42.34%，是资金流入主渠道；其次为上市后再融资和私募股权渠道，分别占比26.63%、19.27%（见图2）。

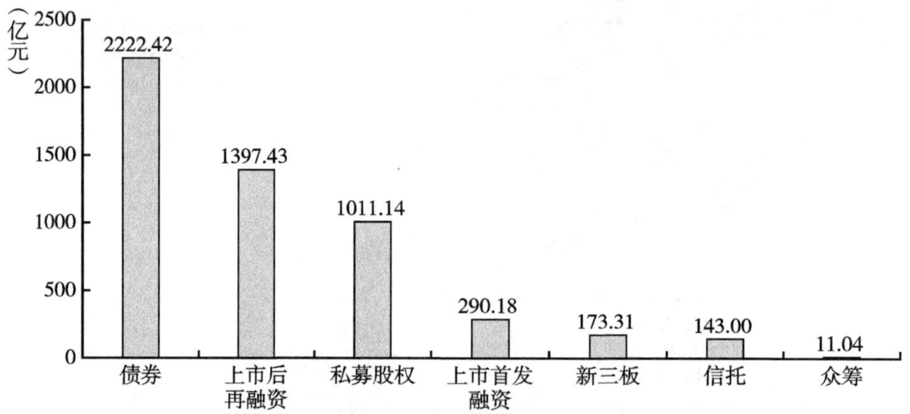

图2　2017年全国文化产业各融资渠道资金流入分布

注：计算资金流入时，为避免重复计算，上市后融资中不计相应的债券、信托融资，新三板融资中不计相应的债券融资。

资料来源：新元文智－中国文化产业投融资数据平台。

3. 文化信息传输服务业资本关注度高，吸纳资金2105.45亿元

从文化产业各具体行业的资金流入分布来看，2017年全国文化信息传输服务业受到资本市场的高度关注，吸金规模高达2105.45亿元，占比40.48%；其次是文化休闲娱乐服务业，吸金1043.27亿元，占比20.06%；新闻出版发行服务业、文化用品的生产业、广播电视电影服务业、文化创意和设计服务业，分别以510.14亿元、501.16亿元、451.91亿元、387.32亿元，占比9.81%、9.64%、8.69%和7.45%。综上，文化信息传输服务业是主要吸金行业，涉及领域也极为广泛，涵盖互联网广告营销、互联网数据服务、互联网信息服务、互联网内容制作、网络游戏等众多细分行业（见图3）。

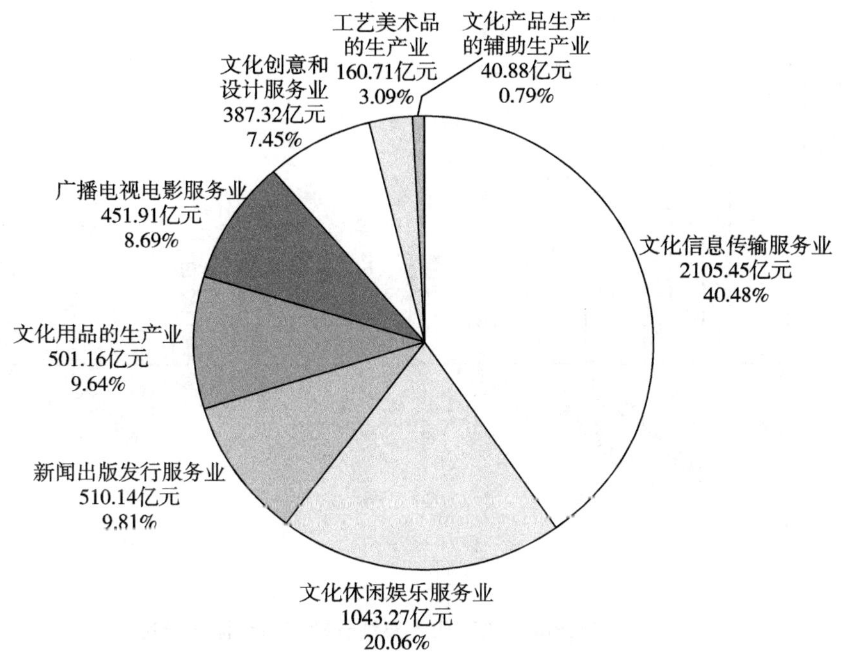

图3　2017年全国文化产业不同行业资金流入情况

资料来源：新元文智－中国文化产业投融资数据平台。

随着全民旅游的兴起以及政府对全域旅游的大力推进，以特色小镇、美丽乡村、主题公园等新兴业态为代表的文化旅游业迅速崛起，与资本的融合也更加紧密。从各细分领域资金流入分布来看，2017年全国文化旅游业以985.83亿元的资金流入量占比18.78%，居于首位；此外，互联网服务领域资本关注度持续火热，互联网信息服务业、移动互联网服务业分别吸纳资金658.77亿元、552.92亿元，合计占比23.09%（见图4）。

4. 北京市文化产业吸金规模居首，浙上广地区增长显著

从文化产业资金流入地区来看，主要集中在北京、浙江、广东、上海等全国经济领先的地区。其中，居于首位的北京市文化产业资金流入规模为1241.36亿元，占比23.65%；浙江以942.83亿元的资金流入量实现223.61%的增长，涨势喜人；此外，上海、广东分别同比增长15.85%、

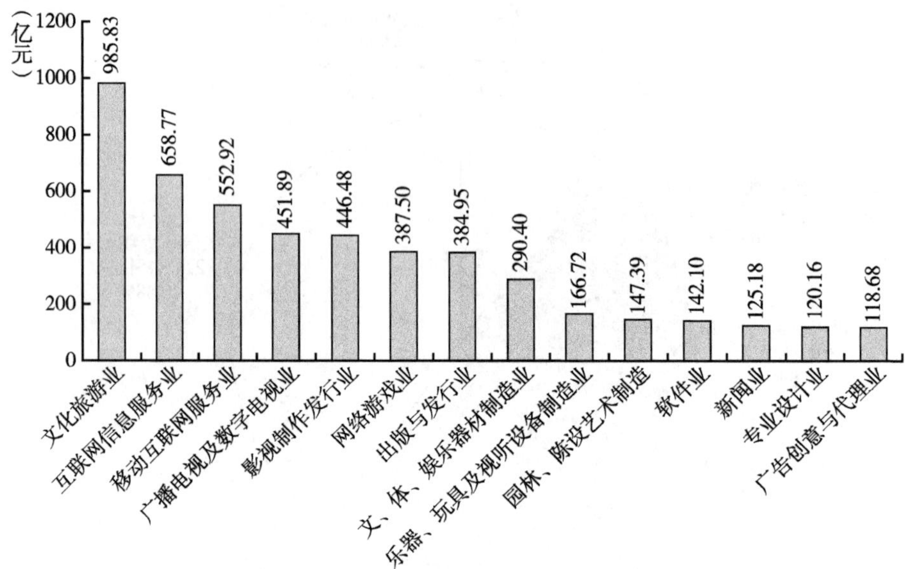

图 4　2017 年全国文化产业主要细分领域资金流入情况

资料来源：新元文智 – 中国文化产业投融资数据平台。

6.92%。综上，北京资本关注度仍处于无法撼动的地位，在多方面政策扶持和经济条件优势下，浙江文化产业发展迅猛，受到资本青睐（见图 5）。

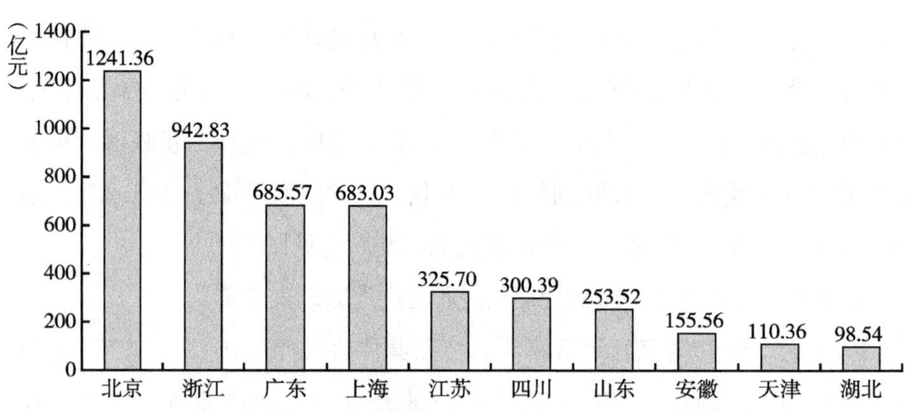

图 5　2017 年全国文化产业资金流入省份 TOP10

资料来源：新元文智 – 中国文化产业投融资数据平台。

二　我国股权融资渠道文化金融发展情况分析

股权类文化金融是文化金融的重要组成部分，也是规模最大、社会资本参与度最高的部分。2017 年资本市场聚焦上市文化企业，上市首发融资、上市后再融资规模分别同比上涨 27.10%、21.59%。文化产业与其他产业的融合不断加强，资本在文化产业的持续发展中具有不可替代的作用。

（一）上市渠道

1. 上市首发融资：上海资本关注度居首，出版与发行是集中领域

我国文化企业迎来上市高峰，融资规模不断扩大。中国文化产业投融资数据平台显示，2014～2017 年，全国共有 113 家文化企业成功上市，上市首发融资实现 2169.93 亿元。从年度分布来看，2014 年出现巅峰，上市首发融资规模达到 1519.02 亿元，主要得益于阿里巴巴集团控股的成功上市，募资 1337.71 亿元；从上市文化企业数量来看，2017 年共计 34 家，创历史新高，首发融资规模达 290.18 亿元，同比增长 27.10%。整体来看，我国文化企业上市首发融资市场发展向好（见图 6）。

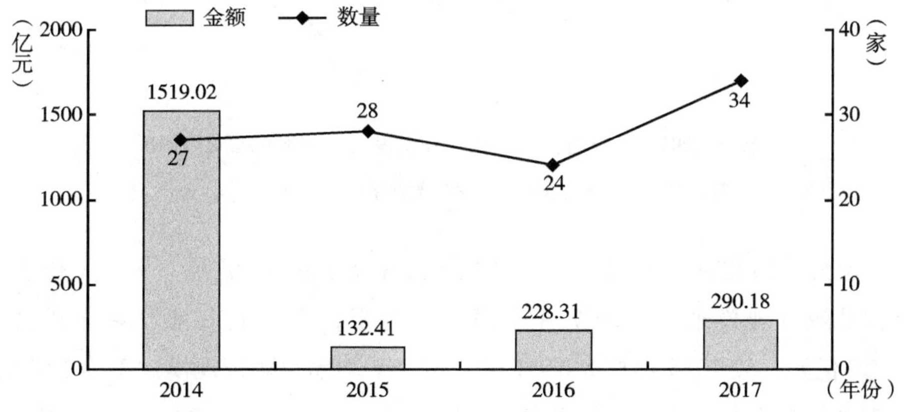

图 6　2014～2017 年全国文化企业上市首发融资情况

资料来源：新元文智－中国文化产业投融资数据平台。

出版与发行业上市文企数量和融资规模遥遥领先。从资金流向细分领域来看，2017 年全国出版与发行领域共有 7 家文化企业成功上市，首发融资规模 140. 30 亿元，占比 48. 35%，上市企业数量和融资实力都远超其他领域，除多家实力国企陆续上市外，阅文集团高达 81. 45 亿元首发融资也是主要因素；其次为移动互联网服务领域，首发融资规模为 38. 80 亿元，即 2017 年 11 月 9 日北京搜狗科技发展有限公司在纽约证券交易所成功上市（见图 7）。

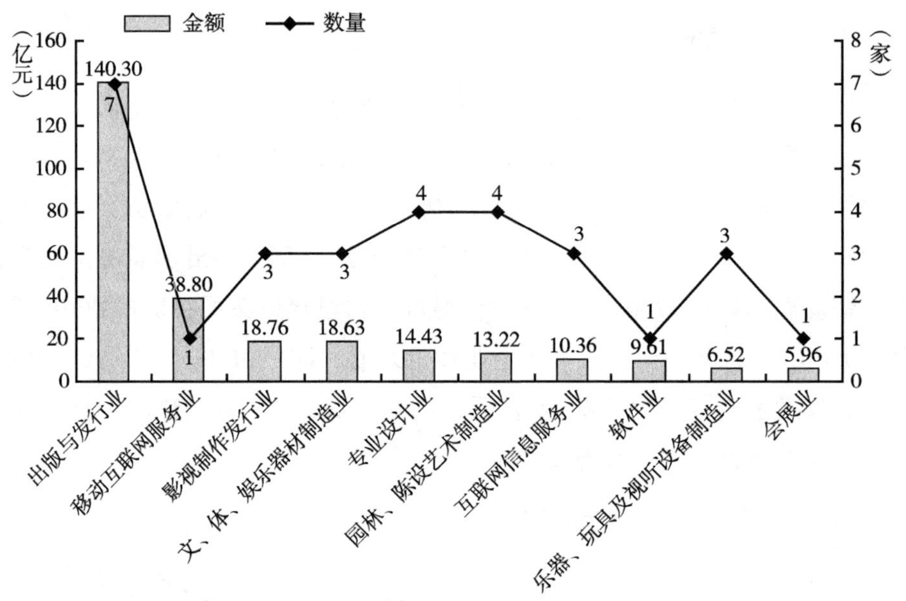

图 7　2017 年全国上市文化企业首发融资规模领域 TOP10

资料来源：新元文智 – 中国文化产业投融资数据平台。

上海首超北京居于榜首，平均单起融资规模超 30 亿元。从文化企业上市首发融资规模来看，2017 年上海表现亮眼，文企上市首发融资规模达 97. 26 亿元，较 2016 年扩大了 11 倍之多，平均单起融资规模达 32. 42 亿元；北京文化企业上市首发融资规模为 70. 34 亿元，占比 24. 24%，居于第二。从文化企业上市数量来看，北京、浙江、广东并列第一，均为 6 家；上海、山东位于第二梯队，各为 3 家（见图 8）。

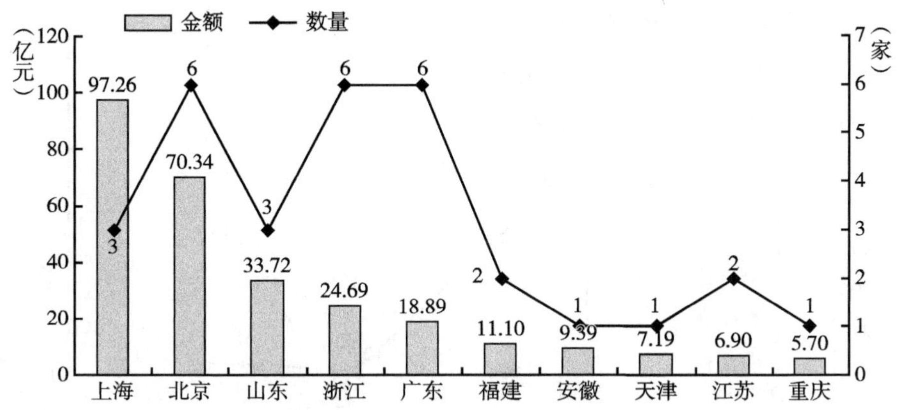

图 8　2017 年全国文化企业上市首发融资规模省/市 TOP10

资料来源：新元文智－中国文化产业投融资数据平台。

2. 上市后再融资：浙江省上市文企融资规模居首，定向增发是主要模式

定向增发是上市文化企业的主要融资模式。中国文化产业投融资数据平台统计，2017 年全国上市文化企业共发生 172 起再融资事件，涉及资金 2741.55 亿元，同比增加 21.59%。从上市文化企业的融资渠道来看，采用定向增发融资方式实现融资的案例共计 100 起，涉及资金规模达 1387.05 亿元，占比 50.59%，是我国上市文化企业再融资的主要模式。由于再融资新政的持续发酵和上市文化企业再融资市场监管日益趋严，许多上市文化企业将目光投向了债券市场。2017 年采用发行债券进行再融资的案例为 65 起，较去年增加 29 起，涉及资金 1322.12 亿元，同比增长 123.74%（见图 9）。

移动互联网服务业、文化旅游业、广播电视及数字电视业上市文化企业再融资需求旺盛。从上市文化企业再融资规模来看，移动互联网服务业、文化旅游业、广播电视及数字电视业位于第一梯队，融资规模分别为 472.51 亿元、453.47 亿元、445.68 亿元，占比 17.24%、16.54%、16.26%，融资需求旺盛；其中，移动互联网服务业平均单起融资规模达 94.50 亿元，相比其它细分领域，融资实力更强。移动互联网的迅猛发展，带动文化产业转型升级，服务模式和产品不断创新，从不缺少吸引资本的要素（见图 10）。

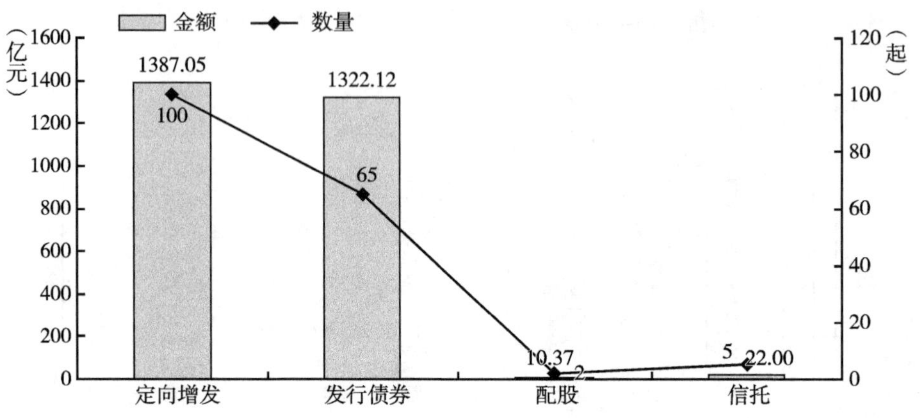

图9　2017 年全国上市文化企业再融资模式规模分布

资料来源：新元文智－中国文化产业投融资数据平台。

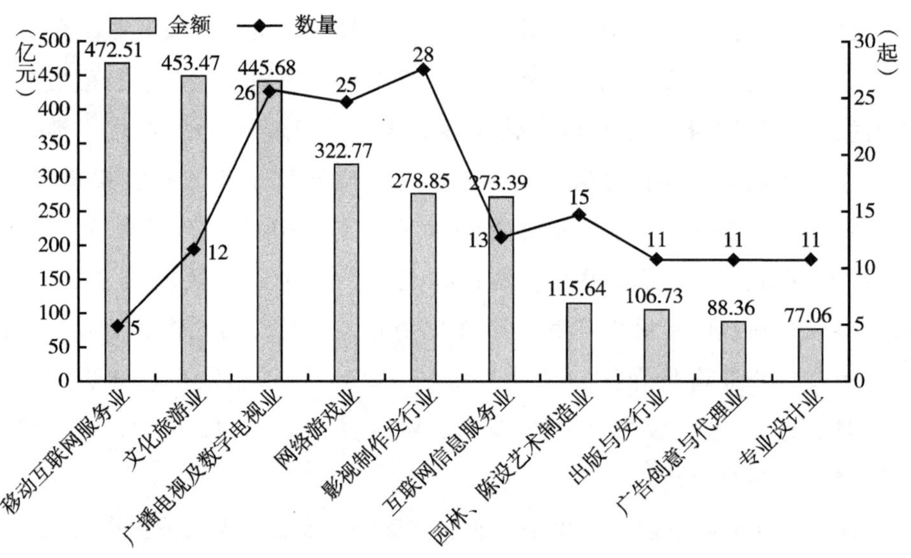

图10　2017 年全国上市文化企业再融资规模领域 TOP10

资料来源：新元文智－中国文化产业投融资数据平台。

浙江省上市文化企业再融资规模领先北上广，占比 25. 42%。从全国上市文化企业再融资规模来看，2017 年浙江省上市文化企业共发生融资案例 16 起，较 2016 年增加 6 起，涉及资金规模为 696. 98 亿元，占全国上市文化企业再融资规模的25.42%，全国领先；北京市上市文化企业再融资规模为461.56亿元，同比减少36.57%，仅占16.84%，上海市以405.06亿元的融资规模排名第三，占比14.77%（见图11）。

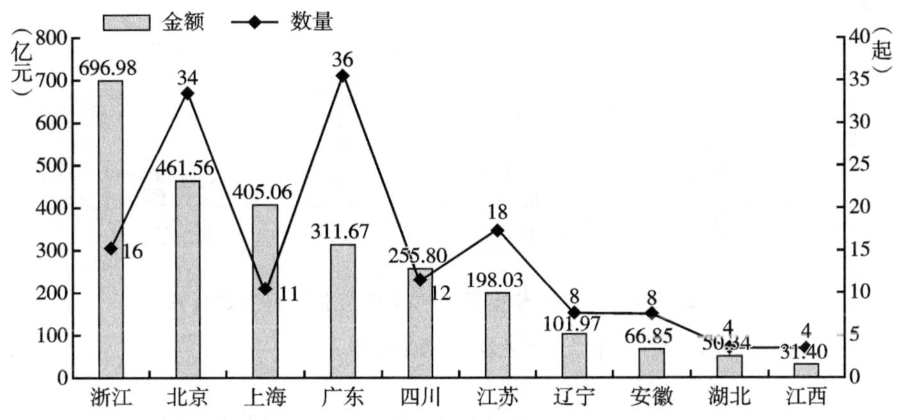

图11　2017年全国上市文化企业再融资规模省/市TOP10

资料来源：新元文智－中国文化产业投融资数据平台。

3. 上市后投资：并购是主要投资方式，上海市上市文企投资实力最强

并购作为文化产业资本运营的重要组成部分，发挥着不可替代的作用，有利于企业整合资源，提高规模经济效益。中国文化产业投融资数据平台统计，2017年全国上市文化企业共发生477起投资事件，投资规模为1928.61亿元，较2016年同期同比减少13.16%（2016年我国上市文化企业投资规模为2182.38亿元）。其中，采用并购方式开展投资的共有151起，涉及资金规模为1115.14亿元，占总投资金额的57.82%，虽然受市场监管趋严等环境影响，同比减少了49.55%，但并购仍旧是上市文化企业的主要投资渠道；股权投资共发生投资事件130起，投资规模为559.70亿元，与2016年相比，双向下滑趋势明显（2016年为190起，627.16亿元）；此外，新设子公司动作频繁，投资事件较2016年同期增加12起，投资规模同比增加53.52%（见图12）。

从投资主体所属领域来看，2017年全国发生投资事件的上市文化企业

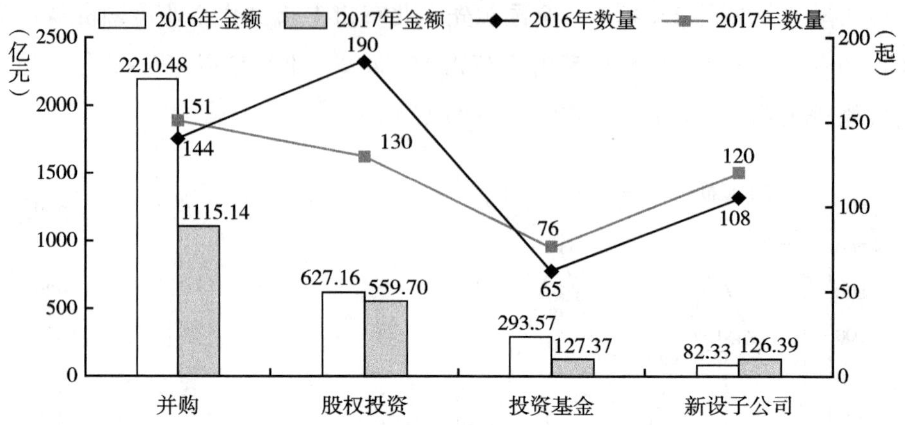

图 12　2016～2017 年全国上市文化企业投资方式分布

资料来源：新元文智－中国文化产业投融资数据平台。

共涉及 23 个细分领域，各行业间整体规模表现出明显的差异性，综合投资资金规模、投资案例数量及其他行业因素，大致可以分为三个梯队（见图 13）。

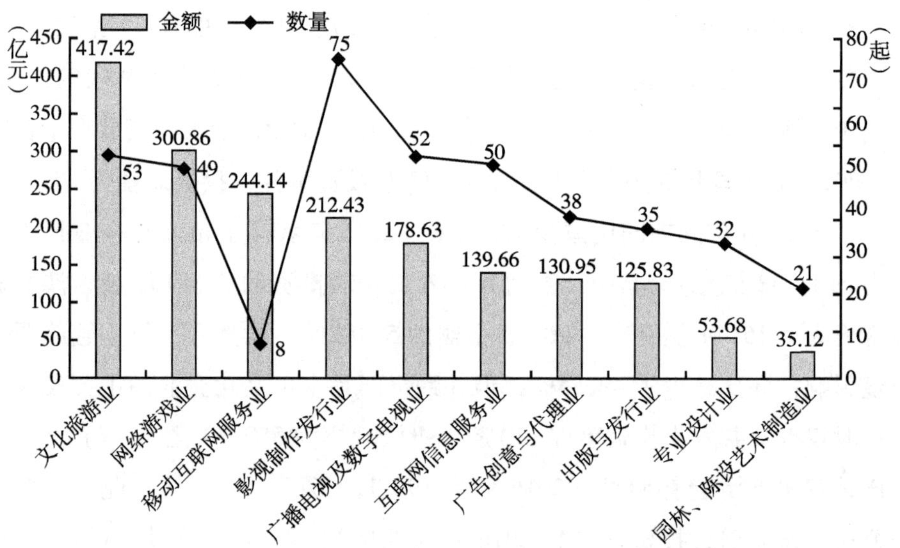

图 13　2017 全国涉及投资事件的上市文化企业所属领域 TOP10

资料来源：新元文智－中国文化产业投融资数据平台。

第一梯队为文化旅游业。近年来，旅游已成为生活中不可或缺的一部分，大众对旅游产品的消费需求不断提高，文化旅游倍受青睐，成为新消费背景下文化旅游业发展的重要力量。2017年全国文化旅游业上市文化企业共发生投资事件53起，投资规模为417.42亿元，占总投资金额的21.64%，是投资实力最强的领域。

第二梯队为网络游戏业、移动互联网服务业、影视制作发行业、广播电视及数字电视业，投资规模分别为300.86亿元、244.14亿元、212.43亿元、178.63亿元。数据显示，2017年我国经国家新闻出版广电总局批准出版运营的各类游戏作品达9800款，市场总营收规模超过2000亿元，并保持高速增长，对文化消费的拉动作用明显。从投资活跃度来看，影视制作发行业投资事件高达75起，扩张之势最为强劲。文化产业相关扶持政策的不断出台以及"IP""泛娱乐"概念成为热点，带动影视市场迅猛发展。

第三梯队为互联网信息服务业、广告创意与代理业、出版与发行业、专业设计业、园林陈设艺术制造业。其中互联网信息服务业投资活跃度最高，共发生投资事件50起，涉及资金规模达139.66亿元；其他四个领域均为传统行业，投资规模和活跃度较低。

上海市上市文企投资实力居首，增速达163.83%。中国文化产业投融资数据平台显示，2017年上海市上市文化企业投资规模为420.85亿元，同比增长163.83%，占全国上市文化企业投资规模的21.82%；浙江省仅次于上海市，以375.81亿元的投资规模占比19.49%；北京市上市文化企业投资趋于谨慎，同比减少82.58%，排名由第一跌落到第三。从投资活跃度来看，北京市投资事件虽比去年减少六成以上，但依旧居于全国首位（见图14）。

（二）非上市渠道

1. 股权众筹：股权众筹融资呈双向下滑趋势，北京市融资规模全国居首

股权众筹融资规模连年下跌，2017年同比减少近六成。中国文化产业

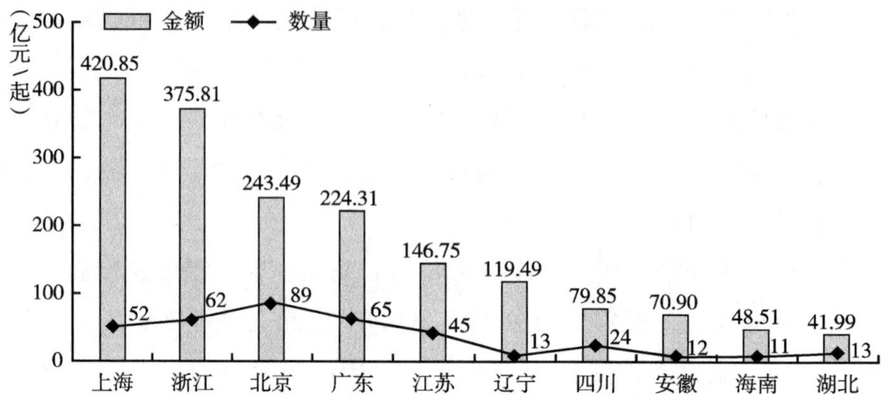

图 14　2017 年全国上市文化产业投资规模省/市 TOP10

资料来源：中国文化产业投融资数据平台。

投融资数据平台显示，2014～2017 年，全国文化产业股权众筹渠道共发生融资案例 305 起，涉及资金 14.79 亿元。从年度走势来看，2015 年网络众筹平台异军突起，全国股权众筹渠道共发生融资案例 169 起，融资规模高达 8.85 亿元，分别是 2014 年的 5.28 倍、19.74 倍，达到历史巅峰；随着互联网金融平台监管力度的不断加大，导致股权众筹平台数量急剧下降，2017 年共发生 30 起融资案例，比 2016 年减少 44 起，融资规模仅为 1.65 亿元，同比减少 56.96%，双向下滑趋势明显（见图 15）。

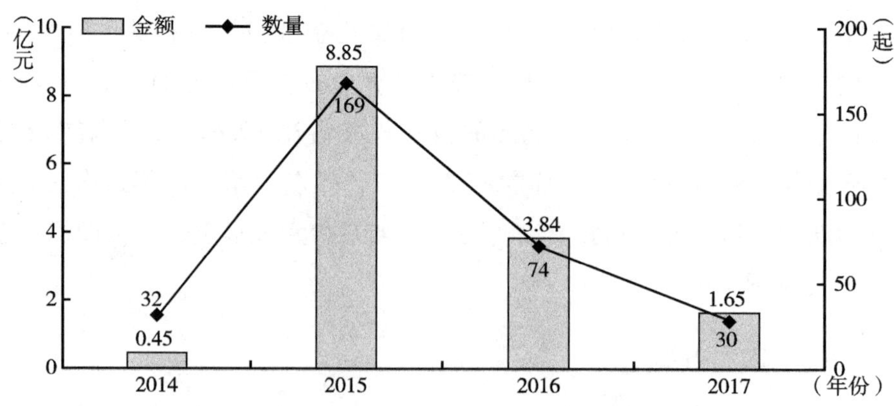

图 15　2014～2017 年全国文化产业股权众筹融资情况

资料来源：中国文化产业投融资数据平台。

文化旅游业、互联网信息服务业吸金能力不相上下。从资金流向的细分领域来看，文化旅游业融资规模和活跃度双居首位，共发生9起融资案例，吸纳资金0.48亿元，占比29.04%，成为股权众筹融资渠道的佼佼者；其次为互联网信息服务业，融资规模为0.45亿元；经纪业等领域融资规模均为0.1亿元及以下，资本关注度较低（见图16）。

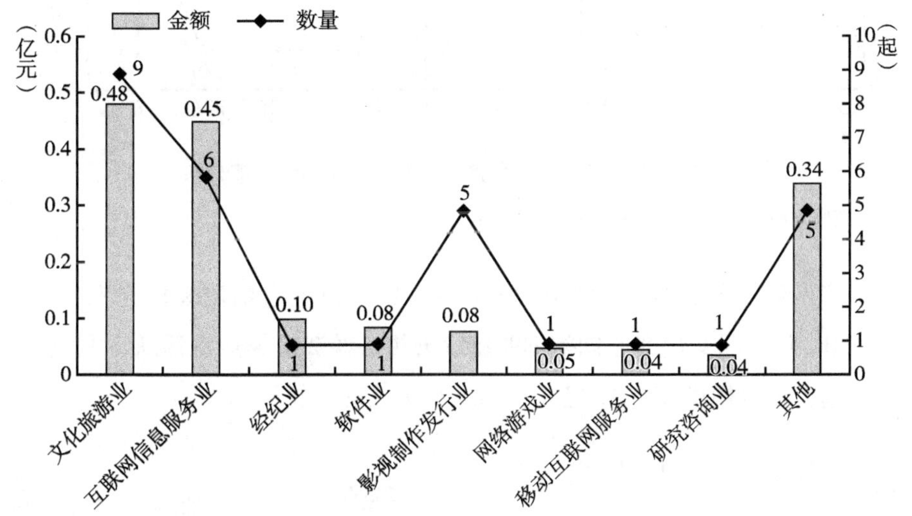

图16 2017年全国文化产业股权众筹融资领域分布

资料来源：中国文化产业投融资数据平台。

北京市股权众筹融资规模同比下降44.57%，但仍全国领先。从全国文化产业股权众筹融资规模来看，北京市共发生7起融资案例，涉及资金规模为0.40亿元，同比下降了44.57%（2016年北京市股权众筹融资规模为0.71亿元），但依旧领先其他地区；福建、安徽、上海同为4起融资案例，上海融资规模仅为0.18亿元，落后于福建和安徽（见图17）。

2. 创投：资本集中涌入北京，互联网信息服务业热度不减

中国文化产业投融资数据平台显示，2014~2017年全国文化产业创投渠道共发生融资案例2403起，涉及资金规模738.21亿元。从年度走势来看，2014~2016年呈现出逐年上涨之势，且2016年达到历史巅峰，以235.48亿元

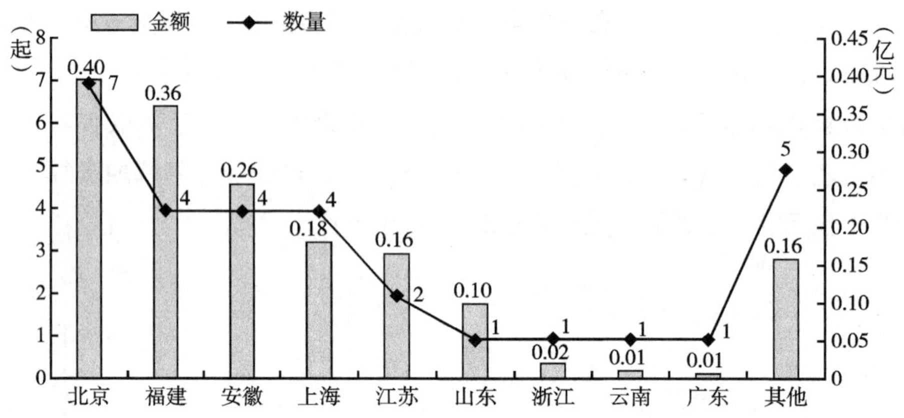

图 17　2017 年全国文化产业股权众筹融资省/市分布

资料来源：中国文化产业投融资数据平台。

的资金流入量，实现 31.47% 的增长（2015 年创投渠道融资规模为 179.12 亿元）。2017 年全国文化产业创新创业持续火热，融资市场愈发活跃，案例数量增加 4 起，融资规模 226.41 亿元，出现小幅波动（见图 18）。

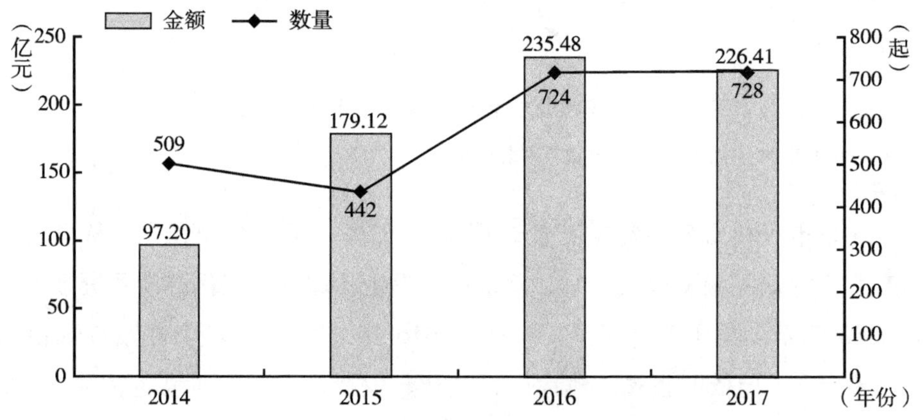

图 18　2014～2017 年全国文化产业创投渠道融资情况

资料来源：中国文化产业投融资数据平台。

互联网信息服务业受追捧，软件业成长期项目关注度提升。从 2017 年全国文化产业 VC 融资情况来看，互联网信息服务业吸金能力居首，案例数量高达161起，以63.48亿元的融资规模占比32.65%；软件业融资规模由去年7.92亿元一路飙升为22.42亿元，同比增长183.24%；相比之下，体育产业融资规模出现大幅“跳水”，同比减少了60.56%。在天使融资情况中，互联网信息服务业依旧居首，案例数量为93起，融资规模为11.04亿元，同比增长178.82%（2016年为3.96亿元），占天使融资的35.31%。近年来，影视制作发行业、文化旅游业、网络游戏业等以IP概念为核心的泛娱乐领域受到资本的热捧，融资规模分别同比增长104.49%、94.64%、75.03%。综上所述，互联网信息服务业是创投渠道的吸金主力，软件业处于成长期的项目更受青睐，同时，影视制作发行、文化旅游、网络游戏等领域的初创项目资本关注度也在不断提升（见表1）。

表1　2017年全国文化产业VC和天使重点行业融资情况

VC			天使		
行业	金额(亿元)	占比(%)	行业	金额(亿元)	占比(%)
互联网信息服务业	63.48	32.65	互联网信息服务业	11.04	35.31
软件业	22.42	11.53	文化旅游业	3.92	12.53
互联网内容制作业	13.50	6.94	影视制作发行业	3.10	9.89
移动互联网服务业	13.42	6.90	专业设计业	2.64	8.45
影视制作发行业	12.06	6.20	网络游戏业	2.08	6.63
出版与发行业	10.74	5.64	文化体育业	1.80	5.76
体育产业	8.50	5.52	出版与发行业	1.51	4.83
文化旅游业	7.86	4.37	文、体、娱器材制造业	1.15	3.68
文、体、娱器材制造业	5.30	4.04	移动互联网服务业	1.07	3.42
专业设计业	4.48	2.31	互联网内容制作业	0.63	2.02

资料来源：中国文化产业投融资数据平台。

随着经济进入新常态及创意经济的不断崛起，资本市场对经济转型与文化创新的重要支撑作用日益凸显。从全国范围看，作为我国文化产业发展的先驱城市，北京的吸金实力最强，共发生创投融资案例317起，吸纳资金102.05亿元，占比45.07%，是当之无愧的榜首，与第二名上海市拉开较大差距，融资规模约为上海的2.53倍；广东、浙江分别为29.58亿元、24.50亿元，其他地区资金流入量均在10亿元以下（见图19）。

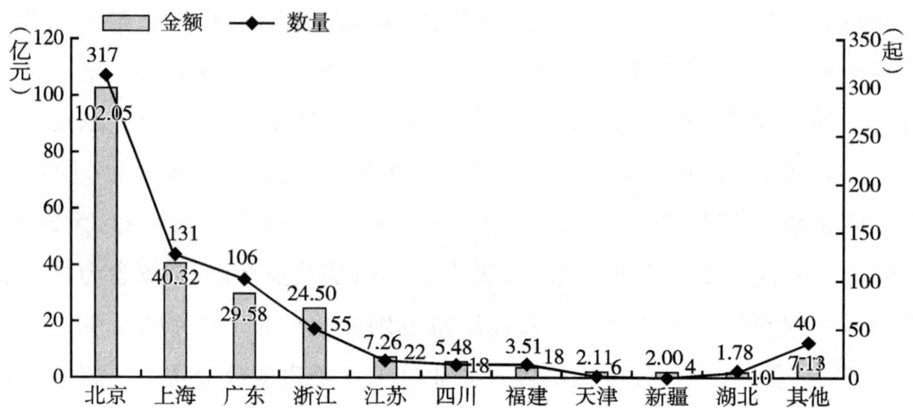

图 19　2017 年全国文化产业创投融资省/市分布

资料来源：中国文化产业投融资数据平台。

3. PE 融资：近五成资金流向北京，互联网信息服务业是集中领域

文化企业融资需求旺盛，但资金流入速度放缓。PE 是民间资本的代表，直接推动文化产业实现快速发展。中国文化产业投融资数据平台显示，2014～2016 年，PE 融资渠道流入我国文化产业的资金规模呈现暴涨之势，由 210.75 亿元猛增至 822.97 亿元，2015 年的增长率达到 192.92%，增长势头迅猛。2017 年全国文化产业融资市场更加活跃，PE 融资渠道案例数量较 2016 年增加 40 起，但整体融资规模有所回落，仅为 784.73 亿元，单起案例融资规模同比下降了 19.15%（见图 20）。

互联网信息服务业吸金超三成，新闻业增量显著。从资金流向的细分领域来看，互联网信息服务业遥遥领先，共发生 96 起融资案例，涉及资金 269.21 亿元，占比 34.31%，融资规模同比减少 56.49%（2016 年全国文化产业 PE 渠道融资规模为 421.29 亿元），但仍是 PE 融资渠道资金流向的集中领域；值得关注的是新闻业和乐器、玩具及视听设备制造业，融资规模分别同比增长 468.28%、165.92%，数字化技术变革也让新闻业受到了更多的资本关注（见图 21）。

半数资金流向北京，浙江省同比上涨 312.31%。从全国文化产业 PE 融资规模来看，北京市领军全国，共发生融资案例 115 起，涉及资金规模为

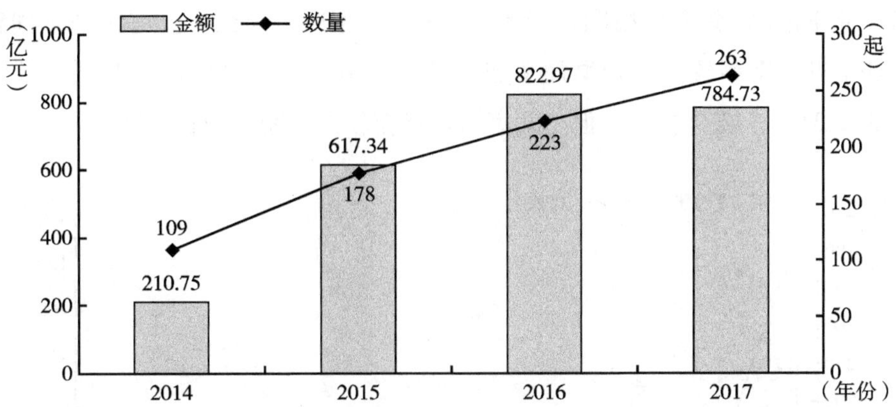

图20　2014～2017年全国文化产业PE渠道融资情况

资料来源：中国文化产业投融资数据平台。

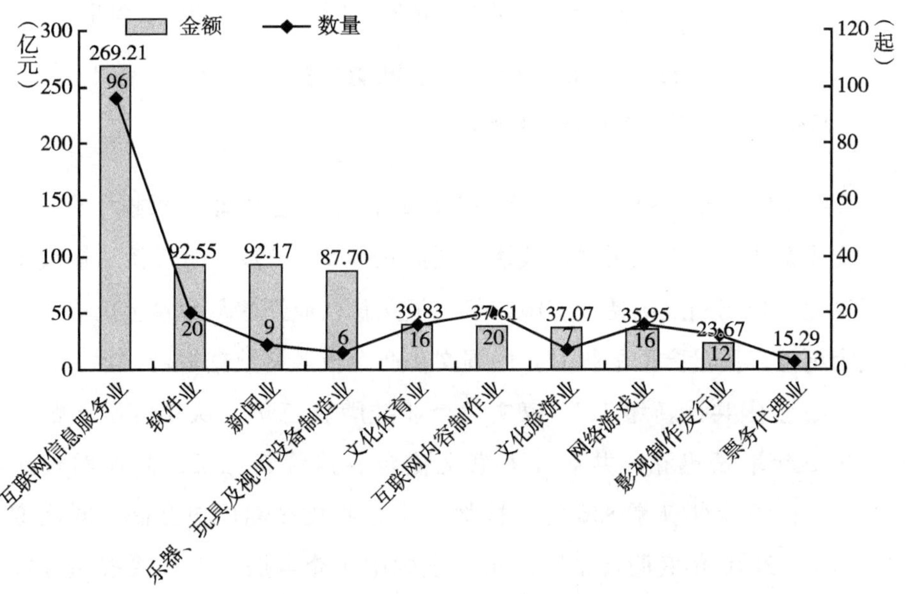

图21　2017年全国文化产业PE融资领域TOP10

资料来源：中国文化产业投融资数据平台。

383.78亿元，分别占全国文化产业PE融资的43.73%、48.91%；浙江、上海融资规模较为相近，分别为118.16亿元、106.12亿元。从年度走势来看，北京市 PE 融资规模同比减少 32.96%；相反，浙江、上海出现不同程度的上升，案例数量分别增加 9 起、14 起，其中，浙江省融资规模同比上涨 312.31%，涨势喜人，但与北京市仍存在较大差距（见图 22）。

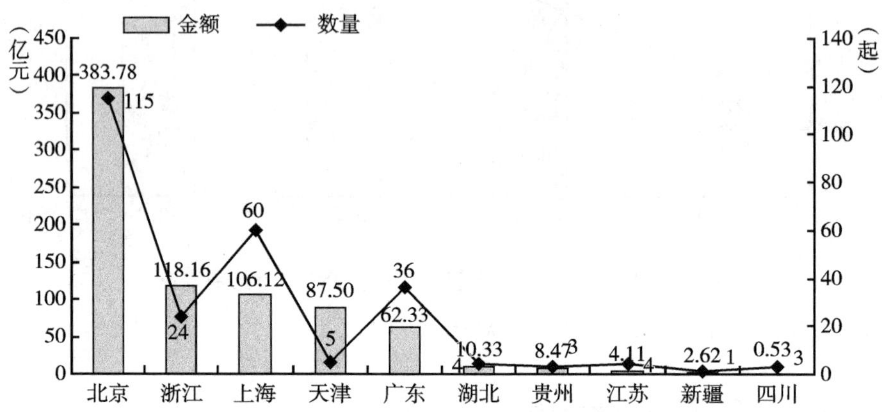

图 22　2017 年全国文化产业 PE 融资省/市 TOP10

资料来源：中国文化产业投融资数据平台。

4. 挂牌新三板：挂牌进度放缓，互联网信息服务业是集中领域

文化企业挂牌新三板增速放缓，同比减少 53.71%。随着新三板改革的不断深化，分层制度的持续实施，新三板文化企业开始从数量上的高速增长转变为更重视质量方面的提升。中国文化产业投融资数据平台显示，2014～2017 年，全国共计新增 1711 家文化企业挂牌新三板。从年度分布情况来看，2015 年增长迅猛，共有 401 家文化企业挂牌新三板，同比增长达到 360.92%；2016 年新增 836 家，挂牌文化企业数量创历史新高，同比增长 108.48%。2016 年底股转系统发布《全国中小企业股份转让系统主办券商执业质量评价办法》，对信披、资金占用、投资者门槛的监管力度也逐步收紧，在经历了 2015 年和 2016 年的爆发式增长之后，增速明显放缓，2017 年全国共有 387 家文化企业挂牌新三板，同比减少 53.71%（见图 23）。

互联网信息服务业新增挂牌数量领衔新三板。从行业分布来看，2017 年全国挂牌新三板的文化企业涉及近三十个细分领域，其中互联网信息服务

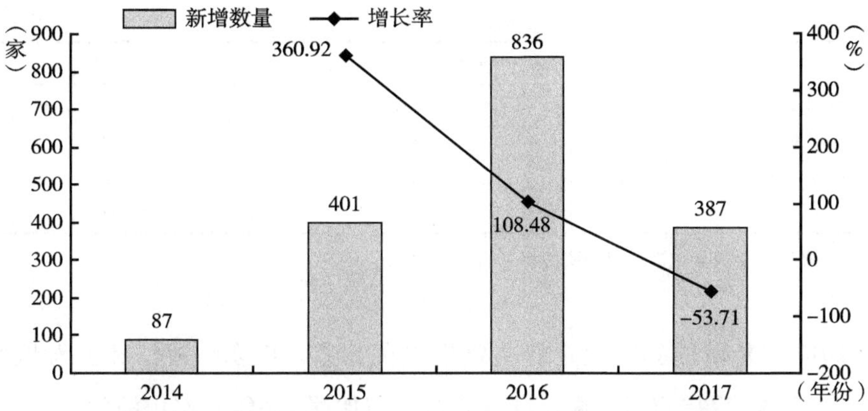

图 23　2014～2017 年全国新增挂牌新三板文化企业数量

资料来源：中国文化产业投融资数据平台。

业新增挂牌数量最多，为 51 家，占比 13.18%；其次为文化旅游业、广告创意与代理业，分别为 35 家和 30 家。“互联网 +” 概念的持续火热，带动各行各业迅速转型，文化与互联网的深度融合不断衍生出创新业态，对于具有成熟运营模式、科技领先、创新能力较强的非上市文化企业而言，挂牌新三板是拓宽融资渠道、提供股份流动性的主要途径（见表 2）。

表 2　2017 年全国新增挂牌新三板文化企业行业分布

行业	新增数量(家)	占比(%)
互联网信息服务业	51	13.18
文化旅游业	35	9.04
广告创意与代理业	30	7.75
园林、陈设艺术制造业	29	7.49
专业设计业	27	6.98
软件业	25	6.46
影视制作发行业	24	6.20
乐器、玩具及视听设备制造业	20	5.17
网络游戏业	20	5.17
会展业	11	2.84
文、体、娱乐器材制造业	9	2.33

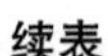

续表

行业	新增数量(家)	占比(%)
印刷专用设备业	9	2.33
移动互联网服务业	7	1.81
广播电视电影设备业	6	1.55
其他	84	21.71

资料来源：中国文化产业投融资数据平台。

2017 年新增挂牌文化企业主要集中在北京、广东、浙江和上海地区，分别为 82 家、74 家、35 家、34 家，合计占比 58.14%。北广浙沪地区文化产业和金融业发展均保持在全国前列，具有良好的政策和环境优势。着力适应市场多样性的需求，新三板在资本市场的地位稳步提升，如今已被纳入国内主流资本市场体系，这使得众多文化企业寻得发展契机，争相获取各自的市场份额（见表 3）。

表 3　2017 年全国重点地区新增挂牌新三板文化企业数量

省/市	新增数量(家)	占比(%)
北　京	82	21.19
广　东	74	19.12
浙　江	35	9.04
上　海	34	8.79
福　建	22	5.68
江　苏	22	5.68
山　东	17	4.39
河　南	11	2.84
湖　北	10	2.58
四　川	10	2.58

资料来源：中国文化产业投融资数据平台。

（1）新三板投资：规模为 132.02 亿元，新设子公司动作频繁

2014 ~2016 年，我国挂牌新三板文化企业投资规模呈暴涨之势，且 2016 年出现投资高峰期，以 141.61 亿元的投资规模实现 79.72% 的增长

（2015 年全国挂牌新三板文化企业投资规模为 78.79 亿元）；从投资活跃度来看，我国挂牌新三板文化企业投资活跃度不断提升，2017 年投资案例数量较 2016 年增加 178 起，创历史新高，但总体投资规模仅为 132.02 亿元，平均单起投资规模同比减少 17.68%，由此可见，挂牌新三板文化企业投资趋于谨慎（见图 24）。

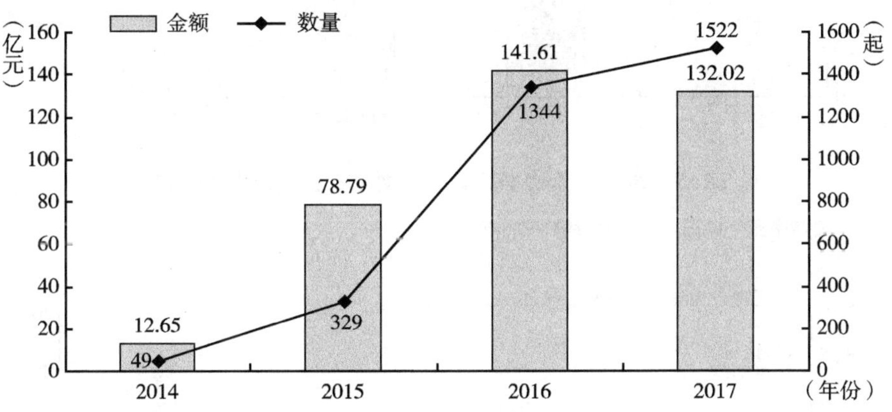

图 24　2014～2017 年挂牌新三板文化企业投资分布

资料来源：中国文化产业投融资数据平台。

另外，从挂牌新三板文化企业的投资方式来看，主要涉及新设子公司、并购、股权投资、投资基金四种类型，其中新设子公司无论从投资规模还是投资活跃度，均居首位，投资规模 60.86 亿元，案例数量 948 起，分别占比 46.10%、62.29%。可见，通过设立子公司进一步拓展业务已成为新三板挂牌文化企业重要的投资方式（见图 25）。

从投资主体的行业分布来看，2017 年全国挂牌新三板的文化企业近三成的资金均从互联网信息服务业（272 起，投资频率最高）领域流出，投资规模为 37.34 亿元，占挂牌新三板文化企业投资总额的 28.28%；网络游戏和软件业，分别为 13.50 亿元、10.14 亿元，占比 10.23%、7.68%；从投资规模排名前三领域可以看出，互联网相关领域业务扩张需求旺盛且投资实力更强，产业结构调整成效在新三板进一步凸显（见图 26）。

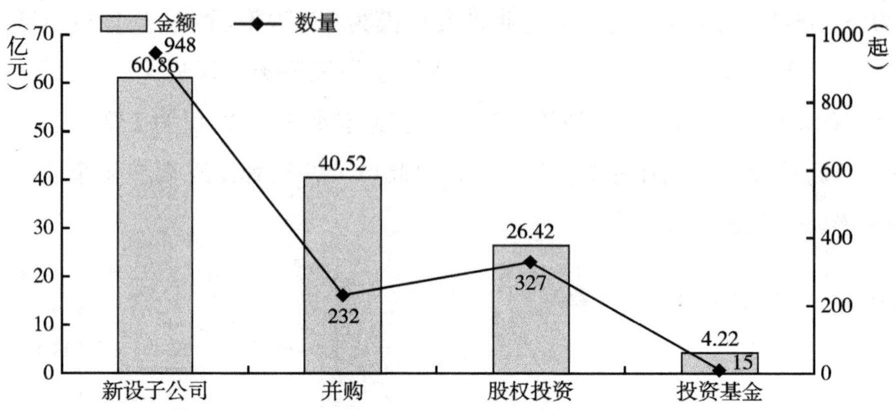

图 25　2017 年全国挂牌新三板文化企业投资类型分布

资料来源：中国文化产业投融资数据平台。

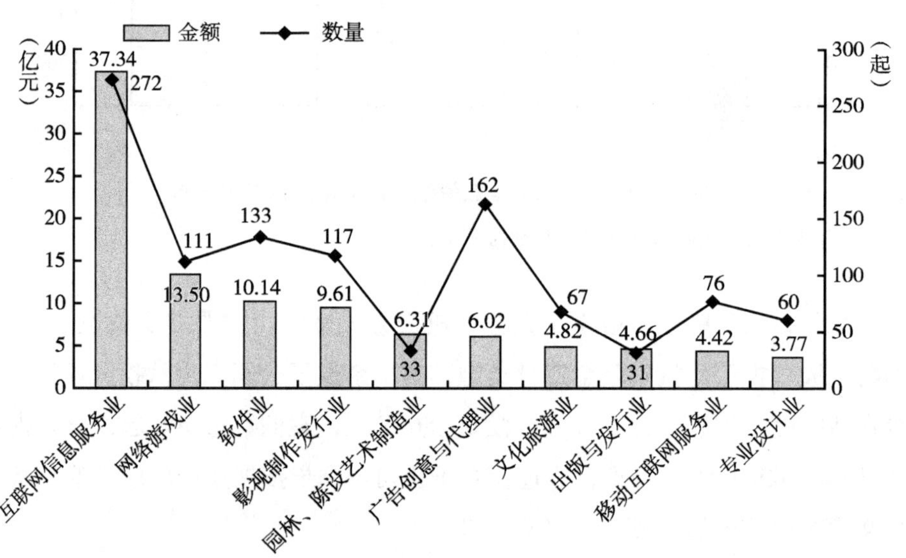

图 26　2017 年全国挂牌新三板文化企业投资行业 TOP10

资料来源：中国文化产业投融资数据平台。

北京挂牌新三板文化企业投资最为活跃，且实力最强。中国文化产业投融资数据平台统计，2017 年北京市挂牌新三板文化企业共计发生投资案例 561 起，涉及资金 66.17 亿元，分别占比 36.86%、50.12%，扩张之势领先全国。北京市集聚众多优秀文化企业资源，在挂牌补贴等政策的灵活扶持下，文化企业充分利用新三板的优势，不断提高市场占有率和竞争力，扩大经营范围（见图27）。

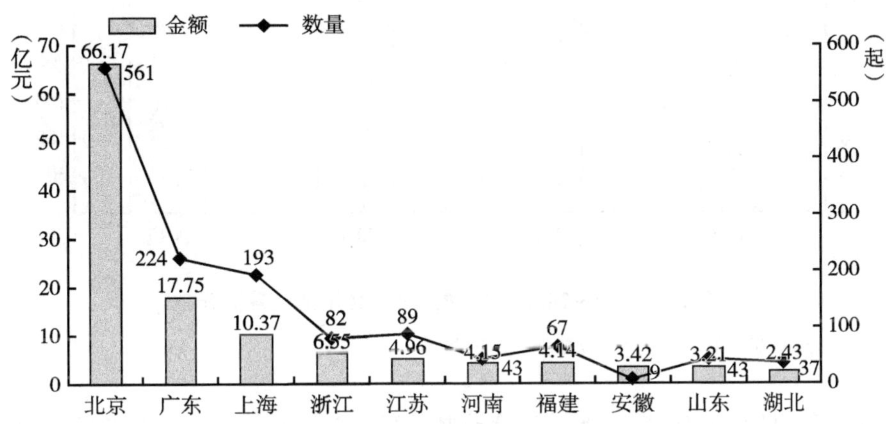

图27　2017年挂牌新三板文企投资省/市分布TOP10

资料来源：中国文化产业投融资数据平台。

（2）新三板融资：规模为173.51亿元，九成以上资金来源于定向发行渠道

中国文化产业投融资数据平台统计，2014～2017年全国挂牌新三板文化企业共发生融资案例1147起，募资546.94亿元。从挂牌新三板文化企业的融资走势来看，2016年达到融资高峰期，共发生融资案例413起，投资规模达204.76亿元，同比增长33.25%（2015年全国新三板挂牌文化企业融资规模为153.66亿元）；2017年新三板挂牌文化企业融资规模首度下滑，成功融资案例较2016年减少25起，融资规模173.51亿元，同比下降了15.26%。随着新三板文化企业融资难度不断加大，众多具备主板上市的文化企业摘牌新三板，备战或转股IPO（见图28）。

定向发行是主要融资方式，占比超九成。2017年我国挂牌新三板文化企业融资主要涉及定向发行、发行债券、配股三个渠道，其中，定向发行是挂牌新三板文化企业的主要融资渠道，共发生融资案例384起，占全

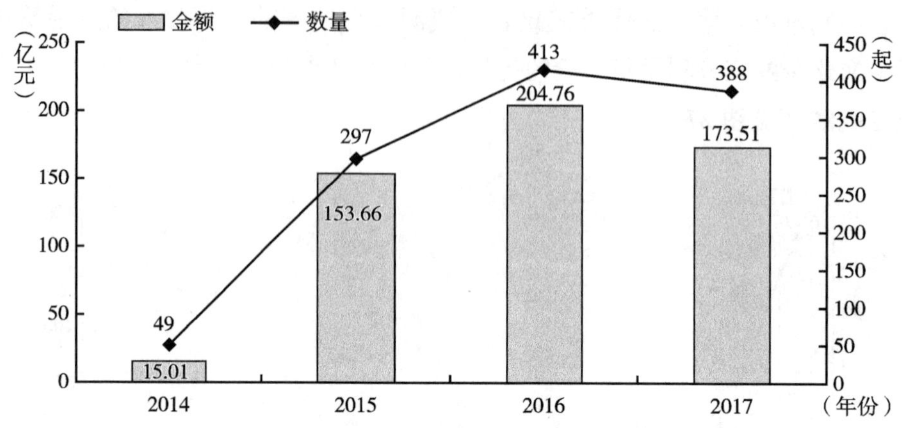

图28　2014～2017年挂牌新三板文化企业融资分布

资料来源：中国文化产业投融资数据平台。

部融资案例的98.97%，涉及资金规模173.13亿元，占比99.78%。在新三板文化企业数量不断减少，利空因素不断积累的低迷市场环境中，定向发行作为新三板文化企业的主要融资方式，融资规模和发行次数并未出现大幅下滑，可见新三板在非上市文化企业的融资体系中依然占有重要地位（见图29）。

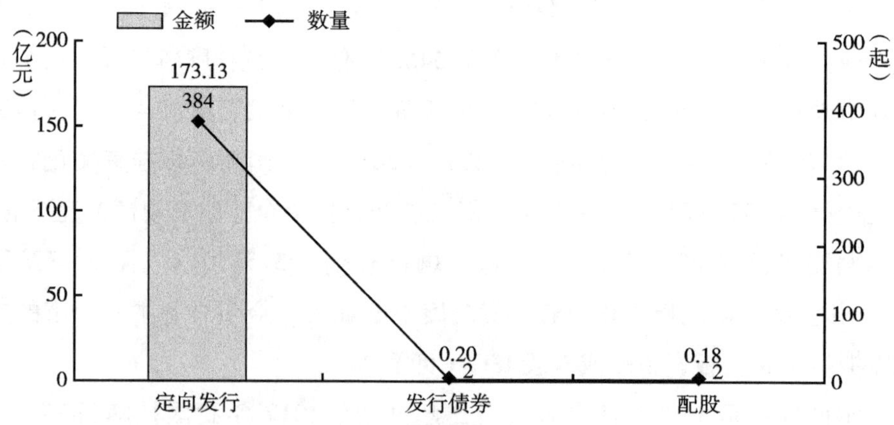

图29　2017年全国挂牌新三板文化企业融资渠道分布

资料来源：中国文化产业投融资数据平台。

首先，互联网信息服务业吸金实力强，文化旅游业涨势喜人。从挂牌新三板文化企业融资规模来看，互联网信息服务业共发生融资案例50起，涉及资金规模28.46亿元，占融资总额的16.41%，是2017年全国挂牌新三板文化企业的吸金主力。其中，浙江盘石信息技术股份有限公司、灵思云途营销顾问股份有限公司、北京影谱科技股份有限公司的融资规模均达5亿元左右，直接扩大了互联网信息服务业的融资规模。其次，文化旅游业融资案例较去年增加9起（去年为12起），融资规模为23.78亿元，同比增长70.79%（2016年融资规模为13.92亿元）。其中，深圳华强文化科技集团股份有限公司采用定向增发的方式募资14.62亿元，占该领域61.48%的比重（见图30）。

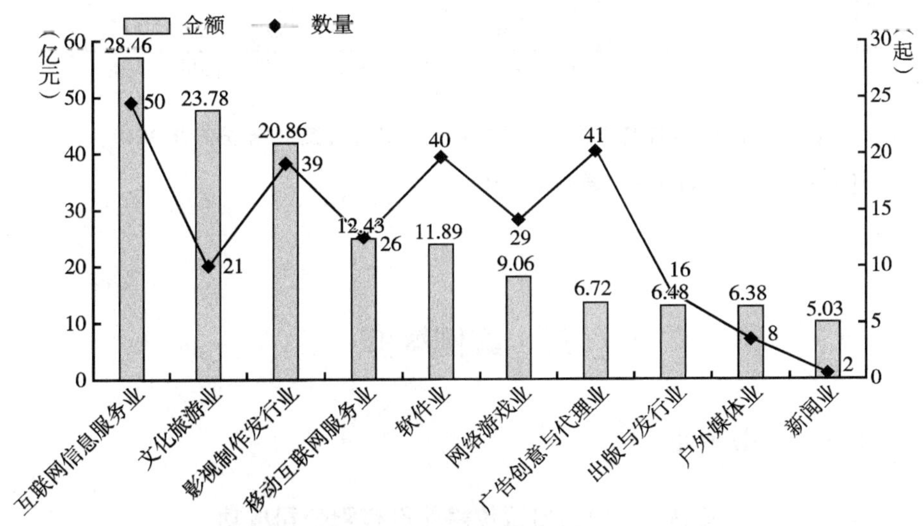

图30　2017年全国挂牌新三板文化企业融资规模领域TOP10

资料来源：中国文化产业投融资数据平台。

北上广融资规模出现不同程度的下滑，浙江省同比增长13.12%。中国文化产业投融资数据平台统计，2017年北京市挂牌新三板文化企业共计发生融资案例120起，占全国的30.93%，募集资金60.95亿元，占比35.13%，较2016年分别同比减少了20.00%、24.73%（2016年为150起，80.98亿元），但融资活跃度、吸金能力仍双居首位。此外，广东、上海融资规模同时出现不同程度的下降；值得关注的是浙江逆势而上，虽融资案例数量较去年减少4起，但整体融资规模同比增长13.12%至14.68亿元，新三板文化企业融资实力明显提升（见图31）。

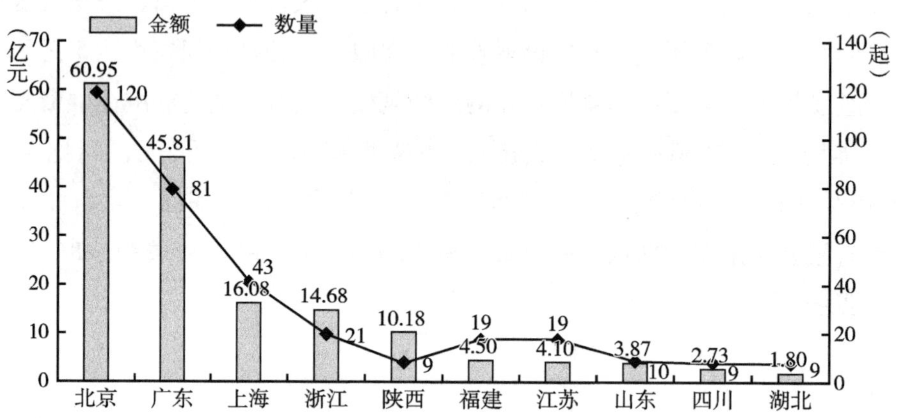

图31　2017年挂牌全国新三板文化企业融资规模省/市分布TOP10

资料来源：中国文化产业投融资数据平台。

三　案例解析

（一）上市企业

案例1　中国出版传媒股份有限公司成功上市，首发融资12.17亿元

2017年8月21日，中国出版传媒股份有限公司在上海证券交易所IPO上市，证券代码为601949，上市首发募集资金12.17亿元，企业以图书、报刊、电子音像等出版物出版为主业。

企业概况

中国出版传媒股份有限公司于2011年12月19日成立，由中国出版集团公司、中国联合网络通信集团有限公司、中国文化产业投资基金和学习出版社共同发起，公司以出版物生产和销售为主业，是集纸质出版、数字出版、印刷复制、信息服务、版权贸易于一体的专业化大型出版集团。每年出版图书和音像、电子、网络等出版物 1.9 万余种，出版期刊报纸 50 余种，具有强大的内容资源和资源获取能力，出版物在全国零售市场占有率为 7% 左右，居于首位；拥有人民文学出版社、商务印书馆、中华书局、中国大百科全书出版社、中国美术出版总社、人民音乐出版社等二十余家子公司。2017 年 8 月，与罗马尼亚、匈牙利、斯里兰卡、印度、西班牙以及美国的多家机构合作成立 7 家海外国际编辑部，进一步拓展海外市场。

上市分析

网络和智能设备的普及、数字化技术变革、泛娱乐发展趋势也让新闻出版业迎来了新发展机遇，国有文化企业在体制改革向纵深推进下迎来“上市潮”。适应新兴人群传播需求，顺应时代潮流，中国出版传媒股份有限公司在与数字出版技术的创新融合中实现了版权输出的快速增长，并在出版主业基础上实施“内容创新”战略和“国际化”战略，主板上市则是重要举措。目前，该公司在国家级出版规划、国家级出版奖励、全国图书零售市场占有率、版权贸易及输出规模等方面位居全国第一；在“中国当代作品翻译工程”“丝路书香工程”等工程入选数居于全国领先地位。内容资源的独到优势形成了企业的核心竞争力，也为公司推动优质资源在影视、动漫、游戏、旅游等领域的融合打下坚实的基础。中国出版传媒股份有限公司的成立是中国出版集团公司深化改革、创新发展的新起点，国有文化企业走进资本市场，与技术革新互相借力将催生更多可能性，同时加快了产业融合的发展进程。

（二）私募股权融资企业

案例 2　猫眼电影在资本助力下飞跃

北京猫眼文化传媒有限公司（以下简称猫眼电影）于 2017 年 9 月 5 日获得光线传媒 10 亿元投资，出让股份 11.11%；随后在 11 月 10 日再次获得腾讯10亿元投资。猫眼电影是一家集在线购票选座、影视资讯、在线社交、电影衍生品销售等服务为一体的电影互联网平台。

资本是企业成长的加速器

2016年4月11日，猫眼电影从美团大众点评正式分拆，象征着资本化道路的新起点。5月27日，猫眼电影独立分拆完成并引入新投资者，光线控股和光线传媒通过换股、支付现金等方式，获得猫眼电影合计57.4%的股权，成为猫眼电影最大股东。此外，新美大也成为光线传媒重要股东。借助光线系和新美大的力量，猫眼电影加强上游业务部署，积极打造“互联网+”综合娱乐平台。2017年9月5日，光线传媒再次追加投资10亿元。9月21日，猫眼和微影时代战略合作，共同成立“猫眼微影”，此次合作使得猫眼电影获得电影、演出和赛事的微信、QQ等流量入口资源，进一步扩大了用户覆盖范围。不到两个月的时间里，猫眼电影又获得腾讯的10亿元投资，目前腾讯成为猫眼电影的第三大股东。可见，猫眼电影在资本的助推下，得到迅速成长，完成业务扩张、多元化发展布局；并且提高市场占有率，进一步巩固了电影在线票务市场的领先地位。

从产业链末端向上游延伸

微影时代的并入，为猫眼电影提供了腾讯系的入口支持，猫眼电影借助腾讯庞大的用户群体和自身多方优势，向产业链上游延伸。目前，猫眼除了电影业务，已经展开了其他文娱业务品类探索，以及行业专业服务、电影投资宣发等。如演出方面发展迅速，成为迪士尼大剧院、乌镇戏剧节的战略合作伙伴；影视宣发领域，提供广告资讯的购票入口，将宣发和购票合二为一，为电影行业赋能，使优秀的电影作品更快捷地抵达用户，成为泛娱乐内容消费的重要入口。

四　我国股权类文化金融发展特点与趋势

近年来，文化产业的发展在政策利好、技术升级、产业融合、社会消费需求拉动等条件下呈蓬勃发展态势。其中，一个重要的因素就是文化与金融全面、深入和不断创新的合作模式。2017 年我国文化产业细分领域投资热点频出，各融资渠道表现各异。

1. 文化企业 IPO 及新股发行提速，“文化 + 科技”股或成追逐热点

2017 年以来，证监会不断推进新股发行常态化，“发行提速”成了新股发行的关键词之一。此外，在审核周期上，由原来的普遍 3 年以上缩短为 2017 年的 15 个月左右，极大缓解了常年存在的大批文化企业排队 IPO 的“堰塞湖”问题。2017 年我国共有 34 家文化企业成功上市，创历史新高。其中，出版发行领域达 7 家，占比 20. 59%，募资 140 亿元，占上市首发融资规模的 48. 35%，上市文企数量和融资规模双居首位。七家企业分别为中国科技出版传媒股份有限公司、中国出版传媒股份有限公司、掌阅科技股份有限公司、新经典文化股份有限公司、山东出版传媒股份有限公司均在上交所成功上市；山东世纪天鸿文教科技股份有限公司、阅文集团则选择在深圳和香港证券交易所主板亮相。传统出版企业在科技助力下焕发新面貌，“出版 + 科技”股受市场热捧，阅文集团上市首发融资规模达 81. 45 亿元。上市文化公司作为文化领域企业层级结构的顶端存在，多为大型成熟企业，具有较大的资本规模以及稳定的盈利能力。当前我国经济发展进入新常态，众多企业面临转型升级的迫切需求，力图通过跨界融合寻找新的利润增长点。科技的快速发展与文化产业的结合也更加紧密，预计未来将有更多的大型文化企业借助科技的力量在 IPO 市场大展拳脚。

2. 新三板在资本市场中的地位日益凸显，优质文企奔赴主板上市或将成主流

《全国中小企业股份转让系统挂牌公司股票终止挂牌实施细则（征求意见稿）》（简称《实施细则》）针对新三板企业出现主动或强制终止挂牌的情形及流程做出了详细规定，该文件的出台，标志着新三板市场退市机制的正式建立，也意味着新三板退市常态化的开始。2017 年摘牌新三板文化企业数量增多，新增挂牌文化企业数量急剧下降，同比减少 53. 71%；新三板企业融资困难，成功融资案例同比减少 25 起，融资规模同比下降了

15.26%。随着《实施细则》的正式实施，新三板文化企业融资难度加大。IPO进程的不断加快，分层管理制度实施，未来主动摘牌或被动摘牌的企业数量将越来越多，新三板企业将从以量取胜逐渐过渡到以质取胜。对于文化企业而言，这意味着优胜劣汰的公开淘汰赛拉开了序幕。此外，许多具备上市实力的新三板文化企业都瞄准了A股市场，中广影视、开心麻花、咏声动漫等新三板文化企业已经开始IPO的进程。目前，新三板在资本市场中的地位不断凸显，以及股权投资和股票投资特点，吸引不同类型的投资者加入。随着转板制度的推进和实施，新三板将成为文化企业成长、上市的重要通道。

3. 私募股权融资集中化明显，“泛娱乐”布局仍是主要发展趋势

我国文化创意产业的发展环境得到不断优化，发展质量也得到逐步提升，正以较快的速度向支柱性产业迈进。在“双创”的带动下，我国文化产业不断衍生新业态、新模式，吸引到资本方在初创阶段的天使投资愈发活跃，在投资事件数量上，创投是PE的2.75倍，私募股权投资集中化趋势将愈加明显；但近八成资金都集中流向了成熟期文化企业，可见商业模式及盈利模式更加成熟的成长期企业比初创期企业更容易受到大额资本青睐，融资能力也相对较高。从区域分布来看，私募股权投融资主要集中在北上广深这四个经济发达、文化产业和金融业发展较好的地区，北京市作为全国文化中心、经济中心，在文化和金融方面具有无可比拟的优势，领先于其他地区。在具体行业分布上，创投和PE都集中涌入了互联网信息服务业；此外，影视制作与发行业、文化旅游业、网络游戏业等以IP概念为核心的泛娱乐领域资本关注度不断提升，可见“泛娱乐”文化概念日渐形成，依旧为发展和投资热点，在私募股权渠道中的表现也可圈可点。

4. 股权众筹平台发展陷入困境，知识产权出资入股或将成为新契机

2017年2月，众筹项目风险集中爆发，众筹行业第一个行业法则诞生——“比逗法则”，受此影响，监管再度趋严进而导致政策和资本双向收紧。其中，苏宁私募股权众筹平台下线，京东东家同样也调整业务转做私募基金，阿里旗下的蚂蚁达客已许久未上新项目，当下股权众筹发展受困显而

易见。2017 年股权众筹融资双向下滑趋势明显，融资事件减少 44 起，融资规模仅为 1.65 亿元，在文化产业股权类融资中影响甚微。政府部门于 2017 年 4 月在《证券法》修订草案“二读”中强调，重点推动股权众筹机制。2017 年 6 月 23 日，中国互联网金融协会面向全国互联网众筹从业机构发布了《关于互联网股权融资发展情况的调查问卷》。此次调查问卷的下发，表明中国互金协会将在互联网非公开股权融资行业的自律管理、合规发展方面发挥主导作用。此外，2017 年初国务院发布的《“十三五”国家知识产权保护和运用规划》中提及，创新知识产权金融服务，支持以知识产权出资入股，在依法合规的前提下开展互联网知识产权金融服务。因此，随着支持知识产权出资入股的推行，众筹平台或将迎来新的发展契机。在政策尚未明晰，资本谨慎入场的时候，冷静期成为行业阶段性标签；另外，股权众筹行业也在酝酿自身的创新变化。

5. 网络直播平台商业价值得到体现，或将成为新的投资风口

在经济下行压力增大的背景下，网络文化产业通过内容和体验吸引用户，成熟的商业模式和良性发展生态正在形成，其中网络直播业表现活跃，从赛事直播、影视直播，发展到了游戏直播、知识答题以及全民化直播。用户即是观众也可以是参与者，在粉丝经济的带动下网络直播产业大放光彩。2017 年，熊猫直播和斗鱼 TV 分别获得 10 亿元 B 轮、D 轮融资，梦想直播 Pre－A 轮融资高达 6.94 亿元。“直播＋电商”“直播＋知识分享”新模式不断涌现，超强吸粉能力下更产生了无数“网红”，打赏、分享、互动等体验对网络文化产生巨大的影响，产业链布局的完善使平台可承载内容增加，随着市场的规范化，在结束烧钱模式和平台混战后实现盈利和流量变现，直播平台的商业价值得到体现，也将产生更多创新模式和投资风口。

6. 文化旅游业扩张之势迅猛，利好因素累积迎来黄金发展期

在全域旅游的带动下，我国文化旅游业市场规模不断扩大，增速持续保持在 10.00% 以上，2017 年全国旅游人数超 40 亿。随着全域旅游的持续推进，入境旅游人数、村镇旅游人数以及人均旅游花费都有所增长，我国文化旅游业发展迅猛。2017 年，在资本日趋理性的影响下，我国上市和新三板

文化企业投资规模均出现不同程度的下滑，其中上市文化企业同比减少13.16%，下滑趋势明显；相反，文化旅游类上市企业的扩张势头不减，共发生投资事件53起，投资规模为417.42亿元，同比增长高达263.23%。其中，上海豫园旅游商城股份有限公司发生并购事件高达27起，投资规模达258.45亿元，并购对象主要为地产开发企业，投资势头强劲。豫园做为上海市地标性建筑之一，具有丰厚的文化底蕴、浓郁的民俗风情、鲜明的经营特色，集邑庙、园林、建筑、商铺、美食、旅游等为一体，于前几年布局了北海道滑雪度假业务、加拿大太阳马戏团演艺演出，并在复兴中国传统文化和老字号领域做了相关投资。大众旅游时代来临，收入增加与旅游城镇化是国内游的主要利好因素，而资源供应商凭借自身实力跨界融合带来新的业绩增长，如“旅游+影视/主题公园/演艺/体育”等。在政策和市场需求的共同推动下，文化旅游业或将迎来高速发展期。

参考文献

[1] 新元智库：《2017北京市文化金融融合发展研究报告》，2017。

B.4

2017年风险管理类文化金融发展状况

董昀*

摘　要： 中国的文化保险与文化担保发展已经步入快车道。各大企业不断加强文化产业保险专属产品的研发投入和商业化力度，持续扩大文化产业保险的覆盖范围。到2017年，我国保险业对文化产业发展的重要支撑作用已开始显现。针对演艺、动漫、影视、艺术品等细分行业的特定风险，保险公司通过财产险、意外险、责任险、健康险等多险种组合，搭建细分客户综合保障产品体系，为文化企业提供专属、灵活、全方位的保险保障。2017年度，风险管理类文化金融的亮点包括：运用风险管理工具化解小微文创企业融资难取得新突破，互联网平台在提供文化保险和文化担保服务方面发挥更大作用，影视保险产品趋于丰富，动漫保险正在破题，演艺保险寻求新突破，文化担保越来越受到重视。

关键词： 文化保险　文化担保　风险管理

一　概论

从理论上说，文化产业发展面临的风险较为复杂，涵盖了多个层次，亦可分为多种类型。宏观层面的风险包括国际国内政治局势的变化、宏观经济

---

* 董昀，中国社会科学院金融研究所副研究员。

走势的波动、社会思潮的变迁、自然灾害带来的外部冲击等；中观层面的风险包括市场运行态势的变化、产业政策的调整等；微观层面的风险包括企业资金供给不足、公司治理失序、技术进步缓慢等。文化产业发展的风险如此之复杂，对风险管理者提出了诸多严峻挑战。这就要求风险管理者对各类风险的产生根源、作用过程和具体表现有系统全面的认识，并以此为基础有针对性地采用风险回避、风险转移、风险分散以及通过计划、组织、协调等方式对其加以控制和进行管理。

在改革开放初期，较高的发展速度是文化产业和文化企业追求的首要目标，风险管理的地位并不重要。因此，我国文化产业在现代风险管理思想和技术的运用上起步较晚，与发达国家相比有较大的差距。在中国经济进入新常态之后，伴随着文化产业发展阶段的跃升和文化产业风险管理需求的不断增加，文化保险领域的各项制度安排和政策措施开始逐步落地。2010 年 3 月 26 日，中宣部、中国人民银行、财政部、文化部、银监会、证监会、保监会等九部委联合下发《关于金融支持文化产业振兴和发展繁荣的指导意见》（银发〔2010〕94 号），明确指出要加大金融业支持文化产业的力度，这是中央政府首次以部委联合发文的形式支持文化产业的发展。该意见要求各保险机构在现有保险产品的基础上，探索适合文化企业特点和需要的新型险种和各种保险业务。这为文化保险产品创新提供了政策支持。

为贯彻该指导意见的精神，2010 年 12 月，保监会和文化部共同下发了《关于保险支持文化产业发展的通知》（保监发〔2010〕109 号），将中国出口信用保险公司、中国人民财产保险股份有限公司（简称“人保财险”）、中国太平洋财产保险股份有限公司等三家保险公司列为文化产业保险试点单位，它们试点经营的产品类型涵盖演艺活动财产保险、艺术品综合保险、展览会综合责任保险、文化企业信用保证保险、文化企业知识产权侵权等十一个文化企业专属保险产品领域，试点时间期限为两年。此后，2012 年，财政部重新修订印发《文化产业发展专项资金管理暂行办法》，明确在文化产业发展专项资金中对文化产业保险给予保费补贴。2017 年 2 月，文化部颁布的《文化部“十三五”时期文化发展改革规划》进一步强调要深化文化金融合作，实施文化金融创新工程，其中包括要逐步健全融资风险补偿机制和信用担保体系等与风险管理有关的表述。

在上述政策的支持下，中国的文化保险与文化担保发展步入快车道。各大企业不断加强文化产业保险专属产品的研发投入和商业化力度，持续扩大文化产业保险的覆盖范围。到 2017 年，我国保险业对文化产业发展的重要支撑作用已开始显现。针对演艺、动漫、影视、艺术品等细分行业的特定风险，保险公司通过财产险、意外险、责任险、健康险等多险种组合，搭建细分客户综合保障产品体系，为文化企业提供专属、灵活、全方位的保险保障。其中，影视业、演艺行业、艺术品、动漫行业等领域的文化保险发展已经形成一定规模，会展及大型活动领域的保险发展相对迟缓，文化旅游、文化企业融资等领域的保险产品开发正在兴起。

我们在 2017 年度的报告中已对风险管理类文化金融发展的基本理论与中国实践进行了比较全面的介绍。在 2018 年度报告中，我们将不再面面俱到地进行阐述，而是着重对 2016 ~ 2017 年我国文化保险领域的重要事件和重要问题进行描述和分析。由于文化保险领域缺乏权威的统计数据，我们将以案例研究为主，通过对典型案例的剖析，辅之以数据描述和政策解读，将近年来我国文化金融领域的亮点与问题提炼出来，立此存照。

二　近年来中国风险管理类文化金融发展概况

在本节中，我们将从企业创新、产业升级和金融服务实体经济的视角入手，分类介绍近年来我国保险业运用风险管理工具支持各种文化产业发展的新进展和新问题。

1. 运用风险管理工具化解小微文创企业融资难问题

我国文化产业有一个显著特征，中小企业数量很多，且成立的时间普遍较短。这类企业虽富有企业家创业创新精神，但内部还未形成规范的管理制度；且相较生产型企业，有形资产较少，其资产大多以版权、著作权、专利、品牌等无形资产的形式存在，从而导致资产权属关系复杂、预期收益不确定性大，难以用于抵押、担保等金融活动。因此，可以认为，我国文化企业很难从现有的以大银行为主导的金融体系中获得充分的金融服务，这也是我国金融体系普惠程度不高的一个例证。

从理论上说，互联网技术的发展能够有效降低信息不对称程度，从而降低资金供需双方的搜寻、议价和交易成本，改善包括文创企业在内的各类小微企业融资条件。然而在现实中，互联网技术在化解我国小微文创企业融资难问题方面发挥的作用尚不明显，甚至可能由于监管缺失和盲目投机，形成新的金融风险点。

以 P2P 网络借贷为例，在文化金融领域，相关 P2P 网贷平台大致分为三类：以手投网为代表的邮币卡抵质押贷款，以爱投资为代表的艺术品或贵重藏品抵质押贷款，以及以爱钱帮为代表的以无形资产或其他资产抵质押辅以担保的文化项目融资。本质上讲，前两类的资金用途并不十分透明，第三类才是真正意义上针对影视、动漫、游戏等文化项目的金融支持，它只占文化金融类 P2P 网络借贷的一小部分（见表 1）。

表 1　手投网、爱投资、爱钱帮经营规模变化

时间	借款额(万元)			待还余额(万元)		
	手投网	爱投资	爱钱帮	手投网	爱投资	爱钱帮
2017 年 1 月	2560	102596	49785	7600	732107	115431
2017 年 2 月	2660	103826	45423	8020	779518	123593
2017 年 3 月	2810	95068	68515	8110	811350	146923
2017 年 4 月	3170	106768	83388	8430	850323	178223
2017 年 5 月	2902	141053	100498	8460	890538	205829
2017 年 6 月	3403	127416	72076	8920	944259	177547
2017 年 7 月	3600	125718	80649	9560	958418	151441
2017 年 8 月	3560	136282	89909	9840	1019666	149423
2017 年 9 月	3200	128089	76559	9640	1051939	155500
2017 年 10 月	3520	131882	44801	9340	1096647	149721
2017 年 11 月	3700	135735	61766	9120	1152314	147812
2017 年 12 月	2600	126360	52110	7620	1201489	137204

资料来源：零壹财经。

在金融乱象丛生的大环境中，也有一些创新发展的亮点。2016～2017年，以管理风险为主要功能的保险业和担保业在化解文创企业融资难方面进行了有益探索，积累的经验弥足珍贵。

案例1　以宁波为代表的“政银保”模式

在“政银保”模式的小额贷款保证保险当中，保险公司凭借其雄厚的资金实力和良好信誉，可以起到为企业增信的作用。2009年，全国首单城乡小额贷款保证保险在宁波落地。该模式的基本要点包括以保险为信用背书，以政府专项财政支持为杠杆，嫁接银行信贷服务，帮助小微企业和三农客户顺利获得生产性用途的无抵押贷款。这一探索为解决融资难融资贵问题，破解连环担保困局提供了新思路。截至2016年底，“政银保”模式的小贷险已经利用5729万财政资金为宁波市近11750家的小微企业和三农客户提供贷款金额107.47亿元，财政杠杆扩大了187倍，并且在中小微企业和三农群体中形成了良好的口碑效应。

在宁波，上述操作思路也被用于化解文化企业融资难问题。2016年，人保财险宁波市分公司（以下简称“宁波人保财险”）与受中共宁波市委宣传部委托的宁波甬晟投资有限公司（以下简称“甬晟投资”）和农业银行宁波市文化创意支行（以下简称“文创支行”）共同签署了宁波市文化产业信贷风险补偿资金（风险池）合作协议，推出了专门针对轻资产、弱担保的小微文化企业的“政银保”产品。合作期内，文创支行为符合条件的文化中小微企业提供授信支持，宁波人保财险提供保证保险，为借款人的信用风险提供保障，甬晟投资负责设立宁波市文化产业信贷风险补偿资金（风险池），首期金额为人民币1000万元，后续视风险池运作情况及绩效逐年累积增加额度。风险池的主要作用在于，推动银行和保险双方加大合作力度，提升对中小微文化企业的信贷支持强度，并为因此而产生的贷款本息损失进行补偿。该产品融资成本低，目前综合年化成本（银行利率加保险费率）为6%，最高信用融资额度为500万元，宁波市域范围内信用良好的小微文化企业均可申请，且可提供定制化的一揽子保险和融资服务。该合作协议实施以来，运行状况平稳。截至2017年9月，该项目已经为宁波15家文化企业提供了2690万元的贷款金额。

资料来源：人保财险内部研究报告。

2. 运用互联网平台提供文化保险和文化担保服务

近年来，文化企业运用互联网平台提供文化保险和文化担保服务的成功案例越来越多。例如，江苏省宜兴市中超利永紫砂陶有限公司通过自己建立的“紫砂文化金融平台”与保险、商业银行等金融机构合作，综合利用互联网技术、防伪鉴定技术和大数据技术，为紫砂壶消费、投资提供支付、小额贷款、分期付款、保险，以及租赁、回购交易、质押融资等金融服务，通过金融服务促进紫砂文化产业的发展。

然而也需要注意到，在五花八门的市场主体中，冠以“文化金融”“文化保险”之名的互联网金融平台未必都能真正为文化产业发展提供有效的风险管理服务。以2014年阿里巴巴与保险机构合作推出的互联网文化金融平台“娱乐宝”为例，它以“保险＋信贷”的模式，通过互联网平台为保险机构募集资金，并通过信托基金渠道将募集到的资金用于影视文化产业的娱乐项目的制作，投资者可以获得预期的资金收益和娱乐权益。其本质是将保险和投资功能集于一身的理财产品，创新性不言而喻，但却不能起到风险分散和转移的作用。更有甚者，影视行业的高风险性、互联网金融监管与风险监测体系的不完备、互联网金融机构密钥管理及加密技术的缺陷等各类隐患都可能导致风险的积累和爆发。

这充分说明，在体制转型与经济发展进程中，市场的无形之手要想在风险可控的前提下充分发挥提高资源配置效率的作用，固然离不开企业家在各个方向上的自由探索，但也离不开政府这只有形之手的有力支持。近年来，从中央到地方各级政府在文化金融服务平台建设方面有着积极而广泛的探索，有效发挥了整合资源、创新服务、提升效率的作用。其中，在文化保险和文化担保方面也不乏新的突破。

在中央层面上，最有代表性的互联网平台是文化部文化产业公共服务平台，其设立的宗旨是提升政府在文化产业发展方面的综合信息服务、项目宣传推介、公共技术支撑、投融资服务、资源共享、统计分析等公共服务功能，从而弥补市场机制不足，推动我国文化产业持续健康发展。截至2017年年底，该平台已接入文化金融机构231个。部分金融机构通过与各子平台合作，在线上提供文化金融服务。其中，也包括一些风险管理类服务。例如，中国人保财险为配合投融资平台建设，专门开发了“E－CULTRUE”电子商务平台，按照“产业链分析—风险分析—出险案例分析—保险保障介绍”的工作流程，为文化企业提供了一整套风险分析和保险转移方案，并提供了文化保险专业服务咨询服务，成为线下风险管理服务的有益补充。

在地方层面，文化金融服务平台更是如雨后春笋般不断涌现。其中，北京市文创金融服务网络平台在破解文化企业融资难方面的探索独具特色，有担保和再担保企业的深度参与，值得详细介绍。

案例2　以北京市文创金融服务网络平台为代表的政府服务平台建设

2017年6月23日，北京市国有文化资产监督管理办公室发起“北京市文创金融服务网络平台”。该平台在市文资办官网上线试运行。该平台是为深入破解文化企业融资难题，由市文资办授权北京市文化科技融资租赁股份有限公司发起建立的，其中的一些业务职能由担保和再担保企业承担。北京再担保公司于今年3月份开始，与市文资办及文化科技租赁公司开展密切合作，承担了“文创金服”债权融资板块的运营职责，主要负责该平台债权板块的前期设计和后期项目初审、分配及金融机构对接等运营工作。北京市文创金融服务网络平台是北京市文创产业“投贷奖”联动体系的重要组成部分。“投”，是指股权投资机构为文创企业提供股权融资服务；“贷”，是指金融机构为文创企业提供低利率、速度快的贷款；“奖”，是指财政资金对文创企业在“投贷奖”体系内成功获得股权融资、债权融资后进行的股权融资、发债融资、贴息、贴租等奖励支持。“文创金服”致力于最大化整合产业发展资源，为文创企业提供全流程、全方位的融资和增值服务，实现文化与资本、文化与政策的高效对接，破解文创企业融资难、融资慢、融资贵等问题。

“文创金服”富有创新性地采用“政府授权+市场化专业运营”的方式，由北京市文科金融信息服务有限公司作为平台运营商建设运营，在接轨北京市文创产业“投贷奖”联动体系政策的同时，引入商业银行、融资租赁、融资担保、小额贷款、股权基金、投资银行、证券公司、会计师事务所、税务师事务所、律师事务所、专业咨询公司等各类专业化机构，形成涵盖债权融资、股权融资、创新性金融产品推广以及第三方服务等全方位服务的线上投融资体系，有效破解文化企业融资难、融资慢、融资贵的问题。目前已接入的合作金融机构包括中国建设银行、北京银行、招商银行、华夏银行、杭州银行、华融证券、北京市文化科技融资租赁有限公司、北京国华文创融资担保有限公司、北京市中小企业信用再担保有限公司等。

资料来源：北京市国有文化资产监督管理办公室网站。

3. 风险管理工具助力我国影视产业发展

中国电影市场在最近几年驶入发展快车道。从票房规模上来看，国产电影票房从 2012 年的 170. 7 亿元增长到 2017 年的 559. 11 亿元，以电影票房收入而论，我国已经成为全球第二大电影市场。同时，国产片也成为国内票房的主力军，去年上映的 376 部国产影片贡献了约 53. 84% 的票房。在 2017 年，城市院线观影人次达到了 16. 2 亿次，总人口人均观影次数为 1. 17 次，人均观影次数首次突破 1 次。而得益于中西部和三四线城市影院数量的增加，全国影院数量在 2017 年增长到 9169 家，银幕数量达到 50776 块，仍有巨大的市场潜力待挖掘。

众所周知，电影项目的运作过程中充满着风险和不确定性。因此，在我国影视产业持续发展繁荣的同时，演出事故随之增加，相关风险点也逐渐暴露出来。这些风险不仅体现在影视作品的投资回报方面，还体现在其创作过程对主创人员以及外部环境的高度依赖上。从近年来我国电影电视业的运行态势来看，其面临的主要风险点至少包括以下几个方面：第一，因核心演职人员发生意外事故导致的死亡伤残风险；第二，因自然灾害或意外事故导致道具、布景和服装以及摄像机、摄影设备、印象灯光等设备遗失、损坏或损毁的风险；第三，因自然灾害或意外事故导致的第三方财产损失；第四，因预算超支、不按照剧本拍摄、没有按期完成或被迫取消、影视审查未能通过等原因导致的影视作品无法完成或完成后无法公映的完片风险。此外还包括责任风险、财物损失风险，等等。这些风险点多面广，牵一发而动全身，严重制约着影视产业的持续稳定发展。

与电影电视工业潜在的巨大保险需求相比，目前我国影视保险才刚刚起步。从需求侧看，国内的制作单位极少为项目安排影视保险，如有安排，大多也是应外方演员的要求而安排的，且主要为演员投保意外伤害保险，其他保险保障较少。从供给侧看，影视保险产品的研发力度不足，专业人才匮乏，核保标准缺失，可投保险种比较少，保险范围也比较有限。

正是看到国内市场对风险保障的需求，近年来，国内外保险公司纷纷进军影视保险领域。在外资保险公司中，全球最大的完片保险公司 FFI（美国电影金融公司）于 2015 年在上海成立了中国分公司，并开启电影完片保险业务。此外，安联财险也已将电影电视制作保险引入中国市场，由安联财险提供技术支持。该产品为影片拍摄前、中、后期可能出现的风险提供专业保险，保障范围包括演员由于意外事故无法拍摄令电影制作出现延期、额外费用、第三方财产损坏、劣质存货等。国内保险公司的影视保险实践也越来越活跃。例如，中国出口信用保险公司为冯小刚的《夜宴》提供了一年的短期出口信用保险服务，保额为 1500 万 ~2000 万美元，这就为《夜宴》成功获得深圳发展银行 5000 万元贷款创造了前提条件。另外，2017 年太平洋保险与合力晨光联合进军完片保险业务领域。案例 3 中的人保财险在影视保险领域的实践同样是丰富多彩的。

案例 3　人保财险在影视保险领域的探索

人保财险在影视保险方面的突出亮点表现在完片保险领域。2017 年第 20 届上海国际电影节上，人保财险与全球最大的完片担保公司 FFI 联合举行新闻发布会暨合作签约仪式，宣布携手推进中国影视完片保险和制作保险的本土化进程，合作提供完片担保服务。这也是FFI成立以来首次选择与中国的保险公司开展深度合作。双方合作的业务模式是以影视制作保险作为基础，由FFI在电影制作过程中提供完片服务，由人保财险为FFI与投资方所签订的完片服务协议提供影视制作费用增加保险，为影视制作过程中的完片风险损失提供全面保障，确保影片按照预算、剧本和制作日程表拍摄完成并符合交片标准，按时交付。在影片制作一旦超支、搁浅、放弃的时候，根据完片协议和保险额度的约定，赔偿影片无法如期按照预算完成所导致制作成本的额外增加或放弃制作所造成的损失。在双方的协调配合之下，由合一影业投资制作、成龙主演的新片《机器之血》成为首部使用FFI完片担保服务的国产影片。

在其他方面，2017年人保财险在江苏首席承保263家电影院线的公众责任保险，为江苏4400万名观影观众提供为期3年的公众责任风险保障服务，观众将因此享受最高50万元限额的人身意外伤亡和10万元的医疗保险及相应的财产保险保障。除此之外，人保财险先后为华谊兄弟、中央电视台、华夏西部影视城等影视剧组和单位提供包括财产责任意外在内的一揽子风险保障服务。

资料来源：人保财险内部研究报告。

4. 动漫产业发展中的风险管理

我国动漫产业目前已经进入高速发展期。工信部《2017年中国泛娱乐产业白皮书》显示，2017年，中国动漫核心用户将超过8000万，被称为“二次元”人群总数将超过3亿，且97%以上是90后和00后。在市场急速扩张的同时，风险也随之而来。关键人员的意外伤亡风险、知识产权侵权风险、个人账户信息泄露和虚拟财产损失风险、人才流失不能按时完工、动漫企业融资难、动漫企业出口信用风险等构成我国动漫产业面临的主要风险点。2017年，暴雪娱乐联合网易正式对游戏平台4399提起诉讼，称后者制作并发行的《英雄枪战》及《枪战前线》两款游戏涉嫌侵犯《守望先锋》

的知识产权，并构成不正当竞争，引起了广泛关注。

面对诸多风险，我国保险业启动了动漫保险试点。2010 年，保监会和文化部发出《关于保险业支持文化产业发展有关工作的通知》，规定了 11 个试点险种。其中，有 3 个与动漫游戏行业有关的保险，分别是动漫游戏企业关键人员意外和健康保险、动漫游戏企业关键人员无法从业保险、文化企业信用保证保险。

从试点产品的推行情况看，动漫游戏企业关键人员意外健康保险的保费数量与保额都在逐年增长，但是动漫游戏企业关键人员无法从业保险、文化企业信用保证保险在实际推行中的情况并不是很好，一方面是动漫游戏企业的风险意识有待加强，另一方面是多数动漫游戏企业的人员以及业务经营不稳定，不会将保险作为必要的风险管理工具。

国内保险公司还积极适应动漫游戏产业的市场需求，推出了与动漫相关的其他险种。2013 年，人保财险联合中国最大的网络游戏服务网 5173 网站，创新性地开发了国内首款网络游戏虚拟财产保险产品，有效保障网络游戏玩家虚拟财产的交易安全及其合法权益，在积极探索为网络新型风险提供创新产品方面取得了重大突破。该保险主要保障游戏买家在网上进行游戏装备、游戏币、游戏账号等交易时，由于卖家的恶意行为致使保险标的被盗、被游戏运营商收回，或被游戏官方封号时导致的买家直接经济损失。2016 年人保财险携手腾讯大型移动电竞赛事 MMEC，为赛事玩家的虚拟财产安全和网络安全提供保障服务。阳光保险、平安财险也都相继推出了有关网络虚拟财产的相关险种。

5. 演艺活动中的风险管理

随着居民收入的增长，人们对文化生活的需求不断增加，我国演艺行业也迎来了高速发展的繁荣期。演艺活动的不断增加伴随着演出风险的持续加大，舞台、演员、观众、财务、天气等因素都可能影响演出活动的正常进行，近年来几乎每年都有重大演艺事故发生。此外，随着市场机制在资源配置中的决定性作用越来越明显，政府出资和企业赞助的演出活动比重越来越低，市场化的演出运营与风险管理逐渐占据主导地位。因此，文化演艺保险也迎来了新的发展机遇期。

当前我国演艺保险发展规模仍然较小，盈利能力也较差。究其原因，主要有三点：第一，保险企业研发能力较弱，导致保险产品不能充分满足演艺企业的需求；第二，作为新事物，演艺保险产品设计缺少充分的数据支撑，导致风险评估不充分，保费偏高；第三，缺少权威公正的第三方机构发挥平台和桥梁作用。

案例 4 中的中汇国际在文化保险，特别是演艺保险事业的发展进程中，努力破解上述难题，获得了一些经验，值得分析总结。

案例 4　中汇国际的文化演艺保险探索

中汇国际是一家民营保险经纪公司，其主业是企业财务险、工程险和责任险。近年来，该公司关注到国内文化演艺产业的巨大发展潜力，成立了文化产业风险部，主攻文化演艺保险产业。该公司成立了文化产业风险部，投入大量资源从事文化保险的市场开拓和产品研发。到 2017 年，中汇国际已经与几百家演出企业合作，完成了几千份演艺保险保单，保险金额 3 亿多元。尽管如此，演艺保险的总体规模和盈利能力仍然不足，处于入不敷出的状态。因此，该公司并未将演艺保险作为当前公司发展的支柱，而是定位为未来发展的新动能。公司的文化产业风险部并没有明确的盈利目标，其主要任务是培育新兴市场。

为了打破我国演艺保险面临的困境，中汇国际与中国演出业协会等 20 多家国家级和省级行业协会建立战略合作关系，从而深入了解行业特点和企业需求，并获取强有力的专家资源支持。在此基础上，推出了“演出统保”保险业务。所谓统保，就是团购的统一投保。其优势在于：第一，避免了因各企业行为不一致导致的投保不足和漏保等情况的发生。第二，保险总体规模的增加和保险经纪公司的介入，使得企业有机会获得保险公司更优质的服务和更优惠的承保条件。实践证明，“演出统保”保险业务推出后，演出企业的保费支出降低了 40% 以上。

此外，中汇国际还在产品设计上不断创新。比如，公司推出了按场次和按天投保的人身意外伤害保险；设计了根据保额、观众人数等因素按“份数”投保的演出公众责任险；开发出线上投保平台演艺保，实现了线上投保。

资料来源：《中汇国际：文化演艺保险是个大金矿》，《中国文化报》2017 年 8 月 25 日。

6. 文化担保

文化担保在文化创意企业发展中发挥着不可或缺的独特作用。相对于以大量资金投入规模化生产的传统企业，奠定文化企业竞争力的核心资产是创意、关系资源、品牌价值、人力资源、价值观等轻质资产。文化企业在通过银行信贷、债务融资、发行信托计划、融资租赁、小额贷款等间接性融资方式获得资金过程中，时常由于抵押品不足、信用不达标等原因不符合投资方的一些固定性条件而无法获得融资，此时便需要采取担保等信用增进措施以使文化企业更加容易获得投资。担保机构作为银企之间的信用桥梁，发挥信用增级、信用放大、风险缓释、产业引导的功能作用。

从国际经验看，美国采取了市场化手段，文化企业将预售发行权合约作为贷款的担保，在市场中筹集保底发行金；法国政府与金融机构联合成立了电影与文化产业融资局，掌管一笔担保基金，可担保相当于自身规模 5 ~ 10 倍的文化产业贷款；日本政府和企业共同投资成立了中小企业信用担保公司和中小企业信用保险金库。中小企业可以从保险金库领取贷款资金的70% ~ 80%，并且向这个金库申请保险。保险公司和担保公司事先签订好合同，担保生效等同于保险生效。

目前，受行业发展制约因素影响，我国文化担保行业仍处于起步阶段。国家政策鼓励各级政府搭建中小融资担保平台为小微文化企业提供担保，变专项资金为担保基金。发达地区的政府、银行、担保公司等机构也在文化担保方面努力创新突破。例如，北京银行与专业机构合作，对版权的特性开展研究，建立版权价值评估体系，力图打破版权质押发展的困境。又如，浦发银行与上海各大文化产业园区管委会合作，引入优质担保公司，探索推进

“银行 + 园区 + 担保” 的 “银元宝” 风险共担合作模式。2017 年，西安曲江新区管委会深入总结发达地区的实践经验，并结合本地实际，在文化金融发展五年规划中将文化担保置于重要位置，进行了深入探索。

案例 5　西安曲江新区文化担保实践

在 2014 年全国文化金融合作会议上，国家开发银行支持西安大明宫项目被列为十项“优秀文化金融合作创新成果”之一。这一项目以景区应收账款质押的方式获得国家开发银行 60 亿元贷款支持。这是国家开发银行的首笔大遗址保护类贷款，以大明宫国家遗址公园保护与周边商业开发衔接的方式，解决了遗址公园营业收入少、投资回收期长的还款困境；同时采取政府委托代建，实行土地出让金回流动态还款的方式，解决了因门票无法质押（归集财政）的担保困境。

2015 年，浦发银行通过向银监局备案的方式，向曲江风投公司发放了第一笔贷款，开创了省内为风险投资公司贷款的先例。曲江担保公司选择影视作为突破口，创造性地设计推出“准版权”质押、协议（合同）质押、“产业基金 + 担保信用”“担保 + 风投联动”等融资担保新产品，成功扶持了《大秦帝国》等电视剧的制作发行，有效解决了影视企业融资的担保难题。

上述案例是西安曲江文化担保实践的缩影。“十二五”期间，曲江新区投入文化产业扶持资金 15 亿元，实现文化产业风险投资 235 亿元，实现文化企业投资担保 145 亿元。在《曲江新区文化金融五年发展规划》中，曲江新区还在“准版权”质押等产品的成功经验基础上继续探索，尝试出台《文化创意产业担保专项资金管理实施办法》，积极与国内主要版权交易机构合作建立版权变现渠道，整合金融界、文化界、产业界和学术界各方力量开展版权价值评估研究，同时借鉴发达地区做法，创新担保方式，逐渐做大版权质押业务。

资料来源：曲江新区管委会内部资料。

行　业　篇

Industries Reports

B.5
2017年我国电影金融发展分析

侯光明　张 琦*

摘　要： 中国电影产业的发展已步入电影、金融、科技三者深度融合的阶段。2017年，中国电影产业以全面实施《电影产业促进法》为基础，并被广电总局确定为“电影质量促进年”与“电影市场规范年”，电影发展与转型升级加速。电影产业的繁荣与发展离不开资本支持，中国电影金融的创新与发展却仍处于起步阶段，未来围绕电影产业的金融产品、商业信贷、完片担保等将伴随着电影产业商业体系的完善而逐步落地。同时，电影迅猛发展与科技进步密切相关，未来伴随着视觉科技的快速发展，电影的制作与表现都将更加的丰富。论文将从剖析2017年电影金融发展情况入手，分析当今中国电影

* 侯光明，北京电影学院理事会理事长，教授，博士生导师，中国文化金融50人论坛创始成员；张琦，北京电影学院管理学院副院长，副教授，中国文化金融50人论坛特邀成员。

金融发展的态势，并从根本上，提出符合新时代要求，因循电影规律的社会效益和经济效益相统一的金融服务新体系。

关键词： 电影事业 电影产业 投融资模式 核心竞争力 文化金融

前 言

随着国内电影工业的不断成熟，电影金融为推动与服务整个电影行业发展不断提供着越来越强大的力量。电影金融具体指在整个电影行业的领域之内，依托各类金融工具、金融机构、金融运作模式，形成规范的电影金融服务体系。这个体系包括有效的政策支持、完备的价值评估机构、完善的版权交易机构以及科学的保险担保机制等一系列有效举措，用来支持电影工业的发展。由于电影并不是单纯的金融产品，而是带有社会文化价值的艺术作品，金融在电影工业的发展过程中，更多地是提供信托性服务。所以，科学指导电影金融的发展，对促进电影生产内容的丰富化、多元化，激发电影的创作活力，推动电影工业技术创新，完善电影艺术形态发展将起到积极的作用。

一 中国电影产业发展迈入新时代

当前，中国处于经济社会高速发展和文化体制改革的新型环境，文化体制改革带来的红利同时为中国电影发展指标带来持续快速增长。

从国际电影产业发展的整体现状来看，中国电影产业近年来在拓展增长空间方面的吸引力倍受关注。截止到 2017 年 10 月，中国的城市电影银幕数已经达到 4.9 万块。2017 年全国电影总票房为 559.11 亿元（约合 87 亿美元），同比增长 13.45%，中国电影市场开始进入稳定发展阶段。2017 年中国内地市场发行的影片当中，有 51 部国产影片票房收益超过 1 亿元，加上海外引进影片，总共有 92 部影片票房收益超过 1 亿元。同时，国产电影继续尝试海外发行，2017 年的海外发行收益为 42.53 亿元，同比增长 11.19%。从电影票房收益来看，中国目前成为继北美之后的全球第二大电影市场，这同近年来深化电影产业体制机制改革密切相关。2017 年中国全年观影人次达到 16.2 亿，同比增长 18.08%。以城市人口为基数，平均观影人次为 1 次左右。

新时代孕育电影金融新动能。电影金融在经历了 2015～2016 年的激烈碰撞之后，2017 年开始逐步转为良性互动——电影成为影响力杠杆，吸引大量资本进入电影业，各类金融工具也得到创新。电影工业的发展催生出各类理财产品、电影保底发行、明星证券化、IP 资本化等一系列金融服务，既增加了资金和资源，又带动了观影热情和电影规模激增，但不可避免地也引来了电影的泡沫。因此，“金融服务谁”“金融成就谁”成为电影工业良性发展需要面对的重要命题。

二　电影金融的发展情况

2017 年，我国高度重视文化经济及文化金融领域的发展，颁布了多条重量级与文化金融相关的政策文件，带来了电影与金融业相互促进、转型升级的新契机，同时也为电影产业投融资体系建构、多层次资本市场提供了拓展的空间。尽管电影与金融的结合模式日趋丰富，但目前仍处于需要不断磨合的状态。我国电影工业的发展正在进入调整时期，资本进入需要审慎，资本的运作也需要更加科学和理性。

1. 上市及再融资

互联网相关数据显示，2017 年，国内影视行业大约有 1100 亿市值蒸发。由于近期市场监管日趋成熟，文娱上市公司再融资考核更加严格。据统计，在 2017 年的文娱类上市公司中，只有慈文传媒和奥飞娱乐两家公司的定增方案获批，整体募资额不到 2016 年的 30%。2017 年 IPO 企业较 2016 年同期有所增加，据中国经济网统计，2017 年我国 IPO 的文化企业达 24 家，其中选择在 A 股上市的 21 家，中国香港上市的有 3 家，较 2016 年有所

增长。2016 年整体 IPO 文化企业有 15 家，选择在 A 股上市的为 11 家，在香港特别行政区有 2 家上市，此外，还有一家公司在纽约 IPO 上市。①

表1　2017 年文化产业公司 IPO 基本情况

序号	时间	公司	所在地区	交易所及板块	行业信息
1	2017/1/4	吉比特	福　建	上交所主板	文化创意和设计服务
2	2017/1/5	奥传思维控股	香　港	香港交易所创业板	媒体及娱乐
3	2017/1/18	中国科传	北　京	上交所主板	新闻和出版业
4	2017/1/20	华凯创意	湖　南	深交所创业板	文化信息传输服务
5	2017/2/13	高斯贝尔	湖　南	深交所中小板	终端设备及技术服务
6	2017/2/15	宣亚国际	北　京	深交所创业板	文化传播
7	2017/4/11	实丰文化	广　东	深交所中小板	文教、工美、体育和娱乐用品制造业
8	2017/4/17	德艺文创	福　建	深交所创业板	文化创意和设计服务
9	2017/4/25	新经典	天　津	上交所主板	新闻和出版业
10	2017/5/9	金陵体育	江　苏	深交所创业板	文教、工美、体育和娱乐用品制造业
11	2017/6/6	元隆雅图	北　京	深交所中小板	商务服务业
12	2017/6/14	ITP HOLDDINGS	香　港	香港交易所创业板	媒体及娱乐
13	2017/6/19	杰恩设计	广　东	深交所创业板	文化创意和设计服务
14	2017/8/2	华扬联众	北　京	上交所主板	互联网和相关服务
15	2017/8/11	中广天择	湖　南	上交所主板	广播、电视、电影和影视录音制作业
16	2017/5/21	中国出版	北　京	上交所主板	新闻和出版业
17	2017/9/19	创源文化	浙　江	深交所创业板	文教、工美、体育和娱乐用品制造业
18	2017/9/21	掌阅科技	北　京	上交所主板	互联网和相关服务
19	2017/9/26	世纪天鸿	山　东	深交所创业板	新闻和出版业
20	2017/10/12	横店影视	浙　江	上交所主板	广播、电视、电影和影视录音制作业

① 《资本江湖热点频频，2018 最可能上市文娱企业，谁将成最大赢家?》搜狐网，http：//www. sohu. com/a/219916073_ 824915。

续表

序号	时间	公司	所在地区	交易所及板块	行业信息
21	2017/10/16	金逸影视	广　东	深交所中小板	广播、电视、电影和影视录音制作业
22	2017/10/20	风语筑	上　海	上交所主板	文化艺术业
23	2017/11/8	阅文集团	香　港	香港交易所主板	软件服务
24	2017/11/22	山东出版	山　东	上交所主板	新闻和出版业

根据以上新三板发展情况，2017 年挂牌新三板的影视公司总共有 23 家，2016 年则有 66 家，相比降幅高达 2/3。不仅如此，2017 年新的挂牌公司实力也逊色不少。2016 年有唐人影视、和力辰光、大地院线、长江文化、中汇影视等多家比较知名的影视公司相继登上新三板，而 2017 年上板公司中效益较好地只有越界影业、今世界、华海影业等三家影视公司。横向比较，2017 年全国新三板挂牌的公司总数为 11630 家，比 2016 年年底增加了 1467 家，增长幅度为 14. 43% ,① 回顾 2016 年挂牌公司总数几乎翻倍的涨幅，可以看出 2017 年总体走向低迷，而影视公司上板的情况更是不容乐观，不但挂牌公司总数呈下降趋势，而且公司效益也很堪忧。

截至 2017 年 12 月 13 日，国内企业有 92 家完成再融资，总共融资规模达到 11342 亿元。与 2016 年相比，缩减了 5832 亿的融资规模，幅度缩减至 1/3，再融资企业的数量也缩减了 300 家。

2. 债权融资及其他融资形式

随着 2017 年金融监管政策的调整，再融资形式被暂停使用，文化娱乐公司开始选择债权融资形式，即发行公司债券进行融资。与定增募资相比较，债券融资具有审批通过相对容易，不会稀释现有股东股权的优点。2017 年开始，光线传媒、华谊兄弟，以及新文化、骅威文化、当代东方、慈文传媒、唐德影视、当代明诚、大晟文化等影视公司相继宣布发行公司债券（见表 2）。

① 杨柳青：《2017 年挂牌新三板影视公司骤降 2/3，耀客传媒、新媒诚品等逃离》，娱乐资本论，2018。

表2 影视文娱公司再融资案例

公司名称	发布时间	定增募资金额	募投项目	进展
当代明诚	2017年9月	20亿	对子公司明诚香港增资，以收购新英开曼股权	进行中
骅威文化	2017年6月	12亿	电视剧及网络剧制作	进行中
宋城演艺	2017年4月	40.17亿	澳大利亚传奇王国项目、宋城演艺·世博大舞台改扩建项目、阳朔·宋城旅游建设项目、张家界千古情建设项目、演艺科技提升及科技互动项目以及大型演艺女子天团“树屋女孩”项目	2017年12月终止
暴风集团	2016年8月	20亿	互联网娱乐综合平台项目、DT平台基础设施项目以及补充流动资金	进行中
奥飞娱乐	2016年4月	23.51亿	IP资源建设项目、IP管理运营体系建设项目、补充流动资金	已获取批文
唐德影视	2015年12月	8.18亿	补充影视剧业务营运资金	进行中
慈文传媒	2015年10月	9.3亿	电视剧及网络剧制作	2017年12月完成

资料来源：《2017仅两例再融资获批，文娱上市公司为何遭遇融资难?》，娱乐资本论，2017。

自2015年开始光线传媒获准公开发行公司债券不超过20亿元，截至2017年7月，首期发行的光线传媒公司债券已经达到10亿元，票面利率为3.50%。接下来，光线传媒还将继续发债融资10亿元。光线传媒在2018年的投拍计划中，计划投拍制作高成本影片10部、中小成本影片20部、电视剧及网络剧6部，计划投入约26.80亿人民币的流动资金，同时公司计划对优质IP资源的储备还将投入约3亿元。而已完成9.3亿元定增募资的慈文传媒，2017年4月底将以公开和非公开两种方式宣布发债，分别募资不超过5亿元和10亿元，资金将用于《爵迹》《沙海》《寻找爱情的邹小姐》等IP剧集的制作。

当然，上市公司发债融资同债券市场的行情走向息息相关，也存在相应的金融风险，不景气的债市会增大发行的难度，拉长利润回收时间。同时也会给公司带来不小的利息支出。目前，发行可转换债券也成为A股市场上比较常见的融资方式。目前A股上市的三七互娱、湖北广电、利欧股份、平治信息等几家公司，都在大力推进发行可转换债券，这种模式未来也可期待。

3. 投资基金

2017 年，红杉资本、腾讯、IDG 等多家公司相继在文娱领域进行投资。在文娱一级市场投资频次最高的公司是腾讯，全年投资 38 次。除此之外，阿里在大规模布局文娱产业。但如果从文娱投资金额上计算，2017 年的排名第一的投资机构应该是红杉资本，红杉资本去年在文娱领域投资金额将近 100 亿元，它通过今日头条、爱奇艺等多笔大额投资，进一步巩固在文化娱乐领域的优势地位；相比之下，2017 年经纬中国在文化娱乐领域的投入相对谨慎，从金额上看，几乎跌出 2017 年文娱投资前十。更值得关注现象，是各家机构投资关注的细分赛道正在发生微妙的变化，尤其是传媒领域正在成为各家投资机构的重要投资对象。在 2017 年腾讯 38 次投资中，有 15 次投给传媒领域，IDG、真格基金、华人文化等投资机构，也开始关注这一领域的投资。以文娱产业的大公司，尤其是上市公司为背景的新基金的不断增加，成为 2017 年投资基金的新现象。2017 上半年，猫眼与辰海资本合作，共同成立“妙基金”；两点十分公司则与峰瑞资本合作成立武汉互娱基金；中信聚信携手磨铁集团，设立了文娱产业发展基金。此外，还有上市公司成立的文化产业基金。2017 年 9 月，东方网络发公告，公司将与金葵花资本共同发起设立文化娱乐产业基金，初步确定为 50 亿元，分期多次募集。不少上市公司在并购时，并不是通过上市公司主体，而是通过产业并购基金的方式去投资。这种“资本 + 产业”的投资方式，相对而言更加灵活。未来这种模式可能会继续加速整个文娱行业的整合。

4. 信托产品

自从 2012 年以来，随着“一壹影视（一期）集合资金信托计划”的设立，这是最早的国内电影信托产品。从此以后，电影信托开始有新产品不断出现。2014 年，设立了由影视艺术品投资基金结构化集合资金信托计划成立的五矿信托。该产品形式灵活，结构优化设计。同期，中信信托与百度、中影集团联合开发作为影视文化产业金融平台的“百发有戏”，其运用“消费众筹+电影+信托”的理念，提供了资金平台，募集超过1800万元的资金，成为该产品的首个落地实现的项目。2015年，“星美国际影商城”被中信信托、百度、星美联合推出，该项目作为影院消费众筹产品，形成跨越影院和互联网相关消费权的消费平台。而用于星美影城建设的资金将由中信信托进行监管。

电影信托产品需要有配套风险控制措施，这些措施主要包括股权质押、电视剧版权质押、个人无限连带责任担保以及结构化设计等。

2017年，中粮信托、万向信托等4家公司发行了多款影视投资信托产品。不同的信托产品针对不同性质的影视公司，比如直接投向影视制作公司，亦有用于投向并购包含多家院线的综合影视公司。例如，中航信托发行的“天启【2017】225号中影并购基金”，这项资金主要作为认购共青城腾轩投资管理合伙企业（有限合伙）LP份额。

5. 创投平台促进优质产品孵化

近年来，电影项目创投平台正逐步走向成熟，2017年全国有5家较为知名的有影响力的创投会，分别是香港亚洲电影投资会（HAF）、金马创投会（FPP）、西宁FIRST青年电影展创投会、上海国际电影节电影项目创投会、北京国际电影节创投会，共入围电影项目123个；2017年，有4部国产影片获得创投支持并在电影市场发行。其中，影片《指甲刀人魔》入选2014年HAF电影计划、影片《爱情冻住了》于2012年入选金马创投会、影片《上海王》2007年入选金马创投会并获得二等奖、影片《暴雪将至》入选2015年第九届FIRST影展创投会，四部影片作为创投平台的优秀特色项目，开启了创投平台推向市场的前景。

目前，电影创投平台的价值首先体现在创投会提供给青年电影人优质的资源。在创投会上，青年电影人可以与众多行业内优秀电影人深入交流，向影视公司或是投资人推荐自己的项目。其次是创投会带给影视企业、投资人的便利。从创投会中脱颖而出的项目都是经过精心挑选有质量保障的优秀项目，适合影视企业或者投资人从中发掘有潜力的新人进行培养。

由于创投平台并不十分成熟，还存在一定的不足：首先，国内创投平台目前偏爱的影片多是中低成本文艺片，影片类型较局限，不适合多类型多风格影片的发展；其次，国内有影响力的创投平台数量少，投入创投平台的各项目间竞争激烈；再次，入围创投会的作品，在后续的开发中依旧困难重重，只有很少的项目最终能拍摄完成投入市场；最后，创投平台目前多数只是专注于做平台，未能形成电影项目孵化制作的上下游全产业链。

未来创投平台应不止于做一个平台，加快上下游产业链的延伸建设、真正自主孵化和制作出影视项目是下一步创投平台发展的关键；同时，加快推进国内创投平台的建设和发展，提升国内有影响力的创投平台数量，扩大创投平台市场规模；扩展创投平台入围作品的类型、风格的选择，让平台项目更多元化也是未来创投平台发展的重要环节。

6. “合纵连横”成为电影投资主要模式

当前的国产影片投资模式，出现了“多家出品方风险分担、资源共享，上市公司资源优先，网络平台与窗口同时售票”的电影市场现象，这一现象在春节档会尤为明显。2017 年春节档国产影片《捉妖记 2》《唐人街探案 2》《祖宗十九代》《熊出没 · 变形记》都是多家公司联合出品。影片《红海行动》更是由 28 家公司联合出品，《西游记 · 女儿国》由 27 家公司联合出品。

除了传统的影视制作公司，多家互联网平台和影院也参与影片的制片和发行。淘票票影视网参与了《捉妖记 2》《唐人街探案 2》《西游记 · 女儿国》三部电影的制作和发行，猫眼网也参与投资了《熊出没 · 变形记》和《捉妖记 2》。大地时代、金逸影业、保利影业、幸福蓝海等多家影院参与合作电影制片，成为 2017 年国产电影市场的重点现象。不同行业资本注入电影市场，追逐利润的同时带来“流量明星”火热宣传化、电影内容世俗化、叙事结构松散化等创作方面的不足。如何在不同行业资本共同参与电影市场的情形下，在电影创作源头进行金融包容性渗透与倾斜，规范电影金融的运作，做好资本与内容的结合才是发展的关键。

7. 国有银行推出文创信贷业务，推动电影金融良性发展

近年来，不断有国有金融机构推出资金政策支持优秀影片创作。北京银

行在影片《战狼2》的前期制作与后期发行过程中，均提供了大力支持。北京银行为《战狼2》的出品方和发行方累计提供贷款支持超过10亿元。数据显示，截至2017年7月末，北京银行文化金融贷款余额539亿元，累计发放超过1500亿元贷款，支持实现长足发展的超5000余户文创企业。在北京地区国有银行中，北京银行为首都文创企业累计投放的贷款和市场份额，保持了连续9年第一。在《战狼2》这部影片中，北京银行采用的是“信用+追加股权质押+锁定《战狼2》票房回款”模式，为出品方提供了综合授信8000万元，用于影片前期的拍摄和制作。《战狼2》由北京京西文化旅游股份有限公司、北京启泰远洋文化传媒有限公司等提供保底发行8亿元，其中，北京银行早在2001年与北京京西文化旅游股份有限公司开展合作，已累计提供文创贷款7500万元。2017年4月初，北京银行为北京启泰远洋文化传媒有限公司提供了3500万元贷款，用于支持《战狼2》的宣传发行。

北京银行近年围绕文创特色支行发展，与《战狼2》同期上映的影片《建军大业》的制作方博纳影业，也是北京银行形成长期合作的电影公司。早在2008年，保利博纳公司与北京银行签署了首轮战略合作协议，在之后的十年中，北京银行为博纳影业提供了《湄公河行动》《智取威虎山》《龙门飞甲》《楚汉传奇》《窃听风云》，电视剧《十月围城》等多部影视作品的金融支持。北京银行成为保利博纳公司从总资产不足百万元发展到囊括制作、发行、院线覆盖整条产业链的行业龙头企业的支持者和见证人。作为国内最早介入文化产业的国有金融机构之一，北京银行从金融政策和金融服务方面，相继支持了博纳影业、光线传媒、万达文化、新丽传媒、山东影视、微影时代、凯撒国旅、耀莱院线的发展。

2017年10月14日，北京银行宣布文创金融事业总部成立，在此次发布会上，北京银行同时宣布成立了两家文创专营支行并发布了行业类第一个IP产业链文化金融服务方案“文化IP通”。项目主要包括融资通、投资通、服务通三大系列。“文化IP通”则着眼于整合资源，搭建平台，促进产业链各环节合作开发，带动上下游企业合作共赢。北京银行“文化IP通”体现了银行从传统的融资向“融资+融智”的转变。

作为国有银行，又是首都金融行业的发展代表，北京银行在深入市场调研、创新发展理念、完善文化金融发展手段方面都处于领先地位，并旨在形成一套可行的、有效解决有形担保的电影金融支持机制。北京银行在创新金融体系中走在了行业发展的前列，亲自参与到首都电影金融的财税收入体系中，为首都电影搭建良性发展的桥梁。

三 电影金融服务与产品升级

1. 政策支持

回首2017年，全国各地区都在加强文化金融相融合的发展，并且政策支持上也做出了不同程度的尝试。北京作为首都，将为落实全国文化中心的战略定位，实现金融产业与文化产业的融合发展做出实事，做出成绩。由北京银监局、北京市文资办联合发布的《关于促进首都文化金融发展的意见》中可以看到，北京市在鼓励银行业金融机构设立文化金融部门，服务结构优化、业务创新的“高精尖”文化产业体系建设，加快文化金融服务产品创新的方面，已经走在全国前列。

2017年11月，北京市国有文化资产监督管理办公室向社会公开征集北京市文化创意产业“投贷奖”支持资金储备项目。这个项目主要面向文创企业，以及为文创企业提供服务的各类投融资服务机构。“投贷奖”联动体系中的“投”是指股权投资机构为文创企业提供股权融资服务；“贷”是指金融机构为文创企业提供低利率、高效率的贷款；“奖”是指对“投贷奖”体系内成功获得股权融资、债权融资的文创企业进行股权融资、发债融资、贴息、贴租等奖励支持。①

北京市文资办今后还将创新推出“文创企业上市通”政策，与上交所、深交所联合建立文创企业上市培育基地，设立总规模200亿元的北京市文化创新基金。同时筹建文创银行，成立首都文创企业信用促进会，推出“文

① 《北京文创企业、投融资服务机构－必读》，《文化产业评论》，2017。

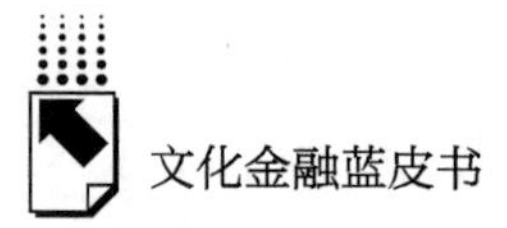

化瞪羚”计划，开展文化企业信用评价工作。①

2. 金融服务——FFI（美国电影金融公司）

近期，完片担保模式已开始渗透到国内电影市场：2017 年，《机器之血》成为第一部将完片担保机制运用在影片制作过程中的国产片。接下来在 2018 年初上映的电影《谜巢》，将会是首部使用完片担保模式的中澳合拍片。

完片担保服务在进入中国的几年里，为国内电影市场带来了诸多化学反应，FFI 公司曾经为张艺谋导演的《长城》、袁和平导演的《卧虎藏龙 2》提供完片担保服务，通过这两部中美合拍片演绎了中外文化碰撞的自信和从容。

2017 年，FFI 与中澳合拍片《谜巢》合作，作为担保方，认真履行监督制作和资金监控过程的重要职责，并为剧组提供最合时宜的咨询意见，并在必要的情况下帮助剧组解决各类突发事件。例如影片在澳洲拍摄期间，主演李冰冰中途连续高烧 16 天，之后不得不返回北京养病，FFI 澳洲团队与剧组紧密沟通协调，配合剧组重新调整拍摄计划，将这起意外的损失减到最小。

由于每个国家和地区的影视制作规定及政策都有不同，协拍人员文化背景更是差异巨大，无论是多么有经验的制作团队，一旦踏入别国或陌生的环境，各种水土不服的情况确实难以预料。作为有着超过 60 年服务经验的完片担保公司，FFI 早已在全世界各国组建专业服务团队，并拥有强大的影视制作相关资源库和地方人脉。8 个分公司遍布全球，不仅能配合剧组因地制宜地执行拍摄计划，更能及时帮助解决拍摄中遇到的各类问题。完片担保业务注重在资金细节上的把控，这对中国电影产业投资的规范性使用将起到借鉴作用。针对不同国家的影视制作，FFI 专门开发了双语财务系统，拓展了业务。

当前好莱坞的电影工业制作体系，从前期的编剧、选角，到中期投拍，后期制作等每一个步骤都已经形成规范而完善的系统。中国电影工业发展要想和国际接轨，需要在不断学习和进步中形成完善工业体系。

在好莱坞，完片担保业务已经是高成本影片规避投资风险的选择，独立

① 《北京文创企业、投融资服务机构－必读》，《文化产业评论》，2017。

电影制作也有很多项目是通过完片担保来获得银行贷款。完片担保对保证一部影片按时高效的完成起到了十分重要的作用。在目前我们国产电影制作成本迅猛增加，更多行业外资金流入电影项目的情况下，完片担保业务面临较大的施展空间。中国本土电影项目在影视工业化、制作系统化的道路上仍然有很大的改进和发展空间。为此，FFI 在不断探索完片担保如何更有效地为中国本土的电影项目服务上提供了可借鉴的模式。

3. 电影金融创新模式——“票结通”产品的开发与影片《二十二》应用

“票结通”是广州众悦电影金融有限公司（以下简称众悦电影金融）在 2017 年新开发的一款电影票房快速结算产品，并已尝试投放市场。该公司着眼于未来影视文化产业与金融行业高度、理性融合的发展趋势和方向，以“文化 + 金融 + 科技”的创新模式，针对电影行业中制片方应收票房回款周期过长的行业痛点，开发出电影票房快速结算产品“票结通”。该金融产品通过买断制片方票房应收账款的方式，实现制片方在影片上映一个月后提前回款的目标。这一产品为制片方提高资金使用效率，降低资金占用成本提供了一个更具可行性的方案。

（1）产品研发背景介绍

近年来我国电影产业飞速发展，票房体量连创新高，影院投资如火如荼，市场潜力引人关注。然而电影产业也存在着标准化程度不高，工业化水平低下的结症，无法满足传统金融机构的风控要求，使得大部分投资人不敢涉足。电影市场的产业环节主要包括制作、发行、放映三个核心环节，每个环节业务衔接紧密，共同基于票房利益分配，构成完整影视金融产业链，其分析情况如下：

a. 电影产业链问题

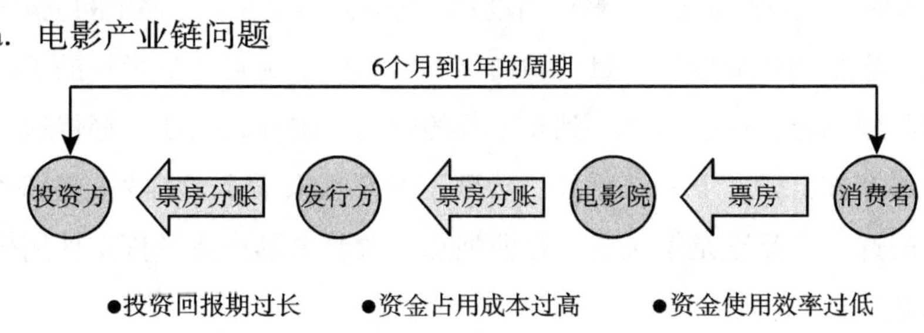

b. 资产形成

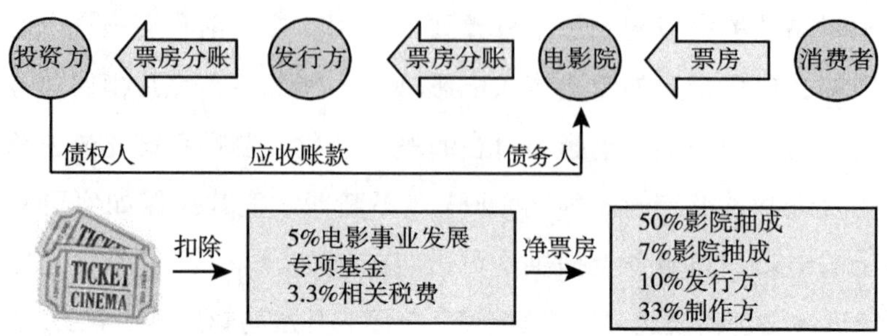

事实上，在影院获得消费者的资金后，法律上实际的债权债务关系存在于制片人（投资方）与电影院之间。该笔应收账款的质量，主要体现在以下几个方面。

全国最权威的实时票房数据系统为票房数据做出透明性统计，并实时提供给国家电影专资办。国内每一座影院、影城每天产生了多少的票房营收都会清晰地反映在系统上，每一笔交易，每一张电影票都会被实时地记录在系统上，不存在票房没有被专资办监控到的情况。

根据《新闻出版广电总局电影局关于调整国产影片分账比例的指导性意见》，制片方原则上不低于43%、影院一般不超过50%的简单易行利益分配机制。这一分账比例使得每一个影院，每一条院线，每一个制片方应得的分账收入非常清晰明了，不存在任何含糊有争议的地方。

应收账款质量稳定。该笔应收账款的债务人为影院，而影院属典型的重资产公司，国内尚未出现影院拖欠制片方、发行方的钱不归还的情形。且该笔应收账款具有类现金的特质，电影的消费者并不会因为电影票不好看而拒绝付款或要求退款，某种意义上，影院与消费者之间并不存在质量瑕疵的抗辩权。

应收账款的账期较长。目前国内电影市场的情况是，从影片的下画到制片人回收到现金，往往需要4到6个月的时间，制片人往往要等待这一漫长的回收周期方可投入下一部影片，导致了制片人有着非常强烈的融资需求。本基金的这一产品正是解决这一行业痛点，改善电影产业链资金使用效率低下的问题。

c. 投资机会

由于制片人存在融资需求以及该笔资产具备安全性，众悦电影金融通过控股子公司广州众悦影视传播有限公司（以下简称众悦传播）购买制片人应收账款，形成类保理的业务模式，再由院线、影院的回款获得服务收益。在此，“票结通”产品采取以下的风控措施：仅购买制片人80%的应收账款，预留20%安全垫防止院线、影院极端情况下出现的对回款造成不利的情形；院线影院的回款必须回到众悦传播，保证资金的回款安全。

（2）产品的投资策略

“票结通”专注于投资票房的应收账款类债权，结合院线和影城公司的重资产保障，设计了一整套建立在保值基础上的高效率增值策略。

a. 投资策略的保障措施

由于院线结算的特殊性，一部影片签订发行合同之后，合同约定收款权在众悦传播，由院线支付账款给众悦传播，然后回款给制片方。其中，院线现金收入稳定，回款能力强；众悦传播则作为发行方掌控中间环节的现金回流，保证票房回款结算，就保障了资金的安全。

同时，专业的影视传播团队与金融投资团队的完美结合，能够更好地对项目资源进行尽职调查，了解项目方的真实情况，发掘优质的资源，通过长期积累运行数据的客户信息，掌握大量的制片方和院线的评估情况，为项目提供保障。

b. 投资策略运作方式

在保障安全的基础上，产品结合影视产业链票房运行的特殊流程，通过快速结算方式给制片方提供了资金结算服务，收购应收账款买断的债权，把原本长达半年至一年的结算流程缩短到一个月，大大地满足了客户的资金需求；同时由于具备大量发行方客户资源，保证了“票结通”产品资金的高效率多次运转，实现资金价值最大化，实现较高的收益保障。

（3）产品投后管理

a. 投后管理的内容

项目投资后，众悦传播全程参与影片的发行和收款的过程，动态监控公

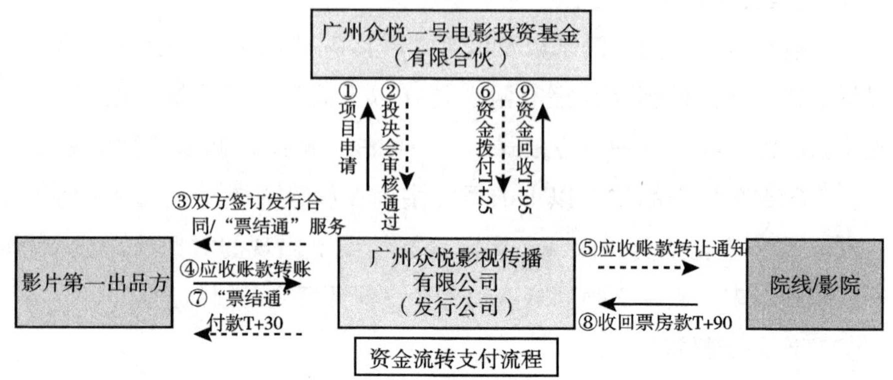

注：T为影片首映日。

司财务信息，掌握公司现金流情况，利用众悦电影金融的大数据实时监测票房情况，及时掌握票房动态，向院线方催收。

b. 投后管理的优势

“票结通”投后管理优势在于背靠众悦电影金融的票房大数据管理体系，实时掌握和预测不同地区院线票房数据，有利于掌握票房回款信息，同时众悦传播在电影行业拥有强大的院线资源，遍布全国各地发行网络做好催收管理工作，保障了资金回流速度，加快周转，有利于收益率提升。

（4）“票结通”应用案例介绍

a. 影片简介

影片名称	二十二
出品公司	四川光影深处文化传播有限公司
拍摄日期	2014 年
导　　演	郭柯
类　　型	纪录片
主　　演	22 位“慰安妇”幸存者
片　　长	99 分钟
定档日期	2017 - 08 - 14
分账票房	1. 56 亿

b. 票房分账数据与融资需求

《二十二》的影片分账票房为1.56亿元。根据国家新闻出版广电总局电影局制定的电影分账规则，以及发行方与制片方签订的代理发行协议，该影片以1.56亿票房结果计算的分账收入如下所示。

总票房(单位:万元)	15600.00
扣除电影资金(5%)	780.00
扣除税金(3.33%)	519.48
可得净票房	14300.52
院线(净票房3%)	429.02
影院(净票房54%)	7722.28
片方(净票房38%)	5434.20
发行代理费(中数、润智合计,净票房5%)	715.02

根据1.56亿元的票房结果计算，制片方可得的票房分账收入为5434.20万元，按快速结算服务设定80%的安全线标准，本影片制片方可以申请提前快结的应收票房账款额度为4340万元。

c. 风控措施

应收账款转让。北京润智影业有限公司向四川光影深处文化传播有限公司拨付快结片款后，该笔资金对标的制片方应收账款，即不可追索地转让给北京润智影业有限公司，同时将转让结果告知中影数字电影发展有限公司，确保该笔应收账款不存在风险敞口。

票房权威监控。《二十二》的影片票房在国家电影专项资金办的官方平台上权威披露，院线和相关付款方无法瞒报票房收入，由此可以看到快结片款具有公正性、权威性的计算基础；付款方中影数字电影发展有限公司提供数据平台，发行方实时核对票房数据。

80%风险安全线。通过设置快速结算的安全比例，影片的快结片款不超过当日影片总票房中制片方分账收入的80%，完全覆盖票房统计误差风险和全额回款的周期风险。

回款账号独立。北京润智影业有限公司在南粤银行开设独立核算账户，作为《二十二》全部片款的唯一收款账户，所预留的银行印鉴（财务章、法人章）由广州众悦影视股权投资基金管理有限公司全程监管，完全规避资金挪用的风险。

从这项案例可以看出，电影制片公司利用“票结通”业务，能够有效提升资金回款速度，提高资金使用效率；同时融资方也无需等待电影所有片款的回收即可进行下一轮的投资，进而提升资金的投资效率，提高产品的年化收益率。电影和金融市场的参与主体通过“票结通”产品实现了资源的有效配置，而“票结通”产品的尝试使用，同时为双方市场进一步合作打下了较为扎实的基础。

四　构建社会效益和经济效益相统一的电影金融服务新体系

我国要将文化产业建设发展成为国民经济的支柱性产业，就必须有完善的金融服务体系支持。新时代要建设电影强国，解决我国电影工业发展过程中“不平衡不充分”等问题，更是离不开金融的抓手。

党的十九大报告指出，要“深化金融体制改革，增强金融服务实体经济能力”，指明了新时代中国特色社会主义市场经济的金融建设方向。电影作为“内容为王＋渠道致胜”的行业，“内容是实、渠道是源”日渐成为发展态势。因此，金融在支持电影行业上应尊重电影发展规律，增强行业中直接融资的比重。同时建立科学防范金融系统性风险的观念，促进多层次电影资本市场的健康发展也至关重要。

在我国金融体制改革逐步推进的近五年来，多元化、多层次的投融资体系逐渐完善，为电影文化产业的发展插上金融的翅膀做好了前期准备。电影产业投融资体系也初具规模，目前，已先后有银行信贷、版权预售、投资基金、资产证券化、保险、上市融资、互联网金融参与到其中。电影文化企业可选择的融资渠道也逐渐增多，金融机构以开放合作的态度，不断创新电影金融服务。目前，包括债券融资、银行信贷融资、社会投资、资本市场融资在内的多层次、多渠道、多元化的投融资体系正在逐步形成。

在电影投资回报中，兼顾社会文化效益与经济效益相结合非常重要。基于此，构建新时代中国电影金融体系，需要科学运用各类金融资本、金融工具，培育面向全球的电影生产、营销、网络、评估以及金融保险于一体的运营传播体系；加快建立国际经济合作和竞争新优势，打造具有全球竞争力的世界一流机构和标准，推动中国电影事业与工业化体系的全面持续发展，为美好生活创造更丰富更均衡的文化资源。

当今的中国，正处于政治文化新格局带动电影产业发展的新阶段，经济崛起正在带动文化崛起。电影归根到底是内容产业，面向电影强国建设，我们需要克服短板，勇于实践，贯彻“中国电影质量提升战略、中国电影市场做大做强战略、中国电影国际影响力提升战略，扩大电影产业对国民经济的贡献”。构建配套的科学金融支撑体系，主要体现在以下五个方面。

（一）专注内容，支持精品力作——内容质量是电影金融体系的本源

凡事务本，本立而道生。2017 年是国家新闻出版广电总局提出的“电影质量促进年”，而电影也已迈入高质量发展阶段。中国电影市场已经从渠道拉动票房的时代升级为内容带动票房升级的时代，作品质量如果不够硬，没有头部内容的助推，票房增长就无法实现。2017 年票房排名前十的影片中，《战狼 2》《羞羞的铁拳》《西游伏妖篇》《芳华》等，其内容质量都经得起推敲。高质量国产影片的出现，证明了剧情制作质量过硬的头部内容成为了市场的主力，只有抓住了头部内容，才能够赢得观众，赢得市场。国产电影需要用优质的文化视角来同国际对话。未来的政策、资本势必会走向对优质内容的创新创意的扶持与关注。

（二）重视标准，提升核心竞争力——核心竞争力是电影金融体系的命脉

中国电影市场的发展速度，吸引着国际电影界的关注，因此要提升国产

电影的核心竞争力，要有自己的好产品。一方面是加强创作、支持国产电影；另一方面形成自己的品牌（流派）、自己的标志（标准），才有可能通行全球。

好莱坞电影基于完善的工业化体制进行国际化传播，以及情感的穿透力与文化。例如《变形金刚》《超人》《钢铁侠》等超级英雄系列以及电影衍生品的国际营销，同时也输出了美国文化，潜移默化地影响着很多国家的文化风格。

全球文化市场融合的现状之下，中美电影合作力度逐年加大，中美双方投资难分上下。当我们具备了 A 级的制作资本，就要从内容的深度上下功夫。从《功夫熊猫》《寻梦环游记》《帕丁顿熊》等一系列影片的发行方式中，可以看到海外公司已逐渐从开拓中国市场中摸索出经验，其强大的核心竞争力在于非凡的项目开发能力、本土化改造能力和文化包装推广能力。2017 年一系列优秀的海外影片赢得中国市场的口碑和票房，诠释了其专业的投资选材、项目开发、经营管理等全方面竞争力。国际电影公司通过先进影像包装异域文化，融入本土消费心理，连通大众情感，最终做好与当地市场的融合，同时还贩售了文化、风情，取得了向上的社会效益，更带动可观的经济效益。其实本质具有较强的地缘、文化、资源优势的中国电影，可以尝试采取“以小博大”的喜剧片、都市爱情片、网络大电影、IP 电影以及功夫片、武侠片、文艺片等本土文化为基点的电影，采取差异化、集中化、低成本、极致化的竞争策略，并协同本土营销资源，开掘我们文化中喜闻乐见的形象、人物、故事，塑造我们的美学标准和工业模式，进而立足本土、影响世界。

因此，国内电影企业在做内容、投项目的过程中，要不忘本来、吸收外来、面向未来；在竞合中慢慢成长，学会用国际语言讲述中国故事，创立“中国流派”树立“中国标准”。由此可见，如果企业善于专注自身优势，整合资源、就能够让自身转化为生产力，从而成为持续发展的核心竞争力。

（三）研判形势，规避投资风险——形势研判与风险防范是电影金融体系的重要架构

随着社会、技术、市场的发展，中国电影资本市场，并购、博弈、竞争，此消彼长，在产业发展的大背景下，影视上市公司已成为估值最高的行业之一，各种基金投资将关注点投入到电影产业上来。据相关数据显示，2016 年以来，电影相关上市公司并购案共计 45 起，涉及金额 608.94 亿元，同比增长 183%，估值呈直线上涨态势。

目前，全球电影市场特别是美国电影业也受到了新的影响和挑战。

一方面，合久必分，技术引领，制发在变局。Netflix 等新媒体的兴起、AI 等技术的发展以及脸书（Facebook）等社交媒体开始投资影视制片及创作，对美国传统电影产业造成了冲击。亚马逊也投资推出优秀独立电影计划，出品影片《海边的曼彻斯特》斩获奥斯卡重要奖项，倍受瞩目，公司也在突破小众电影市场，为互联网平台公司发展方面提供了新的生机；硅谷也开始积极依靠自身的线上渠道，在影视内容领域投入资金；苹果公司、电影票务公司 MoviePass 更是敢于叫板传统好莱坞大公司、院线公司，改变传统的电影发行放映形式、收益分配模式，开启了重塑市场规则。

另一方面，分久必合，资本助力，内容渠道在聚合。众所周知，美国有线电视服务商康卡斯特（Comcast）曾经先后收购了 NBC 环球和梦工厂。之后，大规模的并购潮席卷美国电影产业，2016 年年底 AT&T 854 亿美金收购时代华纳，实现了视频、内容、移动电信服务的联姻。他们的观点是“视频的未来是移动电信，移动电信的未来是视频”。据相关数据显示，20 世纪福克斯拟向迪士尼出售的资产价值将达 680 亿美元，迪士尼此次具体收购的资产包括福克斯旗下的 20 世纪福克斯影业、福克斯电视部门、FX 电视网、国家地理频道、流媒体 Hulu30% 的股份、Star India 以及英国 Sky 电视台 39% 的股份。迪士尼的这个项目如果顺利实现，好莱坞长久以来保持的六大电影公司格局将会面临重大转变。同时，迪士尼的这次举措，还将产业领域

扩大至有线电视网络（FX 和国家地理频道）和欧洲以及印度的电视渠道资源。因此，迪士尼在内容核心竞争力以及渠道营销力上都有了更强的话语权和标准制定权。

综观全球电影产业发展现状，越来越多的新型传播渠道正在不断改变着观众获取内容的方式，同时催生出新的商业模式和市场领域。当然，无论是电影大银幕、电视小屏幕，甚至是各种虚拟银幕，艺术内容依然是整个工业体系的重要基石，可谓是没有内容就没有产业。

在这种环境下，国有企业在电影投资中更应冷静清醒，杜绝“盲目跟风、空谈概念”的投机行为，摈弃“扩张速度高于团队成长”“一味追求横向规模扩张，放弃纵向价值延伸”“未统一价值观”等非科学理性的投资策略。要建立“脚踏实地、匠心经营”“用好后发优势、审慎投资规模、规避投资风险，制定持续化发展战略”。

（四）善用后发优势，布局大电影产业链，让技术创新成为电影金融体系的协同手段

随着信息技术伴随生产生活的交汇融合，互联网快速普及，当前的社会环境呈现出各类数据爆发式增长、海量集聚的特点，这对经济发展、社会治理、国家管理、人民生活都产生了重大影响。推进经济数字化日益成为世界各国实现创新发展的重要动能，互联网技术的发展为电影文化全球化发展提供更多的契机。近年来，互联网加速融入电影产业，催生了各类丰富多样的电影新业态。“共享、协作、互动、流动、智能、跟踪”的新趋势逐渐显露，对当下及未来电影生产与消费形态产生重大影响。

因此，影视文化投资可以尝试技术突破消费障碍和壁垒，以创造“影像娱乐”为终极生产目标，使产品推广弥补传统院线限制；以大数据为支撑，运用“行为经济学”创新思路，跟踪消费，引领消费；通过“电影 +”生态圈的思路拓展大电影产业价值链，建立“国内影院—国际影院—网络—电视—音像—游戏—授权”的多维、立体的市场架构。

（五）借助战略平台，构建国际投资联盟——战略平台是电影金融系统的持续张力

中国电影既要善于经营“国内航线”也要开发运作“国际航线”。

1. 配合国家战略，联结各国文化。加大同“一带一路”沿线国家极具特色的电影创作的合作，开展电影展和交流合作活动，引进优秀影片，共同创作、制作和翻译影视精品，无疑为沿线国家的民族电影发展打开文化视野、进入国际电影市场提供了新思路。在“一带一路”沿线国家和地区展开区域差异性战略合作，采取不同的合作与传播模式，分阶段、分步骤地打造更大的影响力，逐步形成全球性的电影文化传播体系，进而带动我们软实力的提升。

2. 打造一流电影节、电影展映，搭建合作投资联盟。通过整合联盟成员的电影产业相关资源、组织联盟成员互惠互助的社会利益及经济利益联合体，以联盟机制，凝聚各界共识，充分、多维地整合电影资源，通过合拍电影，培育推进合作国家产业互惠互助的新动能。

3. 优势互补，结合电影战略联盟战略，完善整合提升各类品牌。对目前国内已有的“普天同映”、北京国际电影节、中外电影节等品牌活动进行梳理和丰富，使其真正发挥传播与协同效益。

4. 促进文化资本输出，打造扎实的传播平台。根据商务部统计数据显示，我国对外直接投资已经连续 14 年实现快速增长。在对外直接投资中，其中对外文化投资增长速度始终走在前列。从 2016 年开始，有关部门加强了对外投资的引导及真实与合规性的审查，因此，国家对外直接投资趋缓，对外投资下降。

结　语

综观目前国内电影与金融的发展，可以看出如下态势与趋势：金融活、经济活，金融稳、经济稳，电影行业也是如此，金融人要尊重电影生产规

律，电影更需要科学、高效、持续的金融扶持！面向电影强国建设，我们希望能协同各界资源和力量，探索内容投资、发行、放映、拓展协作机制；建立中国特色的价值评估机制；匹配基于大数据的风险防控机制，加强电影金融创新的科学激励与协同监管机制，引导电影与金融良性互动。随着我国政治经济影响力的提升，建立与我国目前经济发展规模相适应的国际文化影响力，利用优质文化企业走出去，通过电影文化增加国际文化交流，增强中国文化同国际文化的对话与交流，电影金融体系的建设与完善任重而道远，行者无疆。

B.6
2017年我国艺术品金融发展分析报告

范 勇 蔡雨彤*

摘 要： 2017年艺术品市场中亿元拍品成为年度常态，以拍卖为代表的二级市场和一级市场中的艺博会市场景气回升。精品艺术市场、精神财富补涨、大消费升级构了艺术品金融联动的三个产业梯次。十九大报告提出，中国特色社会主义进入新时代，我国社会主要矛盾已经转化为人民日益增长的美好生活需要和不平衡不充分的发展之间的矛盾。这一论断为新时期我国文化艺术事业的发展定下基调，对我国艺术品金融提出更高要求。艺术品金融在这一年进行了多方探索，艺术品财富管理以及与艺术品电商相结合的艺术品金融方案成为趋势性亮点，金融科技的创新应用春潮涌动。通过促进消费、促进艺术品及相关产业的资金融通来释放流动性，未来市场潜力巨大。由于艺术品金融的复杂性和阶段性，难以借用成熟市场标准量化地刻画正在发育中的市场。本报告采用统计学分析、文献分析、行业研究观点等研究方法，以互联网大数据、政府数据与信息、行业公开信息等公开数据，结合行业实践案例，来描述这个市场的趋势、动因和潜力。报告从六个方面展开：一是宏观环境形势透视；二是艺术品市场与业态；三是艺术品金融及其基础建设；四是科技在艺术品金融的可能性；五是艺术品金融的相关政策

* 范勇，亚洲艺术品金融商学院创始人，艺术品金融专家；蔡雨彤，亚洲艺术品金融商学院副院长。

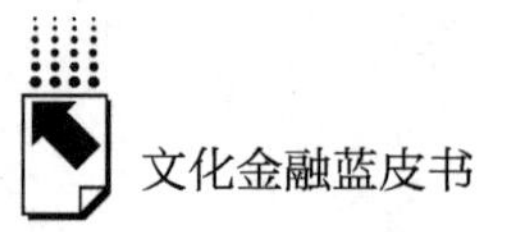

及其影响；六是政策建议。

关键词： 艺术品市场　艺术品金融　艺术品电商　区块链

一　宏观经济环境透视

（一）新常态下经济转型，艺术品市场迎来新一轮国家级政策红利

2017 年，中国 GDP 超过 82 万亿元人民币，全年增速 6.9% 左右，如图 1 显示，态势稳中向好。此外，工业增速创下 2015 年以来的最好水平，居民可支配收入实际增速继续跑赢 GDP，民间投资和制造业投资增速有所回升。从 2010 年高峰时期的 10.6% 到 2017 年的 6.9%，经济继续运行在合理区间，我国经济进入新常态。艺术品金融将在新的界面展开——量化宽松的经济环境发生改变，发展诉求由原来的高速度转向高质量，需要转换发展思路，提高对未来的预见性。

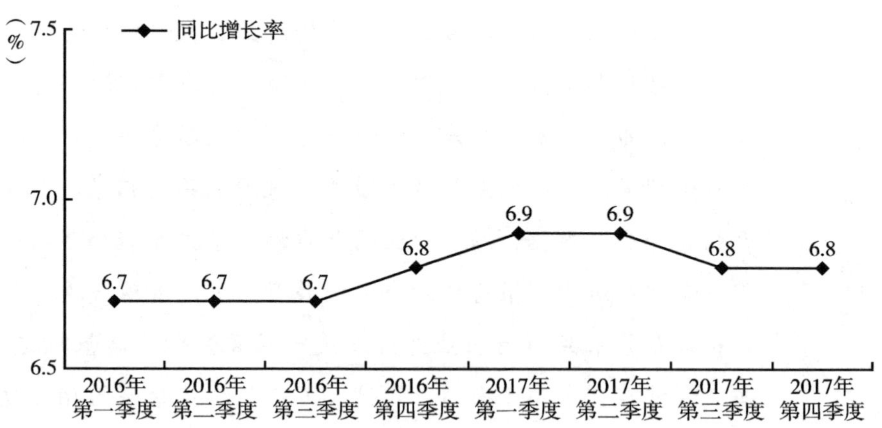

图 1　国内生产总值增长速度（季度同比）

资料来源：国家统计局。

通过图 2 可以观察到，2016～2017 年中国狭义货币 M1 供应总量有所增加但增速放缓。央行数据①显示，2017 年流通中货币（M0）余额 7.06 万亿元，同比增长 3.4%。全年净投放现金 2342 亿元。2017 年 12 月末，广义货币（M2）余额 167.68 万亿元，同比增长 8.2%，增速比上年同期低 3.1 个百分点；狭义货币（M1）余额 54.38 万亿元，同比增长 11.8%，增速比上年同期低 9.6 个百分点；M1 与 M2 形成剪刀差，宽松的货币政策造成盈余，但呈收窄趋势。以往增量导向下的一些趋势性机会削减，“经济去杠杆”与“房地产限购”等政策叠加，传统领域资金泡沫被挤出。但实体经济尚在盘整，且资产价格偏高，未能对投资构成足够吸引力。投资者持币寻找产业转型与升级方案。

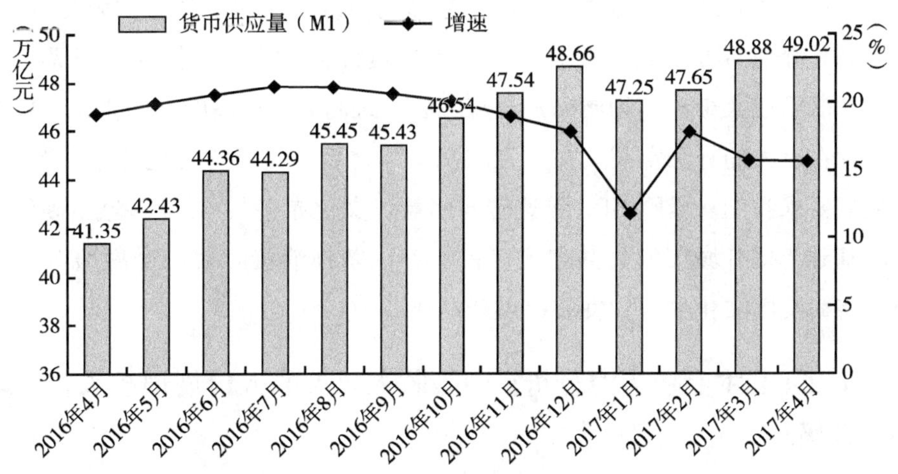

图 2　2016～2017 年中国货币供应量（M1）及增速

资料来源：国家统计局，智研咨询整理。

2017 年 10 月，党的十九大报告提出，中国特色社会主义进入新时代，我国社会主要矛盾已经转化为人民日益增长的美好生活需要和不平衡不充分的发展之间的矛盾。报告针对文化产业进行了集中论述：“推动文化事业和文

① 《央行公布 2017 年金融数据　资金脱虚向实效果显著》，http://caifuhao.eastmoney.com/news/20180117203632363284240。

化产业发展。满足人民过上美好生活的新期待，必须提供丰富的精神食粮。要深化文化体制改革，完善文化管理体制，加快构建把社会效益放在首位、社会效益和经济效益相统一的体制机制。完善公共文化服务体系，深入实施文化惠民工程，丰富群众性文化活动。加强文物保护利用和文化遗产保护传承。”“健全现代文化产业体系和市场体系，创新生产经营机制，完善文化经济政策，培育新型文化业态。广泛开展全民健身活动，加快推进体育强国建设，筹办好北京冬奥会、冬残奥会。加强中外人文交流，以我为主、兼收并蓄。推进国际传播能力，讲好中国故事，展现真实、立体、全面的中国，提高国家文化软实力。”这为文化艺术及相关产业的发展提供了巨大的政策红利。

国家要实现文化自信，倡导文化复兴，以高耗能支撑经济高速增长的模式不可持续。必须下大力气进行供给侧结构性改革，实现产业的转型升级。艺术品是绿色 GDP，是产业升级要求下的良好替代方案，被视为股票、房产之外的第三大金矿。物质财富丰富之后，人们需要更高的文明生态，精神财富存在巨大的补涨空间。在“互联网 +”之后，追求“文化艺术 +”，文化复兴要求我们从紧盯 GDP 增速转向修复“文化赤字”，在完备城市硬件功能的基础上提升城市的公共艺术区占有率。精神消费时代的金融服务业创新，将为我国文化事业的发展提供新动能。

（二）艺术品购买力分析：中等收入以上的人口规模扩大，带动市场升级

1. 高净值人群建构出财富版图的重要增长坐标

改革开放近 40 年来，全社会财富快速积累，高净值人群财富增速显著。2016 年的数据显示，从人数上看，可投资资产在 1000 万人民币以上的中国高净值人士数量达到 158 万人，2014 ~ 2016 年年均复合增长率达到 23%。从资产规模上看，中国高净值人群人均持有可投资资产约 3100 万，共持有可投资资产 49 万亿人民币。而亿万资产的超高净值家庭和 3000 万美金资产的国际超高净值家庭不但拥有可观的家庭可投资金融资产，还有数倍于此的不动产投资和企业股权。

产业结构调整及财富生成方式转化，使得新兴产业如互联网、金融等行业替代地产和能源，催生了新的财富人群。他们对高端艺术品的金融功能和资产配置有强烈的需求。同时，随着代际更迭，年轻一代进场，改变了原有市场气氛，艺术品购藏模式发生转变。而年轻一代作为机构股东便于借助机构资本发力机构收藏、创建民营美术馆，收藏主题明确且更为系统，放大艺术品与品牌传播叠加产生的文化价值，推动艺术作品价格上涨和交易规模扩张。

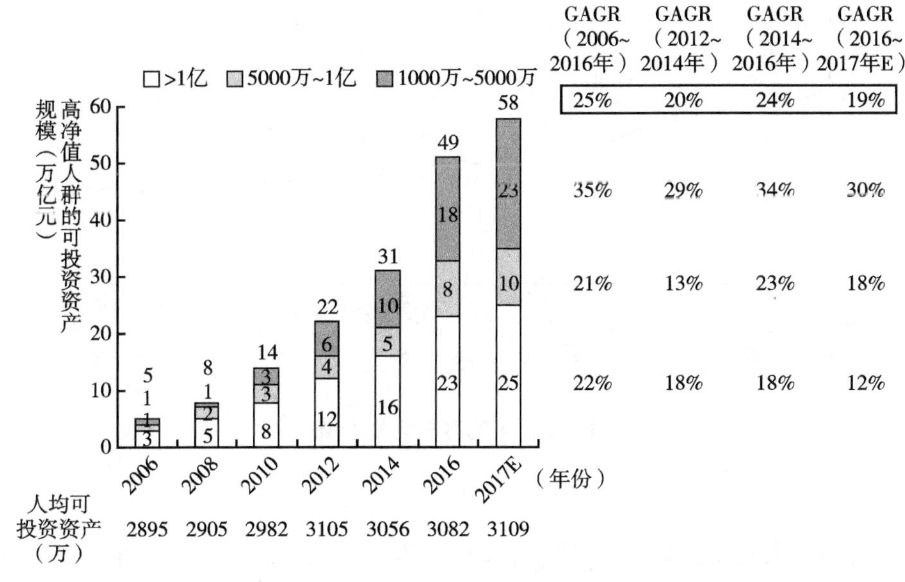

图3　中国2006～2017年高净值人群的可投资资产规模及构成

资料来源：贝恩公司高净值人群收入－财富分布模型。

结合艺术品的购藏情况，德勤会计师事务所在2017年发布的《2017年艺术与金融报告》中披露，有高达94%的银行家认为艺术品财富管理是完全合理的。八成的富豪将其资产的三成用于配置艺术品。收藏品代际财富传承的重要载体，中国的高净值人群中有收藏偏好的，将书画、陶瓷、玉器作为收藏首选。

2. 中产阶级规模扩张，成为消费升级的重要基础

根据国家统计局数据，2016年占城镇居民40%的中等偏上收入和高收

入群体达到3.16亿人口，这部分人口的人均可支配收入为8450美元左右。而美国2016年的人口总数为3.23亿，这意味着中国跨入世界银行定义的高收入行列的人口规模接近于美国的人口总量。这个群体是消费升级的基础性力量。

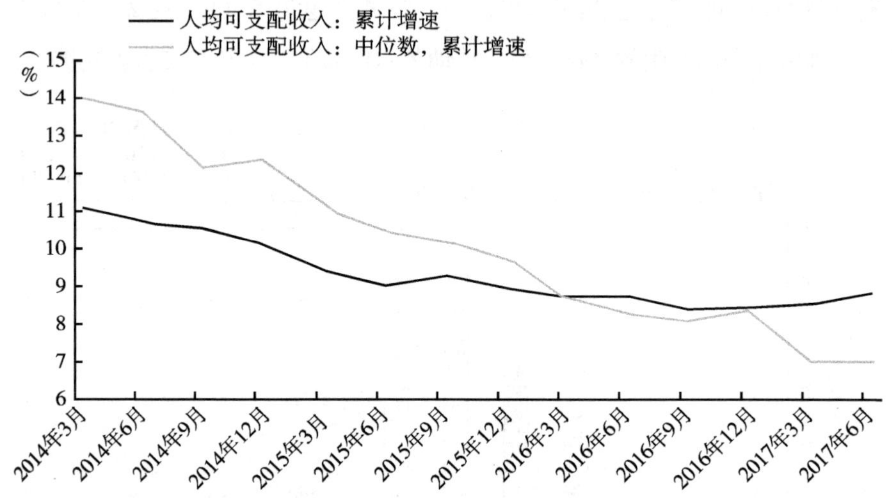

图4　中国人均可支配收入增速

资料来源：Wind。

高净值人群的财富配置刚需和新中产崛起引发消费升级，从单一的物质追求转向注重精神层面，市场总量巨大，并引领市场的方向：从市场逻辑上优化人们对品质财富的认知；从业态上调整着现有的市场结构；从行业发展上对艺术品金融的供给提出既多样又精准的要求。

二　艺术品市场及业态

2017年的艺术品市场的“二元结构”更为显著。二级市场中艺术精品成为绝对主导，一级市场中艺术消费表现活跃。从拍卖机构看，资源和资本集中度趋高，一线机构垄断精品资源、占据强势份额，影响市场走势。中小型拍卖公司处境艰难，不少机构裁员甚至歇业。从拍品看，顶级艺术品在销售总额中占比大，单件作品成交金额抢眼，而中低价的作品成交量和成交价格并没有太多起色，反映出市场层次单调，市场的基础还相对脆弱。从交易人群及结构看，买家更为国际化、年轻化，藏家再分层；“互联网 +”渗透艺术品市场，动态校准自己的定位。在上述市场氛围下，艺术品金融有所作为并积蓄着更大的势能。

（一）拍卖市场：2017年中国艺术品拍卖进入“新亿元”时代

拍卖市场如同证券的主板，是艺术品市场的风向标和晴雨表。全球主要艺术品市场表现亮眼，过亿元的鸿篇巨制频现，且不断创出历史新高。国际市场上，达·芬奇的《救世主》创拍卖成交最高纪录。《救世主》是百年来第一次发现的达芬奇原作，在 2017 年纽约佳士得秋拍的战后及当代艺术晚间拍卖中上拍，最终以 4 亿美元落槌，加上佣金最终成交价高达 4.5 亿美元，约合人民币 29.6 亿元。而这并非孤例，据雅昌数据统计，2017 年海外艺术市场成交价过亿元的拍品共 67 件，以抽象主义和表现主义画作为主。

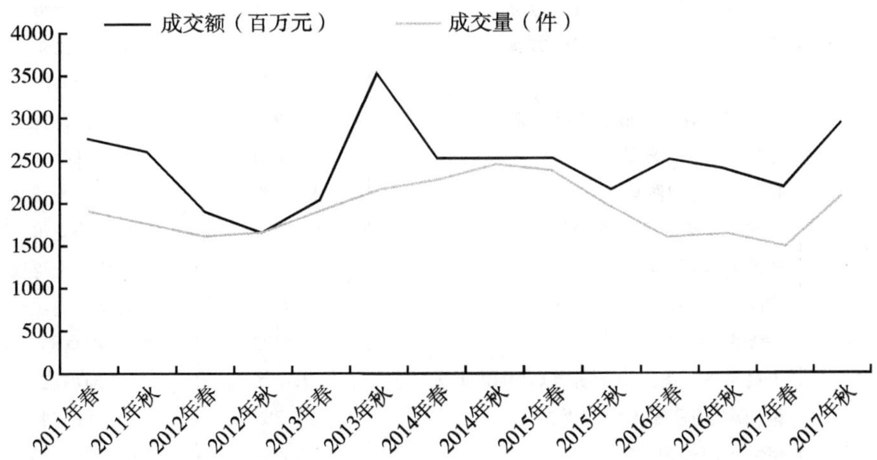

图 5　2011～2017 年 10 家指标拍卖行现当代艺术板块行情整体走势图

资料来源：雅昌艺术网选取样本拍卖行。

1. 国内方面，单品成交额破纪录，精品主导拍卖市场。齐白石作品《山水十二条屏》在2017年北京保利秋拍中以8.1亿元落槌，按15%佣金计算，成交价为9.315亿元。2009年徐扬的《平定西域献俘礼图》以1.344亿元成交，中国艺术品首次突破1亿人民币关口，2017年又突破1亿美元大关，创下了国内拍卖成交价最高纪录。据雅昌艺术市场监测中心（AMMA）不完全统计，2017年全年的中国境内艺术品拍卖市场成交总额为642.84亿元人民币，同比上升24.8%；共40.88万件作品上拍，18.4万件成功易主，成交率为45.01%，全年共217个白手套专场。全球37件中国艺术品拍卖价格挺进亿元大关（如表1所示），2017年因此被业界期许为艺术品市场的拐点。年度数据既显示出市场景气，也反映了一定的货币现象，与货币供应和通胀预期相比，优质艺术精品资产稀缺，成为市场追捧的对象。

表1　2017年中国艺术品拍卖价格过亿的艺术品汇编

序号	春拍名称	成交价格(亿元)	拍卖公司
1	黄宾虹《黄山汤口》	3.45	中国嘉德
2	陈蓉《六龙图》	3.388	纽约佳士得
3	商晚期安阳　青铜饕餮纹方尊	约2.439	纽约佳士得
4	商晚期安阳　青铜饕餮纹方罍	约2.21	纽约佳士得
5	西周兮甲盘	2.1275	西泠印社
6	明宣德　青花鱼藻纹十棱菱口大碗	1.92	香港苏富比
7	傅抱石《茅山雄姿》	1.8875	北京保利
8	赵令穰《群鹅图》	1.87695	纽约佳士得
9	商晚期安阳　青铜饕餮纹瓿	约1.778	纽约佳士得
10	商晚期青铜羊觥	约1.778	纽约佳士得
11	王时敏《仿古山水册页》	1.633	北京宝瑞盈
12	潘天寿《耕罢》	1.5893	中国嘉德
13	宋高宗等　南宋皇帝御笔《四朝宸翰》	1.495	中国嘉德
14	崔如琢《万里平铺雪满天》	1.38	北京保利
15	赵无极《29.09.64》	1.282	香港佳士得
16	乾隆御制　粉彩花蝶纹如意耳葫芦尊	1.31	伦敦佳士得
17	李公麟《便桥会盟图》	约1.21	纽约佳士得
18	雍正　粉青釉贴花双龙盘口尊	约1.179	香港佳士得
19	韩干《马性图》	约1.17	纽约佳士得

续表

序号	秋拍名称	成交价格(亿元)	拍卖公司
1	齐白石的《山水十二条屏》	36.5	北京保利
2	北宋汝窑天青釉洗	约2.5066	香港苏富比
3	崔如琢《指墨十二条屏》	2.415	北京保利
4	吴昌硕《花卉十二屏》	2.093	北京保利
5	赵孟頫行书《般若波罗蜜多心经》	1.909	北京保利
6	嘉靖五彩鱼藻纹盖罐	约1.794	香港佳士得
7	李可染《韶山革命圣地毛主席旧居》	1.7825	北京保利
8	傅抱石《琵琶行》	约1.718	香港佳士得
9	赵无极 29.01.64	约1.7	香港佳士得
10	陈逸飞《玉堂春暖》	1.495	中国嘉德
11	沈周《送吴文定行图并题卷》	1.483	中国嘉德
12	崔如琢《听声》	约1.485	香港保利
13	张大千《江堤晚景》	1.32	中国嘉德
14	徐渭《写生卷》	1.27	中国嘉德
15	明永乐宫御制铜鎏金大威德金刚	约1.108	香港保利
16	寿山　田黄石　九龙戏珠	1.0925	北京匡时
17	李可染《千岩竞秀万壑争流》	约1.025	香港苏富比
18	张大千《水月观音》	1.012	中国嘉德
合计37			

资料来源：今日头条。

2. 2017年拍卖市场三大年度性关键要素。第一为进场资金分析。2017年企业购买力占据整个艺术品市场的60%以上，代表机构有龙美术馆、苏宁集团、雷丁集团、泰康集团、天庆博物馆、三胞集团、华谊兄弟、新疆广汇等，这些机构和企业成为市场中坚力量。

第二为市场组织者洞察。主力拍卖行托稳全场，嘉德领衔春拍，保利秋拍夺冠。2017年度排名前五的拍卖公司的成交总额分别是北京保利69.21亿元、中国嘉德62.88亿元、香港苏富比54.96亿元、香港佳士得51.66亿元、北京匡时29.79亿元。5家机构的成交额占据市场41.8%的份额，托起近半壁江山。嘉德2017年设36个专场，实现5个“白手套”专场，3件书画作品成交价超亿元，13件拍品打破纪录，春拍总成交额为29.39亿元。

其中黄宾虹巨作《黄山汤口》在嘉德2017春拍“大观——中国书画珍品之夜·近现代”上拍，最终加佣金以3.45亿元成交，创造了中国艺术品在2017年春拍的全球最高纪录。秋拍中，北京保利表现耀眼。适逢十二周年秋季艺术品拍卖会，经过7天共40个专场的拍卖，齐白石《山水十二条屏》创出单品拍卖的天价，总成交额逾42.6亿元，比春拍增长77.5%，同比增长51%，创五年来新高。其中成交额破亿元的5件，过1000万元的40件，过500万元的94件，共有4个专场斩获“白手套”。保利拍卖系在2017年的全年总成交额已突破了100亿元。

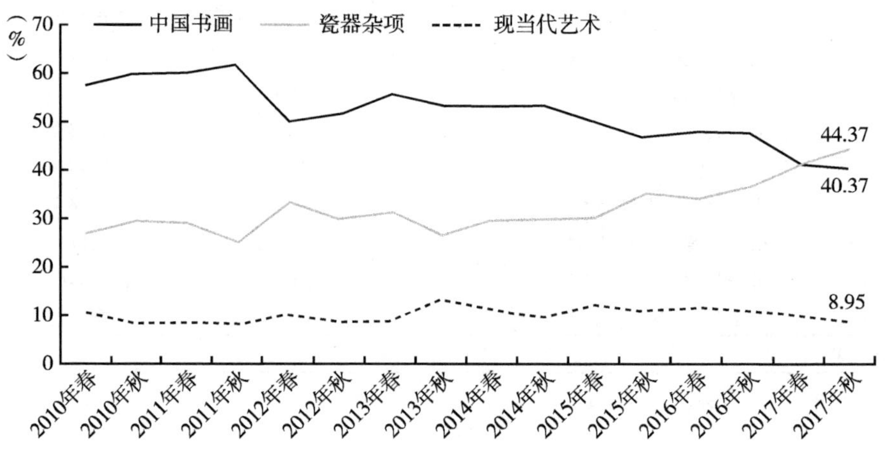

图6　2010～2017年三大艺术品类成交占比图

资料来源：雅昌艺术市场监测中心（AMMA），统计时间为2017年7月1日～12月31日。

第三，从拍卖品类分布看，市场结构显示出一定的稳定性。2017年秋拍中现当代艺术品类市场份额将达到8.9%，而瓷器杂项完成历史性突破，既超越了2011年顶峰时期的秋拍历史最好成绩，又以44.37%的市场份额首次超过中国书画40.37%的份额，成为本季市场第一的品类。其中北宋汝窑天青釉洗在香港苏富比秋拍上以2.6亿元港元落槌，加上佣金超过2.94亿元港元，打破中国瓷器世界拍卖纪录。但支撑瓷杂类拍卖的是中低端的拍品，同时藏家身份多元，国际市场认可度高，使得该品类的流通性较好。这与中国书画由高价精品主宰市场有着显著的不同。应该看到，拍卖市场有这样多元且具有国际流动性的品类做支撑，显示出一定的稳定性。

3. 中国艺术品市场连续两年增长，2016年世界份额第一

中国艺术品市场 2017 年的良好表现与 2016 年的市场基础分不开。根据雅昌艺术市场监测中心（AMMA）和 Artprice 联合发布的《2016 年全球艺术品市场报告》，总成交额高达 47.9 亿美元，有 38% 的艺术品拍卖收入来自中国，中国超越美国以 38% 的拍卖份额成为全球第一大国，中国买家成为强劲增长力的代名词。中国市场份额的提升与全球艺术品交易额暴跌有关，同时还受到西方交易行为改变的影响。财政紧缩政策使得国际隐形富豪更为低调和注意隐私，与在拍卖市场公开举牌相比，他们更乐意通过私洽购藏高端艺术品。据 TEFAF 测算，全球艺术品私洽的规模可达 20 亿。

中国艺术品拍卖市场整体成长性的表现，根据 Artnet 中国文物艺术品全球拍卖的统计，2009 ~ 2011 年，中国大陆文物艺术品拍卖总成交额增长了 500%，达到 93.3 亿美元（628.4 亿人民币），远高于世界其他国家，同期海外的成交额也达到 21.8 亿美元（146.9 亿人民币）。2011 年的 968 亿元成为历史峰值。此后进入较长的盘整期，2016 年拍卖回升，2017 年拍卖成交总额同比上升了 24.8%，明显从底部企稳，市场进入上升通道。

（二）画廊、艺博会等一级市场行情

艺术品市场自 2012 年之后的五年里，最显著的特征是艺术消费行为的兴起。与 2007 ~ 2011 年那轮飙升行情不同，本轮市场价格上升的驱动力不再是投机资本，而主要来自艺术品消费。艺术品一级市场，即画廊和艺博会，经过一轮调整，显现出较以往更加繁荣的局面。北京、上海多个艺术展览参观人数超过 10 万人。上海、北京、广州、杭州、深圳许多商业机构开辟公共艺术空间常年展陈，艺术机构也主动进入商业空间。区域分布由北京向香港（艺术交易亚洲中心）、上海（艺术消费之都）发生偏移，形成多元互动的市场中枢。

1. 2017年一级市场新转向：部分画廊放弃实体空间转战艺博会及线上销售

2017 年国内画廊业注重自身的梳理，沉淀中有所建构。一是定位与发展策略逐渐明晰，在品类和风格上形成主题和体系。二是围绕目标人群，进行分层经营。部分机构对标国际一线画廊，建立学术准绳，向专业、顶尖体系发展。另外一些以中产阶级消费升级为依托，拓宽市场利基，经营性价比高的原创艺术品。而定位不清、同质经营、缺乏资源积累和实现路径的机构或萎缩或离场。

一级市场另一个重要的现象是，艺博会越来越被当作画廊的替代品。据统计，每年全球范围内大约有 270 个艺博会。画廊每年大约 40% ~60% 的销售都在艺博会上完成。实体画廊的维护费用不断增长，相应地利润变薄；同时我国城市的发展进程和布局变迁，使得处于城乡结合部的艺术聚集区并不总是能获得持续稳定的发展空间，越来越多的传统实体画廊开始将注意力转移到了更具有临时性、合作性以及流动性的展示平台上。艺术经纪人把资金用于更高频的展览上而不是空间的租金，他们选择艺博会或在线平台而不是画廊作为销售通路。

2. 艺博会行情走高，区域发展格局更具特色，形成不同的区位优势

国内重要艺博会主要集中在北京、上海、香港三地。香港巴塞尔艺博会是目前全球最重要的艺博会之一，通过瑞士、香港、迈阿密三地博览会分别布局欧洲、亚洲、美洲的当代艺术品市场，清晰的定位和连贯的发展策略得到市场验证。内地艺博会与国际水准仍存在差距，但结合本国艺术品市场独有内生的特质，积累发展了经验，并形成一定的特色。

首先是北京板块，传统艺术复兴态势明显。北京很多藏家喜欢传统的、经典的艺术品，价位相对更高。整体虽不如上海上升势头强劲，但几个重要的艺博会在变化的市场中保持了水准。“艺术北京”秉持着“立足本土，面向亚洲”较为实际的发展目标，已蜕变为集合当代艺术、经典艺术以及设计艺术和公共艺术的综合型博览会。2017 年“艺术北京”的面积增大一倍，成交作品超过 2000 件，吸引 10 万人次观展，参展机构 96% 实现现场成交，成交价格区间主要集中在 10 万 ~30 万元。同时今年“艺术北京”门票收入

达到150万元，票价100元，约1.5万名观众购票入场。其运营理念认为，与投资相比，真正接近生活的消费市场才是真正的艺术品市场。

北京艺术博览会2017年成绩稳定，场地总面积达10000平米，国画、油画、雕塑、装置、影像、工艺等3000件中外艺术品参与现场交易，四天展期到场观众38000多人次，现场成交额1.31亿元。

另一个重要的艺术重镇——上海，成为内地展览及艺博会的新主场。目前已成规模的艺术博览会达五个，分别是上海艺博会、上海青年艺博会、影像上海、西岸艺博会、ART021上海廿一当代艺术博览会，规模居亚洲前列。几大艺博会定位不同，2017年延续多元并存的格局，取得了可喜的成绩。例如，上海艺博会在艺术品消费者、收藏者和画廊艺术经纪机构之间搭建桥梁，本届成交量近1.5亿元，与2016年创造的历史纪录持平。

同时，艺术博览会嵌入区域生态，形成新的文化艺术聚集区。上海徐汇滨江又称"西岸"，西岸艺术与设计博览会与ART021上海廿一当代艺术博览会的表现引人注目。这两个艺博会的举办时间都在每年的11月，经过四五年的发展，既聚集了人气，也显现出各自不同的气质。西岸博览会的展览更富有结构性，学术氛围浓厚；而ART021更侧重于建构画廊与藏家的纽带，富有时尚气息。作为国际性大都市，上海通过不同类型的艺术事件与活动，营造出兼容并蓄的海派文化氛围。

政府扶持、文化与金融要素聚集，产生协同共振的效应。该区域内已经聚集了龙美术馆、余德耀美术馆、西岸艺术中心、西岸艺博会、西岸艺术品保税仓库等已经具有较高国际知名度的艺术品产业，西岸美术馆、油罐艺术中心等正在建设中，美术馆大道也已初具雏形。上海西岸与法国蓬皮杜艺术中心签署战略合作协议，打造国际文化艺术双向交流平台。2016年徐汇的文创产业实现总产出约1046亿元，占全区GDP比重的15.7%。该地区"对标国际找准特色、集中持续发展"的模式，对全国都有一定的示范效应。

2016年度数据统计显示，上海艺术品经营机构426家，交易规模59.36亿元，经营机构426家，其中专业画廊数量约300家，交易额约12亿元；艺术品拍卖机构80家，全年举办专场拍卖会293场，拍卖额为34.26亿元；

艺术品交易展会8个，交易额约8亿元；艺术集聚区3个，总占地面积10.1万平方米，吸引150余家艺术机构入驻。

2016年度数据统计显示，全市艺术品经营机构达426家，专业画廊约300家，艺术品拍卖机构80家，艺术品交易展会8个。全市艺术品交易规模59.36亿元；画廊私洽交易额约12亿元；艺术品拍卖293场，拍卖额为34.26亿元，展会交易额约8亿。艺术品市场层次丰富。

上海艺术品市场的繁荣与自贸区的支撑配套紧密相关。其宽松灵活的政策、专业完备的艺术品报税库和交易中心吸引了众多重要的文化艺术机构纷纷在此落户。自贸区国际艺术品交易中心一期的艺术品储藏总额超过30亿元，进出库货值已超过230亿元，二期总投资超过12亿元。其体量近7万平方米，是一期仓库的二十多倍，2017年5月已经封顶，预期2018年年初可以投入使用。它的功能也更为全面，建设标准、计防标准、消防标准、安保标准都是国际一流的。

（三）新旧更迭，机构收藏进化，民营美术馆（博物馆）重新定义

1. 中国艺术机构走出去，欧美资本从中国离场

比利时收藏家盖伊尤伦斯创办的北京尤伦斯当代艺术中心于2017年易主。UCCA的长期赞助者Future Edutainment公司、江南春先生和其他相关集团接管其所有权与控制权。尤伦斯当代艺术中心易主意味着中国当代艺术改变原有路径，寻求新的发展；同时也意味着中国机构建构当代艺术领域话语权的尝试进入新层次。

与欧美机构从中国退出形成鲜明对照的是中国艺术机构走出去。2016年11月30日，保利北美艺术馆在加拿大温哥华开业，这仅仅是保利文化中国艺术馆世界性布局的起点，从北美西海岸开始，今后在伦敦、纽约等地有计划地开设新馆，形成海内外连锁美术馆网络，成为中国文化走出去可靠的系统性支撑。

2. 机构收藏成规模，美术馆、博物馆进入2.0时代

在复兴传统文化的整体氛围下，名家精品的文化传承功能和文化影响力得到确认。一些有实力的企业，诸如苏宁集团、宝龙美术馆、天庆博物馆以及山东比德文集团进入艺术品收藏领域，造就了名家精品天价频出的局面。与亿元拍品相呼应的是资本支持下的机构收藏公众化，高品质、大体量的新馆集中落成，成为 2017 年的重要标志。2016 年中国的民营美术馆有 1110 家，同比增加 66 家，国有博物馆增加 46 家，非国有博物馆增加 20 家。在此基础上，2017 年新落成的重量级民营美术馆和艺术空间有 6 家。9 月开幕的有三家，分别是国内乃至亚洲首家“夜间美术馆”——昊美术馆上海馆、华谊集团位于北京的松美术馆以及被 CNN 誉为最受期待的建筑之一的嘉德艺术中心。11 月开幕有三家，分别是武汉 K11 购物艺术中心、上海宝龙美术馆、苏宁艺术馆。如此密集的开馆，资本雄厚的大型机构介入是重要推手，其中房地产企业转型迫切，占比尤大。

新落成的美术馆体量大、藏品质量高、系统性强，主要集中在北京、上海等一线城市。这反映出金融与文化要素的集聚效应，也揭示出了文化艺术地区发展的不平衡。同时美术馆（博物馆）自身的发展面临着缺乏可持续的运营模式的老问题。美术馆藏品得不到很好的开发利用，其文化价值和社会价值因此被低估。面对行业固有痛点和发展新课题，艺术品金融大有可为。例如，艺术品租赁、艺术银行业务、艺术品保险以及特殊交通配套等活化藏品模式，首先缓解了私立博物馆的财务压力，为藏品购买、保藏与修复、展示与研究的营运提供了新的造血机制，做到了可持续发展。同时，从区域协同发展的角度讲，中心城市在艺术品金融系统工程的辅助下，可以实现跨区交流展陈，活化藏品资源，扩大艺术品美育的示范与传播，来带动其他地区的发展。艺术品金融能够成为调整地区间发展不平衡的重要助力。

（四）艺术品电商发展现状

由于传统巨头的大举进入，产业资本入市，2013 年被称为艺术品电商

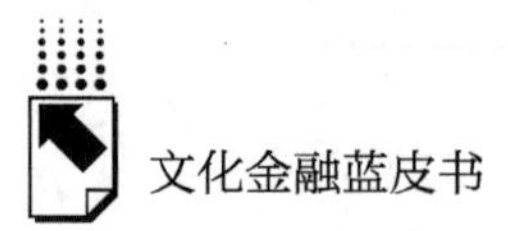

元年。2013 年，美国电商巨头亚马逊艺术在线启动；2015 年，美国 Etsy 平台在纳斯达克敲钟，是首家上市的艺术品电商。2016 年全球在线艺术品交易销售总额达 30.27 亿美元，同比增长 24%。照此计算，2020 年在线艺术品的市场规模将达到 90.58 亿美元。92% 的线上艺术品买家表示在未来 12 个月会通过互联网购买至少同等数量甚至更多的艺术品。佳士得 2016 年上半年报指出，新买家增长很大程度上来自于网络平台的电子业务。佳士得的网络平台电子业务在 2016 年上半年增长 96%，自 2015 年的 1530 万美元增长至 2016 年的 2800 万美元，网拍成交的均价为 8251 美元/件。线上交易将成为全球艺术品交易的趋势之一。

1. 中国的艺术品电商经历曲折，藏家需求溢出

从买家视角看，中国越来越多的高端藏家愿意加入线上拍卖。由于无法观察实物，电商有信誉、拍品有质量，还要有艺术品金融的增信措施，才能吸引买家线上购买。而目前我国艺术品电商尚未能完全匹配上述需求。因此，一些藏家转战国际艺术品拍卖平台下单。例如，2015 年我国顶级藏家刘益谦以 2406 万元在 Auctionata 的网络拍卖会上买下清乾隆蓬莱八仙八宝转亭珐琅音乐钟。

从机构经营角度看，中国的艺术品电商在憧憬中曲折发展。艺术品市场特征是非标、高价、低频，而电商的基础特征的量产、低价、高频。二者之间的底层逻辑上存在一定的张力，加之我国艺术品市场的诚信问题，对我国艺术品电商的经营模式提出了更高的要求。对此，大量机构不惧试错，前赴后继不断探索。淘宝、苏宁、国美等电商巨头，都携资金、技术进军艺术品电商行业。京东也启动了自己的在线艺术品交易的业务，同时入股艺术品电商平台；2017 年末举办拍卖节及线下体验店，直接进入艺术品电商市场。主力拍卖机构，如中国嘉德、北京保利以及国际拍卖行佳士得、苏富比等均早有网络拍卖布局。经过十多年发展，出现过几轮小的高潮，但是真正盈利且势头良好的艺术品电商却不多。

从行业发展的角度讲，新时代再出发，行业协作与自律成为中国艺术品电商的共识。2017 年 11 月，由多家业内代表性在线拍卖企业共同发起成立

的北京品牌协会艺术品电商专委会宣告成立，易拍全球、当当文玩拍卖、库拍、荣宝斋在线、艺狐在线、杏坛艺拍、雅昌在线拍、艺加拍卖、指拍shop等成为首批会员单位。

2. 艺术品电商与艺术品金融有机结合，模式突破，展现市场新势能

我国艺术品电商的规模尚小，引爆行业的典型应用尚未确立。创业项目定位模糊、准备不足，A、B轮融资之后难以为继；而一些具有深度资源积累、运营模式科学创新的机构经受了市场的初步验证。特别需要注意的是，后发的艺术品电商非常注意艺术品金融的应用创新和模式匹配。一些制度性安排和创新应用取得了阶段性成果。

案例1　艺典中国，“互联网+行业资源”，构建复合型艺术品电商平台

成立于2012年的艺典中国网是线上线下相结合的艺术品拍卖平台。初期以艺术资讯和艺术衍生品交易为主，2014年9月上线手机移动端应用，目前专注于拍卖。线上包括PC端、微信和App端，整合了拍卖、收藏、互联网、时尚、地产等跨界资源，背靠保利拍卖的丰富资源和行业背书企业，充分利用与国内第一阵营的多家拍卖机构的深度合作关系，推出“365天不停歇”的网拍概念。全年无空档的特色主题专场覆盖全品类，通过移动互联网服务整个艺术产业生态链。线下载体力图覆盖全国。位于亚洲大酒店的线下体验总部达1600平米。同时与各大机构合作，在全国范围建立艺术品体验及物流中心。与龙美术馆、保利、荣宝等艺术机构签约独家运营网络拍卖。优质的线上资源结合强大的地面资源，吸引注册会员数增长迅速。未来计划以大数据、云计算为基础设施，不断引入金融、VR、AR等全新的理念和技术手段，通过相互协同的产品体系描绘和定义了中国艺术品电商的未来，力图打造中国专业的非标性商品电商平台。

艺典中国推出“同步拍”服务，上线实际运营后，逐渐得到了业界认可。“同步拍”指买家通过艺典PC端或移动端进行拍卖现场信息同步，即在线实时出价的同时现场竞拍；线下拍卖现场安排经纪人负责举牌报价。自上线以来，已与北京保利、北京匡时、北京荣宝、中贸圣佳、北京东正、上

海明轩、广东崇正等22家拍卖公司实现了深度合作。

2016年9月底，艺典中国作为非标性电商获得2500万A轮融资。截至2016年底，拍品成交数2000多件，成交额逾亿元，单笔最高3450万元，出价超2.5万人次。2017年12月，北京华辰宣布全面入驻艺典中国。2017年12月15~17日京东艺术品拍卖节在北京798举办，“艺典中国”等提供“同步拍”服务，为参加活动的北京匡德国际拍卖有限公司、北京维塔维登国际拍卖有限公司提供平台技术和流量的支持。

特别值得注意的是，2017年首次出现艺术品拍卖行转身资产拍卖。7月保利拍卖受中信银行武汉分行委托对河北省唐山市一处工业用地进行资产拍卖，艺典中国以网络竞拍的形式同时进行，成为国内艺术品拍卖企业首次接受银行委托而进行的资产拍卖。

资料来源：公开资料整理。

案例2　库拍——与艺术品金融紧密结合的分享式移动艺术品电商APP

库拍自我定位为全球首创分享式拍卖平台，从文化艺术藏品这个垂直行业入手，结合在线拍卖、众筹等新互联网商业模式，完成文化艺术收藏品的在线交易和社交。更年轻的大众文化艺术品是库拍的主流拍品，拍品成交价集中在数千元到十几万元。“分享式拍卖”有三个核心：游戏化的出价体验、聊天式的竞拍场景、佣金红包的参与激励。

2017年，库拍在结合艺术品电商的特质打造艺术品金融方案，升级三大功能。首先，创建“推荐人经济担保”模式，在用户确认拍品收货的15日内，专家推荐人承诺可以以成交价的85%回购；其次，首推“二次上拍”产品功能，成交价1万元以上的拍品，用户均可在三个月之后申请二次上拍；最后，推出艺术金融“质押贷款”服务，成交价1万元以上的拍品，库拍提供50%的质押贷款服务。三大服务举措从专家回购、二次交易和资金方面提速艺术品交易效率，力促交易闭环形成，为对艺术收藏跃跃欲试的艺术品爱好者们进一步降低了门槛，真正将艺术品价值通过市场化手段得以实现。

库拍自带金融的基因，它的股东易居中国谙熟资本的逻辑，准确地贯穿于产品方案中，艺术品金融工具运用娴熟，阶段性收益显著。

截至2017年5月，即上线后8个月，库拍累计拍出10000件拍品，涵盖书画、茶禅、瓷器、玉石、影像、宗教文化等20多种品类，实现交易额1.01亿，吸引了超过50万收藏家、艺术爱好者成为注册用户，汇聚近200位权威专家签约入驻，为近1000家艺术品机构搭建合作平台，针对拍卖参与者发放佣金红包超过500万元。如此成绩相当于大型拍卖行20场春拍的规模、实体古玩城一年的交易总额。

资料来源：根据公开资料整理。

案例3　腾讯公益："互联网+艺术创意+善款众筹"，公益步入3.0时代

互联网科技叠加文化和创意的能量，激发公众参与公益的兴趣和热情，又有移动支付科技的支撑，腾讯公益是其中的代表性平台之一。2017年8月28日，WABC联合深圳爱佑未来慈善基金会共同在腾讯公益平台上发起了"用艺术点亮生命——'小朋友'画廊"线上创益筹款互动活动。微信用户捐助1元钱可选购一幅小朋友的绘画作品做手机屏保。活动组织方称，所有捐助资金将用于帮助脑瘫、自闭症等特殊创作者群体。活动上线后，"小朋友画廊"的H5页面立即刷爆朋友圈。截至8月29日14：30，该活动募集到15029044.79元善款，共有580万人参与募捐，提前完成筹款目标。

这是2017年腾讯99公益日的预热活动之一。其积极面是，艺术品金融的公益众筹方案与支付手段的便利性、移动平台的社交属性和巨大传播力量相结合，需求与功能高度匹配，显现出前所未有的社会动员和筹集资金的能力。警示面是，无论对捐款人还是活动策划、组织方，公开、透明的全流程管控，追踪捐款的用途是否与事先承诺吻合，是必不可少的环节，是类似项目持续健康发展的基础。金融科技如区块链等将有助于款项的追溯，在道德自律与约束之外，提供技术的监管保障。

资料来源：根据公开资料整理。

4. 艺术品电商的发展趋势：大零售变革前夜，平台向Web3.0进化

我国的艺术品电商经过数年发展，出现了在线电商、艺术众筹、手机端的艺术品销售等多种方式。从技术路径上看，艺术品电商经历了Web1.0门户时代，以信息展示为主；Web2.0以UGC用户生产内容，实现了人与人之间双向的互动；备受关注的Web3.0正打开艺术品电商的新视野。多对多交互，不仅包括人与人，还包括人机交互以及多个终端的交互。

技术升级伴随着认知的跃迁、模式的创新。对标转型升级的中国电商，苏宁“智慧零售”、京东的“无界零售”以及阿里“新零售”，从各自的角度对电商乃至整个零售行业进行着革新。电商引发零售革命成为风口且影响深远。艺术品电商必然乘势而起，同时也被这个趋势塑造，在动态调整中获得前所未有的发展。

三　艺术品金融及其基础建设：不充分、不平衡

艺术品收藏、投资与消费构成了艺术品市场的三驾马车。互联网与文化艺术相叠加，艺术品交易场景更加多样，交易模式不断进化。对艺术品金融的需求，渗透到艺术生态链上的每个节点，超越了以单件艺术品为资产标的的定式与局限。德勤的相关数据提示，未来艺术品金融市场整体规模将达到3万亿美元左右。

与海量需求不相称的是供给侧的严重不足，表现在两个方面。第一是不充分，体现在艺术品金融的基础设施不完备，表现在现有风险体系对非标资产的风险识别及管理能力不足；艺术品金融工具与服务的创新不足；相关政策法规与国情及产业发展进程不匹配。第二是不平衡，体现在围绕着高端人群、精品艺术设计的措施多，围绕着广大人民群众的精神文明需求的方案少。基金、拍卖行、银行等金融机构从不同的角度提供了备选方案。银行方面，例如潍坊银行引入“预收购人制度”推动艺术品质押融资业务，并推出了服务于拍卖的“竞拍贷”；广发银行的“易拍贷”等。旨

在把拍得的标的物质押给银行，短期内获得部分贷款偿付给拍卖行，以较少的资金及时购得目标拍品。但这些举措既受地域所限，自身又存在瓶颈。

基金方面，根据德勤和 ArtTactic《2017 年艺术金融报告》的数据，2011～2015 年，中国的艺术品基金每年无论是规模还是数量都超过欧美市场的总和，位居世界第一。2016 年以后，由于艺术品市场交易低迷，进入调整期，艺术品基金的规模开始低于欧美市场。艺术品金融领域的供给严重不足。

（一）中国特色的艺术品金融创新，在市场的确认与矫正中起伏涨落

2017 年，在艺术品金融工具市场供给不足，同时金融监管政策收紧，艺术品金融市场整体规模下降。但各地基于艺术品相关产业的供应链金融、基于行业背景的书画等抵押贷款、基于线下艺术社群的民间信用贷款、基于地方性特色产品如玉石等的应收账款保理业务等，在特定区域获得体量虽小但相对平稳的发展。而一些重量级机构，如银行系、拍卖系的艺术品金融，通过合理的业态布局，在艺术品金融领域获得了持续性发展。

以保利文化集团为例，保利集团于 1998 年建立了保利历史博物馆，虽然海内外影响力不断扩大，但资产无法流转，影响了保利资产收益率等考核指标。国投信托和建行北京分行的支持帮助下，三方将艺术品收益转让，以定期赎回的方式来破解这一难题。2016 年底，保利艺术品金融公司成立，标志着其艺术品金融业务更加专业、精细。在艺术品投资和融资租赁方面，截至 2017 年，保利文化所属的艺术品投资和保利融资租赁两家公司先后成功发行了 90 多只有关艺术品的产品，规模为 30 亿元；完结 40 多个项目，到期均顺利结束。目前在运行的项目一共 55 只，规模为 22 亿元。保利 10 年的快速发展很大程度上得益于他们采用了“金融杠杆”——为买家融资，解决买家参与高价艺术品竞购的资金流动性；为藏家提供预先资金，方便前

期征集；为藏家做艺术品抵押，解决艺术品长期占用资金问题。这在艺术品金融市场上有一定的借鉴意义。

（二）在调整中聚焦：艺术品财富管理受关注

艺术财富管理是对艺术财富进行系统管理的过程，基于国际上对财富的认识，分为积累、保护、收益和转让四类。艺术品基金、私人银行、家族信托、家族办公室、公益慈善基金会被认为是主流的管理工具。我国的艺术品财富管理发展较晚，除了服务于少数超高净值人群的机构外，整体水平还比较初级。以往对艺术品金融的理解大多基于交易和收益的视角，而艺术品作为非交易目的资产的保值、传承功能被忽视。随着高净值人群的增加和 CRS（共同报告标准）落地，艺术品财富管理成为 2017 年度焦点。

中国艺术品市场两极分化，艺术品普品缺乏流动性、精品具有显著财富效应和对冲风险的功能，成为资产配置中的重要选项和安排。自 2016 年下半年以来，“艺术品财富管理”被学界和业界广泛传播和研讨，成为行业热词。一些高等教育机构于 2017 年相继开设相关课程。这在一定程度上反映了各界对新常态的思考和共识，即基于存量资产的资产配置思维，替代了追求增量资产获得趋势性高额收益的思维。2017 年能够有一定启发作用的相关实践是艺术品金融与家族慈善形成了有效连接。

案例 4　“万向信托 - 艺酷慈善信托”，艺术品金融在慈善领域的创新实践

首个艺术品以资产方式介入慈善的信托——“万向信托 - 艺酷慈善信托”于 2017 年 9 月完成备案。该计划由一位机构委托人及一位自然人委托人共同设立，首期信托财产为委托人收藏的名家画作 41 幅。管理人投资各类艺术品并以另类投资的形式实现信托财产的保值增值。其创新性在于从原来的仅管理现金类信托财产，增加了非现金类信托财产的管理项目。这是艺术品金融在慈善领域进行的有益的尝试。

资料来源：根据公开数据整理。

（三）艺术品金融的地区性新布局

艺术品金融的探索需要更富有弹性的政策空间。2017 年 5 月，重庆自贸区正式开启艺术品交易服务。我国形成了上海、北京和重庆三个功能完善、配套齐全的国际艺术品交易平台。基于自贸区负面清单之外的政策优势、报税区的设立等，艺术品金融有了更多的展开空间和互动维度。

（四）艺术品金融的新赛道——汲取艺术元素创新艺术 IP

2017 年，艺术类 IP 引爆产业发展，点燃了艺术品市场新浪潮。影视方面，7 月上海电影节片单中设立艺术电影专栏，蔡国强的《天梯》上映，与国际艺术电影《至爱梵高》《佛罗伦萨与乌菲兹美术馆》等相映成趣，构成 2017 年艺术跨界发展的现象级景观。电视片方面，央视 2017 年 12 月 3 日起播出大型文博探索节目《国家宝藏》，获得了学术界和大众的一致推崇。艺术在影视领域的跨界融合，拓宽了艺术品金融的视野和衍生产业链，私募股权叠加专业银行的投贷联动、投贷结合形成艺术品金融的新的着力点，一个令人瞩目的新赛道正在显现。

（五）艺术品金融的问题——清理文交所，爆发退市潮

2017 年 1 月 9 日，清理整顿各类交易场所部际联席会议第三次会议在北京召开。6 月 30 日，清理整顿部门“回头看”，查处违法违规现象，曾经遍地开花的文交所已陆续停止交易。一些机构“实名协议交易模式”配套 T + 1，T + 5、T + N 等变通方案应对监管。2017 年 12 月 18 日，广东省南方文交所采用实行实名协议 T + 5 交易模式，宣称 12 月 22 日恢复文化艺术品交易服务。不管是平台的全面退市，还是部分藏品的下市，或是交易模式的转变，一省只留一所的政策到底会不会彻底实施，未来文交所到底何去何从，目前尚不明朗。

（六）艺术品金融的基础动力

我国艺术品金融的发展充满机遇也面临问题和考验。回顾中国的艺术品

金融实践，从2005年发端到2017年已有十多年的发展历程。艺术品交易原有的痼疾“鉴定”与“评估”并未得到有效的改善；而艺术品金融特有的风险识别、风险控制从而获得风险溢价的研究还不充分、系统，尚未达成广泛共识，更重要的是缺少切实有效的解决方案。

与此同时，数万亿的表外艺术资产亟待被盘活，这是现实的需求；文化的可持续发展需要金融的有效推动，这是创造未来的趋势。艺术品金融要服务现实，不能成为虚拟资本游戏。要破解这些难题，需要放下急功近利的短期效益，把基础做扎实，从根源上加强人才建设和方法论研究，持续聚焦金融工具的挖掘与创新。市场的有序繁荣、制度完备、监管得当都脱离不了这个基础。

1. 研究准备。一系列的工作和举措标志着我国的艺术品金融理论研究渐上轨道并逐步深入，这对构建具有中国特色的艺术品金融理论体系是十分必要的。

2011年是目前为止中国艺术品市场交易最为活跃的年份，艺术品金融的实践呈现井喷式发展。紧随其后，2012年12月8日，中国人民大学中国艺术品研究所成立，成为国内较早以艺术品金融命名的专业学术研究机构，目前具有品牌影响力的研究成果是每年度的《中国艺术品金融市场年度研究报告》。2014年5月，潍坊银行艺术金融研究中心揭牌，推动了潍坊银行在艺术品金融领域的有效实践，特别是艺术品预收购人制度，引起业界广泛关注。2015年1月6日，中国艺术品金融年会暨中国艺术品金融新年论坛在山东潍坊召开。2016年起，亚洲艺术品金融商学院围绕艺术品金融这一核心，每年3月28日聚焦年度主题召开世界艺术金融高峰论坛，目前已成功举办两届，并以国际智库形式建立对话的长效机制。2016年1月24日，中国文化金融50人论坛成立，2017年5月出版第一本《中国文化金融发展报告（2017）》，对艺术品金融作了专题论述。2017年3月25日，2017年艺术品金融年会在山东济南召开。年会围绕“艺术品资产化与艺术品财富管理”的主题，同期成立艺术金融12人论坛。2017年11月18日，首届“艺术品财富管理”高峰论坛召开。本次论坛由中国艺交所、中国人民大学中国艺术品金融研究所、雅昌艺术网联合主办。一些学者和专家陆续发表了一系列专著和论文，为廓清市场、治理沉疴提供理论依据和实现路径，成为业界的必选读物。

2. 人才培养。艺术品金融领域正步入快车道，而作为供给侧的人才培养和产业需求侧在结构、质量、水平上还不能完全匹配。艺术品金融目录下，大量增值业务、资产配置安排、财富管理服务等存在巨大空白。从业需要具备复合型的知识结构，目前专业性平台和人才缺少。人才培养对于艺术品市场升级和可持续发展起着至关重要的作用。面对这种情况，一些机构成为先行者。2014 年中国人民大学面向全校本科生开始了“艺术品金融”全校选修课，亚洲艺术品金融商学院 2015 年 12 月在上海自贸区获准成立，是专注于艺术品金融领域的独立高等教育培训机构。北京大学、清华大学（苏富比和清华在合作）都开设了涉及类似内容的课程班。2016 年底文化部艺术发展中心与西安交通大学合作开设了中国艺术金融博士课程班。山东财经大学艺术学院在 2016 年与潍坊银行进行战略合作，创办了艺术金融专业方向。中央美院艺术品金融的研究院设立也提上日程。此外国外的商学院也在寻求与在京的高校合作。这是艺术品金融业态健康发展的良好开端。

艺术品金融发展中仍有不足。一是规模不够。在发展绿色经济政策引导下，传统产业要转型，文化艺术产业需要升级，金融产业需要新的增长点。现有的教育储备，无论是教育理念、教研体系、教学组织、师资团队，都存在较大的进步空间。二是特色不够。除了少数机构，大多数的课程比较趋同。针对领导型、传承型、管理型、实务型人才的不同素质构建和能力梯次培养还没有形成，不能贴近产业实际。需要进一步促进艺术品金融的教育链、人才链与产业链、创新链有机衔接，推动艺术品金融人力资源供给侧结构性改革，构建一个根植于艺术品金融发展实际的多维叠加的生态系统。这样，不同等级的人力资源才能定位清晰同时协同共振。这对促进艺术品金融基础建设，繁荣艺术品市场都是十分重要且紧迫的。

四　科技在艺术品金融的可能性

金融科技发展击穿行业的逻辑定式，并有力地重塑固有发展模式，这是不可逆转的趋势。新兴科技，大数据、云计算、第三方支付等改善艺术品金融内生的很多业务流程，改善附着在金融体系上的应用场景。其中具有颠覆性的是区块链、人工智能，其指数级应用对攻克艺术品真伪、估值等基础性难题提供了全新的可能：区块链为艺术品资产的溯源提供完整的据名证据链；人工智能为不同用户提供风险分级和艺术品资产的精准匹配，为艺术品市场带来深刻改变（如图 7 所示）。

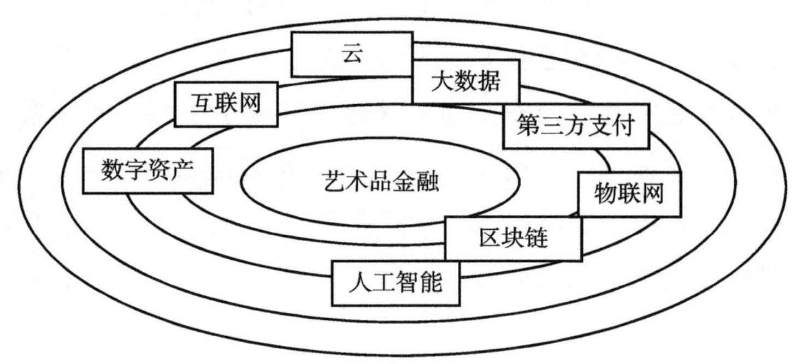

图 7　支持艺术品金融的相关科技

1. 区块链的尝试。区块链（Block Chain）又称为分布式账本技术。除金融交易外，它还可以记录几乎所有有价值的东西，包括教育程度、财务帐目、医疗过程、保险理赔、投票等任何可用代码来表示的事物。基于分布式结构的区块链技术，实现了数据传输中对数据的自我证明，超越需要依赖中心的信息验证范式，降低了全球“信用”的建立成本。点对点验证将会产生一种基础协议，是分布式人工智能的一种新形式，将建立人脑智能和机器智能的全新接口和共享界面。它提供了一种去中心化的信用建立范式，被认为是对生产关系的颠覆性革命。目前有公有、联盟、私有三种形式的区块链。其可见的进化路径是从以数字货币、数字货币与智能合约、区块链自洽社区三级递进的方式从1.0版本到3.0版本，实现价值互联的进化过程。

中国的区块链发展迅猛。2014年即有从事区块链底层技术研发的机构落地中国。2016年1月，全球共享金融100人论坛在北京宣布成立“中国区块链研究联盟”。2017年一些艺术机构设立文化艺术品的区块链研究院、组建“文化艺术品区块链联盟”，希望运用智能合约和不可篡改的去中心化底层逻辑，解决市场失信的痛点。各方交叉验证，提高交易的可追溯性和艺术市场的透明度，对艺术品市场的生产关系进行深度的调整，扩大参与度。

从项目落地的角度上看，艺术区块链方向的机构纷纷注册，对未来的可能性充满期待和憧憬。目前通过对标研究发现，各大互联网公司试水的区块链应用依旧以发行“代币”或实现“积分管理”的类型为主，功能相对单一，尚处于初级阶段。2018年将成为区块链应用元年。区块链在艺术品金融及艺术品市场方面真正的应用潜力有待挖掘，大规模项目落地尚需时日。但一些机构的布局值得关注。例如腾讯，其“去中心的赋能”的逻辑与区块链自身的世界观相匹配；其平台化整体优势和项目实施能力显示出其数字时代独特方法论的建构与积累。

案例5　腾讯布局区块链，艺术科技催化“艺术+”

腾讯2017年4月发布《腾讯区块链方案白皮书》，并将腾讯区块链的整体结构划分为三个层次。在成都举行的腾讯全球伙伴关系会议的金融论坛上，正式加入和设想“区块链+生态”的想法被公开宣布。区块链被认为能够改变金融底层架构，金融资产合入区块链账本中转为数字资产，在链上存储、交易等，金融作为区块链的主场景之一，应用前景广阔。

同时，腾讯研究院宣布，将运用互联网优势，通过科技、社交、传播、资金等支持文化复兴和艺术学术性原创，特别提出涵盖极广的“艺术+”计划，构建业态丰富的艺术生态圈。艺术科技是其中的亮点之一，“艺术+”的提出，是通过科技来连接艺术和大众，让艺术与大众产生更多的共鸣。艺术科技时代的美好愿景，需要路径来实现，即探索互联网与艺术的结合，借助VR、AR等技术，丰富艺术体验的内容和方式，增强创作者与观赏者的互动，拓展大众参与和分享，让艺术走进大众的生活，放大艺术的影响力，展示世界性的文化与文明的创作。也要突出对中华优秀传统文化的传承、创新起到好的连接作用，对文化自信进行积极表达。

资料来源：根据公开资料整理。

科技与艺术品金融相结合，既要前瞻美好的远景，也要洞悉现实的风险。特别是当科技本身就蕴含一定风险的时候。区块链最早是比特币的基础技术，数字加密货币以及 ICO 在国内受到禁止，因此要找到切实的业务场景，在监管框架下防止越位。

2. AI 在艺术品金融领域的应用场景。人工智能（Artificial Intelligence），英文缩写为 AI。它是研究、开发用于模拟、延伸和扩展人的智能的理论、方法、技术及应用系统的一门新的技术科学。真正的人工智能抓住了世界的想象力。金融 AI 通过有效地甄别风险，对客人进行分层匹配，通过风险的双向的过滤器，防止资产错配。AI 通过模型和算法，一方面识别并剔除不达标、不合规的金融产品；另一方面刻画投资者的等级，风险承受力，并且能够对用户进行动态体检，对中产长尾用户进行相对精确的用户画像并进行对位分级。AI 的算力将完成以前人力资源难以承受的海量工作，从而降低金融服务的门槛，适应中产阶级消费升级的迫切需求。

在美国有些企业通过 AI 已经有效地扩大了用户规模。如美国高盛，2016 年之前的服务门槛是在 1000 万美金以上，现在低于 100 万美金的用户也能接收。2017 年摩根大通投资了 90 亿美金，汇丰银行在人脸识别、区块链技术的投入 24 亿美金，国内华泰证券 2016 年投入是 3 亿元，2017 年投入 12 亿元。毫无疑问，大型金融机构对 AI 的投入将惠及细分的艺术品金融领域。

大数据支持下的 AI 技术有望能够提高艺术品金融产品与用户之间的匹配度，最大限度地实现普惠价值，有助于艺术品消费及收藏民主化，提高画廊、博览会等一级市场的活跃度，促进艺术品市场的健康发展和整体繁荣。金融 AI 在中国拥有广阔的前景。

五　与艺术品金融运行相关的法律、法规及政策环境

（一）国际准则落地中国，对艺术品金融产生全球范围的影响

中国在2017年7月1日正式开始实践CRS（金融账户信息交换全球统一征税）国际反避税统一标准。国家税务总局连同五部委发布《非居民金融账户涉税信息尽职调查管理办法》（下称《管理办法》）对银行、证券、保险、信托均产生重大影响，而艺术品金融可以有一定的作为。目前已有100个国家（地区）承诺加入，2018年将涵盖几乎所有发达经济体，包括像BVI（英属维尔京群岛）、开曼、百慕大和瑞士等全球“离岸避税地”和“洗钱中心”。由于CRS法规主要核查国内高净值人群海外账户的金融资产（主要是股票、理财产品、信托、债券等），房地产、艺术品、企业股权尚未纳入审查范畴。更多高净值人群基于税务筹划，特别关注艺术品，而避税的思路是不可行的。更为专业和成熟的做法是通过采用艺术品等非金融产品结合家族信托和保险实现财富管理以应对CRS法规带来制度环境的变化。

（二）相关政策法规

随着对艺术品金融的实践，各界人士有的深入微观，寻找艺术品资产与金融形成的交集，致力于“建轨道开专车”；有的拓展中观，从整合、协同相关业态着力，将法律法规的负面清单之外的广阔领域纳入考察和实践的视野。艺术品金融正通过转变观念扩宽自己的行动边界。我国目前还不存在专门针对艺术品金融的法律、法规等，现有相关的法律法规和政策性指导文件还不完善。

1. 艺术品关税一直备受关注，2017年出台两项重大举措。首先，中国海关总署出台《海关总署关于2017年关税调整方案的公告》，税则号为97011019、97020000、97030000的关税暂行税率降至3%，从2017年1月1日开始实施。这是2012～2016年从12%的正常税率下调至6%后的再次调

整，涉及油画、粉画及其他手绘画原件、雕版画、印制画、石印画的原本以及各种材料制的雕塑品原件几大品类。2017 年 12 月，财政部、商务部、文化部、中国海关总署、国家税务总局、国家文物局六部门调研文物回流税制，文物回流减税有望破冰。关税的相关调整，对促进艺术文化交流和文物回流起到积极推动作用，拍卖行业或将迎来新的发展机遇。

2. 文物管理办法上有条件松绑，配合市场秩序进行专项整治。2017 年 2 月，国家文物局正式发布实施《国家文物事业发展“十三五”规划》，其中“鼓励民间合法收藏文物，提升社会文物管理服务水平”活化了文物的保护与传承的刻板模式，政策红利释放成为复兴中华传统文化的重要抓手。第 5 次修订后的《中华人民共和国文物保护法》于 11 月推出，共调整了 6 条内容，涉及文物保护单位原址保护、国有馆藏文物的借展交流、文物商店售前审核调整为并联审批以及事后监管等方面，为不可再生的文物资源更加贴近民生，满足人民对美好生活的向往，提供了影响深远的制度安排和有力的机制保障。

配合 2017 年 8 月国家工商总局和国家文物局联合发布的《关于联合开展文物流通市场专项整顿行动的通知》，有关部门开展文物流通市场专项整顿行动，严厉惩处全国范围的非法经营文物行为，对监管工作机制、文物市场秩序的完善起到积极作用。

3. 2017 年艺术品金融年度重大治理之一是清理整顿文交所。2017 年 1 月，清理整顿各类交易场所部际联席会议发布了《关于做好清理整顿各类交易场所“回头看”前期阶段有关工作的通知》，即〔2017〕31 号文，对各类文交所进行清理整顿。文交所试图拓宽资金的退出渠道，活跃多层次资本市场，本身即是艺术品金融品类的一种创新尝试。整治文交所，是对前期文化交易市场野蛮生长的规范，对艺术品金融再出发提出了更高的质量要求。

4. 文化部的系列政策，为艺术品金融定下产业基调，规划出新的路径。2017 年 2 月，文化部公布《文化部“十三五”时期文化产业发展规划》，将党中央治国理政的新方略贯穿于文化工作的全过程。3 月，备受瞩目的北京两会也特别强调推动文化艺术的发展，在创新、协调、绿色、开放、共享的发展理念下展开，我国的艺术品金融发展有了崭新的格局和支撑。7月，文化部印发《文化部“十三五”时期公共数字文化建设规划》，公共数字文化建设成为今后工作重点。艺术品金融应洞悉数字艺术资产以及艺术资产数字化的方向，以金融维度整合优势社会资源，推动其发展壮大。

5. 2017年7月26日，银监会、民政部联合印发《慈善信托管理办法》，约定了慈善信托参与主体之间的关系，涉及了慈善信托的设立、备案、财产的管理和处分、变更和终止、促进措施、监督管理和信息公开、法律责任等诸多方面。要点在于慈善信托免计风险成本，并免于认购信保基金。这拓宽了艺术品财富管理的通道与体系，丰富了艺术品金融的业态。

6. 金融严监管，艺术品金融在高质量的约束下再出发。2017年7月1日，证监会推出了适当性管理，即“大资管新规”，通过给投资者分级，敦促没有风险承受能力的投资者离场。2017年11月16日，银监会发布《商业银行股权管理暂行办法（征求意见稿)》（简称《暂行办法》)；11月17日，央行联合三会及国家外管局发布《关于规范金融机构资产管理业务的指导意见（意见征求稿)》，对艺术品金融领域产生直接影响的是，《暂行办法》加强资管产品从投资者、投向、期限、托管等各方面的监管。投资者方面，向特定投资者募集的资管产品，合格投资者认购单只固定收益类产品的金额不得低于30万元；认购混合型产品的金额不得低于40万元；认购权益类、商品类及衍生品类产品的金额不得低于100万元。投向方面，规定非标到期期限不能晚于产品到期日。提高准入门槛后相当比例的人群进场难度增加。

7. 2017年11月29日，财政部对2018年文化产业发展专项资金（重大项目方面）中央本级项目申报管理工作发布通知。通知中“实施文化金融扶持计划”不再属于中央本级项目支持的主要内容，而以“基金化+重大项目”的管理模式，通过参股基金发挥市场在资源配置中的决定性作用。

8. 区域性鼓励政策出台。例如上海市2017年12月15日发布《关于加快本市文化创意产业创新发展的若干意见》，又称“上海文创50条”，其中明确提出把上海全面建成具有国际影响力的艺术品交易中心，对艺术品金融发展是一个重大利好。有望在通过现代文化市场体系，财政资金引导和杠杆作用，合理减轻企业税费负担等四方面获得保障和支撑，有利于对标国际整合全产业链优质资源。

六　政策建议

艺术品金融领域有着巨大的政策空白，需要主管机构结合产业实践，通过建立法律法规、管理条例等来廓清这一新兴领域，引导各方力量共同推动其健康、蓬勃的发展。孤立的制度如同空降兵，没有整体的配套很难把工作向纵深推进。同时，一个制度的施行，必然会带来新情况、新问题，要用好新的配套制度，对新问题做出响应甚至提前预案，让好的制度充分发挥作用。

通过艺术品金融的实践和观察，以下几个方向值得政府层面关注并适时采取举措。

1. 降低艺术品流通环节的相关税负，调整税收结构、改善征收方式。中国艺术品方面的综合税率全球最高（进口关税、增值税、销售税和资本利得税几项累加，税费远超国际主要艺术品市场），尽管《2017 年关税调整方案》中海关征收的进口关税有所调整，而大家更为关注的 17% 的进口增值税依旧没有调整，并未触及行业痛点；同时存在重复征税、预征艺术品增值税等方式。这与我国大力发展文化事业的国家战略不匹配，也与国际惯例差异过大。

提振文化产业、发展艺术品金融促进中国艺术品市场繁荣，需要一个可与国际大环境博弈的税负环境。希望顶层设计有所关注，更希望在落实层面能够及时对接到位，降低艺术品流通环节的各项税负，促进我国艺术事业的整体复兴。

2. 提高艺术品金融的专业性和系统性。在人才培养方面，对就业人员的从业资格制定标准，达标上岗，防止金融乱象；在机构层面，鼓励建立独立的资产托管的第三方机构，要求机构持牌经营。用市场的系统性来规范流程，减少艺术品鉴定、评估中的人为因素。

3. 在建设美好生活的新时代，希望政府可以借鉴国际公共政策中的成功经验提升城市整体文化面貌。在新建筑以及老建筑改造中预留1%～5%的空间，作为艺术空间用于公共艺术展示、交易与教学，对文物古建筑进行保护，引导城市社区从功能型社区转向人文艺术型，提高城市的公共艺术区在整个城市社区中的空间占比。

4. 发挥各地自贸区的窗口优势，对标日内瓦、新加坡、卢森堡等国际一流样板，创建符合国际水准的艺术自由港。在艺术品保税仓库取得成功后，进一步拓展和延伸艺术品配套服务产业链，提供入关保税展示及存储服务，培育艺术品仓储、物流服务等配套产业。在“一带一路”倡议下，为全球化的艺术品交易、展览展示、文化交流等方面发挥作用。用精细化、专业化提升区域软实力，满足市场需求，为国际交流和文化发展提供助力。

5. 引入先进科学技术，形成数字资产，击穿艺术品市场无序的底层架构，建立起有别于传统模式的艺术品鉴定、评估的系统，形成可靠的艺术品追踪溯源体系，推动艺术品保险、艺术品质押融资、艺术品信托、艺术品基金等模块的发展，创造出符合产业发展的金融工具，促进文化的复兴与繁荣。

参考书目

1. 贝恩公司、招商银行：《2017年中国私人财富报告》。
2. 胡润研究院：《2017胡润财富报告》。
3. 雅昌艺术市场监测中心（AMMA）：《中国艺术品拍卖市场调查报告（2015年秋）》。
4. 雅昌艺术市场监测中心（AMMA）：《中国艺术品拍卖市场调查报告（2017年春）》。
5. 雅昌艺术市场监测中心（AMMA）：《中国艺术品拍卖市场调查报告（2017年秋）》。
6. 雅昌艺术家服务中心：《Hiscox2016在线艺术品交易》。
7. 德勤：《2014年艺术金融报告》。
8. 德勤：《2016年艺术金融报告》。
9. 德勤：《2017年艺术金融报告》。
10. 刘双舟：《艺术品金融与投资》，经济管理出版社，2016。

B.7

2017年我国版权金融发展分析

——基于数字创意产业视角*

陈能军　史占中　罗晓星**

摘　要： 随着供给侧结构性改革和文化体制改革的深入推进，新时代下的文化产业发展路径将呈现多样化延展，创新“文化＋科技”“文化＋金融”发展模式尤为重要。版权是文化产业核心资源，更是文化产业与金融对接的重要抓手，确立版权作为文化产业的核心要素，借助金融手段进行版权价值评估，围绕版权资源开发各类文创产品，通过版权交易激活版权市场，实现版权资产的市场价值。同时引入金融思维，构建“版权＋金融”发展模式，最终实现“版权资源－版权资产－版权资本”的价值转化，对新时代的数字创意产业而言尤为重要。

关键词： 版权产业　版权金融　数字创意产业　欢乐动漫　奥飞娱乐

* 本文系国家社科基金重大项目“文化产业的金融支持体系研究”（16ZD08）阶段性成果；深圳市委政策研究室课题“深圳文化产业发展与金融创新融合研究”（2017ZYS－3）阶段性成果。

** 陈能军，湖南衡阳人，中国人民大学经济学博士，深圳大学理论经济学博士后，主要研究方向：文化创意经济学、国际经济学；史占中，江西上饶人，上海交通大学经济学院教授，博士生导师，战略管理研究所副所长，产业经济研究中心副主任，主要研究方向：产业经济、技术经济、战略管理、投资银行与资本运营；罗晓星，湖南长沙人，奥飞娱乐股份有限公司授权事业部总经理。

习近平总书记在党的十九大报告中强调，“没有高度的文化自信，没有文化的繁荣昌盛，就没有中华民族伟大复兴”。同时，总书记明确指出：“健全现代文化产业体系和市场体系，创新生产经营机制，完善文化经济政策，培育新型文化业态”。从中可以看出，党中央对文化产业的发展重视程度明显提高，对文化产业发展的实施路径做出了战略性安排，文化产业迈向了高速发展与深化改革并存的新阶段。随着供给侧结构性改革和文化体制改革的深入推进，新时代下的文化产业发展路径将呈现多样化延展，创新“文化+科技”“文化+金融”发展模式尤为重要。版权是文化产业核心资源，更是文化产业与金融对接的重要抓手，确立版权作为文化产业的核心要素。借助金融手段进行版权价值评估，围绕版权资源开发各类文创产品，通过版权交易激活版权市场，实现版权资产的市场价值，同时引入金融思维，构建“版权+金融”发展模式，从而真正实现“版权资源-版权资产-版权资本”的价值转化，对新时代的数字创意产业而言尤为重要。

一　数字创意产业与版权产业

（一）数字创意产业

随着我国创新驱动发展战略的深入实施，战略性新兴产业新技术、新产业、新业态、新模式不断涌现，与各行各业广泛融合，加速推动传统产业转型升级，引发生产、生活方式的深刻变革。在文化创意领域，数字化技术的大规模应用正迅猛地推动着传统文化产业业态的发展，在移动互联网、云计算、大数据、物联网及AR等高新技术影响下，数字创意产业已逐步形成。

数字创意产业的产业特征主要可以从两个方面理解，一方面是数字技术，以虚拟现实、增强现实、全息成像、裸眼三维图形显示（裸眼3D）、交互娱乐引擎开发、文化资源数字化处理、互动影视、大数据、物联网、人工智能等数字技术为基础，以数字化、智能化、网络化的技术为支撑；另一方面是数字内容，包括网络文学、游戏、动漫、影视、演绎娱乐、音乐、摄

影、美术、创意设计、出版发行、在线教育、VR 等构成了数字创意产业的内容内涵。数字技术与内容的融合发展通过创新链和产业链紧密衔接的数字创意产业业态。形成了文化引领、技术先进、链条完整的数字创意产业发展新动能（见图 1）。

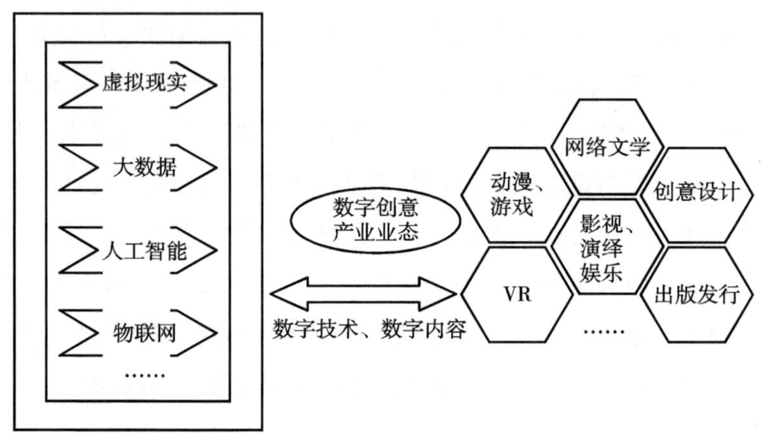

图 1　数字创意产业业态

近年来，数字创意产业在我国发展势头迅猛。《2016 中国数字创意产业发展报告》表明，2015 年我国数字创意产业规模达到 5939 亿元，同比增长 22.9%，增长速度惊人。以动漫游戏、网络文学、网络音乐、网络视频、数字新闻、数字电视、数字广播、数字电影等为代表的数字创意产品拥有广泛的用户基础，与百姓的生活越来越密切，已经成为目前群众文化消费的主产品。截止到 2018 年 4 月，与数字化技术相关的新媒体文化市场价值已经占到整个文化产业的 70%，未来数字创意产业的发展前景可期。

（二）版权产业

版权产业又称内容产业，是指经法律保护的且具有版权属性的作品或产品在生产或经营发展中的产业，是依托智力成果而衍生出的内容产业，具体包括新闻出版、文化娱乐、广播影视、计算机软件、信息网络以及相关产业等。国际上将版权产业分为核心类版权产业、部分产权产业、发行类版权产业、版权关联产业四大类别（见图2）。

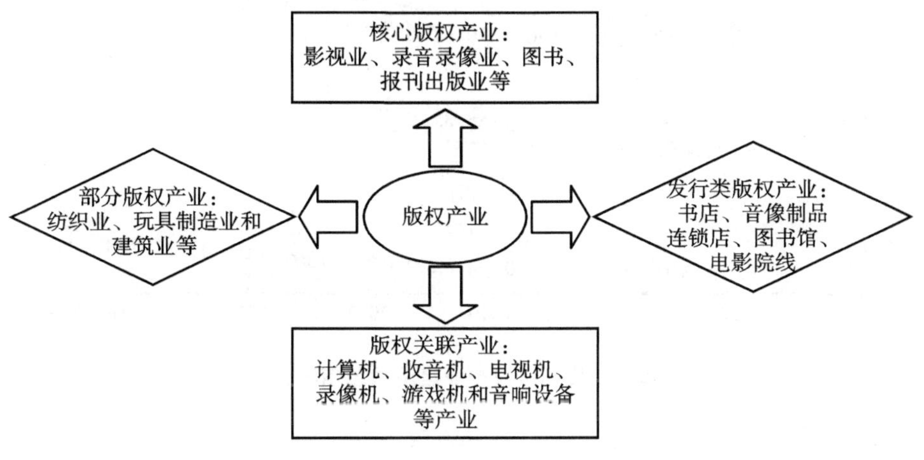

图2 版权产业内容

近年来，随着我国居民收入持续增长和消费结构的逐渐变化，文化产业与经济、金融、科技的结合日益紧密，已经发展成为一个重要的产业集群。作为文化产业的核心—版权产业近年来的经济地位日益凸显。中国新闻出版研究院公布的“2016年中国版权产业经济贡献值”的数据显示，我国版权产业在2016年的行业增加值已到达54551.46亿人民币，突破了5万亿的关口，占我国GDP的比值达到了7.28%，成为我国经济贡献的重要行业。2006~2016年，我国版权产业的增长态势平稳，GDP比重不断增加（见图3）。

目前我们正处在内容爆发的时代，版权产业在推动经济发展、优化产业结构、提升经济动能中发挥着越来越重要的作用，版权产业已成为了创新发展的新引擎。然而，互联网时代背景下版权产业也面临着被盗版、被侵权的状况，在版权产业发展的进程中，加强版权保护、实现优质版权资源的高附加值转化、探索版权资产的资本化和证券化，对版权产业的发展而言尤为重要。

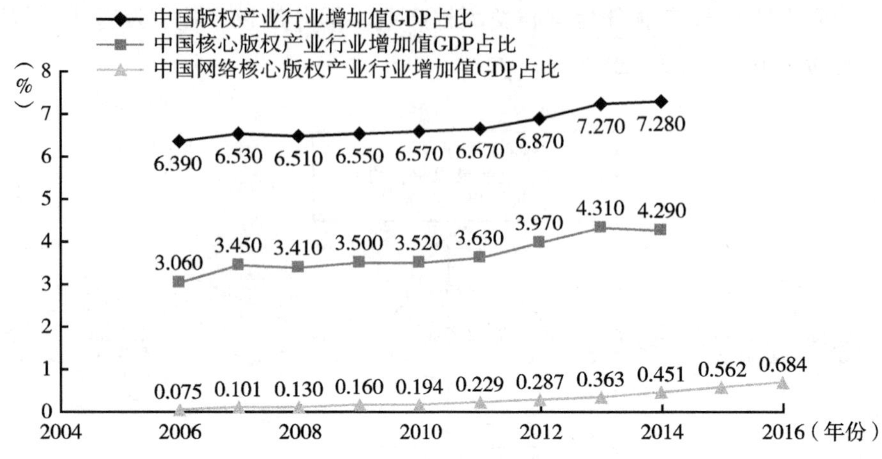

图3　我国版权产业经济贡献值统计

(三)版权产业实践：以奥飞娱乐为例

奥飞娱乐股份有限公司（简称奥飞娱乐）前身是成立于1993年的广东奥迪玩具实业，经过二十多年的发展，经历了专注玩具（1993～2003年）、动漫+玩具（2003～2009年）、动漫全产业链运营（2009～2012年）、泛娱乐文化产业（2013年至今）四个阶段，现已发展成为中国实力和发展潜力强劲的动漫及泛娱乐集团之一，被誉为中国大型的IP综合运营商之一，其强大的IP创造能力和IP多元变现能力早已成为中国动漫娱乐和版权产业的一面旗帜。

上市公司公开财务数据显示，2011～2016年，奥飞娱乐营业收入从2011年的10.6亿元增长到2016年的33.5亿元，复合增长率达到25.9%；净利润从2011年的1.3亿元增长到2016年的5.0亿元，复合增长率达到30.9%。六年间保持稳健、快速的财务增长状况（见图4）。

在版权运营方面，仅2017年，奥飞娱乐不仅囊括了2017年中国授权业三项大奖（年度中国IP、年度主题性娱乐体验项目、年度人物形象/电影/电视/娱乐授权IP），旗下IP及授权团队还荣获了2017年玉猴奖三项大奖（《超级飞侠》《喜羊羊与灰太狼》分别获“2017年度最具商业价值十大动

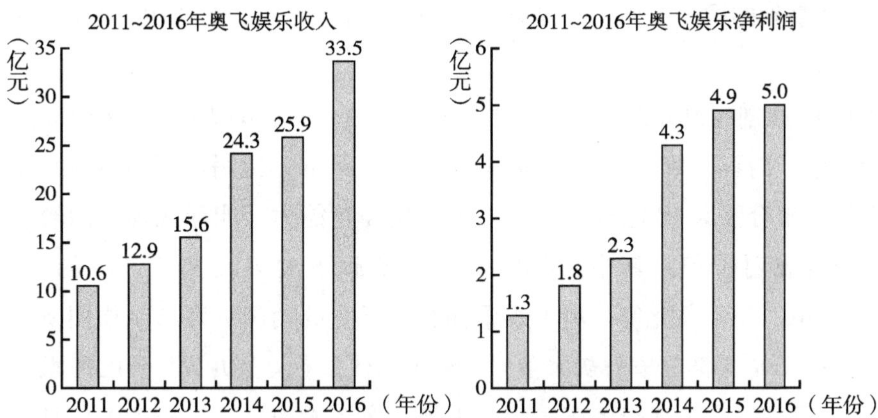

图4　奥飞娱乐收入、净利润情况

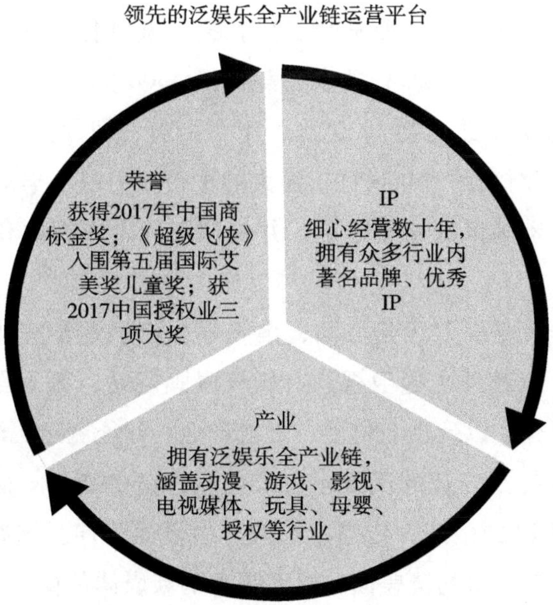

领先的泛娱乐全产业链运营平台

荣誉
获得2017年中国商标金奖；《超级飞侠》入围第五届国际艾美奖儿童奖；获2017中国授权业三项大奖

IP
细心经营数十年，拥有众多行业内著名品牌、优秀IP

产业
拥有泛娱乐全产业链，涵盖动漫、游戏、影视、电视媒体、玩具、母婴、授权等行业

图5　奥飞娱乐运营平台构建

漫 IP”以及“2017 年度十佳授权团队”）。

近年来，奥飞娱乐在动漫及泛娱乐产业取得快速、稳健、持续的发展，离不开版权（IP）运营上的巨大成功。公司的核心竞争力不外乎是以版权

（IP）为基础的两个方面：一是强大的 IP 原创能力，二是“IP + 全产业链”运营战略。

在 IP 原创能力方面，奥飞娱乐具有 PGC（Professional Generated Content，指专业生产内容）和 UGC（User Generated Content，指用户原创内容）平台双引擎，聚合强大 IP 挖掘、推广、多元化经营能力，能深入理解内容、粉丝，长期规划价值。其中，PGC 平台包括旗下的奥飞文化、原创动力、Funny Flux、震雷文化等。奥飞娱乐拥有多元化的动画创意与制作团队，制作和生产了如《喜羊羊与灰太狼》《超级飞侠》《大卫贝肯》《巴啦啦小魔仙》《铠甲勇士》《爆裂飞车》等一大批儿童动漫作品，依托动漫作品的全球播放、网络点播次数以及衍生品规模，奥飞娱乐已经成为中国儿童动漫领域的领军者。在 UGC 原创平台中，奥飞娱乐旗下运营国内最大的网络原创漫画平台——有妖气原创漫画梦工厂，拥有漫画作品 44000 多部，聚集了 20000 多名漫画作家，拥有独家连载作品 4300 部，S&A 级作品 193 部，最高单部漫画点击次数达到 32 亿次，平台拥有注册用户 1900 万，日活跃用户 70 万，月更新漫画 76000 页。强大的平台双引擎、丰富的 IP 资源，使奥飞娱乐的漫改动画保持领先地位，并加快布局了影视剧和游戏领域的 IP 创造。

在“IP + 全产业链”运营方面，奥飞娱乐已经逐步完成了以核心原创 IP 创造为内核，以嘉佳卡通卫视、有妖气漫画网站、奥飞影业影视等平台为传播与强化媒介，以玩具、母婴、教育产业、智能制造、游乐园以及其他 IP 授权衍生品为外围产业的泛娱乐全产业生态链的布局。由内核层到外围层，始终围绕着 IP 的生产、传播、扩散、运营而延伸。例如其旗下的嘉佳卡通卫视，以 5 亿人口的覆盖面，具备强大的新媒体传播能力，使奥飞娱乐内核层次创造的 IP 资源能够得到最大限度的价值强化和影响力扩散。奥飞娱乐已经成为了国内最大的动漫授权商，公司授权品类涵盖了玩具、家具、家居用品、包装品、文具、食品、图书、鞋帽、服装、主题业态等。主要 IP 的衍生品规模十分巨大，如《喜羊羊与灰太狼》衍生品累计终端销售规模在 100 亿以上、《超级飞侠》达 60 亿、《巴啦啦小魔仙》40 亿、《铠甲勇士》40亿、《爆裂飞车》30亿、《大卫贝肯》10亿。授权品牌到2018年初已经达到261个，其中包括伊利、蒙牛、真功夫、7－eleven、两面针、亨氏、晨光、如家、中国农业银行、中国邮政、步步高、高露洁、班尼路、强生、周大福等诸多知名品牌。同时，奥飞娱乐还在大力布局线下沉浸式体验业态，如喜羊羊农庄、灰太狼咖啡屋、如家·奥飞动漫主题酒店、室内乐园等，增强品牌认知度、用户黏性、社交属性。

通过奥飞娱乐的案例不难发现，以版权为核心，围绕版权逐步延伸产业链，打造强健的版权生态产业链，已经成为数字创意产业的一大发展趋势。这也很好地阐释了版权运营及相关产业促进数字创意产业发展的机理。

二　版权金融促进数字创意产业发展

（一）版权金融

建立在知识和信息生产、分配、使用基础上的知识经济时代已经到来，知识经济时代的核心是知识生产，知识产权领域显得尤为重要。版权已不仅是知识产权的重要组成部分，更是引领经济创新性发展的关键因素。在以实物为主要资源的物质经济时代，实物是经济社会的主要资源；而在以知识产权为主要资源的知识经济时代，版权同样可以视为一种资源，具有经济属性。版权的经济属性主要体现在与文化产业业态的关联关系之中。首先，版权体现了文化企业的核心竞争力；其次，版权内容的创作生产流通和交易等构成了文化产业运营的主要内容；最后，版权制度的建立能有效推动文化产业的有序发展。

版权的经济属性，不仅体现在版权的资源属性上，更体现在版权作为一种资产的重要价值。版权资产的核心在于版权价值。版权价值需要计量、评估、运用、实现这几个维度。版权价值的计量与评估不同于一般商品价值的标准化考量，因此，版权价值是基于版权价值理论、版权价值制度以及版权价值的机理多角度去考量。版权价值经系统方式评估考量后，可以作为文化企业的核心资产，与股权、债券、物权等具有资产的共性。在取得版权登记证书后，同样可以维权、授权、转让、交易、被评估、融资。

在文化产业发展过程中，文化企业的持续发展需要金融的支持。版权作为文化企业的核心资源，在企业版权资源资产化过程中，评定和估算版权的商业价值至关重要。而要有效对接金融资源，将文化企业的资产转化企业的资本，需要积极推动版权资产金融化进程，构建“版权+金融”融资创新发展模式，借助金融工具和金融手段进行版权价值评估，围绕版权资源开发各类数字文化产品，从而通过版权交易激活版权资源，实现版权资产的市场价值，同时引入金融产业思维，真正实现“版权资源-版权资产-版权资本”的融资创新转化（见图6）。

图6　版权金融机理示意

（二）版权金融促进数字创意产业发展

近年来，我国的数字文化产业快速发展，一个以数字化和网络化技术为先导的数字创意产业进入了全新的发展阶段，它将数字信息技术融入设计服务业与文化创意产业，从而形成跨界融合的新型产业。版权金融目前尚无官方或者权威定义，笔者认为，可以将版权金融理解为发生在与版权相关经济活动中的资金融通的活动。版权金融是版权经济的核心，版权与金融的深度融合和快速发展，将对版权经济和数字创意产业的发展，起到不可或缺的促进作用，其助推数字创意产业等新兴领域和业态转型升级的现实意义主要有以下三点。

第一，版权金融能够为数字创意产业发展提供坚实的资金保障。数字创意产业是一种战略性新兴产业，它是文化、经济、技术互相融合的时代产物。近年来我国数字创意产业取得了一系列丰硕的成果，正在沿着高速发展的轨迹向前迈进，这些成果的取得离不开文化金融的大力助推，文化金融在某种意义上为数字创意产业发展夯实了资本基石。而版权金融作为文化金融最为重要的支柱之一，理所当然为其发展提供可靠的投融资渠道，从下面两组数据中可以充分地反映出来。在资本市场方面，2017 年，国内数字创意企业 IPO 规模为 12.89 亿美元，同比上升 63.81%，IPO 企业数量为 14 家，同比大幅上升（2016 年 IPO 企业数量 6 家）；2017 年并购案例发生 274 起，完成并购 166 起，已披露宣布并购金额共 66 亿美元，完成并购金额 26.21 亿美元。另外，统计数据显示，2012～2016 年，我国数字创意产业基金支数和募集规模总体呈现上涨趋势，文化产业投资基金总规模已破千亿元。在债权市场方面，2015 年末，文化、体育和娱乐业银行贷款余额约 2458 亿元，中长期贷款同比增长 25.7%，高于总体增长率。截至 2016 年第三季度末，国家开发银行的文化产业贷款余额为 1000 亿元，中国工商银行为 452 亿元，中国农业银行为 101 亿元，中国银行为 145 亿元，中国建设银行为 202 亿元。同时对北京、河南、山东、江苏、安徽、湖南、江西、广东的 608 家数字创意企业进行调查，其中 8 个省份的金融机构就设有 65 家文化产业专营机构，为数字创意企业资本运作提供一站式金融服务，通过“收费权质押 + 保证或担保”“上市融资 + 资产证券化”“版权质押 + 专业评估”等方式满足数字创意产业多元化的融资需求。

第二，版权金融能够为数字创意产业发展方式和结构提供优化升级。数字创意产业作为一种新兴产业形态，对整个国民经济的持续增长发挥着至关重要的作用。而版权金融将知识产权领域的版权与金融行业进行切入和融合，它的深度融合势必与金融紧密相关。为了更好地适应新时代发展需求，版权金融的发展模式必将进行创新和优化。而数字创意产业与版权金融息息相关，版权金融进行相应的创新和优化的同时，势将影响到数字创意产业的发展，特别对它的发展方式和产业结构进行优化调整。版权金融的深度融合，有利于刺激消费和扩大内需，相应地会刺激到文化消费领域，并对其理念、方式、结构产生一定的影响。而文化消费作为数字创意产业发展至关重要的环节，那么也势将会对数字创意产业的方式优化、结构调整方面起到推波助澜的作用，从而在某种程度上发挥出版权金融的优化和调整作用。

第三，版权金融能够为数字创意产业发展搭建新型运营平台。版权金融涵盖的范畴非常广，几乎囊括了与版权相关经济活动所有的产业，而数字创意产业涉及的版权金融尤为突出。版权金融至关重要的环节就是为了实现版权与金融的有机对接，推动版权相关产业特别是数字创意产业与金融机构的对接，从而为数字创意产业搭建出新型的运营平台。这种平台的搭建主要以版权资产评估、版权质押融资、版权抵押担保等方式，通过聚合分发得以实现。一是版权交易服务平台分发效应，二是版权相关产业园区聚合效应。

（三）版权金融实践：以欢乐动漫为例

深圳市欢乐动漫股份有限公司（简称欢乐动漫）成立于2004年，2016年1月，成功登陆新三板，是国家级、广东省、深圳市重点原创动漫企业，多次荣获国家级企业荣誉和动漫奖项。自成立以来，专注动漫原创14年，对中国动漫行业市场格局眼光独到，先后完成100集二维动画片《欢乐宝宝》、90分钟电影《欢乐宝宝》、三维动画片《欢乐之城》《欢乐之城3》共104集作品，动漫作品累积达到2万分钟。出品动画相继在中央电视台、五大卡通卫视等全国100多个电视台播出，并在爱奇艺、优酷土豆、乐视、腾讯等国内大型视频网站点播，累计网络视频点击量过亿次，其中《蛋计划》系列进入北美、印度、越南等国家和地区频道热播。值得一提的是，欢乐动漫推出《蛋计划》《欢乐之城》《欢乐宝宝》等多个系列原创三维动画，打造了“蛋计划AR互动教学系统”，开发和制作了系列幼教视频和绘本，形成了丰富的幼儿教育视频储备及配套的产品资源，深受市场认可。

欢乐动漫的核心业务主要涵盖品牌形象授权、电商平台、欢乐动漫APP、动漫广告、平台内容合作（互联网平台、IPTV、广电平台）、自营旗舰体验店与加盟店以及渠道建设、幼教课程开发与AR互动教育平台等七大业务，具体见图7。

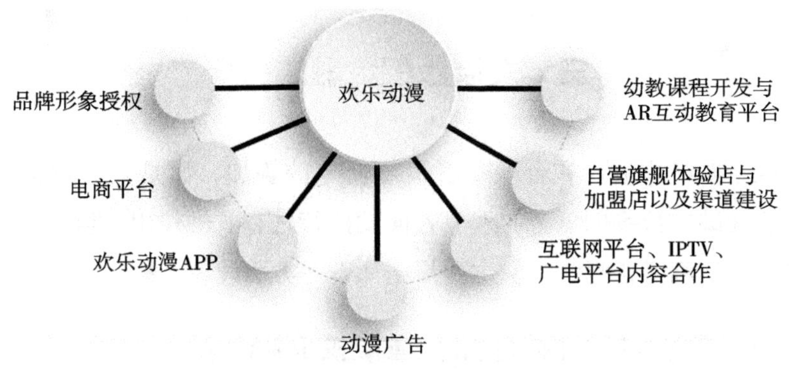

图7　欢乐动漫业务模式

欢乐动漫有制作、内容研发、运营以及重点项目四类专业团队，其制作团队的制作能力和制作水平达到国际一流水准。该团队已经具有14年的原创动漫创造经验，团队成员规模达到100人以上，每月能够制作108分钟三维动画片，已累积完成1300多个动漫广告制作案例，三维动画制作产能超过2万分钟。2017年，欢乐动漫先后荣获第七届中国十大卡通形象金奖和提名奖、深圳市优秀新兴业态文化创意企业称号、广东省版权兴业示范基地称号。

不同于奥飞娱乐较早在资本市场完成上市，通过资本市场解决发展中的资金问题，欢乐动漫根据自身特点采取的版权金融模式成为解决企业融资问题的关键。值得一提的是，2013年7月4日，欢乐动漫获得深圳市建设银行罗湖支行流动资金贷款1800万。其中，除了申请人抵押了一套住房以外，欢乐动漫的所有动漫画版权、商标都作为抵押物进行了质押担保，同时公司一部分股权也质押给了银行。我们不可否认公司股权质押对整笔贷款顺利发放的重要作用。但我们也应该看到，从理论上来说，动漫公司的核心资产是创作团队。创作团队按照市场需求和把握时代趋势的创作、制作能力及其产生的版权内容和相关衍生品应该是最为重要的。股权能体现价值，这一块也是其核心。因此，我们认为，版权价值在欢乐动漫这次贷款获批中应该起到了具核心资源性作用。

三　发展版权金融的探索

版权金融绝非版权和金融二者概念简单的叠加，而是要进行深度的融合，从而在助推数字创意产业发展方面发挥行之有效的作用。至于如何将版权金融进行深度融合呢？本文主要提出如下三方面建议：

（一）搭建广阔金融平台，完善版权金融体系

版权金融的深度融合，势必离不开国家版权公共服务和大型平台的支撑。比如北京“ICE 版权金融俱乐部”成立后，开展了诸如专题研讨会、银企见面会、投融资项目推介会等版权金融活动。通过系列活动将版权企业与金融机构进行有效对接和合作，从而促进版权金融更好地融合。有鉴于此，建议政府相关职能部门领头组建类似的版权金融联盟、打造大型的版权项目推介平台、举办更多的版权峰会或论坛等，从多渠道、多角度等方面将版权项目与金融机构进行无缝对接，搭建出更为广阔而多元的交易平台。

版权金融发展的重头戏是资金和机构，因此建议在政府引导下，扩大版权金融机构服务范围、构建专业化的金融服务平台、完善多元化金融机构体系、开发满足版权企业刚需的金融产品。比如，在各银行体系内建立版权金融专营机构，针对版权相关企业推出符合其需求的信贷产品等。

（二）完善版权评估体系，健全有关调控机制

国内目前虽然制定出无形资产评估细则，但由于种种原因，导致金融机构极难对版权价值进行专业而真实的评估。因此，建议政府版权相关监管部门，组织金融行业专业人士，联合版权研究领域专家学者，引入保险、担保、银行等金融机构，共同构建一个合理、有效、权威、标准化的版权评估体系。

要想解决版权与金融在调控上存在的问题，政府部门就必须建立健全的调控机制，建议从如下两方面入手。一是监管机制。政府相关部门应加强对

版权金融的引导和监管力度，积极营造张弛有度的市场机制和监管氛围。二是奖励机制。当地政府通过税收优惠、财政补贴、担保基金等激励方式，对版权代理企业、版权融资机构等进行风险补偿。这方面深圳市罗湖区政府就发挥了示范作用，其通过政策扶持、财政补贴、版权质押融资专项经费等，大力支持辖区内相关企业发展。

（三）培养版权金融人才，加大相关理论研究

版权金融的发展及深度融合的核心要素还是人才，目前既懂版权又深谙金融的专业人才尤为匮乏。因此，建议各高等院校开设相关专业课程，同时也希望社会上加强对版权金融从业人员的培训教育，通过多种方式培养版权金融领域的综合类、复合型人才。

版权金融作为新型行业，要想取得健康长远发展，离不开对有关理论的不断研究探索。因此，建议以高等院校及相关研究院的学术研究机构为主体，结合政府职能部门、版权相关企业、金融机构平台等多方联合参与模式，共同对版权金融领域进行深入的探索研究，从而探索更为精准、合适、有效的操作及运营模式。

参考文献

1. 黄卫平、陈能军、钟表：《版权贸易促进经济增长的实证研究：基于中国 1998 ~ 2010 年的省际面板数据》，《河北经贸大学学报（社会科学版）》2014 年第 3 期。
2. 陈能军：《强化版权领域保护运营　助推数字创意产业发展》，《北京文化创意》2017 年第 4 期。
3. 陈能军、黄韧：《城市创意文化生态社区：创意街区升级转型的资本路径》，《深圳大学学报》2017 年第 6 期。
4. 董平、史占中：《融资模式对文化企业发展影响的实证研究——以文化类上市公司为例》，2017，（1）。
5. 唐友伟：《对我国金融业支持文化产业发展的几点思考》，《金融会计》2012 年第 2 期。
6. 喻文益：《国家文化产业银行”应尽快建立》，《人民论坛》2006 年第 10 期。

B.8 2017年我国传媒产业金融发展分析

杨永民　田 威*

摘　要： 传统图书业新书供给充足，但图书质量需进一步提升；实体书店春去冬来，赢得生机；电商渠道持续高速发展。图书业2017年企业资本市场表现较为活跃。平面媒体业受线上渠道冲击，平面媒体订销量衰减严重；党政军报发行量平稳，行业报、专业报急需转型；但特种杂志发展呈现强劲势头。平面媒体企业资本市场遇冷。电视台整体收视率、广告收入伴随下降，二三线卫视尤为严重，行业马太效应凸显。电视企业资本市场表现市场分化——新三板市场及PE融资市场持续活跃、IPO与再融资以及债券市场冷淡。数字出版市场现阶段规模较小但增速较快，以掌阅、QQ阅读为代表的互联网平台驱动型数字出版企业表现突出，网络文学市场快速增长。结合数字出版行业的体量看，数字出版企业2017年资本市场表现耀眼。移动资讯行业发展迅速，算法型模式平台引领潮流。一段时期内，传媒行业投资机遇主要分布在：(1) 对流量价值洼地如三四线城市、线下流量的挖掘；(2) 流量两端效率效用提升；(3) 人工智能与内容生产、渠道分发、竞争营销的结合。

关键词： 传媒产业　资本市场　新媒体

* 杨永民，亮马投资创始合伙人，亮马商学院秘书长，香港家族办公室协会华北区副秘书长，励岸投资咨询公司离岸金融业务高级顾问，原天弘基金股权投资部总经理；田威，亮马投资创始合伙人，亮马商学院副秘书长。

随着科技进步及交叉学科的演变升级，传媒产业的内涵及外延都在不断发生变化。为了方便报告使用者梳理框架、理顺逻辑，本报告将传媒产业按照传统媒体与新媒体的分类，并进一步深化细分传统媒体与新媒体的子行业，然后选择2017年度变化较为突出的子行业分别论述。针对传统媒体的每一个子行业，本报告都将从发展现状、资本市场、经营趋势（主要通过分析A股同行业全部上市公司）三个角度进行论述；针对数字出版，由于该子行业的上市公司数量较少且上市时间较晚，因此仅做发展现状与资本市场分析；针对移动资讯业，由于尚无登陆证券交易所的行业巨头，本报告将更多从行业龙头如今日头条的发展案例中进行提炼、分析、解读。

一　本报告传媒产业研究范围

传媒产业是指传播各类信息、知识的传媒实体部分所构成的产业，它是生产、传播各种以文字、图形、艺术、语言、影像、声音、数码、符号等形式存在的信息产品以及提供各种增值服务的特殊产业。传媒产业可以分为以下两类：（1）传统媒体产业，包括图书、平面媒体、广播、电视、电影等；（2）新媒体产业，包括互联网、移动互联网以及基于这二者进行数字信息传播的数字出版、移动资讯、在线阅读、动漫、游戏、数字化影视、IPTV、自媒体视频、自媒体社交等。本报告的研究范围主要指传统媒体中的图书、平面媒体（主要为报纸、杂志）、电视（主要为电视节目制作、有线电视），以及新媒体中的数字出版、移动资讯。

二　图书业发展状况

（一）新书供给数量充足，但发展关键是质量提升

2016年度，我国出版新书21.03万种，对比该行业规模及所处发展阶段，国内新书供给量较为充足（见图1）。与此同时，畅销书所属出版社集

中度较低，不但说明出版供给企业对持续优质版权的覆盖能力不足，而且也说明我国图书出版物总体质量有待提升。但值得一提的是，近两三年来，南海出版社、十月文艺出版社、长江文艺出版社屡屡荣登图书畅销榜。

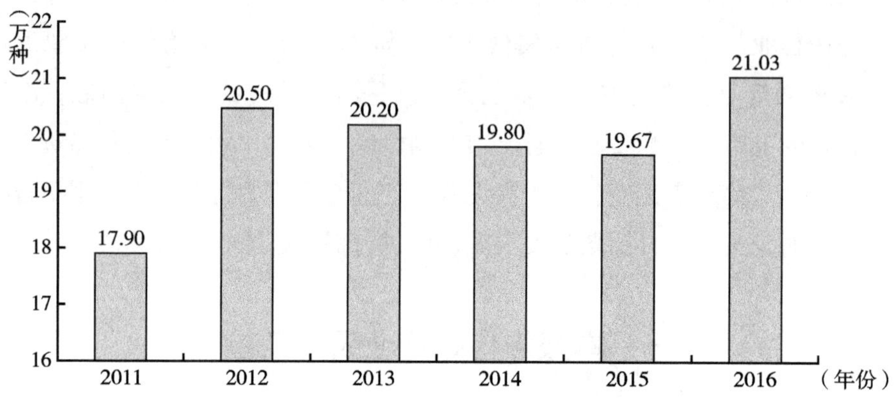

图1　中国2011～2016年新书品种数

资料来源：开卷信息、东方证券研究所。

（二）平均书价伴随人均可支配收入平稳增长

我国大众图书定价区间为35～38元，图书零售价与人均可支配收入比值稳定在0.12%左右，预计国内整体行业平均图书定价增速将和人均可支配收入增速继续保持一致（见表1）。

表1　国内不同种类图书定价

单位：元，%

种类	2016年	2015年	2014年
文学定价	36.62	35.11	33.79
少儿定价	41.04	38.08	36.28
社科、生活及其他定价	47.86	43.53	37.09
加权平均单本定价	38.37	36.4	34.67
城镇居民人均可支配收入	33616	31194.83	28844
平均定价占可支配收入比重	0.11	0.12	0.12

资料来源：新经典招股说明书、国际统计局、东方证券研究所。

（三）政策对实体渠道释放积极信号，实体书店冬去春来

2010~2016年，实体销售渠道的码洋规模在340亿元上下，每年呈现微幅波动。2012年起，实体店受网络渠道冲击以及房租上升双重不利影响出现了萎缩。2015年，全国出版物发行网点共16.36万家，较2012年减少5.16%；其中，个体零售网点10.78万家，较2012年减少7.15%（见图2）。

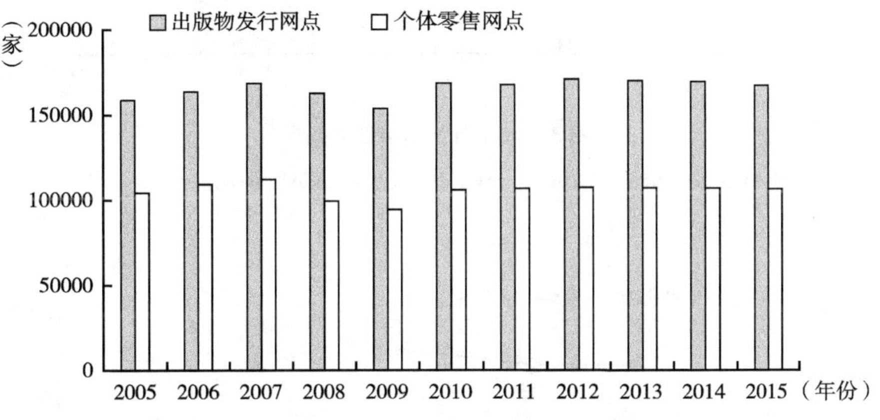

图2　2005~2015年出版物发行网点数量

资料来源：Bureau of Economic Analysis、东方证券研究所。

然而，市场优胜劣汰后，部分书商通过建立书城、装修翻新、“咖啡+”“影视+”等模式逐步实现了线下流量反转。同时，考虑到政策的扶持、购物中心等线下流量密集区的流量反转，新型书店逐步提高的阅读消费体验，实体书店的销售呈现回暖趋势。

（四）电商渠道增速持续保持高位，第三方平台成为增长新动力

2014、2015、2016年的线上渠道码洋规模分别为210亿元、280亿元、365亿元，同比增长了24%、33%、30%。其中，当当网2015、2016年自营图书销售码洋分别为110亿元和140亿元，同比增速均超过25%；天猫图书2014、2015、2016年销售码洋分别为43.4亿元、75亿元、120亿元，同比增长了68%、73%、60%（见图3、图4）。

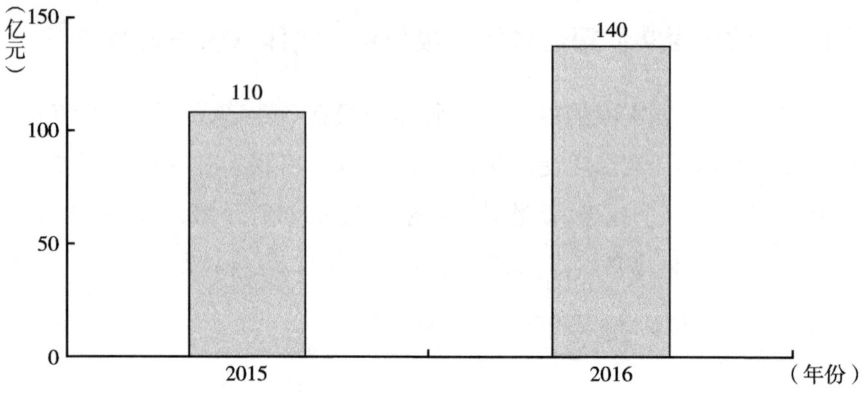

图 3　当当自营图书销售码洋

资料来源：公开信息、《2016 年天猫图书白皮书》、东方证券研究所。

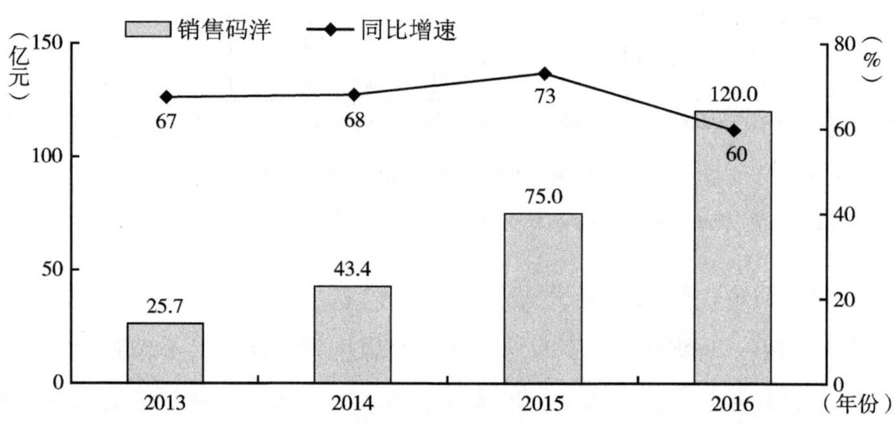

图 4　天猫图书销售码洋以及同比增速

资料来源：公开信息、《2016 年天猫图书白皮书》、东方证券研究所。

根据《2016 年图书零售市场零售发展报告》，网点第三方平台销售增速约为 60%，其中京东第三方平台的销售增速在 100% ~200%。第三方平台销售额快速增长的原因有两点。其一，电商推广的边际成本低，推广意愿强；其二，线下书店对线上销售的依赖度提高。如新华文轩的线上渠道发行收入逐年提高且年增速最高达到 113.03%（见图 5、图 6）。

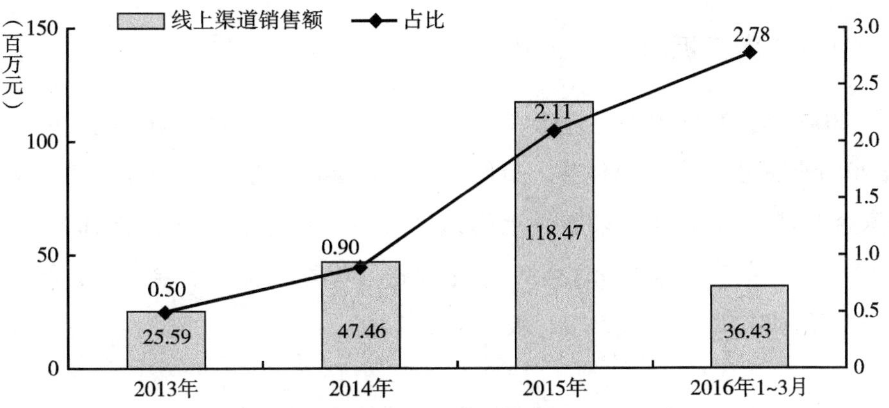

图5　新华文轩线上渠道销售额及占比

资料来源：公司公告、东方证券研究所。

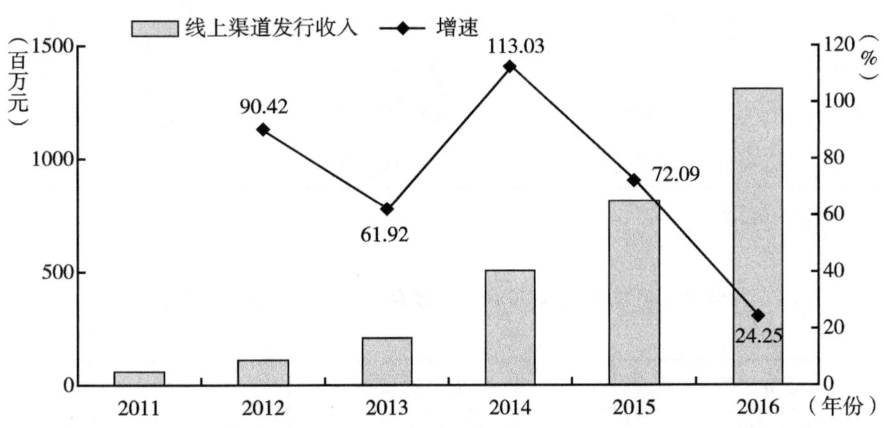

图6　新华文轩线上渠道发行收入及增速

资料来源：公司公告、东方证券研究所。

三　图书业资本市场分析

2017 年，我国图书业合计 5 家企业挂牌新三板，4 家企业 IPO；共有 5 家企业发行了 8 只债券融资；一级市场有 4 起股权融资案例以及 1 起并购案例。

（一）新三板市场

2017 年，我国图书业合计 5 家企业新三板挂牌，较 2016 年减少 1 家，较 2015 年减少 7 家。总体看，近两年挂牌数量趋于平稳。2017 年度挂牌的 5 家企业按照区域分布来看，上海地区 2 家，广东、河南、吉林各 1 家。2017 年度，共有 9 家图书业新三板企业进行了增发募集资金，合计募集资金 336632400.00 元（见表 2、表 3）。

表 2　2017 年挂牌新三板的图书业企业

证券代码	简称	挂牌日期	省份	城市
870968. OC	开心教育	2017 - 10 - 26	广东	广州
871954. OC	朝霞文化	2017 - 08 - 09	河南	洛阳
871296. OC	风炫动漫	2017 - 04 - 06	上海	上海
871145. OC	梓耕教育	2017 - 03 - 08	吉林	长春
870973. OC	漫界文化	2017 - 03 - 02	上海	上海

资料来源：新元文智。

表 3　2017 年度图书业新三板企业增发募集资金规模

单位：元

证券代码	证券简称	增发募集资金
834163. OC	蓝 狮 子	110004000. 00
831299. OC	北教传媒	59096000. 00
835126. OC	金版文化	56520000. 00
833632. OC	荣信教育	50000000. 00
837484. OC	中育传媒	23470400. 00
837108. OC	学海文化	12520000. 00
839295. OC	金 百 汇	10000000. 00
833110. OC	中教产业	9520000. 00
839505. OC	九春教育	5502000. 00

资料来源：Wind。

（二）IPO及再融资市场

2017 年，我国图书业共有 4 家公司 IPO，较 2016 年增加 2 家，本行业在 IPO 市场的活跃度提升。2017 年度 IPO 的 4 家企业按照地域分布来看，山东 2 家，北京、天津各 1 家。在上市公司增发市场，图书业上市公司仅有南方传媒于 2017 年度增发募集 11.37 亿元；无图书业上市公司于 2017 年度发行可转债融资（见表 4）。

表 4　2017 年 IPO 的图书业企业

证券代码	证券简称	上市日期	交易所	省份	城市	首发募集资金
601019. SH	山东出版	2017 - 11 - 22	上交所	山　东	济南	27.11 亿元
300654. SZ	世纪天鸿	2017 - 09 - 26	深交所	山　东	淄博	1.80 亿元
601949. SH	中国出版	2017 - 08 - 21	上交所	北　京	北京	12.17 亿元
603096. SH	新 经 典	2017 - 04 - 25	上交所	天　津	天津	7.19 亿元

资料来源：Wind。

（三）债券融资市场

2017 年共有 5 家图书业企业合计发行了 8 只债券。其中，安徽出版集团有限责任公司发行 3 只，湖北长江出版传媒集团有限公司发行 2 只，中原出版传媒投资控股集团有限公司、中文天地出版传媒股份有限公司、华闻传媒投资集团股份有限公司各发行 1 只（见表 5）。

表 5　图书业企业 2017 年债券融资情况

发行时间	企业名称	债券名称	债券类型	发行募集资金（亿元）
2017 年 11 月 7 日	华闻传媒投资集团股份有限公司	17 华闻传媒 MTN001	中期票据	10.00
2017 年 11 月 7 日	安徽出版集团有限责任公司	17 皖出版 SCP003	超短期融资券	5.00
2017 年 10 月 18 日	湖北长江出版传媒集团有限公司	17 长江出版 SCP002	超短期融资券	5.00
2017 年 8 月 21 日	中文天地出版传媒股份有限公司	17 中文天地 SCP001	超短期融资券	10.00

续表

发行时间	企业名称	债券名称	债券类型	发行募集资金(亿元)
2017 年 6 月 8 日	中原出版传媒投资控股集团有限公司	17 中原出版 SCP001	超短期融资券	5.00
2017 年 5 月 4 日	安徽出版集团有限责任公司	17 皖出版 SCP002	超短期融资券	8.00
2017 年 4 月 19 日	湖北长江出版传媒集团有限公司	17 长江出版 SCP001	超短期融资券	5.00
2017 年 3 月 16 日	安徽出版集团有限责任公司	17 皖出版 SCP001	超短期融资券	5.00

资料来源：新元文智。

8 只债券合计融资 53 亿元。2017 年图书企业债务融资工具限于中期票据与超短期融资券，8 只中，1 只为中期票据，剩余 7 只均为超短期融资券。

（四）非上市股权（PE）融资市场

根据新元文智－中国文化产业投融资数据平台统计，2017 年度图书业非上市股权融资市场中，早期融资占据绝对主流。上海读客图书有限公司按照 20 亿元的投后估值获得由君联资本领投、华夏知合和内向基金跟投的 1.28 亿元 A 轮融资，创造了我国民营图书出版领域历史最高单笔融资纪录。北京紫葩国际文化传媒有限公司获得由洪泰基金领投、水木资本跟投的 3000 万元天使轮融资。杭州挺有文化创意有限公司获得由天奇阿米巴和七熹投资领投、创大资本和清晗基金跟投的 300 万元天使轮融资。

（五）并购市场

根据新元文智－中国文化产业投融资数据平台统计，2017 年度图书业企业并购案例 1 起，即浙报传媒控股集团有限公司 1.2 亿元收购浙江日报报业集团印务有限公司 100% 股权。

四　图书行业上市公司经营趋势

（一）图书业收入规模持续增长，且增速较为稳定

2016年，A股17家图书业上市公司营业收入合计792.22亿元，较2015年增长10.79%。对比十年间数据来看，自2010年起合计营业收入增长率稳定在10%以上，其中，增速最快为2011年，高达25.47%（见图7）。

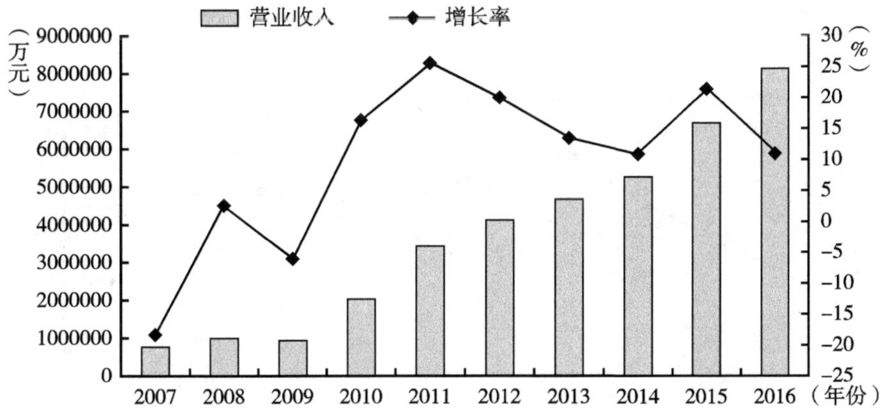

图7　图书业上市公司合计营业收入及增长率

资料来源：Wind。

（二）净利润持续增长，利润率趋于稳定

2016年，A股17家图书业上市公司净利润合计85.31亿元，较2015年增长15.31%。自2011年起，合计净利润增长率保持在10%~20%。上市公司毛利率、净利率也自2012年起，分别稳定在30%、10%左右（见图8、图9）。

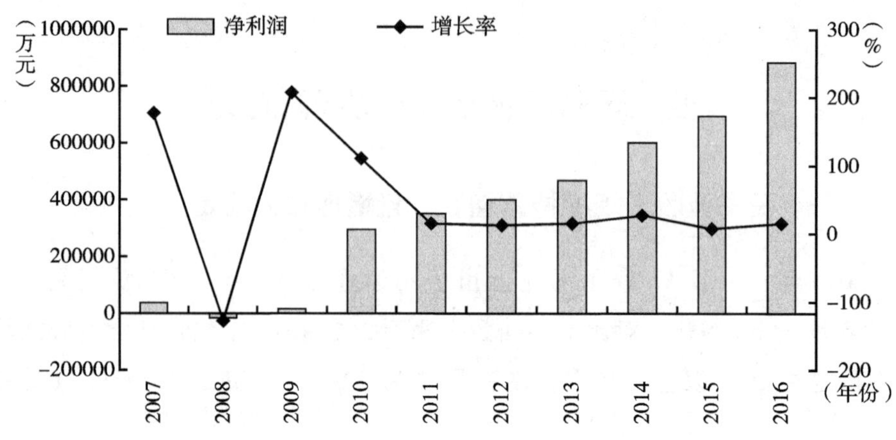

图8　图书业上市公司合计净利润及增长率

资料来源：Wind。

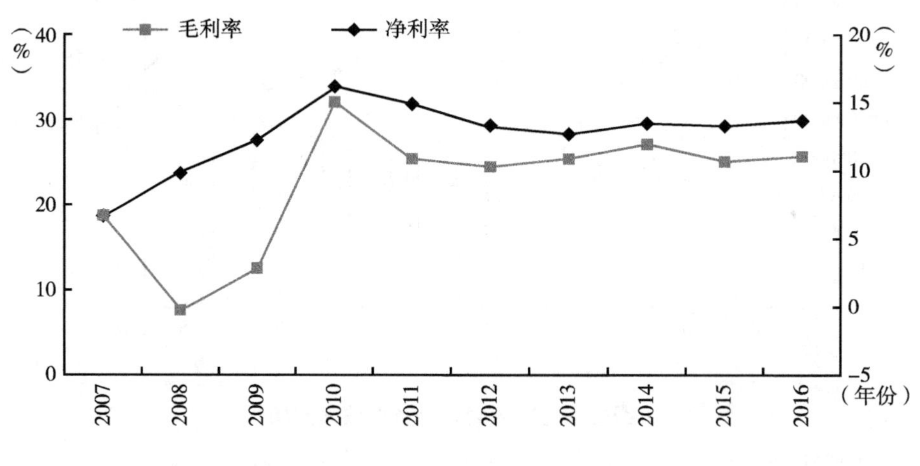

图9　图书业上市公司毛利率及净利率

资料来源：Wind。

(三)现金销售比稳定在100%以上，但比率呈下降趋势

2016 年，A 股 17 家图书业上市公司销售商品收到现金合计 803.48 亿元、营业收入合计 792.22 亿元，现金销售比为 101.42%，较 2015 年下降 0.17%。对比十年间数据来看，现金销售比呈现明显下降趋势（见图 10）。

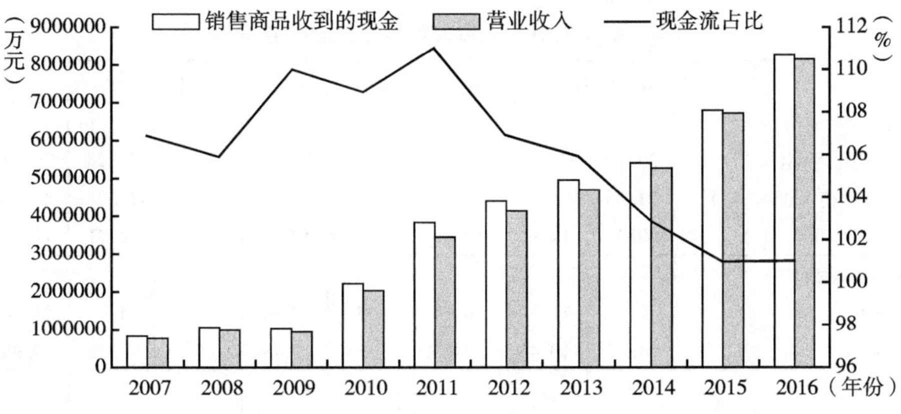

图10　图书业上市公司收入情况

资料来源：Wind。

（四）资产负债率呈下滑趋势

A股图书业上市公司整体资产负债率自2010年回落至30.88%后，至2014年持续上涨至35.47%，2015年、2016年又连续回落至31.70%（见图11）。

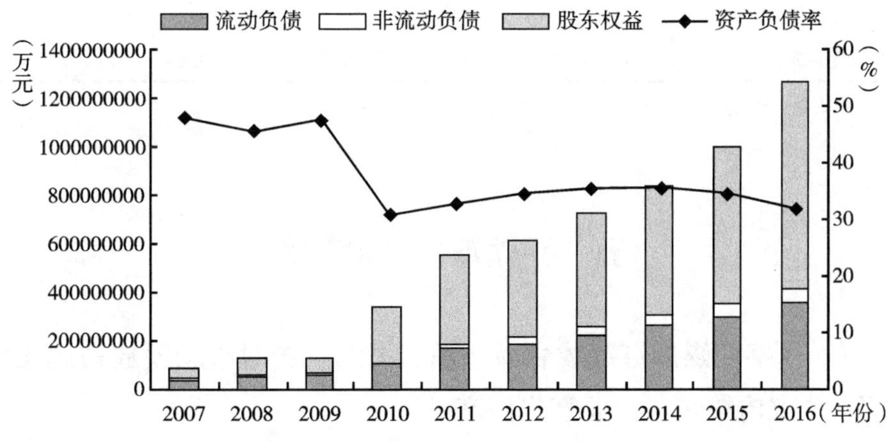

图11　图书业上市公司经营情况

资料来源：Wind。

表6　A股图书业上市公司整体核心财务指标

	2009	2010	2011	2012	2013	2014	2015	2016
收益率								
销售毛利率(%)	27.79	34	32.09	29.55	28.52	29.6	29.28	29.81
三费/销售收入(%)	21.43	24.31	20.64	18.78	18.17	18.42	18.88	19.84
销售净利率(%)	2.9	14.95	10.96	10.36	10.92	11.87	10.71	11.16
资产获利率								
ROE(%)	2.5	11.74	10.55	10.5	10.97	12.07	11.4	11.04
ROA(%)	1.92	10.43	7.55	7.13	7.49	7.79	7.38	7.44
增长率								
销售收入增长率(%)	5.95	16.62	25.47	20	13.53	11.09	21.53	10.79
净利润增长率(%)	209.34	110.51	17	13.95	17.41	27.56	8.91	15.31
总资产增长率(%)	3.54	29.57	23.09	10.26	17	14.94	14.62	12.18
股东权益增长率(%)	0.28	47.68	24.48	7.36	15.63	15.48	17.01	15.93
资本结构								
资产负债率(%)	47.56	30.88	32.87	34.66	35.46	35.47	34.03	31.7
流动比率	1.23	2.07	2.24	2.24	2.2	2.1	2.27	2.26
速动比率	0.85	1.76	1.87	1.9	1.88	1.77	1.97	1.96
资产管理效率								
总资产周转率(次)	0.66	0.7	0.69	0.69	0.69	0.66	0.69	0.67
固定资产周转率(次)	2.91	4.1	4.8	5.29	5.62	5.76	6.33	6.65
应收账款周转率(次)	6.27	9.03	11.48	12.43	11.49	10.1	10.08	9.96
存货周转率(次)	3	3.96	4.39	4.56	4.92	4.66	5.24	5.34

资料来源：Wind。

五　平面媒体发展现状

（一）平面媒体订销数衰减严重，报纸广告对市场投放占比逐年下降，多家传统知名报业宣告停产

随着传播媒介在现代生活中的不断迁移，电视媒体以及移动媒体等新媒体对平面媒体的挤压日趋明显。2014年1月至2017年9月，当月报

纸订销量同比增速长期维持在零线以下；2013 年 8 月至 2017 年 9 月间，仅有两个月份（2013 年 10 月、2014 年 12 月）当月杂志订销量同比上涨。2014 ~ 2016 年，报纸广告对市场投放占比由 10.2% 下降至 7.5%。《新闻晚报》《天天新报》《房地产时报》《外滩画报》接连宣告停产（见图 12）。

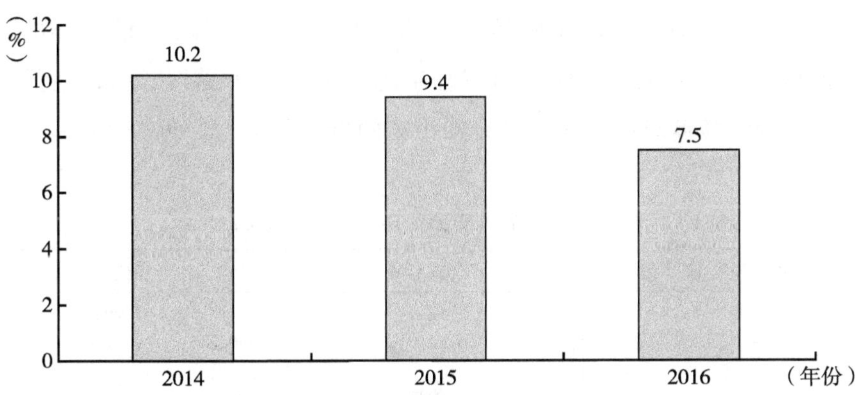

图 12　中国报纸广告对市场投放占比

资料来源：前瞻网数据库。

（二）党政军类报纸依托订阅市场发行保持平稳，行业报、专业报急需转型

《人民日报》《新华日报》《解放军报》《光明日报》等高级别党政军类报纸依托订阅市场发行量仍然较为稳定，政府机关公务员、企事业单位人员等体制内人员为这些报纸的稳定读者，主要以男性为主，年龄上呈现了老龄化趋势。本类报纸重点依托订阅市场，虽然近些年来党报开始涉足零售市场，并且在零售市场上占据重要席位，但是其覆盖率与销售率均有一定下降。

行业报、专业报同样以订阅为主要销售渠道，以传统工业制造业等为主的企业、机关、工会更是其重中之重。一方面，读者群体的老龄化逐渐提高导致年轻读者断层，引发了发行量不断下降；一方面，各种行业报、专业报均在战略转型中开始布局，依托于行业类报纸较高的用户黏性，并没有出现较大规模的用户群体流失。

（三）特种杂志呈现反转式发展

虽然我国杂志行业的订销量整体呈下降趋势，但是一大批特种杂志呈现出勃勃生机，其中，又以文摘类的《读者》《青年文摘》、情感类的《知音》摘得发行量前三甲。体现出特种杂志发挥其原生黏性、突出发展其内容的深度专业精良对市场尤其是订阅市场的持续吸引力（见表7）。

表7　2017 年度部分杂志发行量排名

2017 年度发行量排名	杂志名称	类型
1	读者	文摘类
2	青年文摘	文摘类
3	知音	情感类
4	意林	文摘类
5	三联生活周刊	时事生活类
6	漫画派对	卡通幽默类
7	中国国家地理	地理科学类
8	瑞丽	时尚类
9	课堂内外	青少年教育类
10	故事会	文学类
11	幼儿画报	亲子育儿类
12	看电影	艺术类
13	体育画报	体育类
14	新周刊	时事生活类
15	南风窗	政经新闻类
16	时尚芭莎	时尚类
17	财经	财经类
18	男人装	时尚类
19	座驾	汽车类
20	健康之友	健康类

资料来源：公开资料整理。

六　平面媒体资本市场分析

2017 年，我国无平面媒体企业新三板挂牌，无企业 IPO；1 家企业发行了 1 只债券。一级市场有 1 家企业进行股权融资，无企业并购案例。总体来看，平面媒体行业资本市场较为冷淡。

在上市公司增发市场中，仅有盛通股份于 2017 年度增发募集 3.05 亿元；无平面媒体上市公司于 2017 年度发行可转债融资。

1. 债券融资市场

2017 年共有 1 家平面媒体企业发行了 1 只债券，合计融资 3 亿元。平面媒体企业债务融资工具为超短期融资券（见表 8）。

表 8　平面媒体业企业 2017 年度债券融资情况

发行时间	企业名称	债券名称	债券类型	发行募资金额（亿元）
2017 年 3 月 8 日	成都博瑞投资控股集团有限公司	17 博瑞投资 SCP001	超短期融资券	3.00

资料来源：新元文智。

根据新元文智 - 中国文化产业投融资数据平台统计，2017 年度平面媒体非上市股权融资市场中，极光视觉获得胡舒立天使投资。

七　平面媒体行业上市公司经营趋势

（一）整体营业收入徘徊增长

2016 年，A 股 7 家图书业上市公司营业收入合计 190.98 亿元，较 2015 年增长 3.19%。对比五年间数据来看，自 2015 年起合计营业收入增长率首次出现负增长以来，于2016年出现第一次小比例正向增长（见图13）。

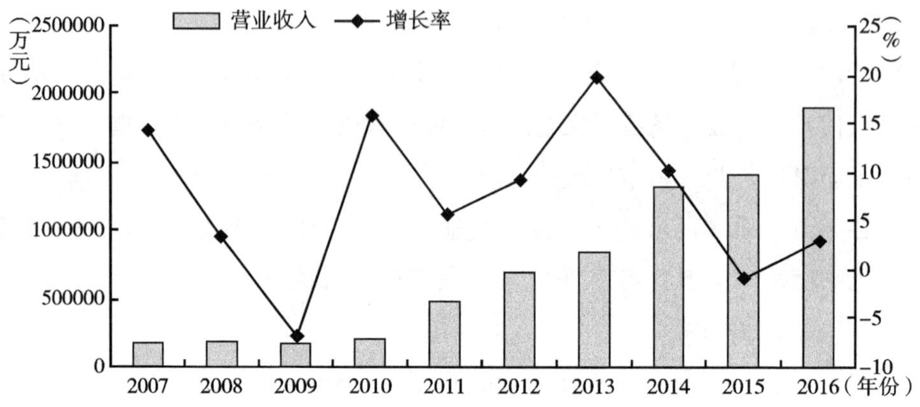

图13　平面媒体行业上市公司合计营业收入及增长率

资料来源：Wind。

（二）净利润震荡，利润率波动较大

2016年，A股7家平面媒体业上市公司净利润合计20.41亿元，较2015年增长12.62%。对比五年间增长率，平面媒体业上市公司自2011年起，净利率增长率波动幅度较大——2014年全行业上市公司合计净利润下降43.08%、2013年全行业上市公司合计净利润上涨63.36%。2013～2016年，A股7家平面媒体业上市公司，毛利率持续递减，从2013年的37.25%下降至2016年的29.90%；而净利率却自2014年由8.33%持续上升至13.20%（见图14、图15）。

（三）现金销售比稳定在100%以上，但比率呈下降趋势

2016年，A股7家平面媒体上市公司销售商品收到现金合计184.44亿元、营业收入合计190.98亿元，现金销售比为96.57%，较2015年上升0.97%。对比十年间数据来看，现金销售比在经历了连续8年的递减后于2015、2016年略微提升（见图16）。

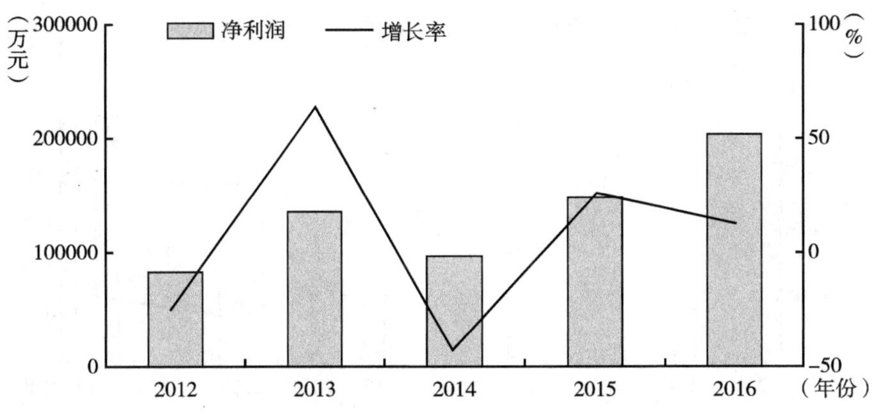

图 14　平面媒体业上市公司合计净利润

资料来源：Wind。

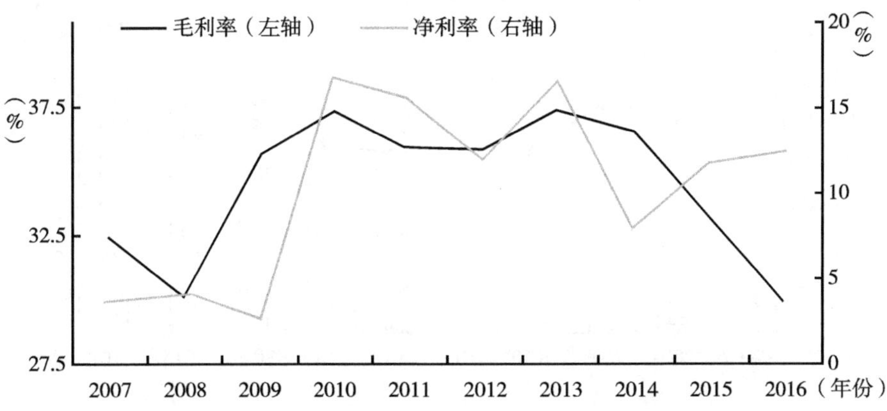

图 15　平面媒体业上市公司毛利率及净利率

资料来源：Wind。

（四）资产负债率呈下滑趋势

A 股平面媒体上市公司整体资产负债率自 2010 年回落至 24.29% 后，至 2016 年波动上升至 28.01%（见图 17）。

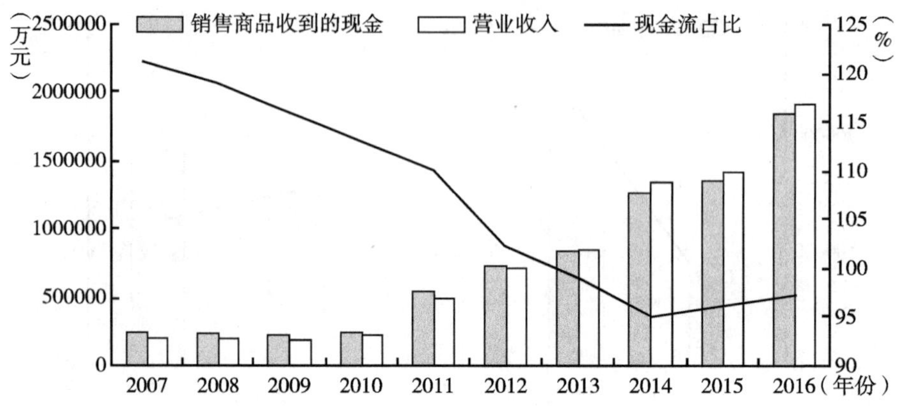

图 16　平面媒体业上市公司现金销售比

资料来源：Wind。

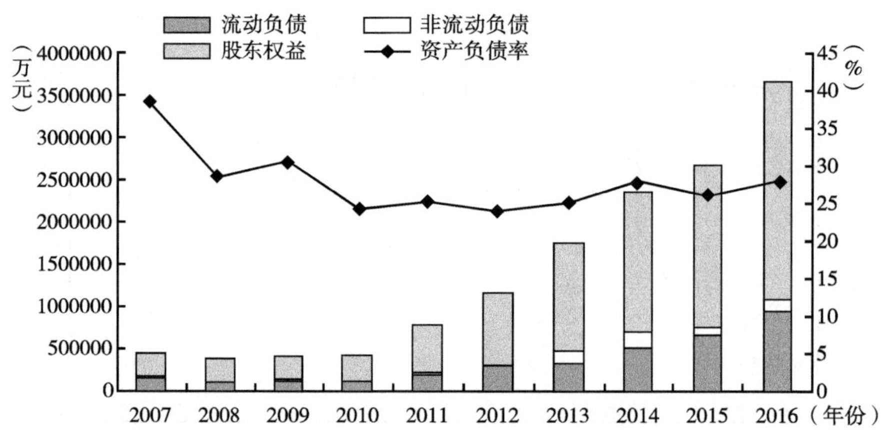

图 17　平面媒体业上市公司资产负债率

资料来源：Wind。

表 9　A 股平面媒体业上市公司整体核心财务指标

年份	2016	2015	2014	2013	2012	2011	2010	2009
收益率	—	—	—	—	—	—	—	—
销售毛利率(%)	29.9	33.08	36.48	37.25	35.76	35.89	37.18	35.59
三费/销售收入(%)	22.17	23.39	22.75	18.38	17.57	16.48	14.76	17.84
销售净利率(%)	13.2	12.14	8.33	17.56	12.71	16.49	17.72	2.99

续表

年份	2016	2015	2014	2013	2012	2011	2010	2009
资产获利率	—	—	—	—	—	—	—	—
ROE(%)	8.65	7.81	6.52	12.64	11.51	16.47	11.73	1.22
ROA(%)	6.81	6.2	5.06	9.49	8.56	12.78	8.88	1.35
增长率	—	—	—	—	—	—	—	—
销售收入增长率(%)	3.19	-1.15	10.24	19.88	9.45	5.84	16.22	-6.75
净利润增长率(%)	12.62	26.87	-43.08	63.36	-24.51	8	933.25	-50.2
总资产增长率(%)	11.43	6.6	9.05	49.17	10.52	6.11	3.53	5.43
股东权益增长率(%)	18.01	8.64	9.25	47.35	6.7	14.54	13.15	2.39
资本结构	—	—	—	—	—	—	—	—
资产负债率(%)	28.01	26.23	28.04	25.21	24.14	25.29	24.29	30.72
流动比率	1.98	2.14	2.41	2.52	2.09	2.03	1.97	1.59
速动比率	1.77	1.98	2.21	2.3	1.84	1.7	1.81	1.48
资产管理效率	—	—	—	—	—	—	—	—
总资产周转率(次)	0.52	0.51	0.61	0.54	0.67	0.78	0.5	0.45
固定资产周转率(次)	5.15	4.23	4.77	3.48	3.1	2.38	2.18	1.72
应收账款周转率(次)	7.07	7.34	8.44	7.21	8.73	9.16	6.87	5.09
存货周转率(次)	7.1	8.7	9.6	7.3	6.56	10.37	8.76	7.69

资料来源：Wind。

八　电视行业发展现状

（一）电视台整体收视下降，二三线卫视受到冲击较大

受视频网站冲击，电视台收视率近几年呈逐年下降趋势，2017 年上半年电视观众的日均到达率下降至 57.1%，同比下降 4.6%。每日人均收视分钟数为 144 分钟，同比下降 12 分钟。从各省级卫视收视率来看，均出现不同程度下滑（见图 18）。

2017 年前三季度，除湖南卫视日均收视率在 0.3% 以上，其他四大卫视东方、浙江、江苏、北京维持在 0.2% 左右，排名在 10 名以后的二三线卫视日均收视率不足 0.1%（见表 10）。

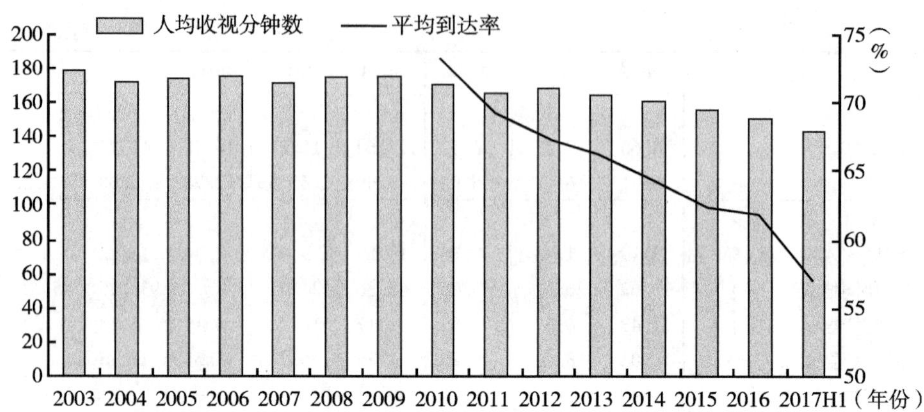

图 18　电视台平台每日人均收视分钟数及到达率

资料来源：CSM 媒介研究、中信建投证券研究发展部。

表 10　省级卫视全天收视率排行（CSM52 城）

	2015		2016		2017(截至 9.17)	
	频道	收视率	频道	收视率	频道	收视率
1	湖南卫视	0.408	湖南卫视	0.306	湖南卫视	0.334
2	浙江卫视	0.313	浙江卫视	0.297	东方卫视	0.276
3	江苏卫视	0.246	东方卫视	0.292	浙江卫视	0.272
4	北京卫视	0.277	江苏卫视	0.238	江苏卫视	0.211
5	东方卫视	0.227	北京卫视	0.223	北京卫视	0.196
6	山东卫视	0.177	安徽卫视	0.167	山东卫视	0.144
7	安徽卫视	0.164	山东卫视	0.146	金鹰卫视	0.136
8	天津卫视	0.138	金鹰卫视	0.135	安徽卫视	0.135
9	江西卫视	0.137	深圳卫视	0.124	卡酷少儿	0.118
10	湖北卫视	0.127	江西卫视	0.114	天津卫视	0.112

资料来源：卫视那些事儿、中信建投证券研究发展部。

（二）电视平台广告收入呈现下降趋势

2017 年上半年，电视广告刊例收入整体来看下降了 3.6%，广告时长整体下降了 7.6%；其中，省级卫视电视广告刊例收入下降 8.9%，广告时长下降 8.1%（见图 19）。

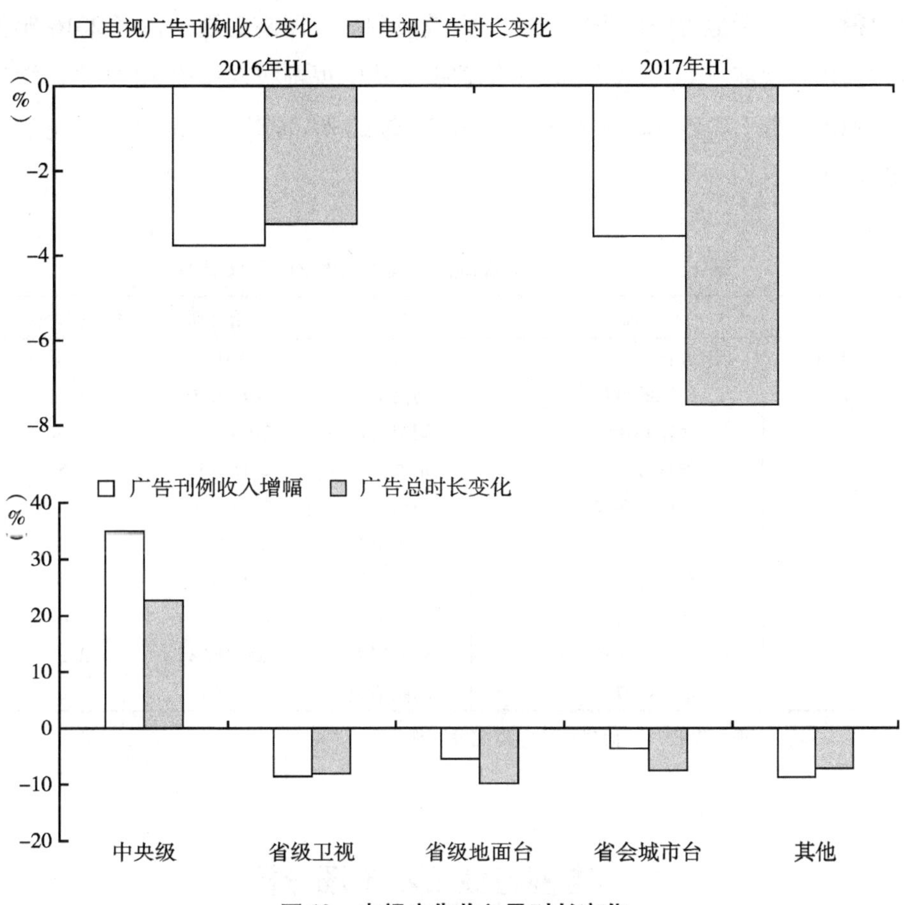

图 19　电视广告收入及时长变化

资料来源：CTR 媒介智讯、中信建投证券研究发展部。

（三）电视平台对电视剧的整体承载量降低

仅从电视台平台看，我国电视剧时长供大于求的现状持续已久。2016年，卫视黄金档及周播剧对新剧的承载量为 187 部，而 2016 年取得发行许可证的电视剧为 330 部，供给量远大于需求量。

（四）电视平台间马太效应明显

由于精品剧与广告收入的循环促进作用，越是头部卫视越是承载头部项目取得远超落后卫视的广告收入，马太效应明显。湖南卫视独占了2016年卫视黄金档收视前三名。2005～2017年省级卫视电视剧收视率前10位中，湖南卫视独占9部。2015～2017年收视率前10位的20部剧有9部来自湖南卫视（见表11）。

表11　2005～2017年省级卫视电视剧收视率TOP10

排名	剧目	频道	开始日期	收视率(%)
1	大长今	湖南卫视	20050901	3.88
2	回家的欲望	湖南卫视	20110310	3.5
3	武媚娘传奇	湖南卫视	20141221	2.96
4	芈月传	东方卫视	20151130	2.85
5	人民的名义	湖南卫视	20170328	2.77
6	宫	湖南卫视	20110131	2.48
7	宫锁珠帘	湖南卫视	20120120	2.43
8	又见一帘幽梦	湖南卫视	20070630	2.4
9	一起来看流星雨	湖南卫视	20090808	2.38
10	金枝欲孽	湖南卫视	20060215	2.25

资料来源：电视剧鹰眼、中信建投证券研究发展部。

九　电视行业资本市场分析

2017年，我国电视行业25家企业挂牌新三板，1家企业IPO，3家上市公司再融资；2家企业发行2只债券融资；一级市场有15起股权融资案例以及7起并购案例。总体看，我国电视行业新三板市场持续火热，但A股IPO市场及债券市场较凄冷。

（一）新三版市场

2017年电视企业在新三版挂牌总共25家，其中包括广州汇峰文化传媒股份有限公司、青岛信带通网络科技股份有限公司、爱尚游（北京）科技股份有限公司、浙江东阳天沐影业股份有限公司、上海数元影视传媒股份有限公司、北京华信泰科技股份有限公司、北京正荣网际科技股份有限公司、北京市博汇科技股份有限公司、深圳市显盈科技股份有限公司、福建省亿坤通信股份有限公司、康琦影业传媒（北京）股份有限公司、广州波视信息科技股份有限公司、陕西维萨特科技股份有限公司、河北东方视野文化传播股份有限公司、广东龙达影业股份有限公司、上海永乐数码科技股份有限公司、东阳华海时代影业传媒股份有限公司、广州珠江数码集团股份有限公司、浙江新锐文化传媒股份有限公司、北京英田影视文化股份有限公司、北京五星传奇文化传媒股份有限公司、上海云飞扬文化传播股份有限公司、华夏文广传媒集团股份有限公司、苏州方向文化传媒股份有限公司。

（二）IPO及再融资市场

2017 年，我国电视企业有 1 家公司 IPO，较 2016 年持平。在上市公司增发市场，3 家电视上市公司于 2017 年增发募集 28. 63 亿元。其中欢瑞世纪增发募集 15. 30 亿元，慈文传媒增发募集 9. 32 亿元，中南文化增发募集 4. 01 亿元。进行增发募集公司均于 2010 年之前上市；无电视上市公司发行可转债进行融资（见表 12）。

表 12　2017 年 IPO 的电视行业企业

证券代码	证券简称	上市日期	交易所中文名称	省份	城市	首发募集资金
603721. SH	中广天择	2017 - 8 - 11	上交所	湖南省	长沙市	1. 76 亿元

资料来源：Wind。

（三）债券融资市场

2017 年共有 2 家电视企业发行了 2 只债券（见表 13）。

奥飞娱乐股份有限公司与北京光线传媒股份有限公司共发行合计 15 亿元债券。其中奥飞娱乐股份有限公司发行 5 亿元，北京光线传媒股份有限公司发行 10 亿元。债券类型分别为短期融资券与公司债。

表 13 电视行业企业 2017 年度债券融资情况

发行时间	企业名称	债券名称	债券类型	发行募集资金（亿元）
2017 年 5 月 2 日	奥飞娱乐股份有限公司	17 奥飞娱乐 CP001	短期融资券	5.00
2017 年 10 月 30 日	北京光线传媒股份有限公司	17 光线 01	公司债	10.00

资料来源：新元文智。

（四）非上市股权（PE）融资市场

根据新元文智－中国文化产业投融资数据平台统计，2017 年电视行业非上市企业股权融资早期融资占主流。2017 年，共 15 家电视企业进行股权融资，其中 1 家企业完成种子轮融资，5 家企业完成天使轮融资，2 家企业完成 Pre－A 轮融资，2 家企业完成 A 轮融资，3 家完成 B 轮及 B＋轮融资。其中上海兴格文化传媒有限公司获得中金公司 5 亿元人民币 B 轮融资，成为 2017 年度进行股权融资电视业中获得融资额最多的企业。昆尚传媒和东阳曼荼罗影视文化有限公司各出让 5%、10% 的股权，其他企业以增发形式进行融资（见表 14）。

表 14 电视行业企业 2017 年度 PE 融资情况

被投资方	省份	出让股份（%）	币种	金额（万元）	轮次	投资方
上海肯讯文化传媒有限公司	上海	0.00	人民币	10000	A 轮	微影资本、前海兴旺投资基金、汉富资本、微赛体育
昆尚传媒	北京	5.00	美元	20692	B＋轮	亿润投资，前海梧桐并购基金等
海宁松鼠影业有限公司	浙江	0.00	人民币	1200	天使轮	芝麻资本
上海兴格文化传媒有限公司	上海	0.00	人民币	50000	B 轮	中金公司
中视星驰文化传媒	北京	0.00	美元	20520	B 轮	亚商资本
东阳曼荼罗影视文化有限公司	浙江	10.00	人民币	20000	A 轮	骅威科技

续表

被投资方	省份	出让股份（%）	币种	金额（万元）	轮次	投资方
三千视界	新疆	0.00	人民币	4000	种子轮	光信资本
深圳小鹿乱撞影视传媒有限公司	广东	0.00	人民币	1500	Pre－A轮	翊翎资本、东方富海
非比寻常影视文化（北京）有限公司	北京	0.00	人民币	750	天使轮	由华滨创投投资
苏州蓝白红影业有限公司	江苏	0.00	人民币	11000	天使轮	华映资本投资
湖南茉莉文化传媒有限公司	湖南	0.00	人民币	1000	天使轮	洪泰基金投资
北京光和木星影业有限公司	北京	0.00	人民币	3000	Pre－A轮	如川投资基金投资
上海灿星文化传播有限公司	上海	0.00	N/A	N/A	N/A	N/A
青岛涵象文化传媒有限公司	山东	0.00	人民币	300	天使轮	洪泰基金投资
上海妈妈觅呀互娱网络科技有限公司	上海	0.00	N/A	N/A	N/A	光速中国投资

资料来源：新元文智。

（五）并购市场

根据新元文智－中国文化产业投融资数据平台统计，2017年电视行业并购案例7起，其中规模最大为当代东方投资股份有限公司并购永乐影视。7起并购案例并购方来自多个行业，除同行业并购外，还有来自广告创意与代理、软件业、文化娱乐业以及影视及院线行业。同行业并购案例多为100%收购（见表15）。

表15　电视行业企业2017年度并购市场案例

时间	被并购方	省份	出让股份（%）	金额（亿元）	并购方	并购方行业
2017年1月19日	上海观达影视文化有限公司	上海	100	9.17	思美传媒股份有限公司	广告创意与代理
2017年2月17日	北京央华时代文化发展有限公司	北京	51	0.765	浙江金利华电气股份有限公司	N/A

续表

时间	被并购方	省份	出让股份（%）	金额（亿元）	并购方	并购方行业
2017年2月24日	北京云端文化传媒股份有限公司	北京	3	N/A	天津云一科技合伙企业	软件业
2017年4月18日	北京首映时代文化传媒有限责任公司	北京	100	13.5	浙江长城影视有限公司	电视制作与发行
2017年7月17日	永乐影视	浙江	100	25.5	当代东方投资股份有限公司	电视制作与发行
2017年10月25日	北京青春你好文化传媒有限公司	北京	51	N/A	完美世界控股集团有限公司	文化娱乐业
2017年11月20日	笛女影视传媒(上海)有限公司	上海	80	7.2	幸福蓝海影视文化集团股份有限公司	影视院线

资料来源：新元文智。

十　电视行业上市公司经营趋势

1. 整体营业收入持续增长，且增速保持高位

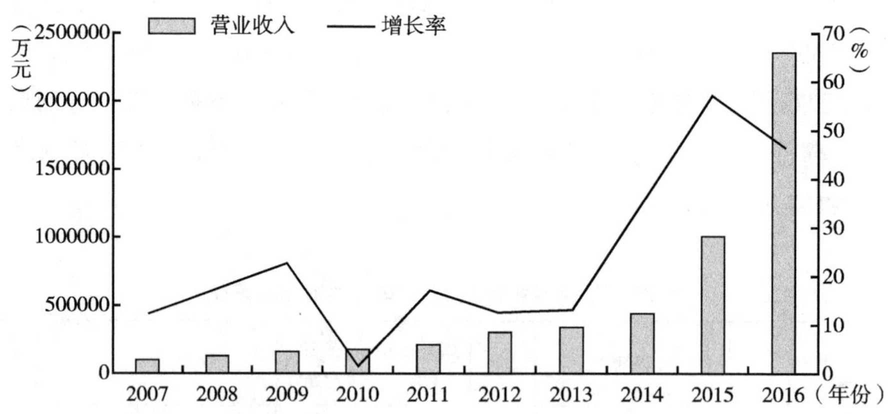

图20　电视行业上市公司合计营业收入

资料来源：Wind。

2016 年 A 股 14 家电视业上市公司营业收入合计 235.65 亿元，较 2015 年增长 45.42%。从十年间的数据对比来看，增长率始终保持零线以上但波动较大；2015 年增速最快时高达 57.16%，2010 年增速仅为 1.63%。

2. 净利润震荡，利润率波动较大

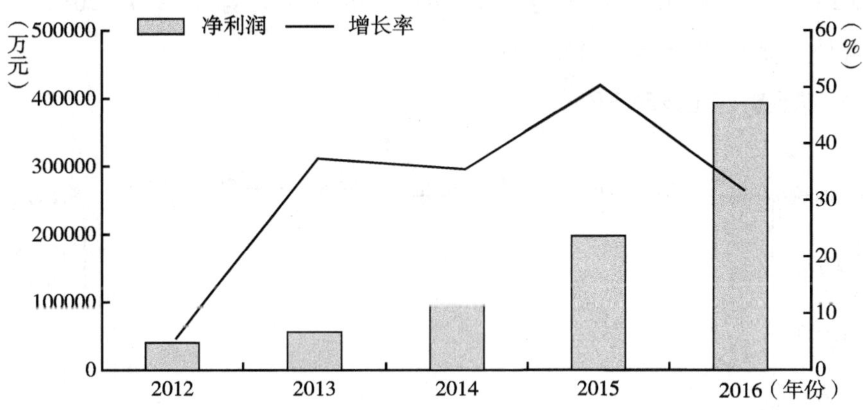

图 21　电视行业上市公司合计净利润

资料来源：Wind。

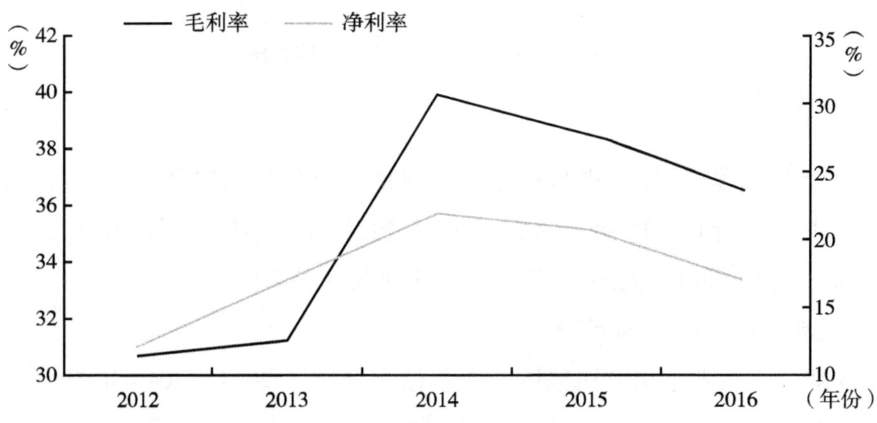

图 22　电视行业上市公司毛利率及净利率

资料来源：Wind。

2016 年 A 股 14 家电视行业上市公司净利润合计 39.53 亿元，较 2015 年增长 31.69%。从五年间的增长率数据对比来看，电视行业上市公司自 2013 年起，净利率增长率基本稳定在 30% ~50% 之间。2014、2015、2016 年，A 股 14 家电视行业上市公司，毛利率、净利率皆持续下降——毛利率从 2014 年的 39.56% 下降至 2016 年的 36.57%、净利率自 2014 年的 22.16% 下降至 2016 年的 17.39%。

3. 现金销售比波动下降

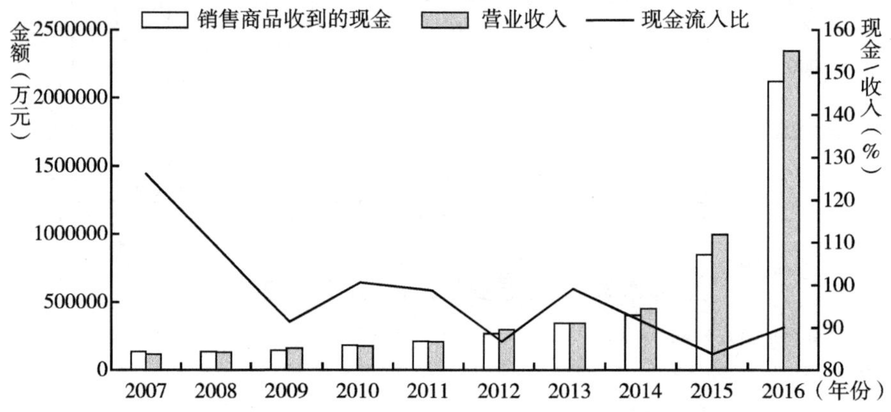

图 23　电视行业上市公司现金销售比

资料来源：Wind。

2016 年 A 股 14 家电视行业上市公司销售商品收到现金合计 211.88 亿元、营业收入合计 235.65 亿元，现金销售比为 89.91%，较 2015 年上升 5.91%。从十年间的数据对比来看，现金销售震荡下降。

4. 资产负债率呈下滑趋势

A 股电视行业上市公司整体资产负债率经历了 2011 ~2014 年连续四年的下降后，2015、2016 连续两年上升至 33.99%。

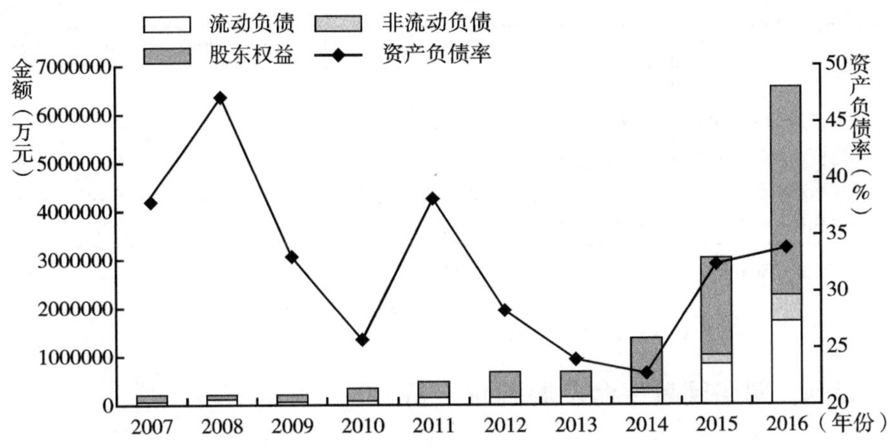

图 24　电视行业上市公司资产负债率

资料来源：Wind。

附：A 股电视行业上市公司整体核心财务指标

表 16　A 股电视行业上市公司整体核心财务指标

	2016	2015	2014	2013	2012	2011	2010	2009
收益率	—	—	—	—	—	—	—	—
销售毛利率(%)	35.5	37.99	39.56	31.23	30.71	23.23	21.92	16.33
三费/销售收入(%)	14.89	13.11	14.37	9.6	8.83	6.68	6.37	5.63
销售净利率(%)	16.6	19.92	22.1	16.88	12.25	11.51	10.84	7.95
资产获利率	—	—	—	—	—	—	—	—
ROE(%)	9.49	10.58	12.68	11.43	10.46	9.06	9.22	8.9
ROA(%)	6.64	7.82	9.77	8.42	6.02	5.73	6.5	5.66
增长率	—	—	—	—	—	—	—	—
销售收入增长率(%)	45.42	61.27	33.66	13.12	12.7	16.83	1.63	22.64
净利润增长率(%)	32.65	38.99	36.13	36.59	6.06	26.06	11.99	853.54
总资产增长率(%)	41.52	69.88	129.44	3.26	19.95	30.46	56.36	-12.68
股东权益增长率(%)	34.62	56.4	114.26	11.1	43.93	8.36	70.9	10.88
资本结构	—	—	—	—	—	—	—	—
资产负债率(%)	33.42	31.77	22.76	23.57	28.29	38.5	25.96	33.11
流动比率	2.53	2.47	2.92	3.4	2.83	1.93	3.08	2.02
速动比率	2.01	1.92	2.23	2.58	2.33	1.66	2.56	1.52

续表

	2016	2015	2014	2013	2012	2011	2010	2009
资产管理效率	—	—	—	—	—	—	—	—
总资产周转率(次)	0.4	0.39	0.44	0.5	0.49	0.5	0.6	0.71
固定资产周转率(次)	10.21	9.98	6.44	4.36	4.41	3.5	3.11	2.63
应收账款周转率(次)	1.91	1.86	2.28	2.86	3.78	11.18	14.16	18.97
存货周转率(次)	1.98	1.7	1.86	2.01	2.31	3.64	4.04	4.09

资料来源：Wind。

专题：网络视频平台发展现状分析

网络端流量与付费用户规模持续上涨。根据 CNNIC 的统计，截至 2017 年 6 月，我国网络视频用户达到 5.65 亿，网民使用率达到 75.2%。艺恩咨询数据显示，2015 年我国视频网站付费用户数达到 2200 万；2016 年达到 7500 万；预计 2017 年超过 1 亿。

网络视频广告规模、内容投入规模螺旋上升。根据易观智库数据，2013～2016 年，我国网络视频广告投放的增速稳定保持在 35% 以上，且预计 2019 年将达到 683 亿元。得益于该广告投放规模的持续上涨、付费用户

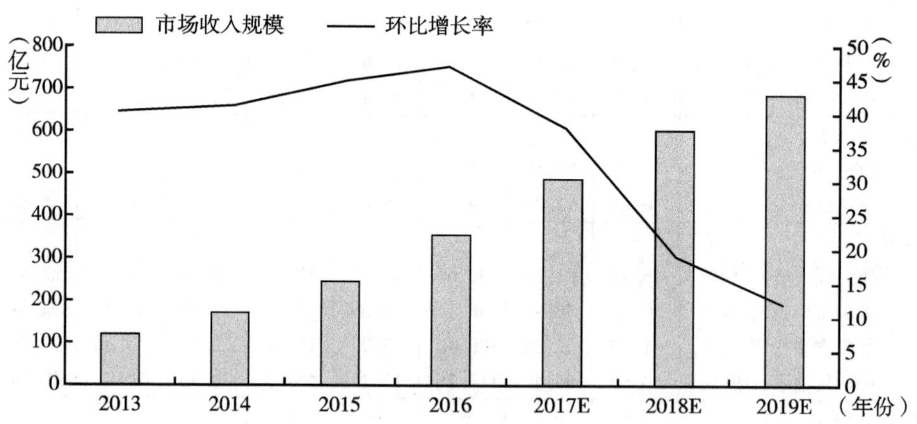

图 25　2013～2019 年网络视频广告市场规模

资料来源：易观智库、中信建投证券研究发展部。

的持续转化以及网络视频巨头之间的激烈竞争，网络视频平台对头部内容的投资也将持续上升。该持续上升具体体现在头部剧集中度提高、头部剧网络采购价提高。

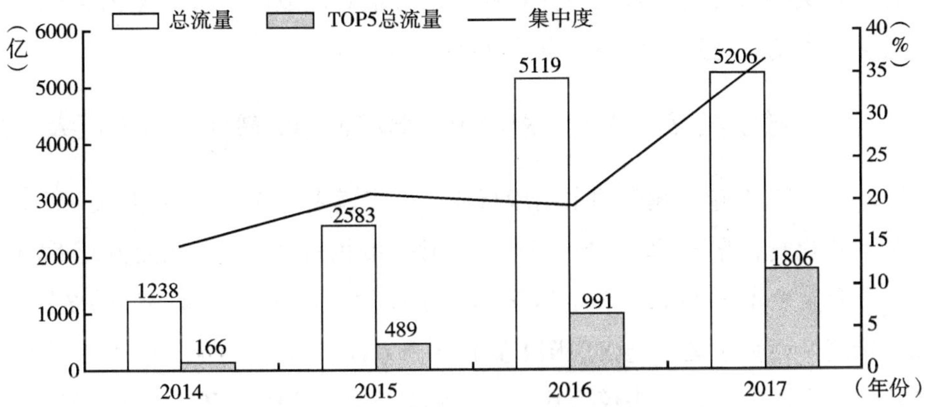

图26　2014～2017年TOP5电视剧流量集中度

资料来源：艺恩咨询、中信建投证券研究发展部。

表17　2006～2018年头部电视剧单集价格

播出时间	电视剧名称	单集网络售价(万)
2006年	《武林外传》	0.125
2006年	《士兵突击》	0.3
2009年	《大秦帝国》	2.5
2012年	《甄嬛传》	30
2013年	《新编辑部的故事》	120
2015年	《武媚娘传奇》	200
2017年	《楚乔传》	480
2018年	《赢天下》	800
2018年	《凉生我们可不可以不忧伤》	1000

资料来源：中信建投证券研究发展部。

十一　数字出版业发展现状

数字出版是指将信息数字化后进行内容编辑加工，并通过网络传播数字

化内容的一种新型出版方式，其主要特征为内容生产数字化、管理过程数字化、产品形态数字化和传播渠道网络化。本报告论述的数字出版主要是指数字图书和网络文学。其中，数字图书主要为图书刊物的数字化阅读；网络文学通常意义指由网络作家撰写针对网络读者偏好形成的一种文学内容形态，内容多为玄幻、奇幻、架空、言情题材。

（一）数字图书市场规模相对较小但增速相对较快且潜力巨大

2012～2016 年，我国图书出版行业市场规模由 723.51 亿元升至 832.31 亿元，年化复合增长率 3.6%，而数字图书市场规模由 31 亿元升至 52 亿元，年化复合增长率 13.8%。数字图书市场的发展速度显著高于传统图书出版市场。而数字图书与出版图书整体体量差距较大的同时，中国整体图书市场对数字图书的转化率仅为 6.2%，远低于世界其他国家和地区，未来增长潜力巨大（见图 27、图 28、图 29）。

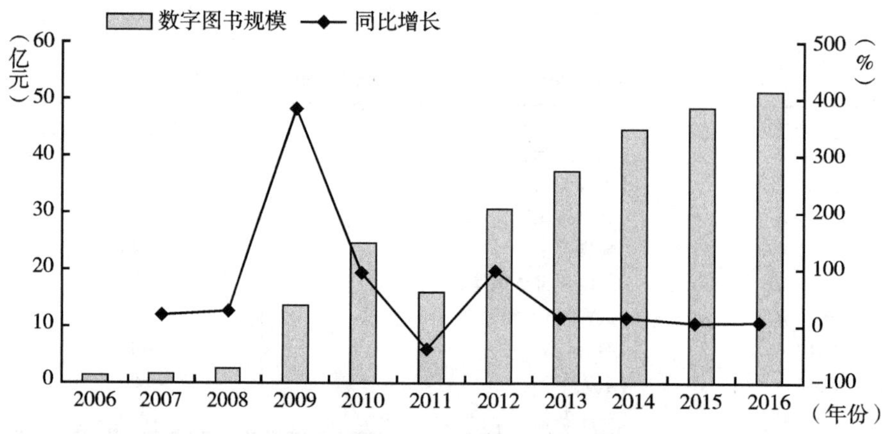

图 27　2006～2016 年中国数字图书市场规模及增长

资料来源：中国新闻出版研究院、中信证券研究部。

（二）三类数字阅读平台中，互联网驱动型平台表现突出

我国数字阅读平台按照连接点属性分为以下三类：（1）电商驱动

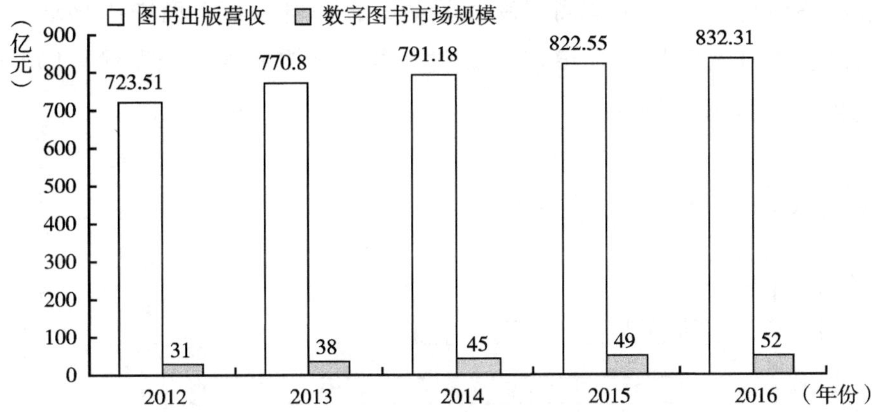

图 28　2006～2016 年中国数字图书市场规模及增长

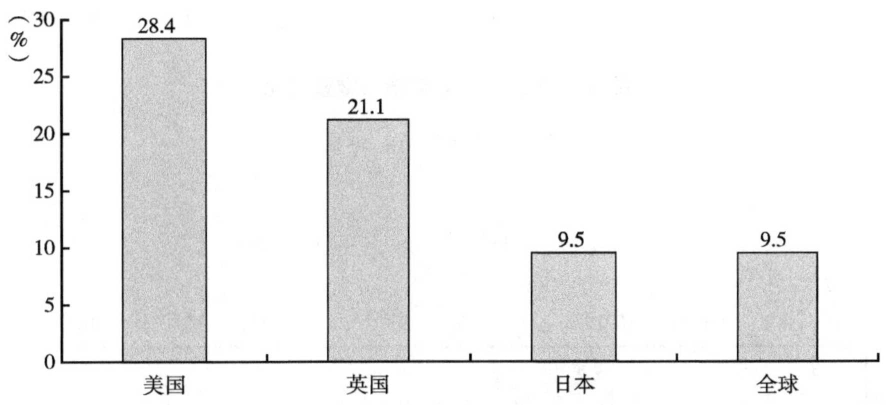

图 29　2016 年其他经济体数字图书转化率

资料来源：中国新闻出版研究院、中信证券研究部。

型，如当当和亚马逊的阅读平台、亚马逊的 Kindle 等，其优势为伴随线上销售渠道的走强，其与内容提供商建立了紧密关系，因此，该类型平台的内容丰富度最高；（2）互联网驱动型平台，其代表为 QQ 阅读、掌阅等，其中如掌阅的第三方阅读平台基本凭借自身先发优势及数字阅读领域多年积累的用户及口碑，而 QQ 阅读、书旗小说依托腾讯、阿里等互联网巨头的巨大用户流量导流，因此，该类型平台的流量规模以及用户渗透率最高；（3）运营商或硬件驱动型，如电信运营商中国移动的咪咕阅读、手机大厂苹果的 iBook，该类型的发展主要依托先发优势以及硬件预装（见图 30、图 31）。

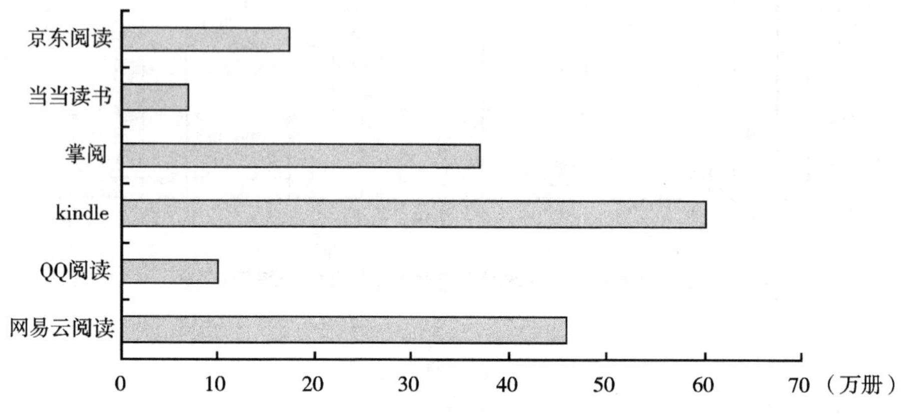

图 30　各大平台数字图书数量对比

资料来源：各大平台官网、中信证券研究部。

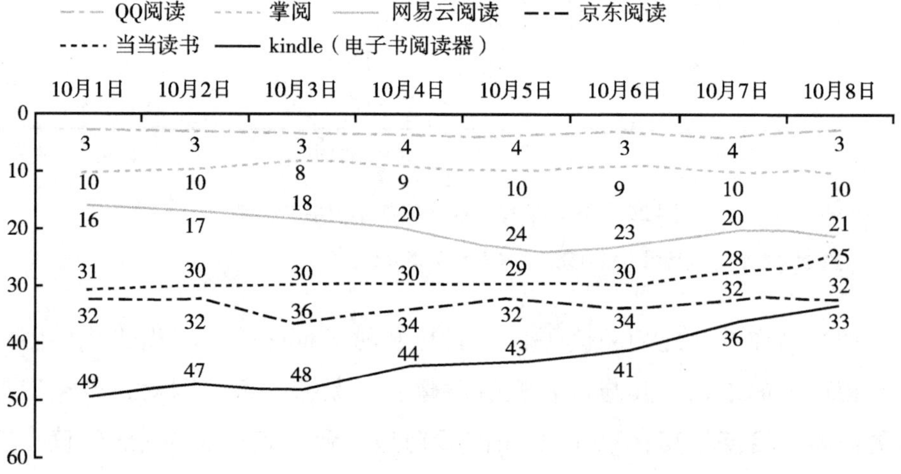

图 31　各大阅读平台 iPhone 端流量（2017 年 10 月 1 日~10 月 11 日）

资料来源：APP Annie、中信证券研究部。

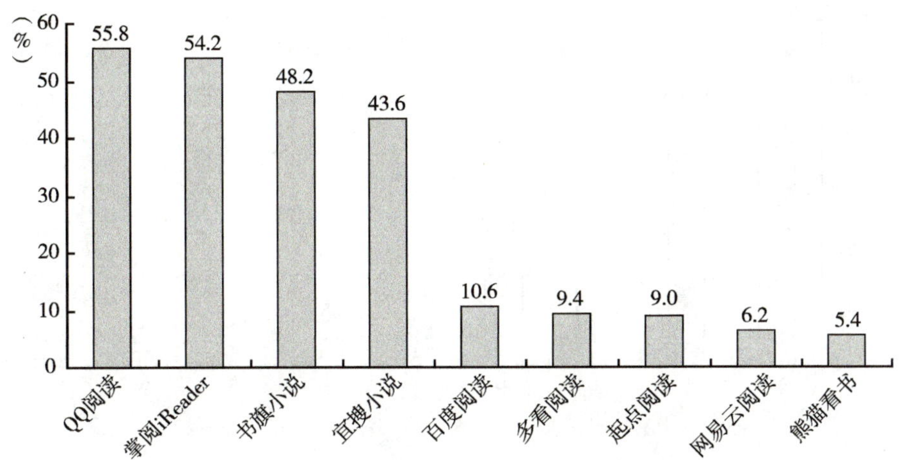

图 32　2016 年中国主要阅读应用用户渗透率

资料来源：比达咨询、中信证券研究部。

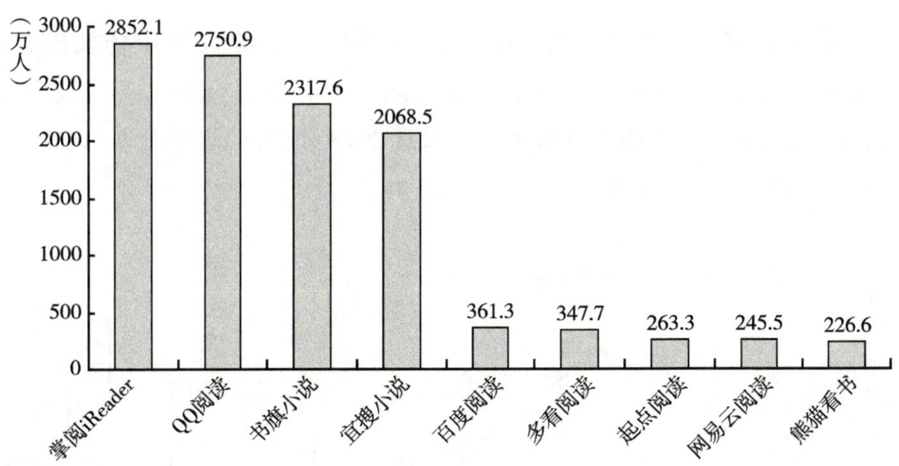

图 33　2016 年中国主要阅读应用月活人数

资料来源：比达咨询、中信证券研究部。

（三）网络文学市场快速增长，PC 端竞争格局一家独大、移动端竞争格局暂不稳定

一方面得益于用户付费意愿的逐步增强，一方面来自对盗版的严厉持续

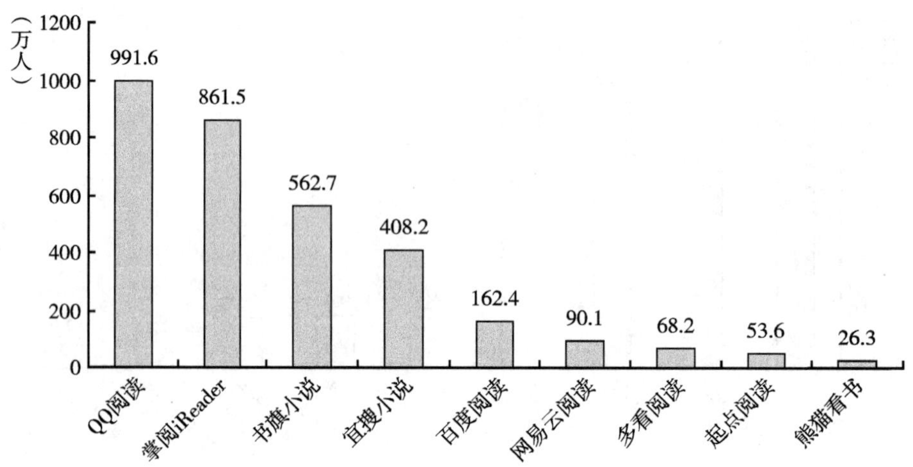

图34　2016年中国主要阅读应用日活

资料来源：比达咨询、中信证券研究部。

打击，我国网络文学市场快速增长。我国2016年网络文学市场规模超过120亿元，同比增长25%；网络文学的受众人数从2013年的2.74亿提升到2016年的3.33亿，其中移动端的用户量从2013年的2.02亿增至2016年的3.04亿，成为主力（见图35、图36、图37）。

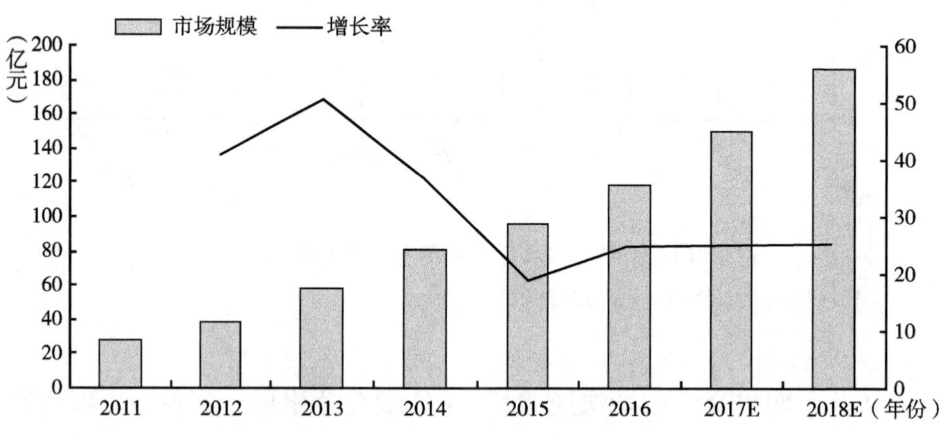

图35　2011～2018年中国网络文学市场规模

资料来源：中国音像与数字出版协会、中信证券研究部。

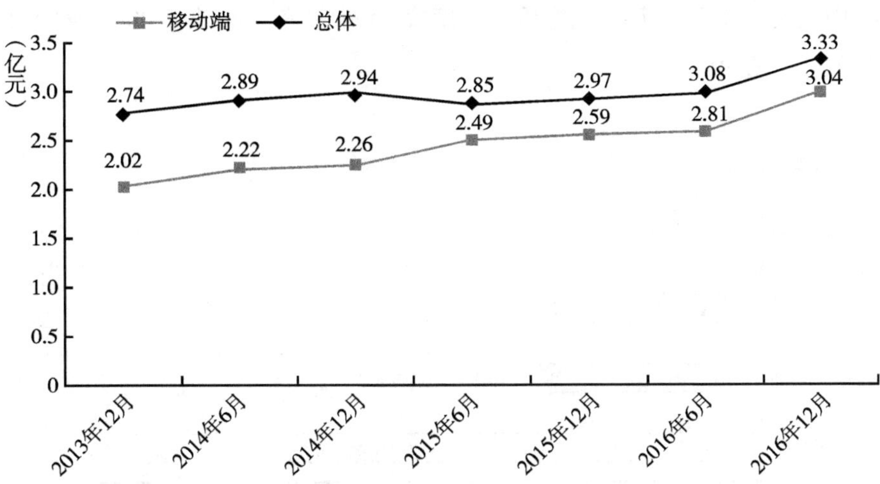

图 36　2013～2016 年网络文学用户规模

资料来源：CNNIC、中信证券研究部。

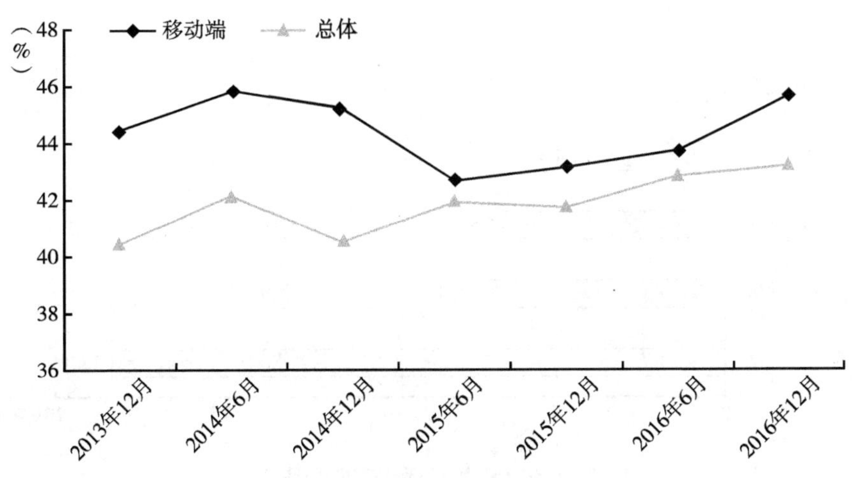

图 37　网络文学使用率

资料来源：CNNIC、中信证券研究部。

PC 端网络文学网站的竞争格局已经是阅文集团一家独大。阅文系的起点、晋江及云起书院用户市场份额合计高达 32.7%；而阅文之后第二序列的有中文在线旗下17K小说网、百度文学及完美控股旗下的纵横中文网（见图38、图39）。

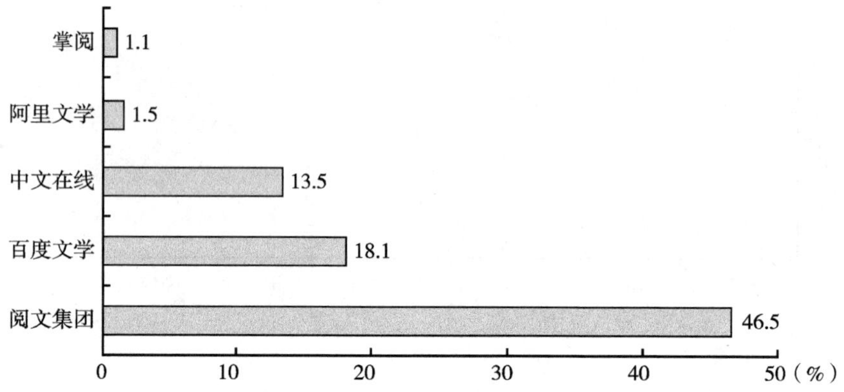

图38　2016年PC端日活TOP5网络文学公司

资料来源：阅文集团招股书、中信证券研究部。

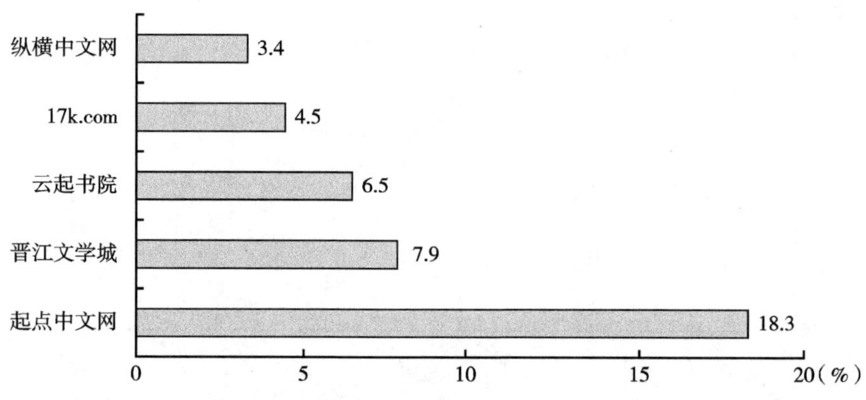

图39　2016年PC端日活TOP5网络文学网站

资料来源：阅文集团招股书、中信证券研究部。

移动端网络文学APP竞争格局暂不稳定。QQ阅读与掌阅形成第一梯队、第二三四梯队内容与用户差异化低仍将进一步分化（其中又以百度阅读、搜狗阅读的上升势头最为明显）（见图40）。

图 40　移动端网络文学 APP 月活四大梯队

资料来源：QuestMobile 季度监测数据、中信证券研究部。

十二　数字出版业资本市场分析

2017 年，共 2 家数字出版企业新三板挂牌，2 家企业 IPO；一家企业发行 7 只债券融资；一级市场共 12 起股权融资案例以及 3 起并购案例（见表 18）。

（一）新三板市场

表 18　2017 年挂牌新三板挂牌的数字出版业企业

证券代码	简称	挂牌日期	省份	城市
870672. OC	维旺明	2017 年 1 月 26 日	北京	北京
871145. OC	梓耕教育	2017 年 3 月 8 日	吉林	长春

资料来源：新元文智。

（二）IPO 及再融资市场

2017 年，我国数字出版业掌阅科技在上交所上市，首发募集资金人民币 1. 66 亿元；阅文集团也在香港联交所上市，首发募集资金 95. 74 亿港元（见表 19）。

表 19　2017 年 IPO 的数字出版业企业

证券代码	证券	上市日期	交易所	省份	城市	首发募集资金
603533. SH	掌阅科技	2017/09/06	上交所	北京	北京	1. 66 亿元
00772. HK	阅文集团	2017/11/08	联交所	上海	上海	95. 74 亿港元

资料来源：Wind。

2017 年，无数字出版企业增发或发行可转换债募集资金。

（三）债券融资市场

2017 年，我国数字出版业无债券融资案例。

（四）非上市股权（PE）融资市场

2017 年数字出版业共 12 起股权融资案例，12 起股权融资案例中，7 起为天使轮、Pre－A 轮以及 A 轮融资，5 起为 B 轮以后融资。投资方红杉资本中国与完美世界投资数字出版业频次最多。北京磨铁数盟信息技术有限公司和东阳留白影视文化有限公司融资形式为股权转让，其他以增发形式进行融资（见表 20）。

表 20　数字出版业企业 2017 年度 PE 融资情况

时间	被投资方	省份	出让股份（%）	币种	金额（万元）	轮次	投资方
2017 年 5 月 4 日	北京全息智库文化科技有限公司	北京	0. 00	人民币	300	天使轮	小村资本
2017 年 5 月 19 日	陆家嘴文化传媒有限公司	上海	0. 00	人民币	3000	Pre－A 轮	N/A
2017 年 5 月 26 日	完美世界控股集团	北京	0. 00	人民币	10000	战略投资	红杉资本中国、完美世界、盛景网联、分享投资
2017 年 6 月 19 日	郑州点读电子科技有限公司	河南	0. 00	人民币	5000	A 轮	天明集团、圣商资本

续表

时间	被投资方	省份	出让股份（%）	币种	金额（万元）	轮次	投资方
2017年7月4日	北京磨铁数盟信息技术有限公司	北京	6.67	人民币	30000	C轮	中银粤财、千毅资本、五牛基金
2017年8月28日	神奇互娱（北京）科技有限公司	北京	0.00	人民币	3000	Pre－A轮	华耀资本
2017年8月28日	北京九州天旗文化传播有限公司	北京	0.00	人民币	3600	A轮	中文在线（天津）文化教育产业股权投资基金
2017年9月21日	霍尔果斯壹点意念影业有限公司	新疆	0.00	人民币	11000	天使轮	微影、娱跃影业、留白影视、高娱资本
2017年9月25日	广州橙色海洋文化传媒有限公司	广东	0.00	人民币	500	天使轮	百姓网
2017年9月26日	东阳留白影视文化有限公司	浙江	10.00	人民币	15000	D轮	经纬中国、南山资本
2017年11月8日	北京金影科技有限公司	北京	0.00	美元	26552	B＋轮	小米、云峰基金、复星、海纳亚洲

资料来源：新元文智。

（五）并购市场

2017年，数字出版业共3起并购案例，其中杭州掌维科技股份有限公司、天翼阅读文化传播有限公司分别被思美传媒股份有限公司和号百控股股份有限公司100%收购（见表21）。

表21　数字出版业企业2017年度并购市场案例

时间	被并购方	省份	出让股份（%）	金额（亿元）	并购方
2017年1月19日	杭州掌维科技股份有限公司	杭州	100	5.3	思美传媒股份有限公司
2017年2月15日	天翼阅读文化传播有限公司	浙江	100	7.06	号百控股股份有限公司
2017年3月14日	红薯中文网	江苏	—	—	北京掌趣科技股份有限公司

资料来源：新元文智。

十三　移动资讯业发展现状

（一）媒体型渐成潮流，关系型和算法型齐头并进

移动资讯业按照信息分发模式在现阶段可以分为三类：（1）媒体型模式平台拥有优秀记者和编辑团队，其优势在于内容以及基于内容的受众信任度。（2）关系型模式平台基于社交关系，其资讯信息内容主要源于自媒体如微信、微博，一般自身不雇佣记者、编辑团队。用户根据社交脉络由自媒体来获取信息，使用户更容易发觉其所在社交脉络的关注点。（3）算法型模式平台主要根据用户的行为习惯、偏好特征通过模型算法优化分析更进一步挖掘用户潜藏需求，从而向用户推荐。伴随用户使用时间和程度加深，平台方愈加洞察用户需求，双方黏性更加紧密，故消费者一般更感兴趣。今日头条、一点资讯为该型平台的典范。

（二）对个性化需求的提升导致算法型分发模式愈发重要

根据路透社对 26 个国家用户的一项调查，根据自己过往阅读情况再由算法优化分析后进行内容推荐是 36% 的用户的首选，而偏好由传统编辑和记者进行专业推荐的用户占比仅为 30% 。2016 年，BAT 等互联网巨头在纷纷加入移动资讯领域的同时，也不断尝试通过加大对优化算法的投入吸引更多的流量。

十四　移动资讯业巨头——“今日头条”案例分析

（一）发展现状

今日头条本质的商业模式是基于用户特征、环境特征、内容特征结合智

能算法，以不同平台抓取结合自有内容为信息源头，给不同用户推送个性化定制化内容，内容的形式包括文字、图文、视频等。近年来，今日头条不断从内容端丰富内容品类，2017 年 1 月，今日头条累计激活用户数达到 7 亿，平均 DAU（每日活跃用户）7800 万，用户平均每日使用时长为 76 分钟（见图 41）。

核心：个性化推荐算法	内容端：39万头条号提供海量内容	用户端：DAU 7800万，同比增长105%	商业模式：原生广告
· 深度分析用户兴趣，不断在海量用户数据下迭代，做出最精准的推荐 · 今日头条目前员工2500名，其中工程师1500名，800名工程师聚集在算法分析 · 拥有2万台服务器，每天14亿程序请求，处理资料高达4.7PB。使用者图像140TB	· 2016年11月，头条号数量增加到39万，同比增长7.6倍，头条号广告分成2016年11月达到3353万 · 内容分为组图、短视频和文图三种形式，其阅读量分别占比11%，47%，42%，2016年全年视频播放量增长605%、组图增长581%	· 累计激活用户数达到7亿，同比增长84%；平均日活用户7800万；同比增长105%；用户平均使用时长76分钟，同比增长38%；平均日阅读量35次，同比增长58%。 · 用户中，三线以下城市用户占比超过50%，30岁以下占比达到85%	· 作为上升势头最猛的媒体，广告是今日头条目前核心收入来源，其中原生广告是主要形式，预计2016年收入接近10亿美元，已经保持盈利 · 未来电商以及其他增值业务发展有望拓展公司商业模式

图 41　今日头条核心数据一览

资料来源：数码时代等、中信证券研究部。

今日头条多指标位列行业第一，领先优势明显。今日头条和腾讯新闻两个头部 App 成为移动资讯类 App 的第一序列，其中 2017 年 2 月今日头条以 20.7% 的渗透率位列第一，而第二名腾讯新闻的渗透率为 19.8%（见图 42）。

极光大数据显示，2017 年今日头条的月活跃用户量（MAU）超过 2 亿，位列行业第一；日新增用户量保持在百万量级，领先同行业平均水平（见图 43、图 44）。

今日头条 7 天留存率平均值约为 68%，且波动较小，居行业第二。极光大数据显示，2017 年 2 月今日头条的 7 天留存率为 67.5%，仅次于腾讯新闻，高于其他同行（见图 45）。

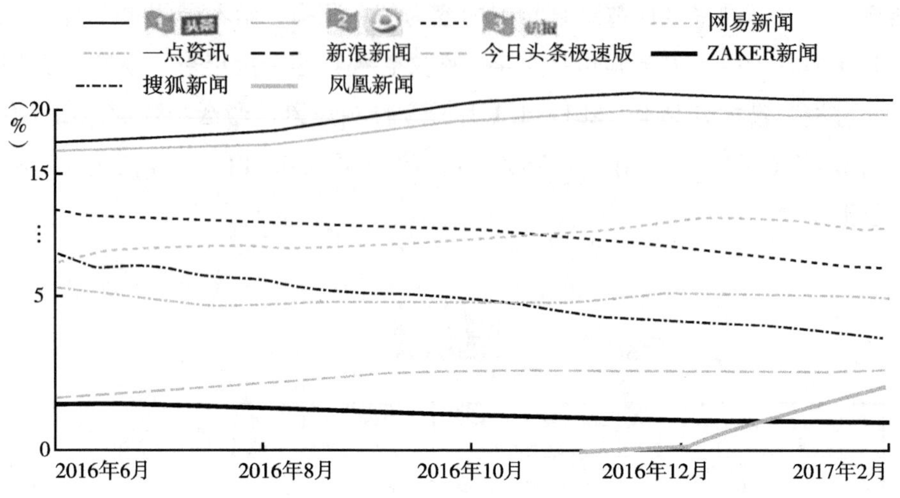

图 42 新闻资讯类 App 渗透率 Top10

资料来源：极光大数据、广发证券发展研究中心。

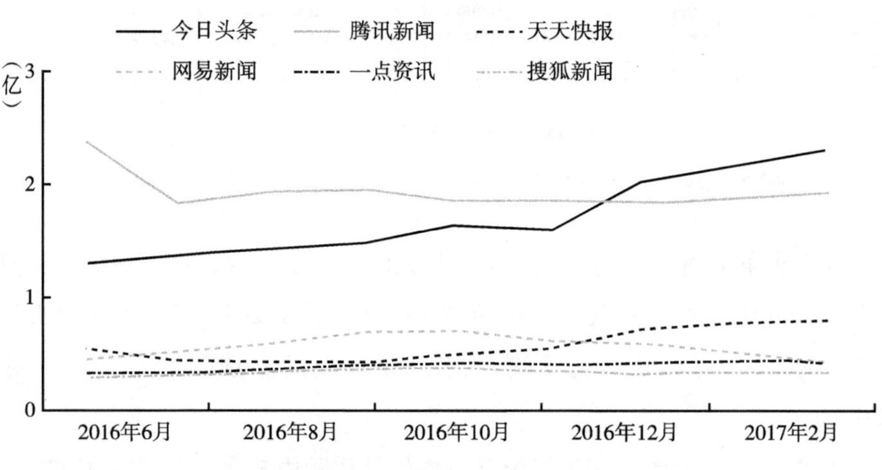

图 43 主要新闻资讯类 App 月活跃用户量

（二）核心优势

A. “精准推送 + 流量分发”

通过个性化推荐算法，今日头条对目标人群的行为、习惯、偏好等特

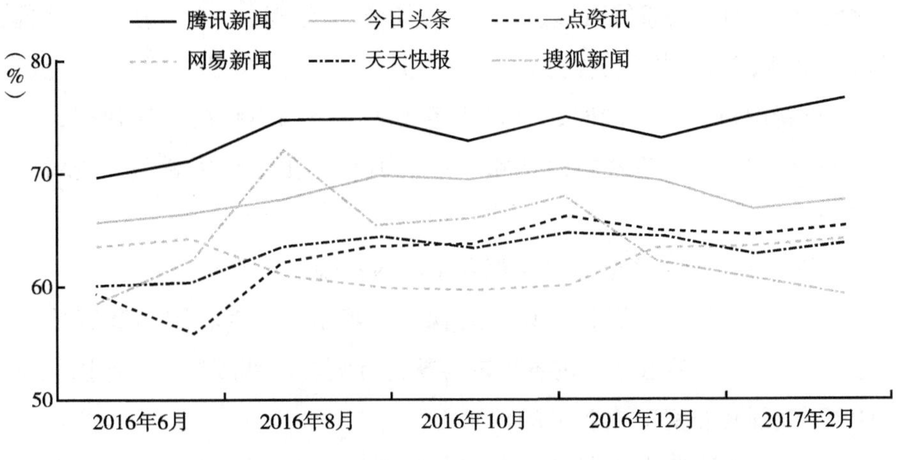

图 44　主要新闻资讯类 App 日平均新增用户数

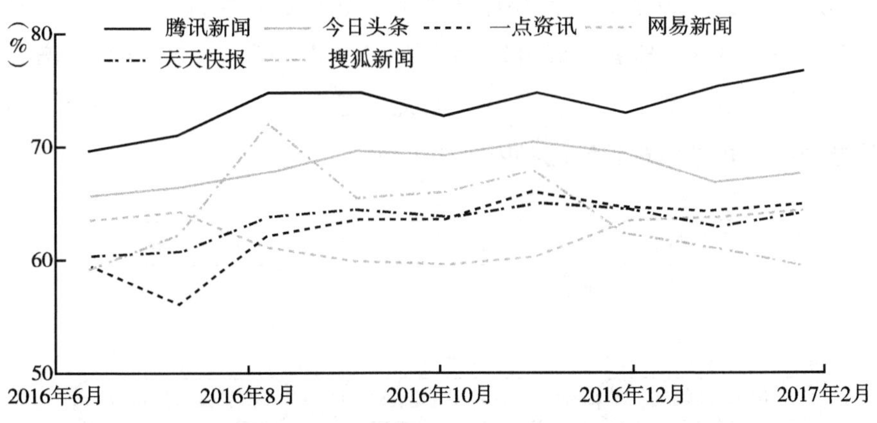

图 45　渗透率 Top5 App 平均 7 天留存率

资料来源：极光大数据、广发证券发展研究中心。

征进行解剖分析，从而向其推荐更为匹配其行为、习惯、偏好等特征的内容。今日头条在完成对用户特征的解剖分析后，会根据用户特征、文章特征、环境特征三者的匹配度进行推荐。在实现个性化推荐上，今日头条主要使用了以下机制："算法排序 + 人工运营""A/B test + 投票机制"和正负反馈。

今日头条的算法系统可以进行实时海量数据处理——0.1 秒内计算推荐结果，3 秒完成文章提取、挖掘、消重、分类，5 秒计算出新用户兴趣分配，10 秒内更新用户模型。同时，今日头条每天约更新 300 次程序代码，响应 14 亿程序请求，日处理资料高达 4.7 PB，其即时更新使用者图像资料就达 140 T。

B. 多元化布局、多渠道合作整合布局内容端

今日头条产品布局涵盖咨询、短视频、娱乐、教育、图书和音乐应用等。其中，今日头条重点通过各项内容扶持计划、外部版权方合作以及短视频 APP 不断强化自身对内容端的控制力。

头条号是今日头条的自媒体内容主要源头，头条平台公众号数量 2015 年第四季度为 4.5 万，2016 年 11 月提升至 39 万，同比增长了 700%。随着流量的广告价值不断增加，自媒体作者的分成也逐步增加，2016 年 7～11 月，今日头条每月的作者分成由 2236 万提升至 3353 万，5 个月时间增长了 50%。今日头条又推出“千人万元”计划，通过设立内容投资基金、创立头条号创作空间等形式刺激优势内容的生成。

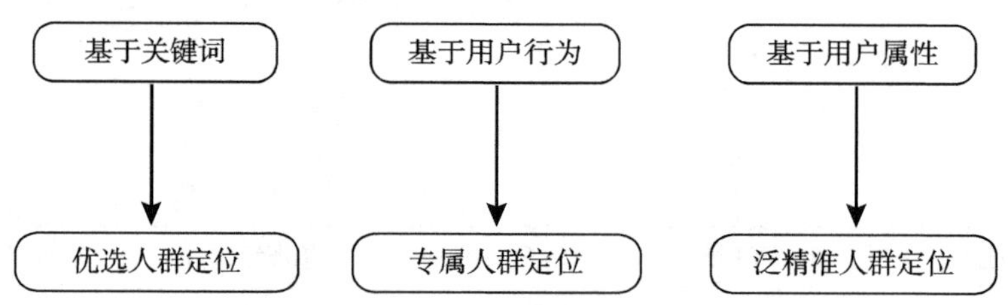

图 46　今日头条智能程序化的定位方式

资料来源：USEIT、广发证券发展研究中心。

今日头条通过收录多个知名网站提供的信息，为用户提供更为丰富全面的内容。通过与这些网站的合作，今日头条既可以因更为丰富的内容而吸引更多用户，又可以不断开发与这些网站合作产生潜在效益。这些网站每天都生成大量的新闻资讯、视频或图片，结合今日头条提供的简单方便的收录操作，合作方仅需按模板提供 RSS 接口和对应的 WAP 页面，即可在今日头条

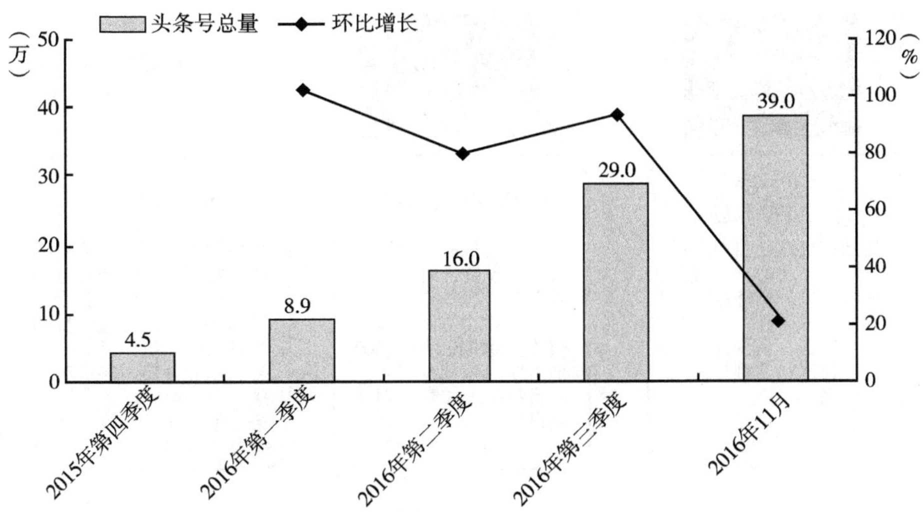

图47　2015Q4～2016年11月头条号总量

资料来源：今日头条算数中心、中信证券研究部。

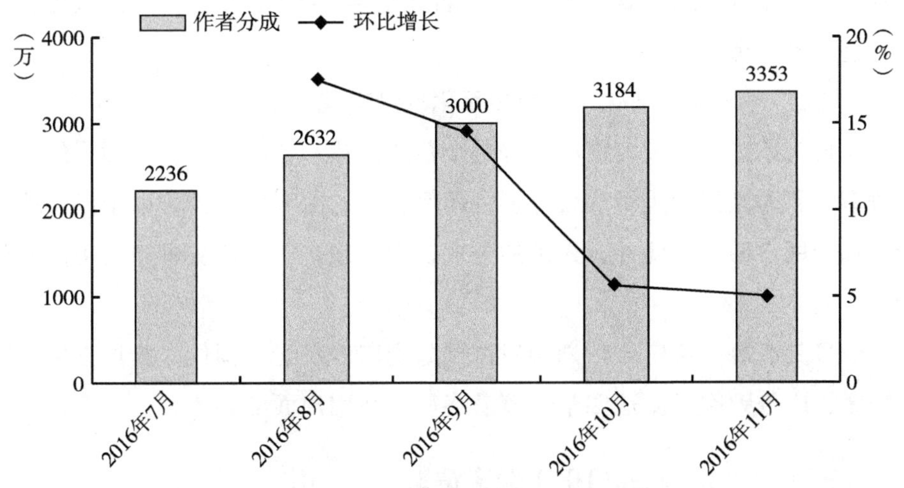

图48　2016年7～11月头条作者分成金额

资料来源：今日头条算数中心、中信证券研究部。

上生成相关链接。现阶段，今日头条已合作收录了人民网、36Kr、优酷等数百家站点。

2016年，今日头条推出火山小视频、抖音短视频获得斐然成绩。其中，

头条号创作空间

“千人万元”计划支持原创

2015年11月，CEO张一鸣宣布将大力支持优质内容创作，将确保至少1000名创作者单月获1万元保底、至少100个“群媒体”单月获2万元保底

2亿内容投资基金

专门针对早期新媒体项目进行投资，每个项目单笔在30万~100万左右，占个位数股份，2亿规模的基金将投资超过300个早期内容创业团队，而且将优先关注视频项目

头条号创作空间

2016年启动，提供给早期内容创业者的孵化空间，目前第一期入驻项目达30个。对入驻项目，今日头条将提供流量扶持、创业补贴、融资对接、办公空间、企业服务，创业培训、行业沙龙等综合服务

图 49　今日头条内容扶持计划

资料来源：今日头条发布会等、中信证券研究部。

抖音短视频在 iOS 总榜 2017 年 4 月排名升至第 46 位，2017 年 4 月获得应用宝“星 APP”新锐应用。

C. 以广告收入为基础，拓展多元化流量变现

今日头条广告投放的核心优势是个性化推荐和智能分发，提高了信息分发效率，更为灵活地进行广告分发，即使普通的内容也一样可以个性化地展现在每个用户面前。此外，先进的分发技术，也为广告业主带来更多商业选择。

今日头条每一条广告计划会经过预分配广告曝光、预估广告点击率、广告排序、广告频次过滤这四个步骤最终呈现在用户面前。

（三）非上市股权（PE）融资情况

今日头条于 2012 年 3 月成立时即获得海纳亚洲（SIG）300 万美元的天使投资；同年 7 月获得 SIG 的数百万美元 A 轮投资；2013 年 9 月获得 DST 的数千万美元 B 轮投资；2014 年 6 月获得红杉资本领投的 1 亿美元；2016 年 4 月获得红杉资本领投的 10 亿美元。

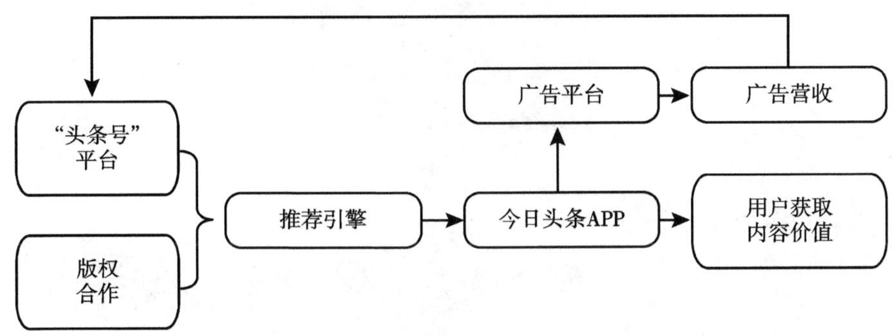

图 50　今日头条业务逻辑图

资料来源：汇智创享、广发证券发展研究中心。

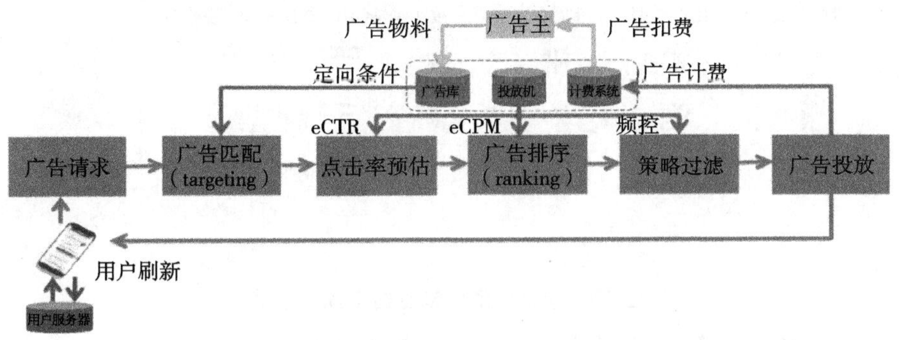

图 51　今日头条广告业务运作过程

资料来源：今日头条产品介绍、广发证券发展研究中心。

十五　传媒行业投资机遇

（一）重塑流量价值，三四线城市流量、线下流量价值亟待重估

现下未经结构化分类整合的流量，其价值日趋廉价，通过大数据、智能分析等技术对规模以上流量进行结构化分类整合是所有后互联网时代流量型企业的出路之一。发掘流量价值的洼地、结合特种场景下的线下流量绑定再形成一定生态，相信会是未来一段时期内新生流量型商业模式的一条出路。今日头条选择三四线城市作为切入点是其崛起的重大战略布局，切入三四线

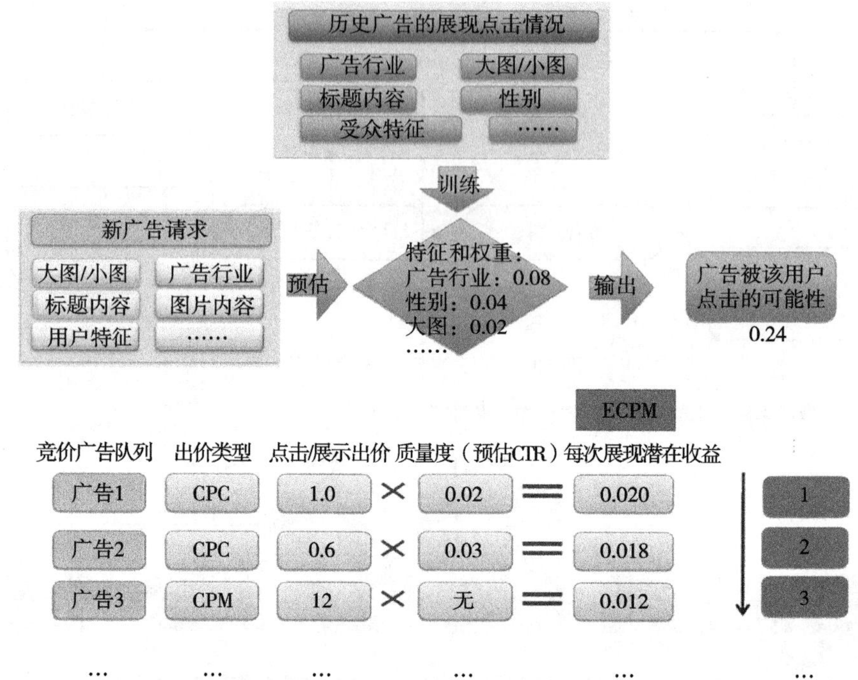

图 52　今日头条广告点击率预估系统

资料来源：今日头条产品介绍、广发证券发展研究中心。

城市一方面发掘了三四线城市消费升级的趋势，一方面避开了与 BAT 等互联网巨头的直接竞争。

（二）流量红利减弱，需要流量两端效率提升

每个人每一天只有 24 小时，一个人一天接触互联网的时间存在明确的天花板。圈流量占渠道的时代已经基本过去。提升流量两端（信息提供方、信息受用方）的商业价值、使用效用，提升流量两端匹配度、降低两端信息不对称、降低选择成本可能会更加重要。

（三）内容生产、渠道分发借助人工智能

传媒行业的两大核心是内容与渠道，普遍变现渠道是营销。人工智能凭

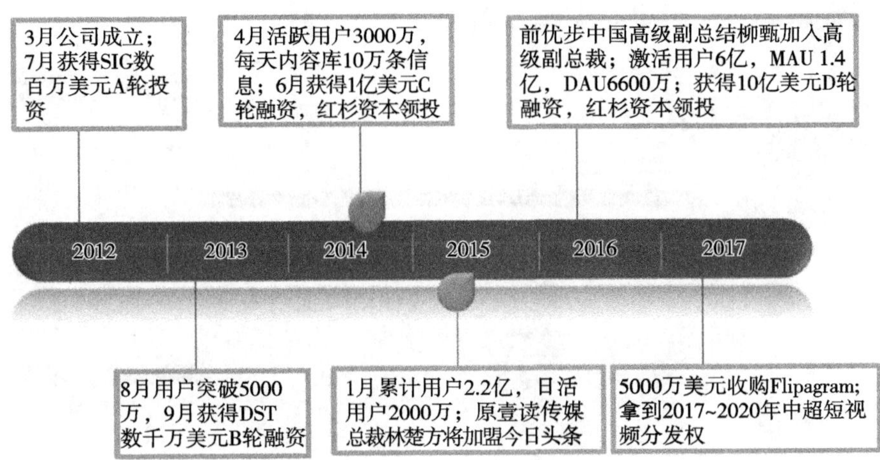

图 53　今日头条发展历程

借海量数据训练实现自动优化迭代，有望在内容生产、渠道分发、智能营销等领域极大地提高效率、提升信息交互两方的效用。

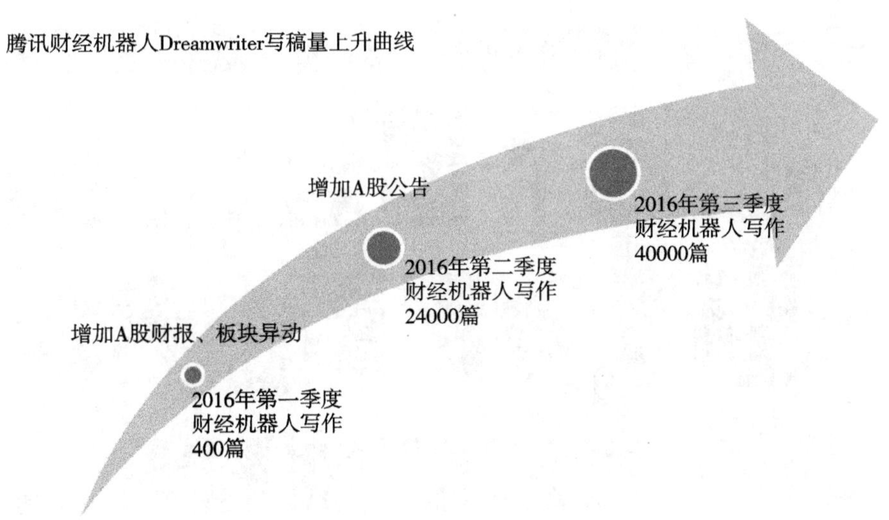

图 54　智能内容生产案例——腾讯财经 Dreamwriter

资料来源：企鹅智酷、中信证券研究部。

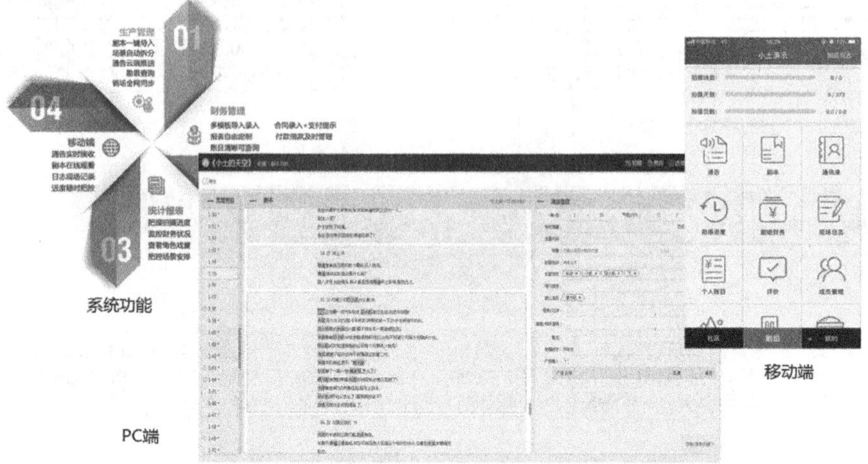

图 55　智能内容生产案例——小土科技智能制片剧易拍

资料来源：北京小土科技有限公司。

图 56　智能渠道分发案例——Netflix

资料来源：Netflix、中信证券研究部。

· Video++2012年10月成立于美国，主业是将人工智能&视觉识别等技术应用到广告中来，2015年获得千万级天使轮融资，2015年7月获得A轮融资，估值6亿元

· 截至2016年11月30日，客户平台数达到12129家，月独立用户UV2.8亿，累计服务视频播放量达到92亿次，互动广告曝光量达到76亿次。

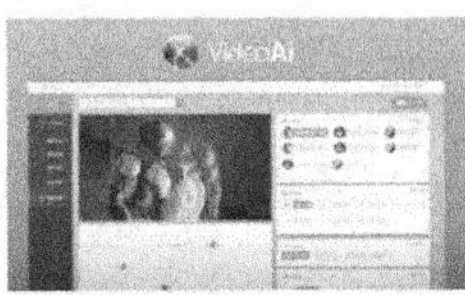

VideoAI：以视觉识别为基础的视频结构化数据平台，通过人工智能技术（明星识别、场景识别、语音识别、文字识别、品牌识别、商品识别等），自动识别出视频中可以投放广告的位置。

VideoOS：点播视频内互动系统，可以识别视频轻购、投票互动、视频红包、场景触发、抽奖、卡牌等，使用VideoOS的综合平台，包括芒果、乐视、斗鱼、PPTV、龙珠、战旗TV等

LiveOS：直播操作系统，开启“互动娱乐”直播新体验。多种娱乐化互动（动态图文、直播、互动投票、实时问答、直播抽奖、互动红包、超级贴片、个性定制等）让广播与用户零距离

图 57　智能营销案例——Video + +

资料来源：Vedio + + 、中信证券研究部。

广告价值智能分析系统——剧易植

利用自然语言与机器学习算法，快速挖掘影视剧本的广告植入价值，结合多年积累的影视大数据精准分析广告投放环境与目标受众，从产品品类、角色和剧本内容等维度对可植入信息进行展示，为商务人员提供精准、全方位的数据支持。

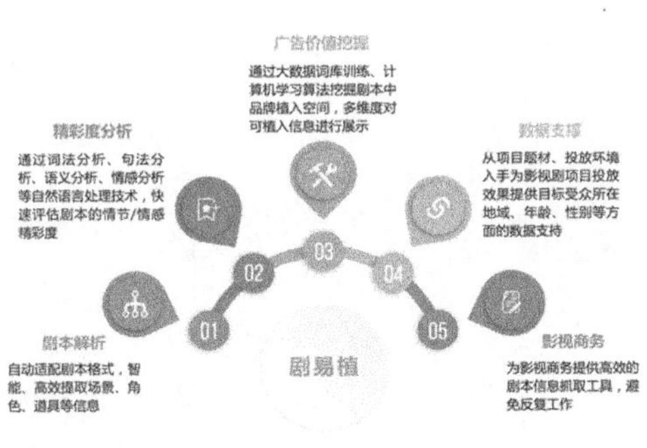

图 58　智能营销案例——小土科技智能植入剧易植

资料来源：北京小土科技有限公司。

参考文献

邓文慧：《大众图书出版行业系列报告》，东方证券研究所，2017。

武超则：《从内容为王到付费兴起，文娱“主旋律”时代来临》，中信建投证券研究所，2017。

唐思思：《把握新技术、新娱乐、新场景下的确定性机会》，中信证券研究部，2017。

旷实：《“精准推送 + 流量分发”，引领媒体新方向》，广发证券发展研究中心，2017。

郭毅：《From 自媒体 to 智媒体——从头条崛起看新媒体下半场趋势》，中信证券研究部，2017。

B.9
2017年我国文化创意和设计服务产业金融发展分析

刘德良*

摘　要：　文化创意和设计服务产业作为我国文化产业中最具发展潜力的行业之一，在国家一系列政策扶持下，产业增加值及营业收入不断增长，融资需求也不断增加。近年来，我国文化创意和设计服务产业投融资渠道建设不断深入，但仍存在融资模式创新性不足、缺乏有效大数据支撑、监管日益趋严等问题。受市场环境影响，2017年，我国文化创意和设计服务业私募股权融资、上市后再融资、新三板挂牌后融资规模均出现了不同程度的下跌，但多数渠道的资本活跃度依旧较高，同时呈现出明显的区域及行业集中性。未来，随着“互联网+”浪潮的不断推进及国家“一带一路”倡议的实施，我国文化创意和设计服务产业资本市场将迎来前所未有的机遇。

关键词：　文化创意和设计服务产业　资本市场　文化金融

一　2017年我国文化创意和设计服务产业发展情况

（一）政策环境分析

作为我国文化产业的重要组成部分，文化创意和设计服务产业一直肩负

* 刘德良，北京新元文智咨询有限公司董事长，中国文化金融50人论坛副秘书长。

着将我国由“制造大国”转变为“创造大国”的重任，为了促进产业发展，国家相关部门先后出台了《国务院关于推进文化创意和设计服务与相关产业融合发展的若干意见》《“十三五”国家战略性新兴产业发展规划》等一系列扶持文件，不断释放政策红利鼓励文化创意和设计服务产业进一步发展。

1. 上升为国家级战略，推动文化创意和设计服务产业与相关产业深度融合

近年来，随着我国经济发展的工业化、新型信息化等进程的不断推进，文化创意和设计服务产业已逐渐呈现出与经济社会各行业多向交互融合的态势。2014 年 2 月颁布的《国务院关于推进文化创意和设计服务与相关产业融合发展的若干意见》（简称《若干意见》）提出，将统筹各类资源，加强协调配合，着力推进广告服务、文化软件服务、专业设计服务、建筑设计服务等文化创意和设计服务与旅游业、建筑业、信息业、消费品工业、农业、装备制造业和体育产业等重点领域融合发展。并且明确到 2020 年，文化创意和设计服务增加值占文化产业增加值的比重明显提高。文化部关于贯彻落实《若干意见》的实施意见又进一步指出，《若干意见》的出台标志着文化创意和设计服务与相关产业融合发展已经上升为国家战略，要更加积极主动地发挥文化创意和设计服务对相关产业发展的支持作用，以文化提升相关产业产品和服务的附加值，以融合发展拓展文化产业发展空间，实现文化产业与相关产业互相促进、共同发展。

2. 减免税收，鼓励文化创意和设计服务企业打造文化创意品牌

2016 年 10 月 18 日，国家文物局发布《关于促进文物合理利用的若干意见》。对认定为文化创意和设计服务企业的高新技术企业，按征收企业所得税的税率减少 15%，并对企业发生的符合条件的创意和设计费用，执行税前加计扣除政策。此外，在提取净收入中最高不超过 50% 的比例，用于对在开发设计、经营管理等方面做出主要贡献的人员的奖励。

3. 以数字技术推动文化创意和设计服务产业发展，鼓励设计创新

2016 年 12 月 19 日，国务院发布《“十三五”国家战略性新兴产业发展规划》（简称《规划》）。《规划》提出以数字技术和先进理念推动文化创意

与创新设计等产业加快发展，同时提出要提升创新设计水平。挖掘创新设计产业发展内生动力，推动设计创新成为制造业、服务业、城乡建设等领域的核心能力。一方面，要强化工业设计引领作用。积极发展第三方设计服务，支持设计成果转化。鼓励企业加大工业设计投入，推动工业设计与企业战略、品牌深度融合，促进创新设计在产品设计、系统设计、工艺流程设计、商业模式和服务设计中的应用。支持企业通过创新设计提升传统工艺装备，推进工艺装备由单机向互联、机械化向自动化持续升级。另一方面，《规划》提出利用大数据、虚拟现实等技术，建立覆盖区域、城乡、地上地下的规划信息平台，引导创新城市规划。从宏观、中观、微观多层面加强城市设计，塑造地域特色鲜明的风貌。鼓励建筑设计创作，完善招投标制度和专家评标制度，扩展建筑师执业服务范围，引导建筑师参与项目策划、建筑设计、项目管理，形成激励建筑师创作的政策环境。加大建筑师培养力度，培育既有国际视野又有文化自信的建筑师队伍。

4. 实施“一带一路”倡议，鼓励创意设计领域不断加强国际交流及贸易合作

2017 年发布的《文化部“一带一路”文化发展行动计划（2016～2020年)》(简称《行动计划》）提出，要围绕数字文化、创意设计等领域，开拓完善国际合作渠道，促进“一带一路”文化贸易合作。以创意设计等为重点领域，支持“一带一路”沿线地区根据地域特色和民族特点实施特色文化产业项目。同时促进文物资源、新技术和创意人才等产业要素的国际流通。此外，《行动计划》还提出了设立文化部“一带一路”文化交流专项资金，鼓励社会资本的参与。

5. 鼓励构建面向设计服务的文物素材库和知识库，实现开放式远程虚拟设计服务

2017 年 12 月，由国家文物局、国家发展和改革委员会、科学技术部、工业和信息化部、财政部共同编制的《“互联网 + 中华文明”三年行动计划》提出，鼓励工业企业、设计机构、高等院校、科研院所与文博单位建立多种形式的合作机制。构建面向设计服务的文物素材库和知识库，实现开

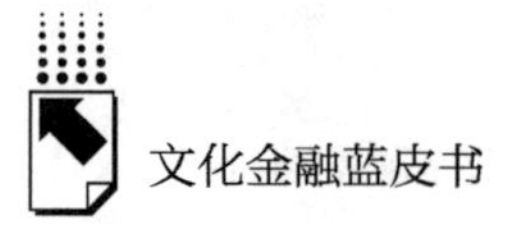

放式的远程虚拟设计服务和定向服务。在传统制造业、战略性新兴产业、现代服务业等重点领域，推进文物素材再造和相关设计服务产业化、专业化、集约化、品牌化发展。培育一批创意设计特色企业，研发一批选题创意新颖、特色突出、形式活泼的文物素材（再造设计产品与服务删除），提高工业设计产业发展水平和服务水平。

（二）产业发展现状与特点

近年来，我国文化创意和设计服务业增加值及营业收入不断增加，整体产业蓬勃发展。随着我国经济发展进入新常态，产业转型升级、发展提质增效都需要文化创意和设计服务业的引导和推动，产业核心价值日益凸显。

1. 文化创意和设计服务产业蓬勃发展，产业增加值总额及占比持续提高

当今世界经济已经步入创新驱动阶段，以文化创意和设计服务产业等新型、高端服务业为代表的文化产业正成为一个国家和地区社会经济发展的重要引擎。并且随着我国文化产业向高端化、内容化方向发展，文化创意和设计服务产业呈现出良好发展势头。据国家统计局统计，我国文化创意和设计服务产业增加值由2014年的4107亿元持续增长至2016年的5843亿元，连续三年的同比增幅均在17%以上；占全国文化产业的比重也实现了连续增长，由2014年的17.2%增长为2016年的19%。这表明，推进文化创意和设计服务产业等新型、高端服务业发展，已经成为提升国家文化产业竞争力、培育国民经济新型增长点的重要举措（见图1）。

2. 规模以上文化创意和设计服务企业营收不断提高，领先大多数细分领域

据对全国5.4万家规模以上文化及相关产业企业调查，2017年前三季度，上述企业营业收入实现67618亿元，比上年同期增长11.4%（名义增长未扣除价格因素），增速提高4.4个百分点，依然保持较快增长。其中，文化创意和设计服务企业的营业收入达到了8046亿元，同比增长7.9%，延续了2016年不断增长的良好发展态势。从各领域占比来看，2017年1～9月我国文化创意和设计服务产业占全国文化及相关产业企业营收的比重达到了11.90%，虽然与2016年的12.27%相比略微下滑，但仍领先于大多数细

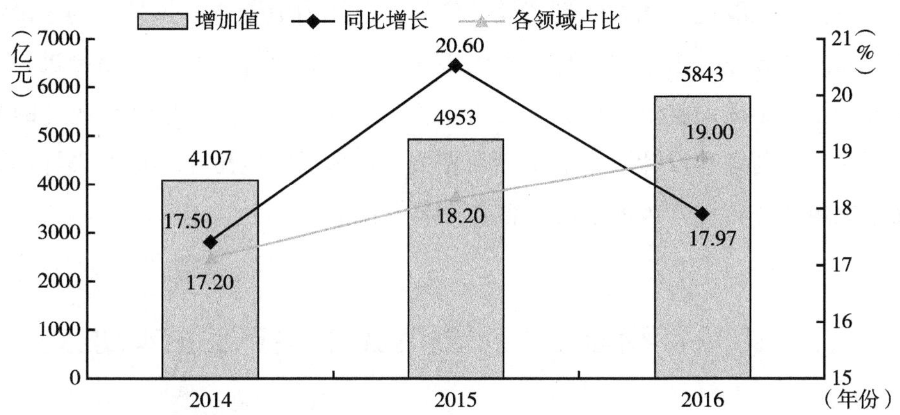

图1 2014～2016年我国文化创意和设计服务业增加值增长情况

资料来源：国家统计局。

分领域，仅次于文化用品的生产业及工艺美术品的生产业，文化创意和设计服务产业对文化产业的重要性不言而喻（见图2）。

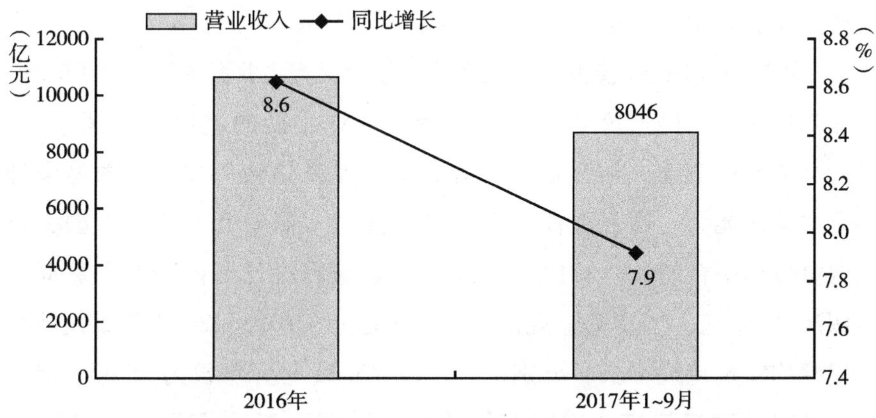

图2 2016年至2017年9月我国规模以上文化创意和设计服务企业营业收入情况

资料来源：国家统计局。

3. “大设计”观念影响下，文化创意和设计服务产业与相关产业融合趋势日益明显

文化创意和设计服务产业作为文化产业中最能丰富和提升生活品质的新

型业态，不仅能提供优秀的创意设计产品，也能为消费者提供具备创意设计品质的公共服务。近年来，随着我国工业化、信息化等进程的不断推进，创意设计已经渗透到各个领域。并且在相关政策推动及“大设计”观念的影响下，文化创意和设计服务业逐渐与相关产业形成深度融合，创意设计作为促进中国产业转型升级的核心价值作用日益凸显。

二 2017年我国文化创意和设计服务产业资本动态

（一）私募股权

股权投融资是现代重要经济手段，对文化创意和设计服务产业而言，股权融资不仅代表着产业发展能力的增强，更意味着与金融业的结合以及市场化程度的加深，伴随我国相关部门对文化创意和设计服务产业发展的重视度逐渐提高，监管逐渐完善到位，股权融资将进一步成为助推文化创意和设计服务产业发展的动力源泉。

1. 市场总体呈现增长走势，文化创意和设计服务企业资本活跃度不断提高

股权投融资是助推文化创意和设计服务业发展的重要资本运作方式，通过社会资金的流动，加强创意设计企业，尤其是初创型、小微型设计企业的资本运作能力，增强企业的资源整合能力。据新元文智－中国文化产业投融资数据平台统计，2014 年我国文化创意和设计服务产业私募股权融资案例达到 22 起，涉及资金规模为 11.35 亿元；2016～2017 年案例数量及融资规模均实现持续增长，分别由 32 起、45.21 亿元增长为 75 起、166.09 亿元，尤其是融资规模，连续两年的同比增幅均超过了 260%。2017 年，我国文化创意和设计服务产业私募股权融资案例继续增长为 82 起，但涉及资金规模却出现了轻微下滑，仅为 133.62 亿元，同比下降了 19.55%。整体来看，虽然 2017 年我国文化创意和设计服务业私募股权融资规模出现了下跌，但市场总体仍呈现快速增长走势，并且创意设计企业融资活跃度不断提高（见图 3）。

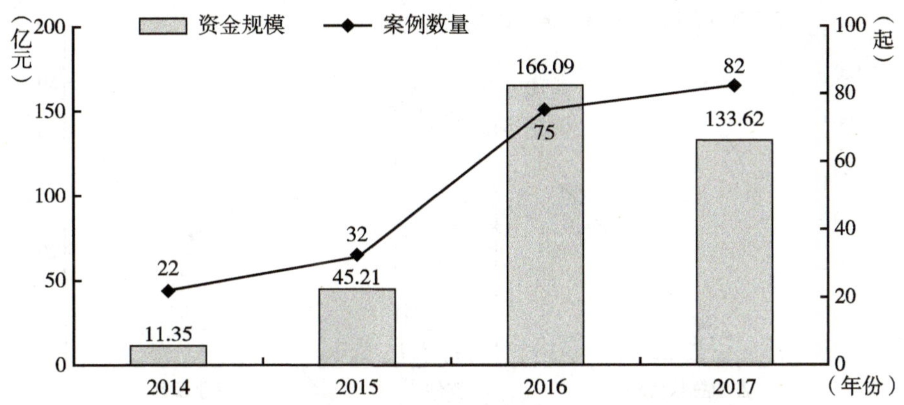

图3　2014～2017年我国文化创意和设计服务产业私募股权融资情况

资料来源：新元文智－中国文化产业投融资数据平台。

2. 软件业量价高企，资本关注度最高

软件业是文化创意和设计服务产业融资的生力军，各类互联网平台层出不穷，高效的整合信息资源是软件业的优势所在，信息的碎片化映射出流量碎片化，流量碎片化的不稳定性为后来者提供了持续的“分羹”机会。近年来，各类大热的直播平台热点持续发酵，运营日渐稳定，流量转换模式成熟，行业资本关注度相对较高，如梦想直播、荔枝直播、虎牙直播等先后获得A轮或Pre－A轮融资。新元智库－中国文化产业投融资数据平台显示，2017年我国软件业融资案例数量为52起，占各细分领域总量的63%以上；而涉及资金规模达115.14亿元，占比高达86.17%，是文化创意和设计服务产业资本关注度最高的细分领域（见图4）。

3. 北京凸显核心地区优势，融资案例数量及规模均远超其他省市

2017年我国文化创意和设计服务产业私募股权融资地域集中度较高，共涉及12个省市及地区，其中北上广地区受到良好的资本环境与政策的扶持，创意设计及投资要素聚集明显，是目前文化创意和设计服务产业私募股权市场核心地区。其中，北京无论是融资案例数量还是融资规模均远超其他省市，全年共计发生融资案例31起，涉及资金规模达81.95亿元，占文化创意和设计服务业私募股权融资总规模的60%以上，区域领先优势明显（见图5）。

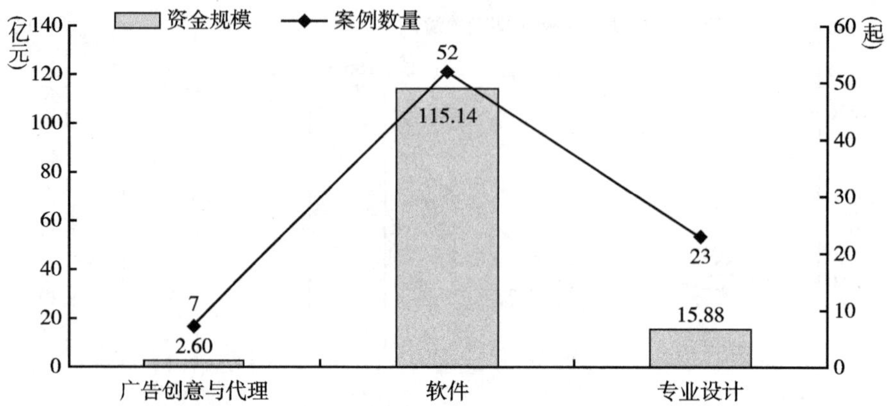

图4　2017年我国文化创意和设计服务产业私募股权融资行业分布情况

资料来源：新元文智－中国文化产业投融资数据平台。

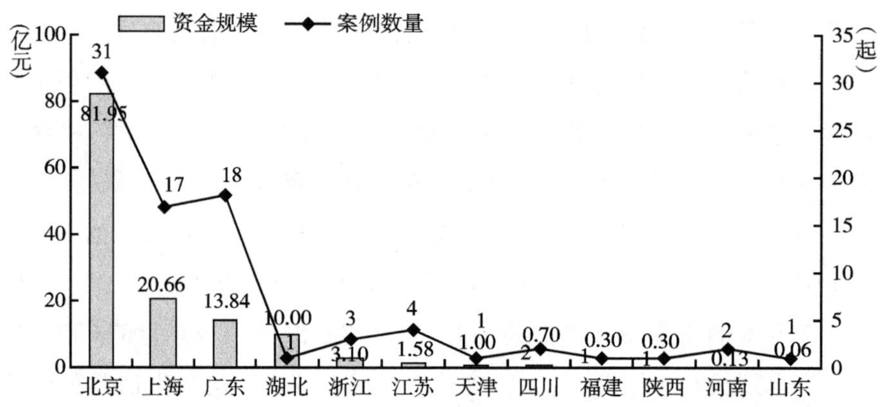

图5　2017年我国文化创意和设计服务产业私募股权融资地区分布情况

资料来源：新元文智－中国文化产业投融资数据平台。

4. 资金流向成熟企业，初创企业获得更多资本关注

当前文化创意和设计服务产业私募股权融资中65%以上被投企业位处于种子天使轮至A＋轮的初创企业，但由于企业规模限制，资金热度相对较低，融资额仅为32.22亿元，占各轮次融资总额的比例约24%。从募集资金上看，B轮募集资金最多，为53.54亿元，占比超40%。总体而言，对于

商业模式尚不成熟的文化创意和设计服务产业初创企业，投资机构出手相对谨慎；反观经营体系成熟、盈利模式丰富的企业，数量较少，但更受资本青睐（见图6）。

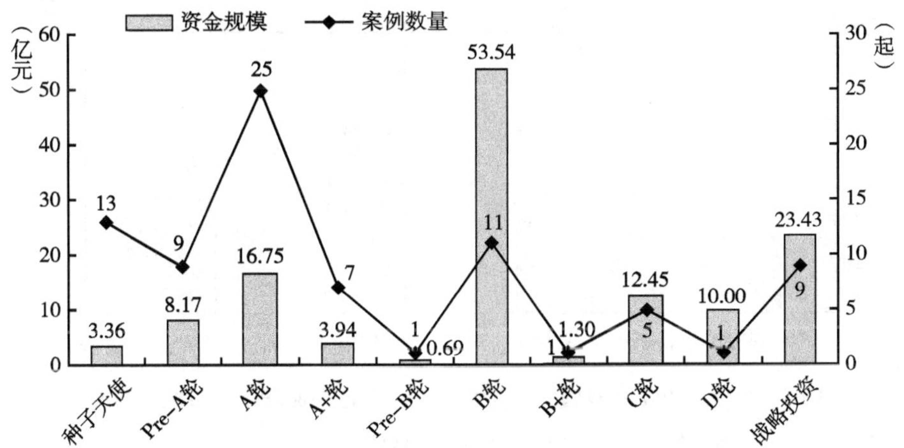

图6　2017年我国文化创意和设计服务产业私募股权融资轮次分布情况

资料来源：新元文智－中国文化产业投融资数据平台。

（二）上市

上市企业作为文化创意和设计服务领域顶端存在的企业层级结构，多为成熟的大型企业，具有较强的资本规模和稳定的盈利能力。其数量与所属地文化创意和设计服务产业发展水平密切相关，并直接反映出该地区文化创意和设计服务产业的综合实力。

1. 上市首发：IPO审核日益趋严，上市企业区域、行业集中性明显

IPO审核趋严，成功上市企业数量未出现明显增长。一方面，2016年以来，受到A股实施熔断机制导致股价暴跌以及经济疲软的影响，我国文化创意和设计服务企业IPO表现消极，成功IPO上市的企业数量并未延续2015年的增长走势。另一方面，虽然中国证监会加快IPO审核速度，但审核日益趋严，导致近两年成功过会的IPO文化创意和设计服务企业一直维持

在5家左右，融资规模也在2017年出现了大幅下滑，由61.79亿元下跌至24.04亿元（见图7）。

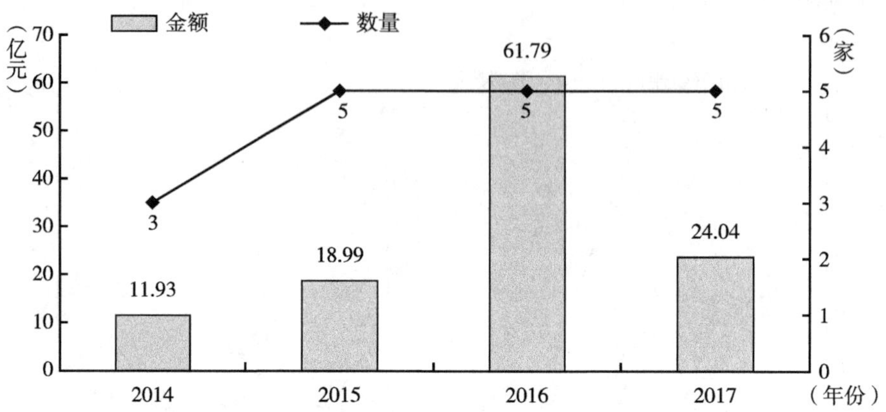

图7　2014～2017年我国文化创意和设计服务产业IPO上市融资情况

资料来源：新元文智－中国文化产业投融资数据平台。

区域集中性明显，广东上市企业数量居全国之首。据新元文智－中国文化产业投融资数据平台统计，2014～2017年我国IPO及借壳上市的文化创意和设计服务企业共计20家，其中，约30%的企业分布在广东省，这主要归功于广东省文化创意和设计服务产业相对发达，政策环境较为完善，企业总体发展水平相对较高，上市企业数量因此在国内市场保持领先（见图8）。

行业集中性明显，专业设计领衔。从上市文化创意和设计服务企业的细分领域来看，2017年新增的5家上市公司主要分布在专业设计和软件业两个领域。其中，专业设计领域共计上市4家企业，占上市企业总数的80%；涉及资金规模达14.43亿元，占总募资规模的60%以上，是上市文化创意和设计服务企业最为集中的领域。而软件业共计上市1家企业，募资规模达9.61亿元，资本活跃度相对较低（见图9）。

2. 上市后再融资：监管趋严，上市后再融资行为受限

监管趋紧，上市后再融资规模止升回落。如图10所示，2014年我国文化创意和设计服务产业再融资案例数量共计5起，涉及资金规模达37.58亿

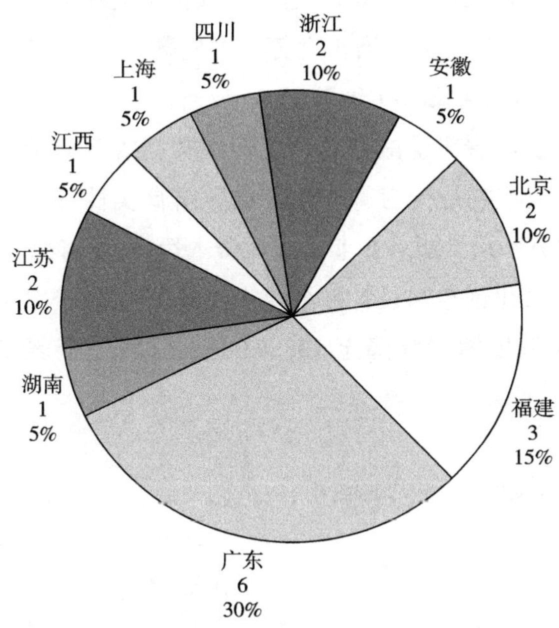

图8 2014～2017 年我国上市文化创意和设计服务企业地区分布情况

资料来源：新元文智 - 中国文化产业投融资数据平台。

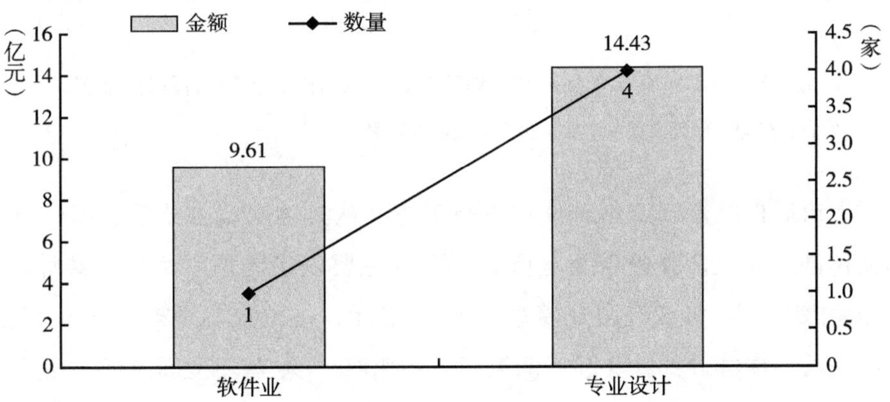

图9 2017 年我国上市文化创意和设计服务企业行业分布情况

资料来源：新元文智 - 中国文化产业投融资数据平台。

元；2015 年案例数量迅速增长为 16 起，涉及资金规模为 105.74 亿元；2016 年上市后再融资规模呈现持续增长走势，案例数量达 21 起，涉及资金规模为 243.26 亿元，同比增长 130.06%。

2017 年以来，随着股份减持新规、再融资新规等政策先后出台，监管层对上市企业的股东减持行为、企业信息披露真实性等方面的审核日趋严谨，导致文化创意和设计服务企业上市后资本运作日趋谨慎。受市场环境影响，2017 年我国文化创意和设计服务企业上市后再融资案例数量虽未出现下滑，但涉及资金规模却骤降至 185.63 亿元，同比下滑 23.69%（见图 10）。

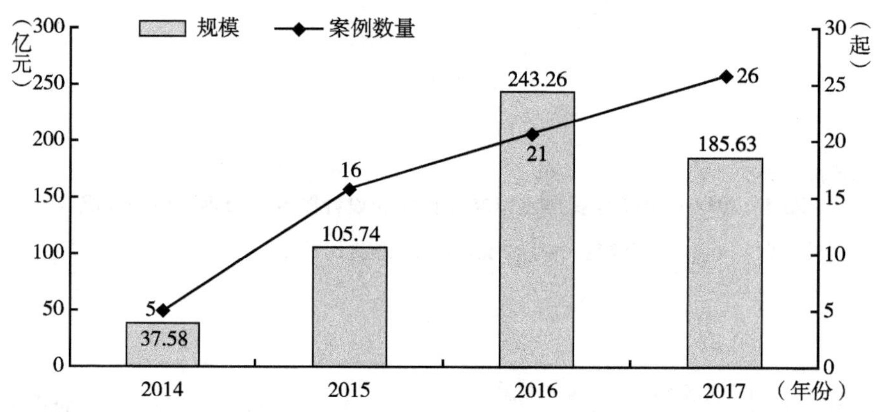

图 10　2014～2017 年我国文化创意和设计服务企业上市后再融资情况

资料来源：新元文智－中国文化产业投融资数据平台。

上市后再融资以定增及债权发行为主。从具体融资方式看，2017 年我国文化创意和设计服务企业上市后再融资主要以定向增发为主，共计发生 14 起融资案例，涉及资金规模达 105.97 亿元，占总融资规模的 57% 以上。其次是发行债券，共计 9 起案例汇聚了约 40%，共 74.3 亿元资金，也是文化创意和设计服务企业上市后再融资的主要方式之一。配股及信托融资的案例数量及融资规模相对较小，分别为 1 起、0.36 亿元和 2 起、5 亿元（见图 11）。

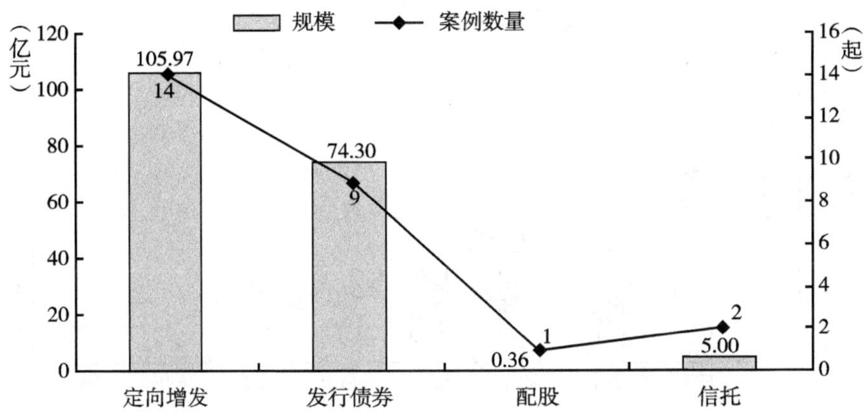

图 11　2017 年我国文化创意和设计服务企业上市后再融资类型

资料来源：新元文智 - 中国文化产业投融资数据平台。

量价高企，北京上市后再融资规模全国居首。2017 年北京以其良好的资源、政策优势依旧保持着对资本的较高吸引力，上市文化创意和设计服务企业融资案例数量达到了 8 起，融资规模高达 69.69 亿元，全国规模占比均在 30% 以上，稳居全国之首。广东文化创意和设计服务企业表现也较为活跃，以 5 起案例融资 33.54 亿元位居全国第二位。海南、浙江、江苏等省市表现也相对突出，融资规模占比均在 10% 左右，其中，江苏省的文化创意和设计服务企业融资案例达到了 4 起，活跃度相对较高。而其他省市的文化创意和设计服务企业表现一般，融资案例数量及融资规模均相对较少（见图 12）。

3. 上市后投资：总体规模在波动中上升，北京企业表现突出

波动中增长，上市企业投资活跃度日益提升。2014 ~ 2017 年，我国文化创意和设计服务企业上市后投资规模总体呈现增长走势，其中，2015 年增长明显，由 23 起、38.24 亿元增长为 75 起、180.91 亿元，同比增幅分别达到了 226.09% 及 373.05% 。2016 年受资本寒冬及经济增速放缓等环境影响，上市文化创意和设计服务企业的投资案例数量及规模出现了轻微下滑，分别同比下降了 6.67% 及 3.22% 。2017 年上市后投资市场整体回暖，案例

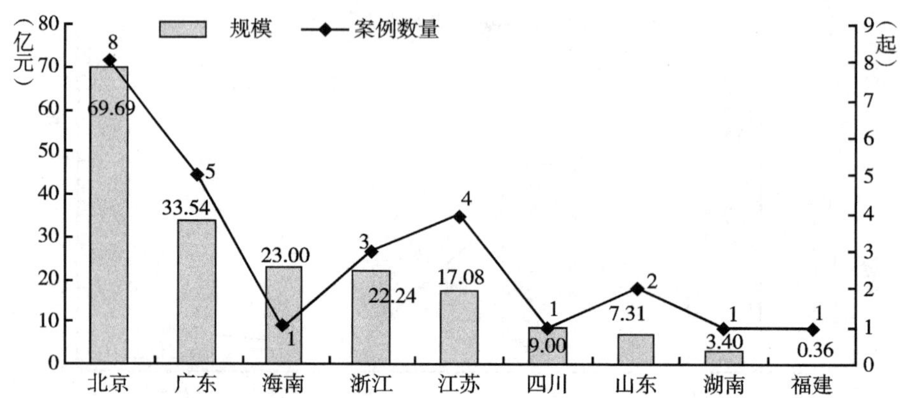

图 12　2017 年我国文化创意和设计服务企业上市后再融资地区分布情况

资料来源：新元文智 - 中国文化产业投融资数据平台。

数量又增长至 75 起；涉及资金规模突破 200 亿元，同比增长 15.80%（见图 13）。

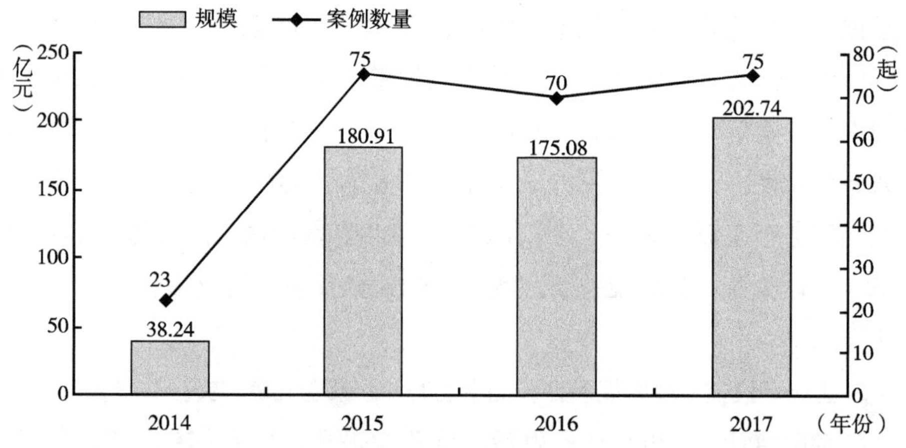

图 13　2014 ~ 2017 年我国文化创意和设计服务企业上市后投资情况

资料来源：新元文智 - 中国文化产业投融资数据平台。

并购是上市文化创意和设计服务企业的主要投资方式。2017 年我国文化创意和设计服务企业上市后并购投资、股权投资、投资基金、新设子公司的案例数量分别为 25 起、19 起、15 起、16 起，涉及资金规模分别达

104.35 亿元、45.1 亿元、46.74 亿元、6.56 亿元，占总规模的比例分别为 51.47%、22.24%、23.05%、3.23%，可见并购投资的案例数量及投资规模均远超其他类型投资（见图 14）。

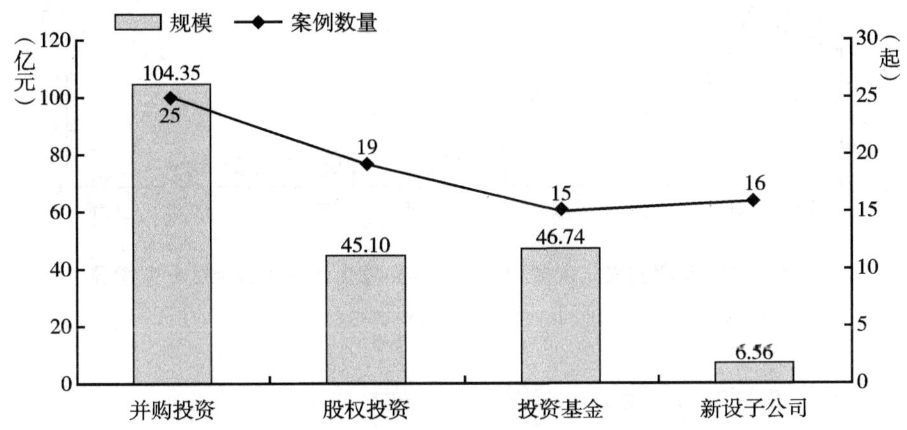

图 14　2017 年我国文化创意和设计服务企业上市后投资类型

资料来源：新元文智 – 中国文化产业投融资数据平台。

北京上市文化创意和设计服务企业投资最为活跃。据新元文智 – 中国文化产业投融资数据平台统计，2017 年，北京、海南、浙江、广东四个省份的上市文化创意和设计服务企业投资案例数量及投资规模排名前四，汇聚了全国 80% 以上的案例及资金。其中北京上市企业表现突出，共计发生 26 起投资案例，涉及资金规模达 91.93 亿元，占比分别为 34.67%、45.34%。而海南、浙江等东南沿海地区创意要素集聚，也是上市资本较为活跃的地区（见图 15）。

（三）新三板

近年来，随着新三板市场的完善以及文化企业自身发展需要，新三板已经成为文化企业进行资金融通的重要渠道之一，文化创意和设计服务企业也不例外。具有中小企业占多数、轻资产等特点的文化创意和设计服务企业，能够很好地迎合新三板的市场定位。因此，很多企业牢牢抓住新三板市场提

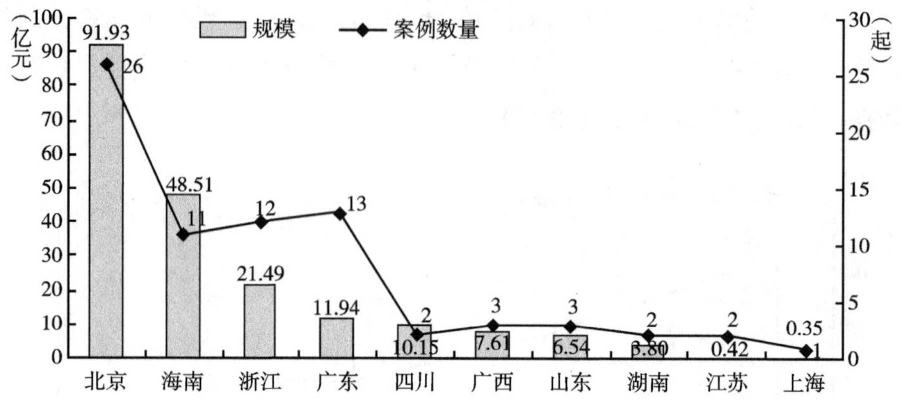

图15　2017年我国文化创意和设计服务企业上市后投资地区分布情况

资料来源：新元文智－中国文化产业投融资数据平台。

供的契机，在资本市场上大展鸿图，不断做大做强。

1. 挂牌：新三板市场由以量取胜进入以质取胜阶段

新增挂牌企业数量由爆发式增长转为断崖式下跌。2013年12月31日，全国中小企业股份转让系统开始接收全国范围内的企业挂牌申请。2014年以来，我国又出台了多项政策鼓励文化企业登录新三板，包括《进一步支持文化企业发展的规定》提出，鼓励文化企业进入中小企业板、创业板、新三板融资；《关于大力支持小微文化企业发展的实施意见》指出，鼓励符合条件的小微文化企业通过全国中小企业股份转让系统和区域性股权交易市场进行股权融资；《“十三五”国家战略性新兴产业发展规划》提出，积极支持符合条件的战略性新兴产业企业上市或挂牌融资，研究推出全国股份转让系统挂牌公司向创业板转板试点，建立全国股份转让系统与区域性股权市场合作对接机制等。在各项政策的推动下，文化创意和设计服务企业挂牌新三板持续增长，特别是进入2015年后，文化创意和设计服务企业挂牌新三板进入高发期，登录新三板的企业数量达到了113家，同比增幅高达253.13%。

2016年，随着新三板分层制度的实施及市场监管日益趋严，新三板逐渐由以量取胜进入了以质取胜阶段。虽然新增挂牌企业依旧增长为218家，但整体增速放缓，仅为92.92%。而2017年新增挂牌企业数量直接跌至了87家，同比下降了60.09%（见图16）。

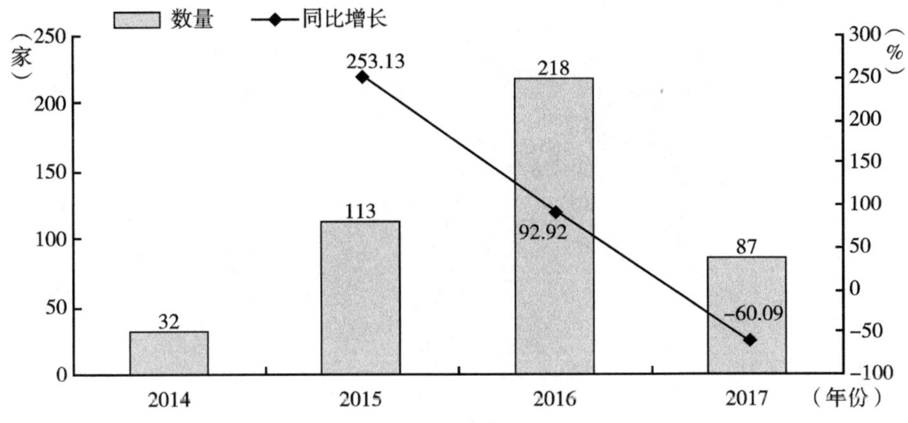

图16　2014～2017年我国文化创意和设计服务企业新三板挂牌情况

资料来源：新元文智－中国文化产业投融资数据平台。

区域集中性明显，北上广苏浙五省份占比超七成。据新元文智－中国文化产业投融资数据平台统计，2017年新增挂牌新三板文化创意和设计服务企业集中于广东、北京、上海、江苏、浙江等地，挂牌企业数量分别为19家、16家、10家、9家、8家，合计占比70%以上。这些地域的文化创意和设计服务产业与金融产业均较为发达。而新三板又具有门槛低、周期短、手续简单等特点，相对沪深等地上市要求较低。因此奔赴新三板成为有强烈融资需求的北上广等地文化创意和设计服务企业的重要选择（见图17）。

2. 挂牌后融资：规模日益下降，软件业表现突出

挂牌后融资规模日益下降，以定向增发为主。根据新元文智－中国文化产业投融资数据平台统计，2014年以来，挂牌新三板的文化创意和设计服务企业融资案例数量总体呈现出先迅速增长后平稳发展的走势。先由17起上升为2015年的111起，同比增长552.94%；其后2016～2017年整体发展较为平稳，案例数量一直维持在111起左右。但从融资规模来看，2016年以来随着监管趋严，我国文化创意和设计服务企业挂牌后融资规模逐渐下降，由2015年的

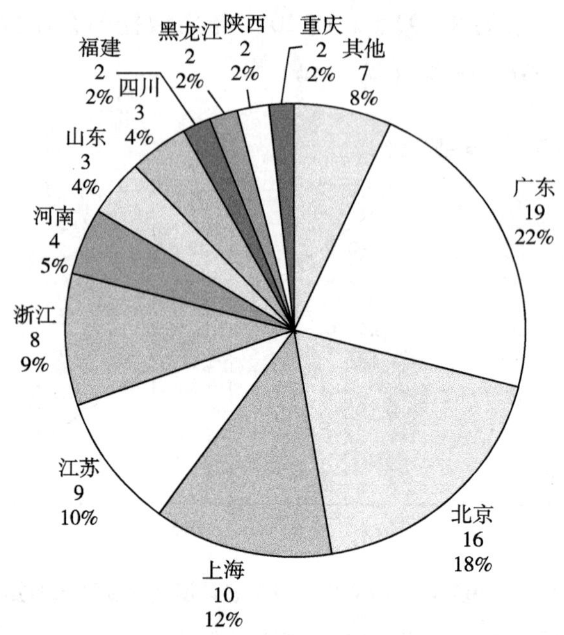

图 17　2017 年我国文化创意和设计服务产业新增挂牌企业地区分布情况

资料来源：新元文智－中国文化产业投融资数据平台。

52.56 亿元下降至 2016 年的 35.52 亿元，2017 年进一步下降为 29.37 亿元。

从具体的融资类型来看，2014 年以来，我国文化创意和设计服务产业新三板挂牌企业融资多以定向增发为主，每年定增融资的案例数量及融资规模占比均在 96% 以上（见图 18）。

软件业融资规模领先各细分领域。从融资的行业分布看，2017 年我国新三板挂牌的文化创意和设计服务企业融资多集中在软件业，融资规模达 11.89 亿元，占比 40%；户外媒体及广告创意与代理业分别以 6.38 亿元、6.72 亿元位居第二及第三名，占比均在 20% 左右；而专业设计领域融资规模较小，占比仅为 15%（见图 19）。

3. 挂牌后投资：活跃度日益提高，以新设子公司为主要投资方式

新三板挂牌企业投资活跃度不断攀升。2014 年以来，挂牌新三板的文化创意和设计服务企业投资案例数量呈逐年增长态势，由 10 起逐年增长为

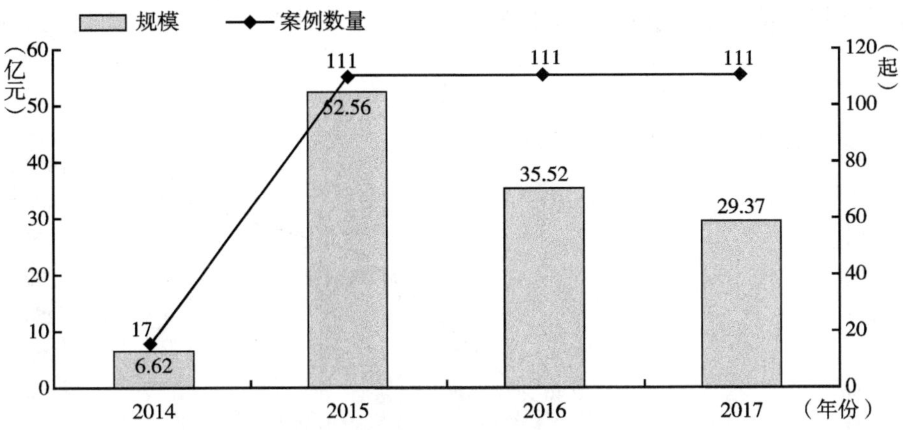

图 18　2014～2017 年我国文化创意和设计服务企业新三板挂牌后融资情况

资料来源：新元文智－中国文化产业投融资数据平台。

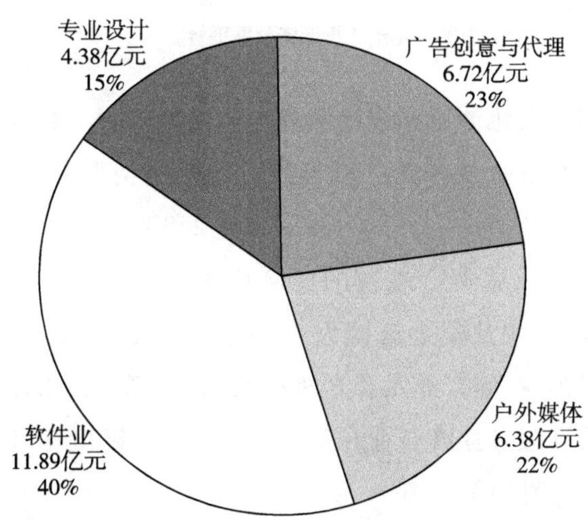

图 19　2017 年我国文化创意和设计服务企业新三板挂牌后融资行业分布情况

资料来源：新元文智－中国文化产业投融资数据平台。

112 起、328 起及 402 起，年增长率分别为 1020.00%、192.86%、22.56%，呈现逐年递减趋势。从投资规模来看，整体呈现先增长后下降的走势，由 2014 年的 0.67 亿元增长至 2016 年的 38.85 亿元，增长十分迅速；但 2017

年受市场环境影响，投资规模出现了一定程度的下滑，仅为23.53亿元（见图20）。

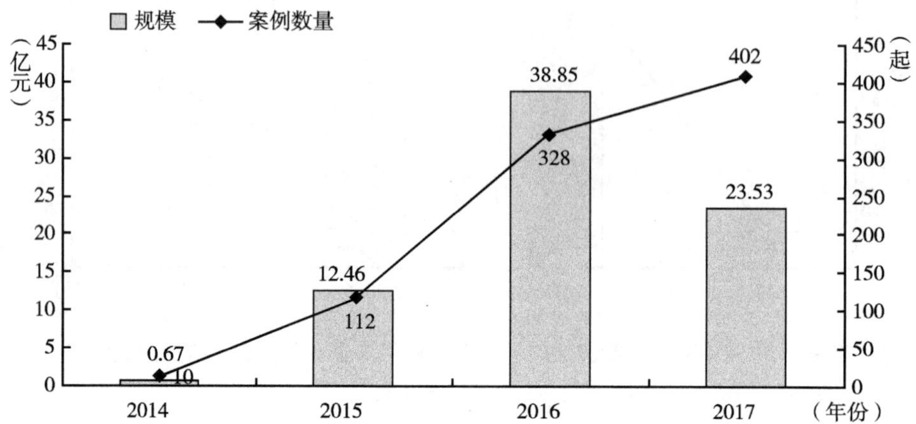

图20　2014～2017年我国文化创意和设计服务企业新三板挂牌后投资情况

资料来源：新元文智－中国文化产业投融资数据平台。

新设子公司是文化创意和设计服务企业挂牌后的主要投资方式。从我国文化创意和设计服务企业在新三板挂牌后的投资类型来看，2017年的投资事件主要以新设子公司为主，案例数量高达259起，涉及资金规模达14.58亿元，占案例总数及总资金规模的比例均在60%以上。其次是股权投资，案例数量为82起，涉及资金规模为4.09亿元，占比均在20%左右。并购投资的案例数量为56起，涉及资金规模为3.16亿元，占比均在13%左右。而文化创意和设计服务挂牌企业在基金方面投资活跃度相对较低，仅发生了5起投资案例（见图21）。

（四）众筹

众筹是以支持发起的个人或组织向群众募资的一种行为，即大众筹资。众筹在方式上因为可以借鉴互联网渠道募集资金因此更为开放。而且获得资金的标的也更为广泛，为小本经营文化创意和设计服务企业或创作的设计师提供了无限的可能。

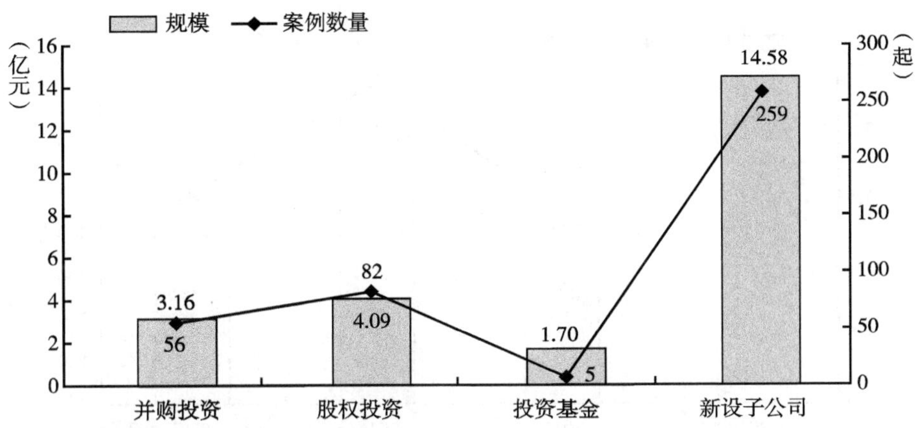

图 21　2017 年我国文化创意和设计服务企业新三板挂牌后投资类型

资料来源：新元文智 - 中国文化产业投融资数据平台。

1. 政策收紧，众筹融资市场由爆发式增长期进入调整期

近年来以互联网为依托的众筹行业在全国范围内风生水起，因其较为新颖的运营模式、低门槛、多样性、依靠大众力量、注重创意的特征，获得了多方资本关注。据新元文智 - 中国文化产业投融资数据平台统计，2014 年，我国文化创意和设计服务产业众筹融资案例共计 40 起，融资规模仅为 0.02 亿元；2015 ~ 2016 年融资案例及规模实现了双向增长，分别为 458 起、0.77 亿元及 748 起、2.27 亿元；2017 年，随着互联网金融政策日益收紧，我国众筹平台的强弱分化日益明显，并且面临行业洗牌的阶段。受市场环境影响，我国文化创意和设计服务业众筹融资案例数量下滑至 511 起，同比下降 31.68%，涉及资金规模也下降了 34.38% 至 1.49 亿元，由爆发式增长阶段逐渐进入了行业调整阶段（见图 22）。

2. 淘宝众筹量价高企，领跑文化创意和设计服务众筹市场

2017 年，在发起文化创意和设计服务产业相关众筹的平台中，淘宝众筹、京东众筹处于领先，案例数量分别高达 320 起及 141 起，募集金额分别为 0.921 亿元、0.298 亿元。其中淘宝众筹表现突出，无论是众筹案例数量还是融资规模占比均在 60% 以上，遥遥领先于其他众筹平台。此外，除苏

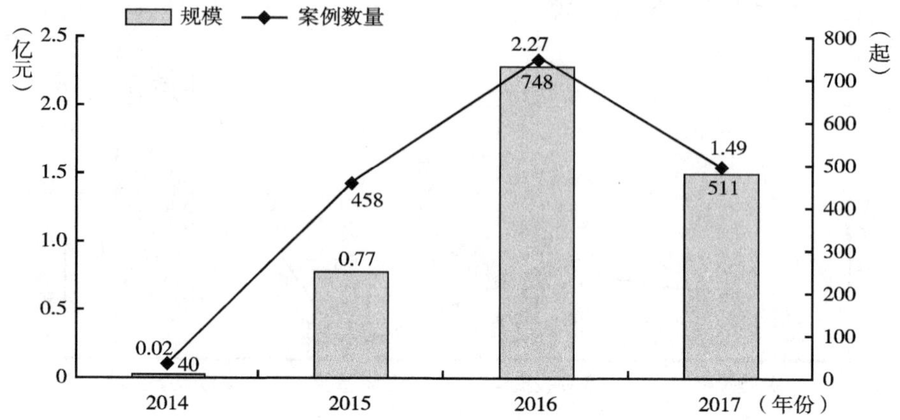

图22　2014~2017年我国文化创意和设计服务业众筹融资情况

资料来源：新元文智－中国文化产业投融资数据平台。

宁众筹以外，其他众筹平台的文化创意和设计服务产业相关项目的募集金额均未破千万，全年项目数量也多为个位数（见表1）。

表1　2017年我国文化创意和设计服务业众筹平台发展情况

平台名称	案例数量/起	规模/亿元
淘宝众筹	320	0.9210
京东众筹	141	0.2980
苏宁众筹	23	0.1442
京北众筹	1	0.0832
聚米众筹	1	0.0300
摩点众筹	16	0.0119
众 筹 网	5	0.0005
网易三拾	1	0.0003
乐童音乐	3	0.0001

资料来源：新元文智－中国文化产业投融资数据平台。

3. 文化创意和设计服务产业众筹多以奖励众筹为主

从众筹类型来看，2017年我国文化创意和设计服务产业众筹多以奖励众筹为主，共计发生510起，涉及资金规模达1.41亿元，占比94%；而股权众筹仅发生了1起，涉及资金规模占比约6%。相比奖励众筹市场来说，文化创意和设计服务产业股权众筹市场仍然有很大的增长空间（见图23）。

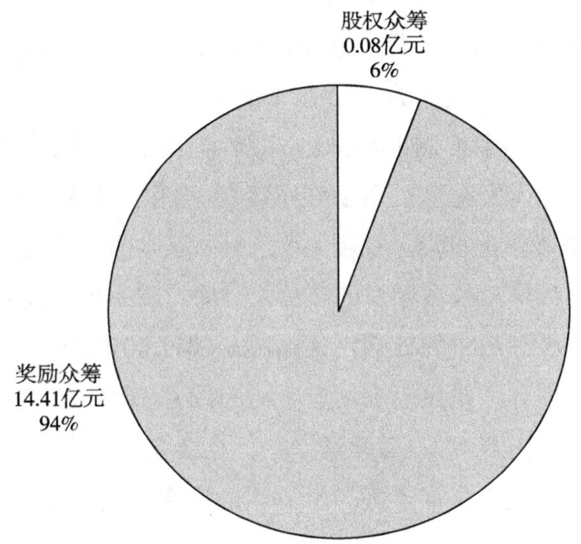

图23 2017年我国文化创意和设计服务产业众筹类型

资料来源：新元文智－中国文化产业投融资数据平台。

（五）案例分析

1. 私募股权：快看漫画完成2.5亿元C轮融资

2017年1月9日，快看漫画宣布完成2.5亿元C轮融资。天图资本领投，红杉资本、今日头条、光信资本、亦联资本跟投，泰合资本担任独家财务顾问，快看漫画完成融资后估值在十几亿元。

由微博大V陈安妮打造的快看漫画是一款移动端漫画App，主要向用户提供高清全彩原创漫画。据官方数据显示，目前快看漫画签约作品超过1000部，签约作者超过500位，破亿的总热度作品超过300部，破百万的粉丝数作品超过150部，推出的实体出版物已经有100多万册，码洋4000

多万元。在用户方面，目前快看漫画用户超过7000万，月活突破2460万，日活突破727万。另据第三方大数据机构统计，目前快看漫画是漫画行业内唯一进入综合榜单前100位的APP，位列总榜第60位，且在90后的渗透率也达到5.6%，渗透率TGI高达186。

完成本轮融资后，内容投入仍旧是快看漫画的重中之重，具体可以分为两个部分：一是打造流量平台，合作漫画CP；二是自制内容，孵化IP爆款，此前的《复仇高中》《整容游戏》均来自于自制团队的策划。

快看漫画的融资资金主要用于与外部CP合作。资金很难解决内容自制的问题，自制需要专业团队、专业人才。另外，在内容偏好上，快看漫画仍旧会坚持轻内容导向，抢占用户的碎片化时间。新一代年轻人的时间会越来越碎片化，快看漫画用户的日平均使用时长超过40分钟。未来不管是漫画还是其他形式的内容，花在轻度内容上的时间总和要比重度内容多。另外，快看漫画注重轻度内容IP的后续延展性，且会在做前期设定中解决。一个简单故事的背后可以有非常丰满的世界观的设定，这些都是将来能做IP开发的内容。

2. 上市：杰恩设计成功IPO上市

深圳市杰恩创意设计股份有限公司于2017年6月19日在深圳证券交易所创业板上市交易，共计募集资金2.21亿元。公司证券简称为“杰恩设计”，证券代码为“300668”。

杰恩设计公司是知名的建筑室内设计解决方案及技术服务提供商，主要为客户提供包括动线设计、概念设计、方案设计、扩初设计、施工图设计、后期现场服务等在内的建筑室内设计全流程服务，设计业务范围涵盖商业类建筑、酒店类建筑、办公类建筑、轨道交通类建筑等类别。

一直以来，公司主要依靠银行贷款及公司经营积累来解决融资问题，融资渠道较为单一，随着室内设计行业产业升级的快速推进，行业内主要企业纷纷通过吸引各类高端室内设计人才以满足自身特色化、专业化、高端化的市场发展需求。公司依靠银行贷款、内部融资已难以满足人才储备以及业务快速发展的资金需求，这对公司进一步扩大规模产生了一定的不利影响。①

因此，本次成功发行A股募集资金将有利于拓宽公司融资渠道、快速提高资金实力、扩充设计人员队伍、提高订单承接能力。本次募集资金计划将全部用于设计服务网络新建与升级建设项目、总部运营中心扩建项目等公司主营业务相关的项目及主营业务发展所需的营运资金。随着募集资金到位，相关项目的实施将进一步提高公司的综合竞争力、拓展业务市场范围、提升品牌影响力、促进可持续发展。

3. 新三板：大象股份定增融资48960万元

2017年6月30日，大象股份发布《股票发行情况报告书》，完成股票发行，本次股票发行人民币普通股2880万股，发行价格为17.00元/股，成功融资48960万元，认购对象包括陈丽、芜湖华融渝稳投资中心（有限合伙）、华融天泽投资有限公司等9名投资机构或自然人。

大象广告股份有限公司于2015年10月16日登陆新三板，证券代码为833738，证券简称大象股份，当前转让方式为协议转让，现属于新三板基础层。大象股份的主营业务为户外广告领域的运营。大象股份本次募集资金将主要用于广告媒体资源投资、支付经营权费用（含现金保证金、银行履约保函保证金等）及补充公司流动资金，对公司的经营保障、提升企业的经营能力和竞争能力都有非常积极的影响。

大象股份将在西安、武汉、成都等城市地铁广告良好运营的基础上，继续扩大经营规模，积极参与全国其他二线城市的地铁广告招投标工作，形成二线城市地铁广告销售网络，进一步提高公司的核心竞争力。本次募集资金有助于其发展战略的实现。

大象股份近年来处于快速发展阶段，资本性支出较大，由于媒体资源采购的金额通常较大，且支付媒体资源经营权费与实现媒体发布销售收入的时点通常间隔较长，随着大象股份销售规模的进一步扩大，需准备更多营运资金用以维持正常的经营。本次募集资金有利于其规避经营风险。

① 资料来源：杰恩设计招股说明书。

总之，通过本次非公开发行股票补充流动资金，有利于缓解大象股份现有业务规模扩张带来的资金压力，保证未来稳定可持续发展，具有必要性与可行性。

三　2017年我国文化创意和设计服务产业投融资机遇与挑战

（一）投融资机遇

作为最具发展潜力的文化产业，文化产业的可持续发展离不开金融产业的鼎力支持。而国家"一带一路"倡议的实施及一系列扶持政策的出台，为我国文化产业与金融业的融合发展带来了光明。

1. 系列文件出台释放政策红利，助推文化创意和设计服务与金融业融合发展

党的十八届三中全会明确提出，要金融资本与文化产业相融合，并将金融与文化的融合发展纳入了全面深化改革的总体格局。紧接着，《国务院关于推进文化创意和设计服务与相关产业融合发展的若干意见》也提出，增加文化产业发展专项资金规模，加大对文化创意和设计服务企业支持力度。支持金融机构选择文化创意和设计服务项目贷款开展信贷资产证券化试点。鼓励银行业金融机构支持文化创意和设计服务小微企业发展。鼓励金融机构创新金融产品和服务，增加适合文化创意和设计服务企业的融资品种。一系列政策的出台为我国文化创意和设计服务产业与金融业的融合发展奠定了良好的环境基础，有利于金融产品与服务的不断创新。

2. "一带一路"倡议拓宽文化创意和设计服务业国际投融资渠道

自2013年习近平总书记首次提出共同建设"丝绸之路经济带"的重大战略构想以来，伴随着"一带一路"倡议的不断推进，我国逐渐成为对外投资大国，文化创意和设计服务企业的海外投资规模也在不断增加。2017年，文化部颁布《"一带一路"文化发展行动计划（2016～2020年）》并提出，要围绕数字文化、创意设计等领域，开拓完善国际合作渠

道，促进“一带一路”文化贸易合作、沿线国家和地区投资以及吸引社会资本的投资。可以预见的是，我国将有更多的文化创意和设计服务企业及金融机构参与到“一带一路”建设投资中来。“十三五”时期将成为我国文化创意和设计服务企业提高国际交流合作、发展国际贸易的重要战略时期，同时将有更多的国内外资本涌入文化创意和设计服务领域，未来发展空间较大。

3. 互联网技术助推创意设计版权变现及市场化转变

互联网、移动通信、大数据、云计算等新一代信息技术应用的不断深入推动了传统文化金融的变革，催生了众筹、互联网银行等新兴文化金融模式。对于文化创意和设计服务产业来说，在“互联网+”、大数据等浪潮的推动下，通过市场分析、预估来建立设计预售模型，有利于推动创意设计版权变现，更好地实现设计产品的市场化。同时，通过众筹这种新兴互联网金融模式，优秀的创意设计概念可以通过预购订单的方式吸引更多资本的注意力，不仅可以帮助设计企业实现创意设计产品的量化和市场化，使设计实现由轻资产到重资产的转变，还可以避免资本盲目投资，或将改变未来设计行业的投资模式。

（二）投融资挑战与思考

近年来，我国文化创意和设计服务产业投融资渠道建设虽不断深入，但仍面临着融资模式创新性不足、监管日益趋严、缺乏有效大数据支撑等挑战。

1. 融资渠道匹配度及创新性有待提高，建议探索创意设计金融主体联合创新模式

近年来，我国文化创意和设计服务产业发展十分迅速，行业对资金的需求也不断增长。我国创意设计产业的融资渠道建设虽然不断深入，债权、股权等融资渠道不断完善，但由于创意设计产业本身的特性、发展环境，针对创意设计产业的金融产品种类相对较少且创新性不足，文化创意和设计服务产业与金融的联动性尚需加强。如银行贷款方面，创意设计企业一般规模较

小，其盈利能力、资产规模等银行考查的指标成绩往往不是很理想，并且一般缺少房产、设备等被认可的有效质押物，而拥有的设计版权等无形资产因价值伸缩性大、评估困难等却很难得到认可，两者之间的匹配度依旧欠佳。

因此，建议探索政府、文化创意和设计服务企业、银行、投资机构、担保、信用评级、保险、小额贷款、基金等机构间的联动机制，通过渠道拓展设计相应的风险缓释类产品，并鼓励这些机构间进行联合创新。

2. 监管趋严，创意设计企业投融资应趋于理性，努力提高自身竞争力

近年来监管层频频释放监管趋严的信号。例如2017年2月再融资新规的出台，证监会对壳资源炒作等现象的高度关注、证监会主席刘士余关于“严控炒壳”“力降杠杆”的言论等，无一不透露出监管层对资本运作的监管力度日益趋严。在监管趋紧的大背景下，我国文化创意和设计服务企业的资本运作趋于谨慎，2017年创意设计企业上市后再融资、新三板挂牌后投融资等规模均出现不同程度的下滑。

未来，随着监管政策的进一步完善，文化创意和设计服务企业IPO上市的审核将进一步趋严，新股上市难度将有所提升；定增融资、上市公司违规减持或清仓式减持等行为明显受限；新三板市场也将进入提质阶段，不达标的文化创意和设计服务企业将面临强制退市风险。因此，建议主板及新三板文化创意和设计服务企业努力提高自身竞争力，如提高盈利能力和财务水平，努力达到监管层的上市、融资等要求。同时，对于上市后再融资、并购重组等行为应趋于理性，尽量基于公司实际情况理性而慎重地做出资本决断，降低监管风险。

3. 创意设计产业投融资缺乏有效大数据支撑，建议搭建相关大数据服务平台

大数据作为宝贵的战略资源，对文化创意和设计服务企业的投融资决策具有重要价值。并且随着文化创意和设计服务产业的发展和资金需求的不断扩大，其对大数据服务的需求日益迫切。但是，目前我国现有的创意设计金融数据信息远远不能够满足应用的需要，文化创意和设计服务企业与政府部门、银行、券商、信托、担保等机构间缺乏统一的金融数据对接平台，各机构间创意设计相关的金融数据的采集、筛选、统计、储存、传输等标准尚未

统一，数据开放程度也不够，无法对海量数据进行系统有效的管理、挖掘、重组、应用、创新。

因此，建议针对文化创意和设计服务企业建立集大数据监测集成、智能挖掘分析、投资价值评估、信用评级、投融资交易等功能于一体的“创意设计金融大数据服务平台”，对文化创意和设计服务企业投融资实施全流程智能化、科学化管理，从而提高产业投融资效率、降低投融资成本。

参考文献

新元智库：《2017 年中国文化产业融资分析报告》，2018。

曾辉：《创意设计与城市、产业、科技融合下的思考》，2015。

新元智库：《（2017 年 1 ~ 12 月）文化新三板月度分析报告》，2018。

新元智库：《（2017 年 1 ~ 12 月）文化股权融资月度分析报告》，2018。

新元智库：《2016 年中国文化产业投融资研究报告》，2017。

B.10
2017年我国文化旅游领域金融发展分析

刘德良　曹嬴琰*

摘　要： 十九大以来我国进入社会主义新时代，文化旅游的发展与我国新型城镇化、“一带一路”倡议、“藏羌彝文化走廊”等重大规划息息相关，而文化旅游的发展又离不开金融资本的助力。2017年，我国文化旅游发生52起股权投融资案例，涉及资金规模63.32亿元，是近年来首次出现下滑；并购方面则发生有7起案例，涉及资金总额约为5.35亿元；同时，有38家文化旅游相关企业挂牌新三板，占2017年文化产业挂牌总数的9.8%；而主板上市的文化旅游企业仅有1家，但融资和投资规模分别高达460.47亿元和417.52亿元。相对传统金融领域而言，在“互联网+”的推动下，文化旅游与互联网金融联系得更加紧密，尤其以途牛网、携程网为首的一批在线旅游平台企业，依托积累的大数据体系，纷纷推出各自的金融产品，完善互联网旅游金融产品，加强金融业对文化旅游的服务和支撑。在新时代的影响下，从个性化需求出发的创新金融产品、以大数据为基础的现代互联网金融基础设施建设、互联网旅游金融的资产证券化和文化旅游金融产品的场景化设计成为未来的发展方向和趋势。

关键词： 文化旅游　资本市场　互联网金融

---

* 刘德良，北京新元文智咨询有限公司董事长，中国文化金融50人论坛副秘书长；曹嬴琰，新元文智咨询有限公司文化金融研究部。

在深入推进供给侧结构性改革的大背景下，我国文化产业与相关产业融合发展，赋予了传统产业新的内涵与生机。旅游业与文化产业的融合是以旅游业的物理空间和消费市场为依托，以文化资源为内核的产业升级，这一市场趋势丰富了两者各自的内涵，拓展了旅游业和文化产业的发展空间。

在传统概念上，旅游业本身与文化息息相关，因此文化旅游如何界定其实是极为困难的。有学者认为，文化旅游在广义上是指建立在体验基础上的一种兴趣旅游，基本与一般性的旅游活动相差无几，均为一种文化现象。但是从市场研究的角度来看，笔者认为，文化旅游所涵盖的范围更加宽泛，以旅游活动为中心，围绕旅游活动所衍生的一系列吃、住、行、玩等旅游服务均可视作文化旅游产业链中的一部分，在“互联网 +”的影响下，文化旅游借助互联网衍生出的在线旅游、在线票务甚至以文化旅游为主要内容的数字新闻资讯，更是文化旅游不可分割的内容。

随着我国社会经济日益发展，在消费升级的背景下，旅游休闲市场进一步壮大，消费者对旅游活动本身的精细化需求不断增强，能够“深入”体验人文习俗、自然风光的旅游活动成为当前旅游业的主流，也带动了更大规模、更高频次的消费。我国旅游局公布的相关数据显示，在 2017 年，我国实现旅游总收入 5. 4 万亿元，相比 2016 年整体增长 15. 1%；对 GDP 的综合经济贡献值为 9. 13 万亿元，占 GDP 总量的 11. 04%。

文化旅游的发展离不开金融的支持，一如文化产业的发展离不开金融资本的大力扶助。文化旅游是具有低频次、高规模特点的休闲娱乐消费行为，从供给方而言，文化旅游又是有着较强现金流和明显的淡、旺周期的高投入产业。文化旅游与金融业的有效结合，一方面能够刺激消费，带动消费升级；另一方面能够丰富供应链金融产品形态，深化供给侧结构性改革，促进产业内生动力转型升级。而在文化旅游与金融业相互渗透、相互影响的资本融合过程中，又能够加速资本的集中、积聚和增值，实现金融本身的价值和效应。

一　文化旅游及其金融服务发展的背景及政策支持

文化旅游及其金融服务的发展是市场发展的必然趋势，传统旅游业转型升级必然需要依托文化产业来丰富其内涵，创新其产品，而金融业正是这一系列创新和转型升级的重要支撑。在我国相关政策的引导下，文化旅游正与我国丰富的少数民族文化和传统文化相结合，与我国新型城镇化道路相结合，依托金融服务，积极发挥文化旅游的社会效益创造能力。

（一）文化旅游及其金融服务发展的政策支持

自2009年8月文化部与国家旅游局共同制定我国政府出台的第一份关于促进文化产业与旅游产业融合发展的政策性文件《关于促进文化与旅游结合发展的指导意见》以来，经过近十年发展，文化旅游已经深入我国文化、旅游两大产业发展规划之中。

2017年2月3日，国家发展改革委会同国土资源部、住房和城乡建设部、文化部等相关行业主管部门，研究制定了《“十三五”时期文化旅游提升工程实施方案》，在公共文化服务设施建设、国家文化和自然遗产保护利用设施建设、旅游基础设施和公共服务设施建设等方面，通过重点项目带动，地方政府落实资金、国家发展改革委统筹补助的方式推动文化旅游提质增效。

同时，文化旅游的发展离不开金融资本的支持和助力，尤其在中国特色社会主义新时代，文化、旅游、金融三大产业自身也面对着重大的发展机遇，积蓄着优化产业结构、变革生产关系的力量。在政策的有意引导下，通过促进金融创新、推进探索金融业支持文化旅游发展的路径与渠道，能够快速实现文化旅游的全面发展。

2014年《国务院关于促进旅游业改革发展的若干意见》明确提出，政府引导推动设立旅游产业基金和鼓励投融资创新。2016年12月，国务院印发的《“十三五”旅游业发展规划》不仅指出“促进旅游与文化融合发展”，做强跨区域文化旅游城市群、打造国家精品文化旅游带，并明确提出：“规范旅游业与互联网金融合作，探索‘互联网+旅游’新型消费信用体系……支持旅游资源丰富、管理体制清晰、符合国家旅游发展战略和发行上市条件的大型旅游企业上市融资…”等相关举措。

2018年3月，在人民大会堂举行的十三届全国人大一次会议上，全国人大常委会提出了关于监察法草案的说明、国务院关于国务院机构改革方案的说明。方案提出，组建文化和旅游部，将文化部、国家旅游局的职责整合，组建文化和旅游部，作为国务院组成部门。文化和旅游部的组建，为文化事业、文化产业和旅游产业的进一步融合提供了极大的机遇。作为融合形态的“文化旅游”的范畴将更加广泛。

（二）文化旅游及其金融服务发展的市场背景

在消费升级的背景下，旅游休闲市场进一步壮大，国家旅游局发布的《2017上半年旅游统计数据报告》显示，2017年上半年，我国国内旅游人次达25.37亿，收入达2.17万亿元，增长15.8%，国际旅游收入相比去年同期增长4.3%，中国公民出境人数相比上年同期增长5.1%。消费市场的壮大同时催生了文化旅游自身发展的动力和文化旅游金融服务拓展的需求。

首先，在市场的快速增长和以互联网为代表的高新技术支撑下，文化旅游发展动能增强。近年来我国文化产业中大兴IP概念，而IP也是文化旅游发展的重要方式之一，迪士尼乐园是其中典型，特别值得一提的是上海迪士尼公园的运营。上海迪士尼公园依托IP打造出线下实景演艺旅游，此举获得非常大的成功。国内的其他主题公园纷纷对自己的园区进行转型升级。其中方特的“熊出没”、宋城的“千古情”等均得到了市场的高度认可。此外，在我国新兴城镇化发展的过程中，文旅小镇成为结合城镇化问题与文化旅游产业发展方向的关键举措。同时，文旅小镇引起了诸多运营方的关注，如华侨城集团积极提出“文化+旅游+城镇化”模式，全面融入全域旅游发展和特色小镇建设。

其次，我国文化旅游及其消费市场的快速发展进一步强化了对金融业的吸引力，推进文化旅游金融产品创新。一方面，我国文化旅游获得了资本市场的关注，在基金、挂牌、并购重组等资本运作领域也日渐活跃。尽管2017年数据显示有所减少，但依然可以看到以线下服务为主的企业不断突破发展的瓶颈，为传统旅游业的转型升级奠定了坚实的基础。另一方面，我国文化旅游呈现与传统的观光游截然不同的消费模式，即转向观光与休闲度假相融合。在这一条件下，文化旅游的消费需求呈现多元化趋势，同时孕育了如生态康养、休闲街区和民宿等新兴业态，而多样化的消费行为也为金融业创新金融业务注入了动力，如网络支付结算、消费信贷等产品均在文化旅游的基础上进一步开拓、创新。

二　2017年文化旅游资本市场情况

资本的涌入是推动文化旅游发展的直接因素，尤其在“互联网+”的影响下，文化旅游的消费市场被近乎无限地开拓，相关企业的成长空间和预期进一步增长和提高，更吸引了资本的集聚和涌入。

鉴于在线旅游已经成为文化旅游产业链条中不可分割的一环，在本节的数据分析中，笔者将“在线旅游”从原本从属的“互联网信息服务”大类中归至“文化旅游”一类。因此，尽管数据源、数据元素相同，但在具体数字上与《2017年股权类文化金融发展情况》略有差异。

（一）文化旅游股权投融资情况

1. 在线旅游创新固化导致文化旅游股权投融资规模整体衰减

2017年我国文化旅游领域共计发生52起股权投融资案例，涉及资金规模63.32亿元。纵观2014年以来我国文化旅游相关股权投融资情况，2017年首次出现案例数与总规模的全面下滑。

与2016年相比，2017年的股权投融资案例减少了96起，缩减比例高达64.86%；投融资总规模减少36.31亿元，缩减比例为36.44%。但同时可以看到，在平均每起案例的投融资规模上，2017 年同比有大幅度提升：2017 年平均每起文化旅游股权投融资案例涉及资金规模为 1.22 亿元，2016 年该数字仅为 0.67 亿元，增幅高达 82.09%（见图 1）。

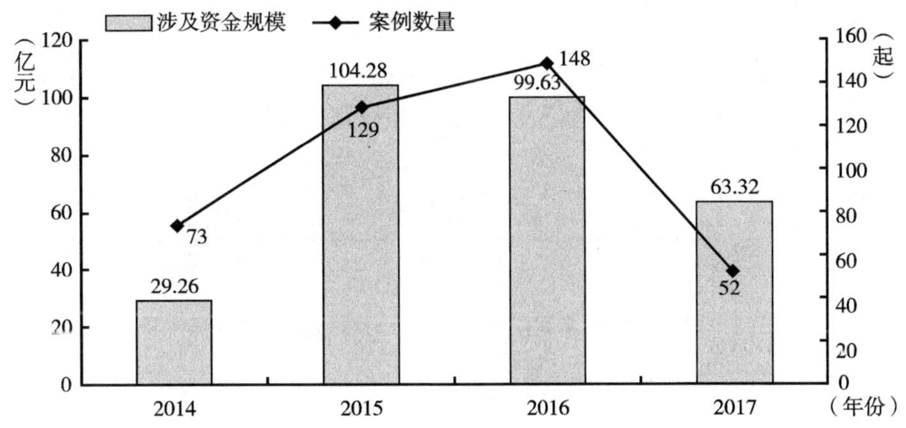

图 1　2014～2017 年我国文化旅游股权投融资情况

资料来源：中国文化产业投融资数据平台。

文化旅游股权投融资总体数据的变化体现了产业内部结构的巨大转变。2016 年，文化旅游股权投融资规模占比最大的是在线旅游，达到 71.32%，具体规模数字则高达 71.06 亿元。而在刚刚过去的 2017 年，这一细分领域的投融资规模仅为 21.1 亿元，占比降至 33.32%，案例数量则由 83 起骤降至 24 起（见图 2）。

毫无疑问，在线旅游股权投融资的骤冷是文化旅游股权投融资整体表现下滑的最主要原因。在线旅游的衰减并非突然形成，而是有着深刻的市场变化及预兆。

2015 年我国 OTA 模式的各个产业第一次大规模遇到发展瓶颈，商业模式严重同质化、技术支持不完善等因素使一大批尚未准备完善的 OTA 企业偃旗息鼓。而在线旅游大多是典型的 OTA 模式，但由于起步较早，产业链已经十分完善，加之近年来旅游成为我国人民休闲娱乐的主要方式，在携程、艺龙等独角兽企业的率领下，在线旅游始终保持较高规模的发展。但

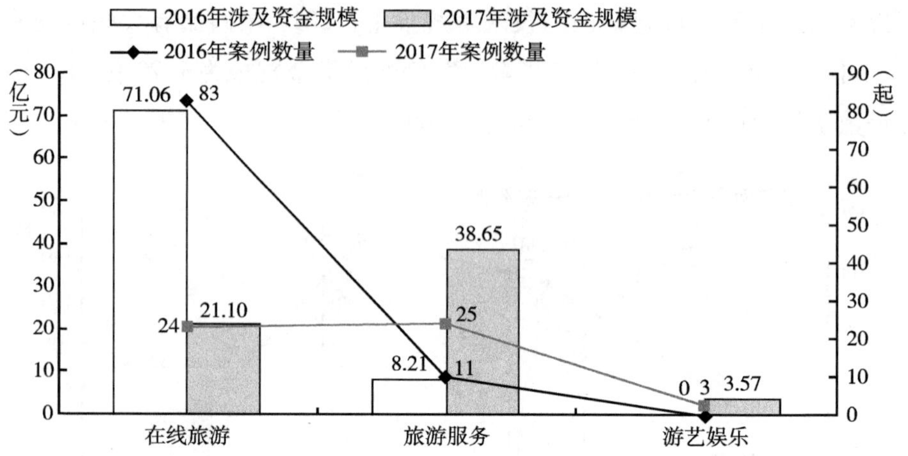

图2 2016～2017年我国文化旅游细分领域股权投融资情况

资料来源：中国文化产业投融资数据平台。

2016年股权投融资规模衰减已经是一个信号。从2016年开始，我国在线旅游领域的市场格局基本稳固，携程、艺龙、同程等企业牢牢占据第一梯队，市场占有率合计高达九成以上。纵览2016年完成股权投融资的在线旅游案例，多数是以自由行等细分市场切入，寻求小众消费市场的高黏性用户。但成熟的细分市场终是有限的，至2017年，一方面要与独角兽企业在市场上的直接竞争，另一方面在线旅游各个细分市场再无蓝海。因此，中小型在线旅游企业的成长空间被极度压缩，创业活力也在衰退。

在线旅游的衰减给旅游服务业和游艺娱乐带来了生机。旅游服务多为线下服务，是以旅游景区为核心衍生的产业链相关服务。从数据来看，2017年旅游服务业的投融资规模增长了近5倍，平均每起股权投融资案例的规模也从0.75亿元增至1.55亿元；而游艺娱乐更是实现了股权投融资的“零突破”。

从股权投融资的轮次来看，A轮和B轮的股权投融资案例数量及总规模的缩减尤其值得关注。其中，A轮的总规模环比下降63.5%，案例数量更是由27起降至7起；B轮的总规模环比下降56.38%，案例数量减少了6起。这一现象进一步说明，在行业格局相对稳定的情况下，在线旅游遇到了创新活力衰减，中小型企业的发展空间受到挤压，而这也是产业发展的一般规律。

同样值得注意的是种子天使轮股权投融资规模的快速增长。2017 年，文化旅游领域的天使轮投资为 18 起，总规模从 2016 年的 0.77 亿元增至 3.82 亿元。其中 11 家为在线旅游企业，6 家为旅游服务业，1 家为游艺娱乐业；对比 2016 年，仅有 1 家为旅游服务业，其余 18 家均为在线旅游业（见图 3）。

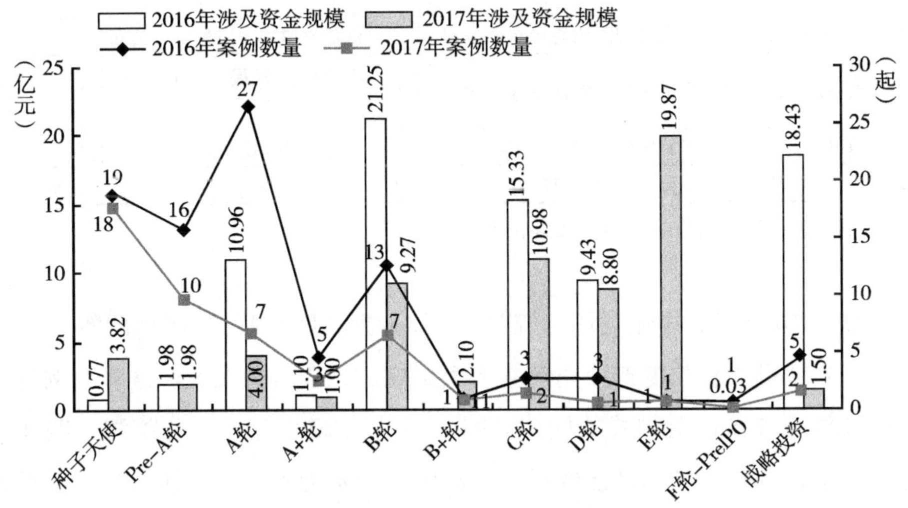

图 3　2016～2017 年我国文化旅游股权投融资轮次分布

资料来源：中国文化产业投融资数据平台。

可以清晰地看到，在市场和政策的双重压力下，文化旅游的发展方向和资本的关注目标都有了巨大的转变。

（二）文化旅游并购情况

相对于股权投融资案例，文化旅游领域的并购事件较少，仅有 7 起，涉及资金总额约为 5.35 亿元。值得注意的是，6 起并购案例的被并购方中，仅有一家位于北京。由此可见，对文化旅游当前的发展阶段而言，比起领先的消费市场、前沿的科技应用，并购方更加关注被并购企业在当地的资源积累。

表 1　2017 年我国文化旅游并购一览

时间	被并购企业	地区	发起并购企业	金额
2017 年 1 月 6 日	北京捷达假期国际旅行社有限公司	北京	深圳市腾邦国际商业服务股份有限公司	5200 万元
2017 年 6 月 14 日	洛阳智旅电子信息技术有限公司	河南	马上游科技股份有限公司	600 万元
2017 年 9 月 27 日	安徽马仁奇峰文化旅游股份有限公司	安徽	长城影视股份有限公司	1.68 亿元
2017 年 10 月 17 日	苏州星舟国际旅行社有限公司	江苏	众信旅游集团股份有限公司	—
2017 年 11 月 22 日	大连正亚旅游咨询有限公司	辽宁	联程旅游发展（大连）股份有限公司	2200 万元
2017 年 12 月 4 日	辽宁北国国际旅行社有限公司	辽宁	大连约伴旅游股份有限公司	698 万元
2017 年 12 月 27 日	河源云溪度假村有限公司	广东	香港珀丽酒店	2.8 亿元

资料来源：中国文化产业投融资数据平台。

从 2016 年起，中旅集团、锦江集团、携程旅游网、首旅集团等均实施了几起在我国文化旅游产业内产生重大影响的并购重组案例。这些案例使我国的旅游业有了巨无霸式的旅游集团公司。从 2017 年的文化旅游并购案例来看，对被并购方的选择已经逐步远离了以技术为先导的在线旅游，而是越来越重视原始景区资源的积累，从产业的核心层构筑竞争壁垒。

在国内文化旅游不温不火的同时，受“一带一路”倡议的影响，2017 年，我国文化旅游相关企业的海外并购却较为活跃，其中携程收购美国社交旅游网站 Trip. com、中弘股份收购为英国皇室、美国总统提供定制旅游服务产品的国际高端旅游服务商 A&K、石基昆仑收购银科环企（GalasysPLC）等案例尤为引人注目。

（三）新三板挂牌及其融资情况

2017 年是我国新三板发展较为波折的一年，在分层制面世、定向发行、跨领域并购等资本行为严格监管政策出台的背景下，我国文化旅游业挂牌新三板和新三板投融资的意愿都有所降低。

1. 文化旅游企业新三板挂牌情况

一年以来，伴随监管趋于严格，分层之后，资本更加向创新层集中，有超过600家新三板企业主动申请摘牌，而全年有709家企业正式从新三板摘牌，其中不乏文化旅游领域的相关企业。同时，由于挂牌门槛隐形提高，2017年我国有仅38家文化旅游相关企业挂牌新三板，占2017年文化产业挂牌总数的9.8%。

从地区分布来看，北京市挂牌企业的数量显著减少，但与此同时，我国其他地区的文化旅游挂牌企业数量略微提升，其中福建、贵州、山东、四川，都是自2016年以来首次有文化旅游相关企业挂牌新三板（见图4）。

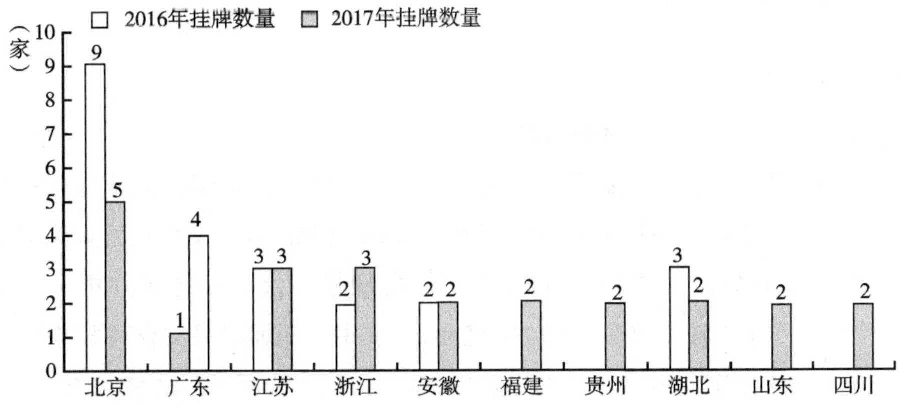

图4　2016～2017年我国文化旅游新三板挂牌企业地区分布

资料来源：中国文化产业投融资数据平台。

从挂牌企业的行业领域来看，前两年火热的在线旅游业显然未将主要目标放在新三板市场。2016年与2017年挂牌企业数量最高的均是旅游服务业，分别是28起和21起；景区游览管理在2017年有较大的增幅，有12家企业挂牌（见图5）。

可见，在我国文化旅游产业的发展中，传统文化资源和乡镇文化资源正在被大力开发，一批具有优秀少数民族文化资源、传统文化资源的地区成立了许多优秀的文化旅游企业，为合理、科学地保护文化资源、开发文化资源

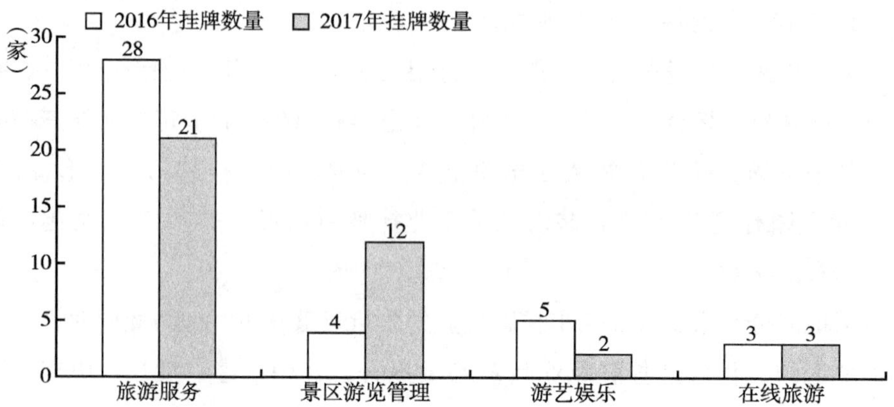

图5　2016~2017年我国文化旅游新三板挂牌企业行业分布

资料来源：中国文化产业投融资数据平台。

做出了积极贡献。

2. 文化旅游企业新三板融资情况

根据中国文化产业投融资数据平台统计，2014~2017年全国挂牌新三板文化企业共发生融资案例1147起，募资546.94亿元。其中文化旅游业融资案例较去年增加9起（去年为12起），融资规模为23.78亿元，同比增长70.79%（2016年融资规模为13.92亿元）。其中，深圳华强文化科技集团股份有限公司采用定向增发的方式募资14.62亿元，在该领域占比61.48%。

（四）文化旅游领域IPO及其投融资情况

2017年我国A股市场热点案例、重磅事件层出不穷，同时，年内主板发审委和创业板发审委合并，新发审委上任后，新股发行审核趋于严格，对定向增发、跨界并购也有了新的要求。

1. 文化旅游企业主板IPO情况

2017年，我国主板IPO的文化旅游相关企业仅江苏天目湖旅游股份有限公司一家，2017年9月27日于上海证券交易所IPO，这也是近三年旅游行业IPO的首家旅游企业。

资本市场上的公开数据资料显示，天目旅游的主营业务是旅游景区的旅游业务、主题公园业务及酒店业务。根据其招股说明书显示，天目旅游从2014～2016年连续三年的营业收入均超过4亿元，年均净利润达到7000万元。此外，天目湖计划募集9.37亿元用于天目湖文化演艺集旅游配套建设综合项目及御水温泉二期项目建设。根据中国文化产业投融资数据平台统计，2017年9月27日，天目湖首日募资规模为3.936亿元。

2. 文化旅游上市企业投融资情况

对企业而言，主板市场的核心功能之一便是通过正式市场完成融资，进而通过投资完成产业链布局和核心竞争力的强化。

2016～2017年，我国主板上市的文化旅游企业的融资规模相差无几，分别为479.39亿元和460.47亿元；但投资规模有较大体量的差距，2016年投资规模仅为149.79亿元，2017年激增至417.52亿元，增长率高达178.74%（见图6）。

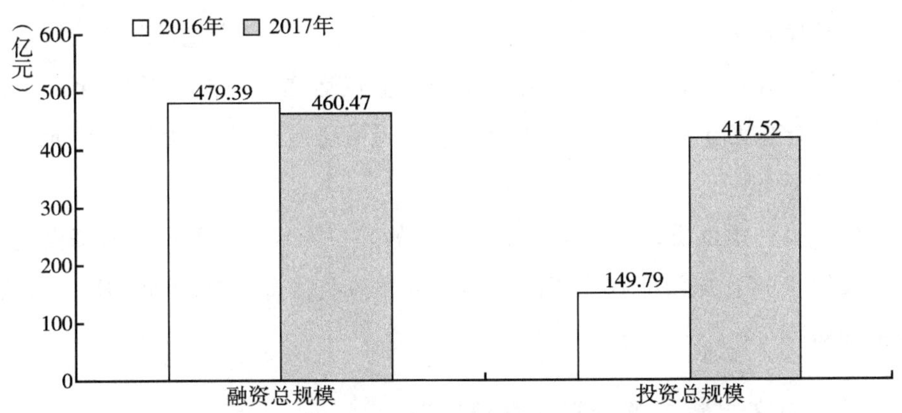

图6　2016～2017年我国文化旅游主板上市企业融资及投资情况

资料来源：中国文化产业投融资数据平台。

我国主板上市企业融资主要通过定向增发和发行债券两个渠道进行。2017年，相关机构加强了对文化产业定向增发的审核，同时正式开启了可转债的渠道，但市场数据反映，文化旅游与整体发展情况恰恰相反，2017年定向增发的企业虽然比2016年少了1家，但总规模高达401.67亿元，较

2016 年近乎翻倍；而发行债券则出现了发行数量与融资规模的全面缩减，其中，融资规模更是由 2016 年的 266.92 亿元减至 58.8 亿元。

表 2　2016～2017 年我国文化旅游主板上市企业具体资本运作情况

	事件类型	2016 年涉及资金规模（亿元）	2017 年涉及资金规模（亿元）	2016 年案例数量（起）	2017 年案例数量（起）
融资	定向增发	212.47	401.67	9	8
	发行债券	266.92	58.80	7	5
投资	并购	118.00	404.23	19	37
	股权投资	12.13	6.45	12	6
	投资基金	7.38	1.93	4	5
	子公司	12.28	4.91	10	6

数据来源：中国文化产业投融资数据平台。

并购是文化产业资本运营的重要组成部分，发挥着不可替代的作用，有利于企业整合资源，提高规模经济效益。根据中国文化产业投融资数据平台统计数据，并购也是文化旅游的相关企业重点运作的方式。2017 年，主板上市的文化旅游企业发起了 37 起并购，涉及资金总规模为 404.23 亿元，较 2016 年全面增长。

但从另一角度看，企业进行市场投资的直接方式——股权投资却受到冷遇，2017 年文化旅游股权投资的案例数量和涉及资金规模均较 2016 年有近半的缩减。

（五）文化旅游领域股权众筹情况

股权众筹是我国借助众筹平台新兴起的股权投融资模式。由于这种模式过于新颖，在起步初期有诸多乱象，投资者利益受到损害。近两年，我国相关机构把股权众筹纳入监管范围，使其成为了传统股权投融资方式的积极补充方式。

中国文化产业投融资数据平台显示，2014～2017 年，全国文化产业股权众筹渠道共发生融资案例 305 起，涉及资金 14.79 亿元。从年度走势来看，2015 年网络众筹平台异军突起，全国股权众筹渠道共发生融资案例 169

起，融资规模高达8.85亿元，分别是2014年的5.28倍、19.74倍，达到历史巅峰；随着互联网金融平台监管力度的不断加大，导致股权众筹平台数量急剧下降，2017年共发生30起融资案例，比去年减少44起，融资规模仅为1.65亿元，同比减少56.96%，双向下滑趋势明显（见图7、图8）。

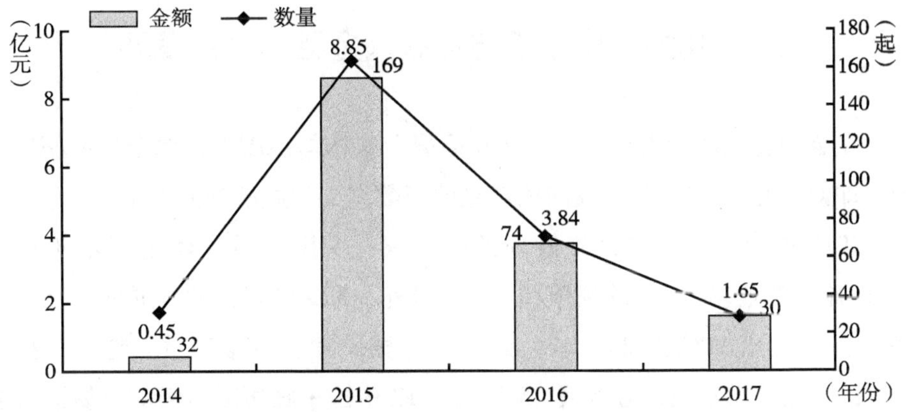

图7　2014～2017年全国文化产业股权众筹融资情况

资料来源：中国文化产业投融资数据平台。

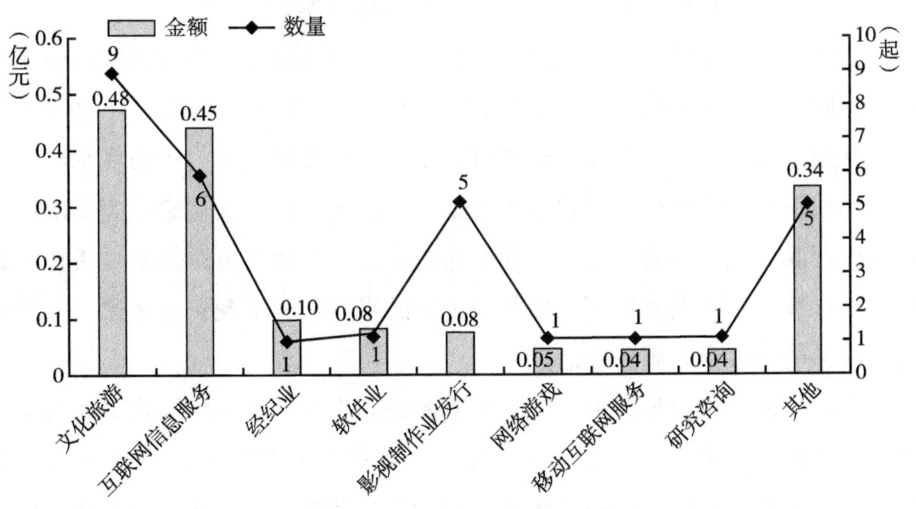

图8　2017年我国文化产业股权众筹融资细分领域情况

资料来源：中国文化产业投融资数据平台。

在各个细分领域中，文化旅游业融资规模和活跃度均居首位，共发生 9 起融资案例，吸纳资金 0.48 亿元，占比 29.04%，成为股权众筹融资渠道的佼佼者；其次为互联网信息服务业，融资规模为 0.45 亿元；经纪业等领域融资规模均为 0.1 亿元及以下，资本关注度较低。

三 我国文化旅游与互联网金融的融合发展

在金融业的融合发展方面，传统金融业机构体系庞大，融合发展相对困难。即便如此，2017 年，我国依然组建了数支文化旅游产业基金。

2017 年 5 月，在国家旅游局的推动下，中国旅游集团公司牵头成立"中国旅游产业基金"，总规模预计为 300 亿 ~500 亿元，重点围绕"一带一路"倡议、京津冀城市群、长江经济带等国家发展战略和重点地区，投资优质的文化旅游项目。在 5 月 15 日的 2017 中国 · 廊坊国际经济贸易洽谈会上，中国建筑与河北旅游集团共同发起成立了旅游产业基础设施投资基金，规模为 500 亿元。海航控股与北京京旅盛宏投资、海南海创百川等共同出资设立嘉兴京旅股权投资基金合伙企业，基金总规模 50 亿元。

然而，文化旅游与金融业之间创新活力最强的地方，是与互联网金融的融合。随着新零售概念的提出，2017 年各大在线旅游企业纷纷开启线下门店，在线上线下结合的潮流火热的背景下，一场开设线下门店的赛跑已然开场。而线下业务的背后，则是这些线上平台们丰富的以文化旅游为基础的丰富金融产品。也有学者称之为互联网旅游金融，互联网旅游金融是指在大数据、云计算等技术的支持下，依托线上旅游平台从而实现资金融通、资本服务等业务的新兴金融服务业态。

在诸多在线旅游平台中，较为典型的是途牛网，途牛网构建了较为全面的以文化旅游为核心的金融业务，其"一站式"互联网旅游金融服务为消费者和供应商都提供了相应的服务。对文化旅游消费者，途牛网能够提供包括理财、出境、礼品卡等金融产品。而在面向旅游供应商，途牛网则先后成立保险经纪、商业保理、私募基金等相应公司或申请相关牌照。同时，针对旅游消费者和供应商，途牛都设立了积分机制，有效增强客户黏性，更好地提供服务需求。

首先，途牛网一站式服务平台体现在资产配置平台的构建上。途牛网打造了资产配置平台，平台产品涵盖了何种主流类基金产品。当前，途牛金服提供了途牛宝、基金理财、定期理财和预约理财四大类理财产品供用户选择。其中，途牛宝是现金理财产品，客户在成功申购产品后，不仅可以获得资金收益，而且资金还可以应用于途牛网上各类产品的支付、充值及担保等多种用途。涵盖基金理财与预约理财等类别，有近300种产品，并与近七家银行建立了合作关系，代理其网络销售渠道。客户在途牛网平台有了更多的投资选择。

其次，途牛网创新了多样化的消费金融产品满足用户的文化旅游消费需求。途牛网在对资金提供和资金保障方面推出了对应的金融产品和保障体系。旅游消费不同于日常行为的消费，它具有大额跟奢侈的消费属性，因此，对于消费者来说存在短期资金可能存在相对短缺的情况。途牛网借此推出了“牛分期”、首付出发等分期产品来解决这一情况，牛分期这是一款与南京银行、广发银行共同推出来的一款分期业务而首付出发是途牛自营的一款分期业务。分别可以给消费者提供5万到30万不等的信用额度。此外，途牛网还在密切关注消费者更多层次的需求从而研发出更适合消费者需要的产品。而在保障服务体系方面，途牛网也更加注重风险的防范，由此催生出了用户多层次的保障需求。途牛网拥有文化旅游多年的运营经验，充分了解旅游用户的需求和痛点，在大力开发文化旅游消费者大数据的基础上，通过与各大保险公司达成合作并在此基础上成立自己的保险业务经纪公司。能为客户提供包括意外医疗、航班延误以及行程改变等保障相关的产品。

最后，途牛网打造了相对完善的供应链金融服务。在完整的文化旅游产业链中，上下游涉及中小型供应商，由于文化旅游的季节波动大，这些供应商面临如资金回笼慢、资金流通周期长、融资成本贵、融资难度大等问题。途牛网不仅依靠自身的自有资金可以提供20亿的资金额度，更同时与各大银行合作，获得达30亿元的授信额度，在资金方面提供了强有力的支持。

此外，途牛网更是通过设立保理公司服务更多的企业，满足中小企业的融资需求，为企业发展提供资金助力。在线旅游企业通过探索文化旅游与互联网金融的融合，向消费者和供应商提供互联网金融产品，可以提升用户对在线旅游平台的黏性，降低用户的获取成本，降低用户的平台迁移比例。

事实上，除途牛网外，我国主要的在线旅游平台企业均在互联网旅游金融领域进行了布局。例如阿里旅行·去啊基于支付宝的芝麻信用进行产品创新，推出基于余额宝的个人理财、基于花呗的分期付款、基于芝麻信用的信用证明、信用住（房）、未来景区、信用租车、信用签证等产品，并联合60多家保险公司推出旅行险，基于支付宝的境外购物退税项目。此外，去哪儿网、携程旅行网、驴妈妈旅行网等也都已经推出了相应的互联网金融产品。

四　我国文化旅游与金融服务融合发展的趋势

文化旅游的发展离不开金融业的支持，金融业的产品创新也要在文化旅游的基础上进一步探索消费者需求。十九大以来，我国进入中国特色社会主义新时代，对我国文化产业发展提出了更高的要求，对金融业的发展也提出了更高的标准。文化旅游与金融业融合发展必须在深化供给侧结构性改革的基础上进一步探索创新，充分发挥新技术、新产业的优势。

（一）依托个性化文化旅游需求，创新金融产品与服务

影响传统金融机构拓展文化旅游金融业务的主要因素是缺乏个性化的旅游金融服务产品。因此传统金融业有必要与文化旅游相关企业深度合作，根据旅游者消费需求和特征，根据文化旅游的发展趋势和总体规划，创新金融产品和服务，实现金融与旅游业的深度融合。如根据旅游者支付结算和消费信贷需求，传统金融机构可推出多样化的支付结算业务，并提供优惠的旅游消费信贷产品。此外，传统金融机构还可提供多元化的金融服务和长线发展的特色产品线，通过互联网平台，积极发挥当前各类媒体的作用，向消费者提供引导式营销，在加强品牌建设的同时，还丰富了传统金融机构的业务，

重新整合或研发适合旅游业的金融产品，提升经济效益，促进旅游产业发展。

（二）加快现代互联网金融基础设施建设，降低信贷门槛

在文化旅游产业链的上下游中，有一大批企业规模小、盈利能力有限，亟需通过传统金融机构，尤其是商业银行的信贷支持促进企业发展。传统金融机构可与在线旅游企业达成合作，以现代信息技术为基础，构建完善的互联网旅游金融的基础设施，依托在线旅游平台企业的大数据支持，加强建立网络支付、网络征信和 IT 运维与信息安全等互联网金融基础设施，从根本上创新文化旅游信贷产品，在保证资金安全性的前提下，降低信贷门槛，为有潜力的小微旅游企业提供信贷支持。

（三）互联网旅游金融相关资产证券化

资产证券化是我国未来金融的发展方向。资产证券化对盘活存量资产、降低融资成本、提高融资效率具有非常重要的意义。随着我国资产证券化方面相关政策的逐渐放开，我国资产证券化迎来了新的发展时期。2014 年 11 月，资产证券化改为报备制；2015 年 10 月，京东白条作为互联网金融产品其相关专项计划在深圳证券交易所挂牌交易，标志着互联网金融资产证券化正式开启。近年来，互联网金融平台积极关注文化旅游板块。互联网金融平台为文化旅游提供了资金来源平台，并为将来文化旅游金融产品进行资产证券化处理提供了平台基础，从而促进旅游消费金融的快速发展。

（四）对文化旅游金融产品进行场景化设计

在文化旅游的消费场景下，传统的广告模式已经很难吸引消费者，也无法凸显企业以及旅游当地的文化特色。新时代的文化旅游产品消费，已经形成了一种与消费者体验息息相关的场景化的实时消费过程。文化旅游金融场景化设计能有效解决两方面的问题：一是对于消费者来说，能有效预见及解决消费者在旅游过程中面临的各种问题；二是能帮助解决供应链厂商在提供

服务中面临的资金问题。

文化旅游的金融场景化过程是一个系统的过程。笔者认为可以从以下几个方面对文化旅游的金融场景化进行创新：首先是抓住消费者旅游体验的痛点进行分析。举例来说，用户在对旅游产品进行体验的过程中会遇到流程手续繁琐、时间规划紊乱、消费不平等具体问题；这些问题可以通过构建系统化的金融产品来有效缓解。其次，是对场景化的旅游金融产品进行量化的处理，重视数据的管理。尤其应用大数据分析对在线旅游进行系统的分析。对大数据的开发、应用则成为创新文化旅游金融产品的重要方法。最后，重视标准化、流程化的管控，严格控制文化旅游的场景化金融产品的设计标准。

参考文献

[1] 吴晓求：《互联网金融：成长的逻辑》，《财贸经济》，2015。

[2] 易观智库：《中国互联网消费金融市场专题研究报告》，2015 年 11 月 20 日，http：//www. analysys. cn/report/detail/11310. html。

[3] 胡抚生：《“十三五”时期应加快推动金融与旅游业的融合发展》，《旅游学刊》2015。

[4] 孙雨、白冰：《“互联网 + 旅游 + 金融”背景下旅游企业融资能力研究》，《财会通讯》，2017。

专 题 篇

Special Report

B.11
2017年我国互联网文化金融发展分析

李 鑫*

摘 要： 2017年，国家一方面加大了对互联网金融的整顿力度，另一方面无论中央还是地方继续支持文化金融发展，在此背景下互联网文化金融市场更加规范有序。从文化众筹以及文化细分领域的P2P网贷等互联网金融机构来看，整体增速有所放缓，但是由各级政府主导建设的文化金融服务平台依然高速推进，并且与互联网的结合日益紧密，同时由文化企业和金融机构合作推进的互联网金融探索也在进一步深化。未来在监管逐步升级的趋势下，对各级政府、各类金融机构来说，在推进互联网文化金融发展过程中，应遵循全国金融工作会议的要求，回归本源、优化结构、强化监管、市场导向，真正做到支持文化产业发展和有效防范风险二者的统一结合。

---

* 李鑫，国家金融与发展实验室特聘研究员，民生银行研究院研究员。

关键词： 互联网文化金融　众筹　P2P 网贷　文化金融服务平台　文交所

一　强监管下的互联网文化金融发展

早在年初之时，政府工作报告就已明确 2017 年要加强金融风险防控，尤其指出对互联网金融等累积风险要高度警惕，同时指出要有序化解处置突出风险点，整顿规范金融秩序。7 月，五年一次的全国金融工作会议为今后的金融工作做出顶层部署。其中明确提出要坚决整治严重干扰金融市场秩序的行为，加强互联网金融监管，同时也明确所有金融业务都要纳入监管。央行行长周小川也在《党的十九大报告辅导读本》中发表署名文章，明确指出部分互联网企业以普惠金融为名，行庞氏骗局之实，线上线下非法集资乱象多发，交易场所乱批滥设，极易诱发跨区域群体性事件。同时强调金融监管部门和地方政府要强化金融风险源头管控，坚持金融是特许经营行业，不得无证经营或超范围经营。一手抓金融机构乱搞同业、乱加杠杆、乱做表外业务、违法违规套利，一手抓非法集资、乱办交易场所等严重扰乱金融市场秩序的非法金融活动。稳妥有序推进互联网金融风险专项整治工作。今年以来中央及监管层的表态充分证明前些年互联网金融野蛮生长的局面在未来将不复存在。

不过尽管如此，在国家推动文化产业发展、推进文化金融合作的政策环境下，各地政府纷纷出台支持政策，以鼓励地方的文化产业和文化金融发展，其中“互联网 + 金融”模式也是重点支持领域之一，例如，《成都市开展引导城乡居民扩大文化消费试点工作方案（2017 ~ 2020 年）》便明确提出，成都常住居民到试点文化场所进行文化消费时，将以“互联网 + 金融”创新模式，用“先消费、后补贴”的方式开展消费补贴。

在此背景下，互联网文化金融在 2017 年仍有所发展。从文化众筹以及文化细分领域的 P2P 网贷等互联网金融机构来看，整体增速有所放缓，但是由各级政府主导建设的文化金融服务平台依然高速推进，并且与互联网的结合日益紧密，同时由文化企业和金融机构合作推进的互联网金融探索也在进一步深化。整体而言，互联网文化金融市场更加规范有序。

二　各类互联网文化金融发展状况

1. 文化众筹

在互联网金融领域，与文化产业契合度最高的当属众筹，网络众筹的产生本身就是源自于为电影、游戏等文化产业筹资。与对 P2P 网贷的高压整顿不同，监管层对众筹的态度较为宽松，监管的重点也主要是在股权型众筹。2017 年 6 月，中国互联网金融协会启动了第四次针对股权众筹的摸底调查。然而即便如此，在强监管的大环境下，众筹平台数量及投资人数均出现萎缩，截至 2017 年 12 月，正常运营平台数量仅为 209 家，12 月单月参与投资人次为 305.06 万人，比 2016 年 12 月分别下降 51.05% 和 53.03% 。不过从单月成功项目个数和筹资金额来看，大体则保持稳定，金额还存在一定程度的上升趋势。2017 年全年成功项目个数为 54487 个，筹资金额为 219.18 亿元，参与投资人次为 4464.31 万人（见图 1、图 2）。

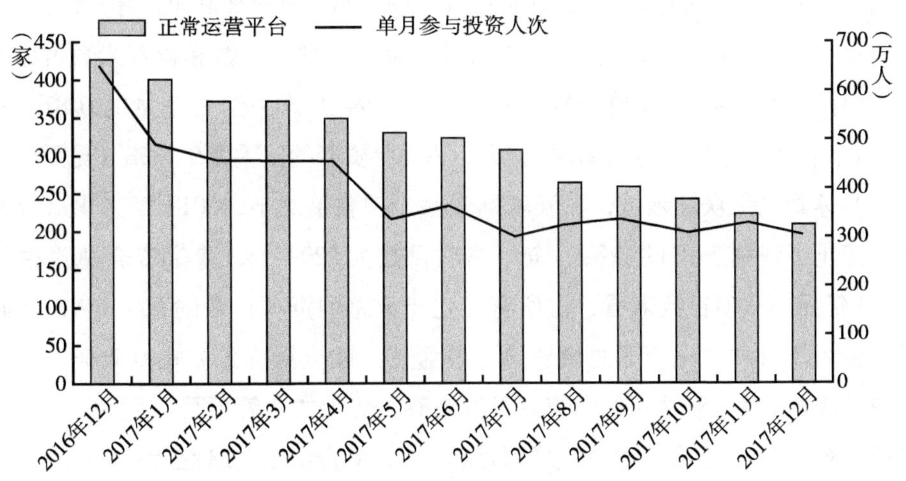

图 1　众筹平台数量及投资人数变化

资料来源：盈灿咨询。

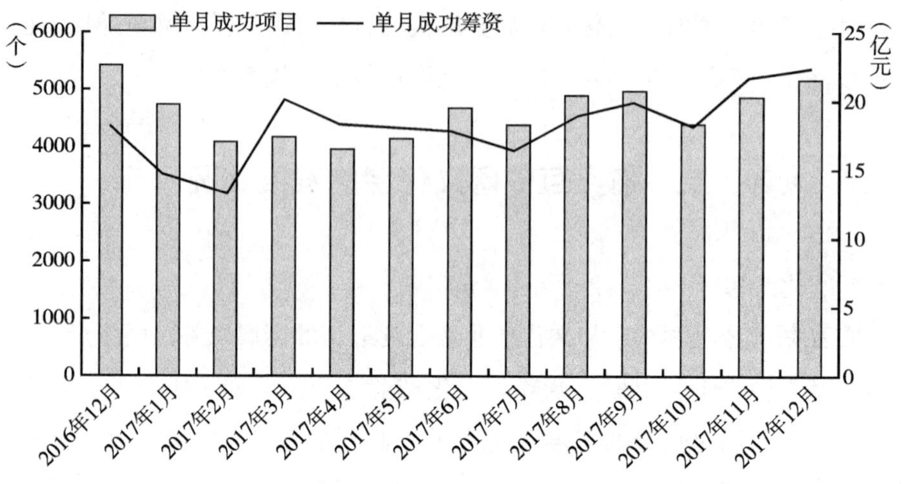

图2　众筹项目及金额变化

资料来源：盈灿咨询。

从各类众筹平台在总项目数、筹资额以及投资人数的占比来看，奖励众筹依然占据主体地位，2017年奖励众筹项目个数为36641个，筹资金额为194.23亿元，投资人数为2854.65万人，分别占总量的67.25%、88.62%和63.82%；公益众筹的项目个数和投资人数仅次于奖励众筹，分别为17374个和1614.73万人，占总量的31.89%和36.10%，然而筹资金额却只有3.51亿元，仅占总筹资额的1.60%；相反，非公开股权众筹的项目个数和投资人数占比极少，项目个数和投资人数分别为472个和3.94万人，仅占总量的0.87%和0.09%，但筹资金额却达到21.44亿元，占总筹资额的比重为9.78%（见图3）。

具体到文化众筹领域，在互联网金融专项整治之下，2017年文化众筹规模也停止了快速上涨的势头。全年总项目数为2299个，筹集资金总规模为10.59亿元，从项目数来看，占所有文化产业总融资项目数的56.11%，然而筹资金额却只占文化产业总融资额（基金、并购金额除外）的0.25%，充分体现了众筹支持小额项目的特点。具体来看，奖励式众筹项目数量为2225个，筹资金额为8.66亿元，股权类众筹数量74个，筹资金额1.93亿元①（见表1）。

① 考虑到公开数据可得性的差异，此处与第三章的文化股权众筹相关数据略有差异。

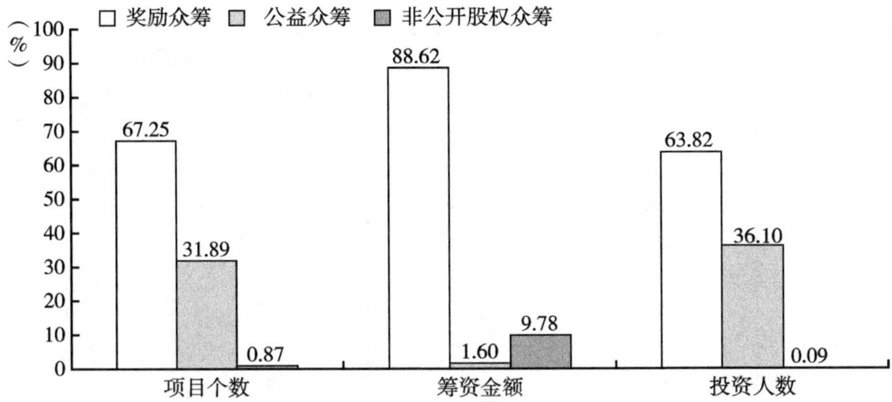

图3　各类众筹平台的项目、金额、投资人数占比

资料来源：盈灿咨询。

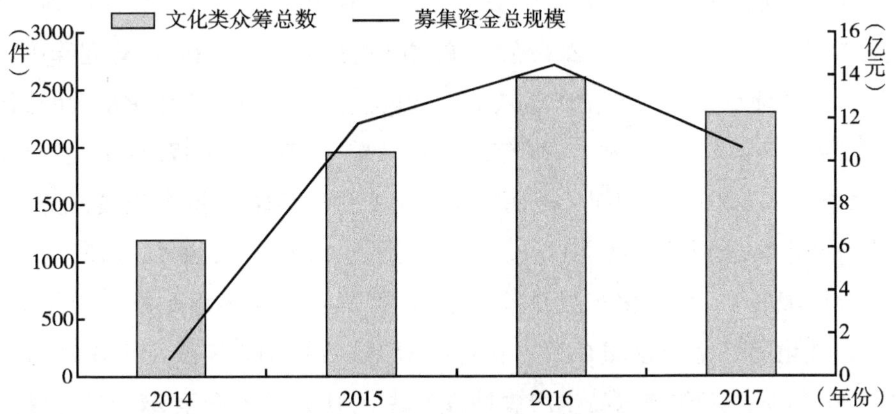

图4　文化众筹历年发展情况

资料来源：新元文智。

表1　2017年各月奖励类和股权类文化众筹情况

类型	奖励众筹		股权众筹	
时间	项目(个)	金额(亿元)	项目(个)	金额(亿元)
2017. 1	163	0. 48	6	0. 60
2017. 2	132	0. 75	6	0. 11
2017. 3	146	0. 57	15	0. 51

续表

类型	奖励众筹		股权众筹	
时间	项目(个)	金额(亿元)	项目(个)	金额(亿元)
2017. 4	169	0. 67	7	0. 10
2017. 5	131	0. 59	5	0. 07
2017. 6	105	0. 39	1	0. 02
2017. 7	217	0. 51	7	0. 14
2017. 8	280	0. 73	1	0. 02
2017. 9	194	1. 13	5	0. 10
2017. 10	242	1. 25	3	0. 05
2017. 11	195	0. 46	9	0. 10
2017. 12	251	1. 11	9	0. 11

资料来源：新元文智。由于四舍五入原因，加总后与总数略有出入。

从文化众筹事件发起方性质来看，2017 年由个人发起的事件占到了全部众筹事件的 96. 74%，公司发起的事件占 3. 22%，机构发起事件占 0. 04%。从地域来看，文化产业众筹资金规模占全国总规模比重最大的四个省份为广东（33. 48%）、北京（24. 54%）、浙江（17. 87%）、上海（9. 36%），与 2016 年相同，然而排序有所变化。2016 年资金规模占全国总规模按顺序排分别是北京（37. 79%）、广东（25. 82%）、浙江（15. 24%）、上海（9. 02%）。从文化产品众筹类别来看，与 2016 年相比格局变化十分明显，文化用品生产领域众筹占比持续提升，到 2017 年已经排在第一位，占比 30. 69%；工艺美术品生产领域众筹占比则大幅提升至 24. 93%，排在第二位；在前两年排在首位的文化创意和设计服务领域比重减少为 23. 00%，排在第三位（见表 2）。

表 2　各领域文化产业众筹占比

单位：%

类别	2014 年	2015 年	2016 年	2017 年
文化用品的生产	2. 08	13. 23	25. 41	30. 69
工艺美术品的生产	14. 97	12. 27	12. 20	24. 93
文化创意和设计服务	3. 55	24. 50	30. 11	23. 00

续表

类别	2014 年	2015 年	2016 年	2017 年
新闻出版发行服务	27.34	17.69	10.40	8.28
广播电视电影服务	7.53	8.55	8.47	5.67
文化信息传输服务	7.44	13.12	7.11	4.50
文化艺术服务	37.11	10.63	6.30	2.93

资料来源：新元文智。由于四舍五入原因，加总后与总数略有出入。

从具体的众筹平台来看，排名前六位的分别为淘宝众筹、京东众筹、苏宁众筹、聚米众筹、百度众筹、众客网。从发展战略上讲，不同的文化众筹平台有不同的发展策略。以淘宝众筹为代表的是粉丝型文化众筹，主要是起到营销、宣发的功能，并将这种众筹看作是一个完善这些平台型公司业务生态体系的一个部分。淘宝众筹里面很多项目其实就是一个粉丝的聚集中心，通过将粉丝以某个项目的 IP 聚拢在一起，不仅能够起到宣传的效果，而且能够让用户以极小的成本就能够参与到实际的项目当中，让这种以项目 IP 为主要吸引点的众筹变成一个营销渠道。之前曾定位于理财的娱乐宝也已完全变身为营销宣传属性，辅以销售文化衍生品。以京东众筹、苏宁众筹为代表的是电商型文化众筹，这些众筹平台通常被看作是一个文化产品的销售渠道，发挥的主要是文化众筹的商品销售功能。通过对文化产品进行重新的包装、设计，能够借助业已形成的电商属性，让用户购买这些文化产品。聚米众筹则代表的是纯资金型文化众筹，其通过对影视、文化类的项目提供资金支持来助力文化行业的发展，平台自身则主要发挥金融属性（见图 5）。

2. P2P 网络借贷

随着互联网金融专项整治工作逐步深入，针对前几年问题较为突出的网贷行业，2017 年以来监管政策密集出台。银监会在 2016 年出台《网络借贷信息中介机构业务活动管理暂行办法》和《网络借贷信息中介机构备案登记管理指引》的基础上，2017 年又出台了《网络借贷资金存管业务指引》和《网络借贷信息中介机构业务活动信息披露指引》，这标志着我国网贷行业“1 + 3”制度框架基本搭建完成。中国互联网金融协会则上线了互联网金融举报信

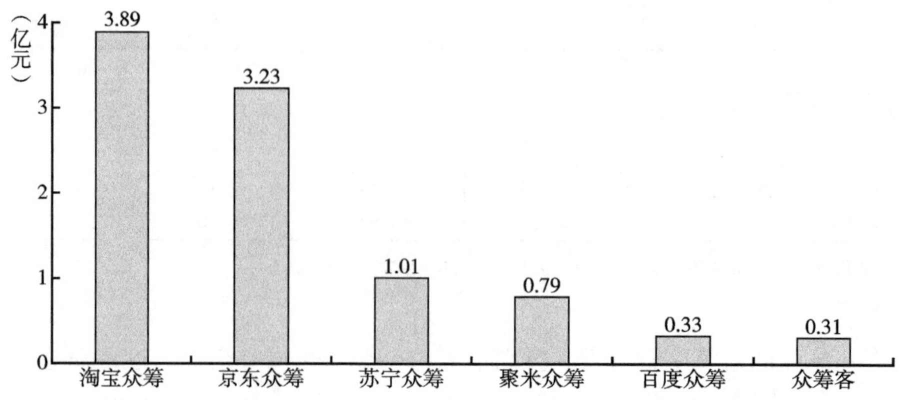

图5　2017年主要文化众筹平台筹资额

资料来源：新元文智。

息平台、统计监测风险预警平台、互联网金融登记披露服务平台等一系列基础设施，并且建立了相关标准。根据银监会的监管框架，互金协会进一步发布了《互联网金融　信息披露　个体网络借贷》团体标准、《互联网金融个体网络借贷资金存管业务规范》和《互联网金融个体网络借贷资金存管系统规范》，进一步对从业机构信息披露行为和资金存管业务活动进行规范。

此外，在具体业务领域，银监会、教育部、人力资源和社会保障部三部委下发《关于进一步加强校园贷规范管理工作的通知》，要求“一律暂停网贷机构开展在校大学生网贷业务，逐步消化存量业务”。互联网金融风险专项整治工作领导小组办公室则下发《关于对互联网平台与各类交易场所合作从事违法违规业务开展清理整顿的通知》，要求各地整治办责令辖内互联网平台于2017年7月15日前，停止与各类交易场所合作开展涉嫌突破政策红线的违法违规业务。针对“现金贷”存在的诸多风险隐患和社会问题，互联网金融风险专项整治、P2P网贷风险专项整治工作领导小组办公室下发《关于规范整顿“现金贷”业务的通知》，暂停新批设网络（互联网）小额贷款公司，暂停新增批小额贷款公司跨省（区、市）开展小额贷款业务。已经批准筹建的，暂停批准开业；对于不符合相关规定的已批设机构，要重新核查业务资质；未依法取得经营放贷业务资质，任何组织和个人不得经营放贷业务。

2017 年 12 月，P2P 网贷风险专项整治工作领导小组办公室向各地 P2P 整治联合工作办公室下发了《关于做好 P2P 网络借贷风险专项整治整改验收工作的通知》（57 号文），对下一步的整改验收阶段做出了具体、详细的部署，要求各地在 2018 年 4 月底之前完成辖内主要 P2P 机构的备案登记工作、6 月底之前全部完成，并对债权转让、风险备付金、资金存管等关键性问题作出进一步的解释说明。

在监管从严的背景下，2017 年，P2P 网贷运营平台数量显著下降，到 10 月份已经降至 2000 家以下。2017 年月均问题平台为 55 家，虽然与 2016 年月均 145 家相比已大幅减少，但仍处于问题高发期，宝通网、乐投天下等一批文化金融领域的 P2P 平台同样在监管高压下出现提现困难或跑路等情况（见图 6）。

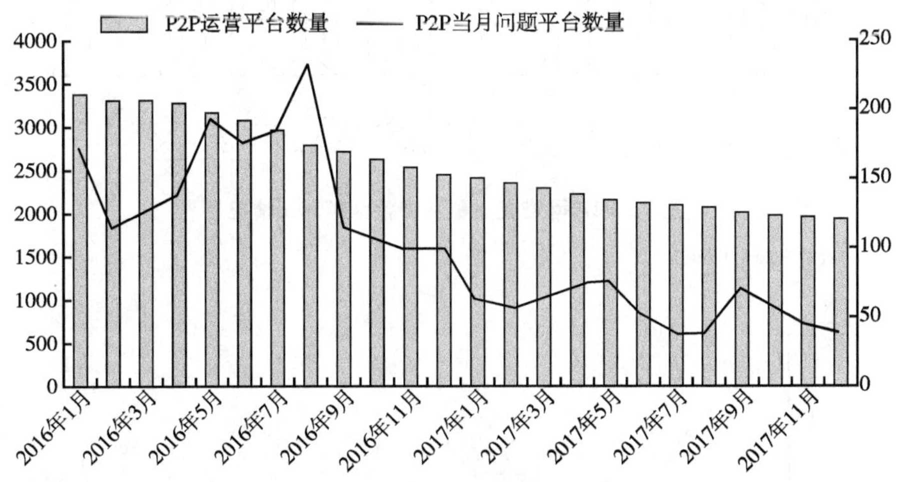

图 6　P2P 网贷运营平台及问题平台情况

资料来源：Wind。

从 P2P 网贷行业整体来看，规范发展的态势更加明显。从业务规模角度看，月度成交量已结束前些年快速增长的态势，处于较稳定状态，而贷款余额环比增速则持续下降；P2P 网贷市场综合利率和平均借款期限在 2016 年专项整治后快速向正常水平回归，2017 年二者均处于较为稳定的水平，利率水平随着货币政策的趋严稍有上升，期限则总体保持平稳；在平台数量显著减少的情况下，P2P 网贷行业的借款人数大幅提升，单月的借款人数已有2016年12月的204万人大幅提升到2017年12月的476万人，而人均借款额则从2016年12月的12万元大幅降至2017年12月的不足5万元，这说明随着监管规则的逐步落实，P2P网贷已开始真正向小额分散的普惠金融回归（见图7、图8、图9、图10）。

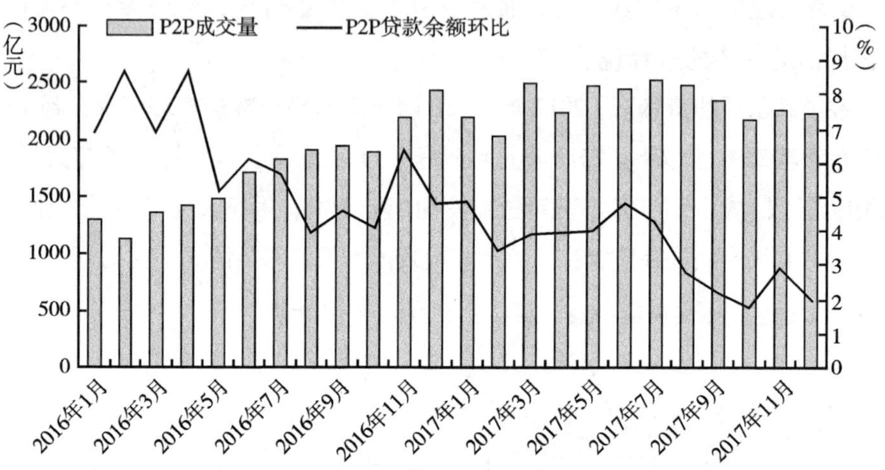

图7　P2P网贷成交量及贷款余额环比情况

资料来源：Wind。

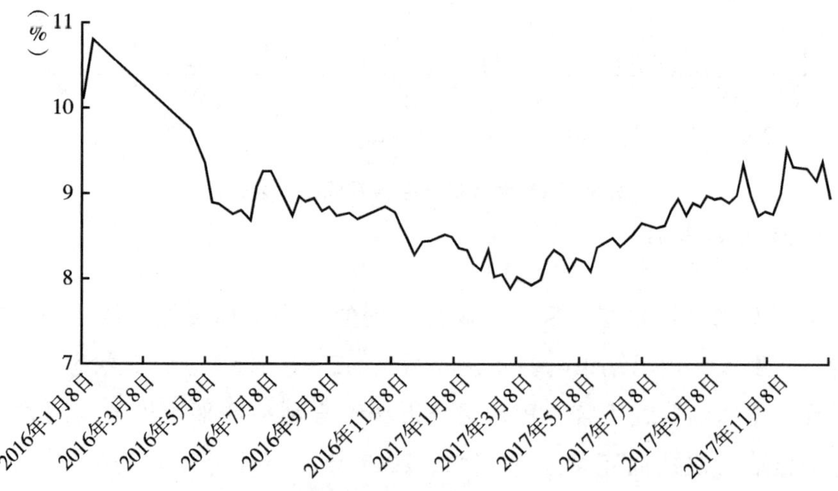

图8　P2P网贷市场每周综合利率变化趋势

资料来源：Wind。

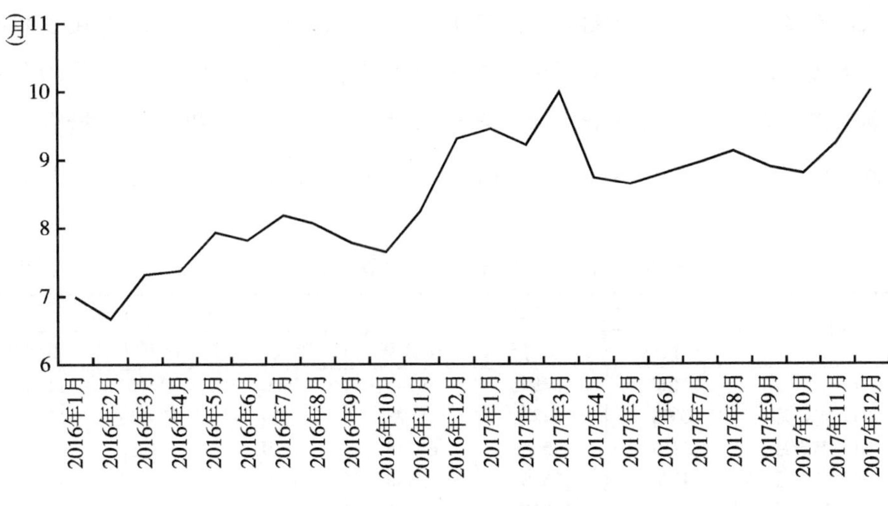

图 9　P2P 网贷平均借款期限变化趋势

资料来源：Wind。

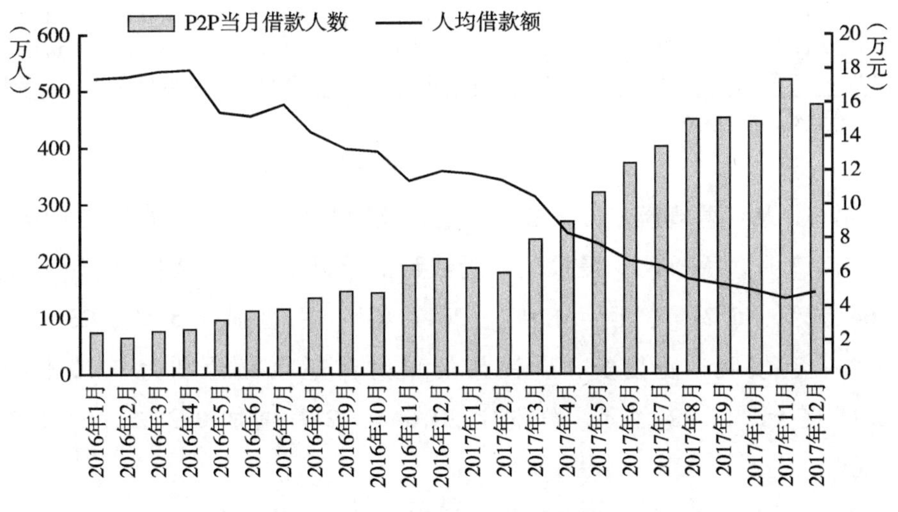

图 10　P2P 网贷市场每周综合利率变化趋势

资料来源：Wind。

具体到文化金融领域，相关 P2P 网贷平台大致分为三类：以手投网为代表的邮币卡抵质押贷款、以爱投资为代表的艺术品或贵重藏品抵质押贷款，以及以爱钱帮为代表的以无形资产或其他资产抵质押辅以担保的文化项目融资。本质上讲，第三类才是真正意义上针对影视、动漫、游戏等文化项目的金融支持，而前两类的资金用途并不十分透明。我们以手投网、爱投资和爱钱帮为代表来探讨2017年文化领域的P2P网贷平台的经营情况（见表3）。

表3　手投网、爱投资、爱钱帮经营规模变化

时间	借款额(万元)			待还余额(万元)		
	手投网	爱投资	爱钱帮	手投网	爱投资	爱钱帮
2017年1月	2560	102596	49785	7600	732107	115431
2017年2月	2660	103826	45423	8020	779518	123593
2017年3月	2810	95068	68515	8110	811350	146923
2017年4月	3170	106768	83388	8430	850323	178223
2017年5月	2902	141053	100498	8460	890538	205829
2017年6月	3403	127416	72076	8920	944259	177547
2017年7月	3600	125718	80649	9560	958418	151441
2017年8月	3560	136282	89909	9840	1019666	149423
2017年9月	3200	128089	76559	9640	1051939	155500
2017年10月	3520	131882	44801	9340	1096647	149721
2017年11月	3700	135735	61766	9120	1152314	147812
2017年12月	2600	126360	52110	7620	1201489	137204

资料来源：零壹财经。

第一，从经营规模来看，三个平台借款额和待还余额均实现较快增长。2017年12月，手投网、爱投资、爱钱帮的单月借款额分别为0.26亿元、12.64亿元、5.21亿元，分别比2017年1月增加1.56%、23.16%、4.67%；手投网、爱投资、爱钱帮的单月待还余额分别为0.76亿元、120.15亿元、13.72亿元，分别比2016年12月增加0.26%、64.11%、18.86%。

第二，三个平台的平均利率水平均有所下降，并存在收敛态势。其中利率水平最高的手投网，其利率降幅在三个平台中也是最大的，平均利率从2016年12月的15.5%大幅降至2017年12月的12.35%；相反利率水平较低的爱投资和爱钱帮，期利率降幅则是较小。三个平台的借款期限变化则出现分化。手投网的平均借款期限显著下降，到2017年12月仅为67.6天，而爱钱帮的借款期限则显著上升，到2017 年12 月为148 天，爱投资的借款期限则是先升后降，在2017 年12 月的平均借款期限为三个平台中最长的，达到314. 7 天（见图11、图12）。

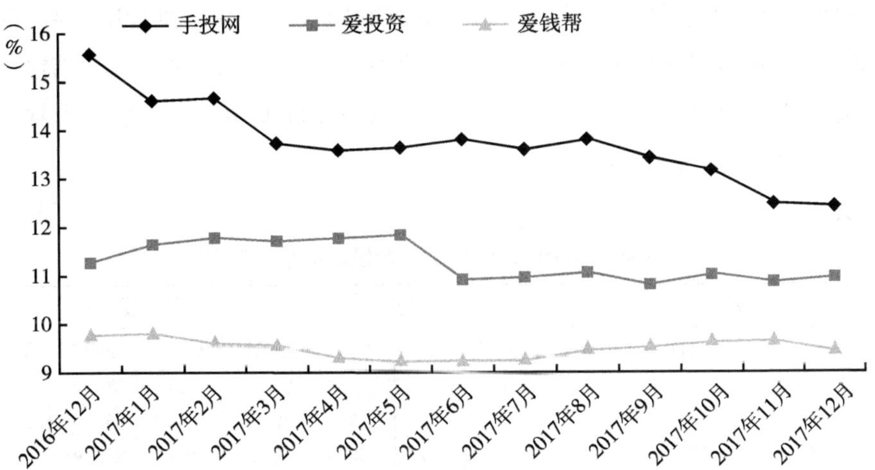

图 11　手投网、爱投资、爱钱帮平均利率变化趋势

资料来源：零壹财经。

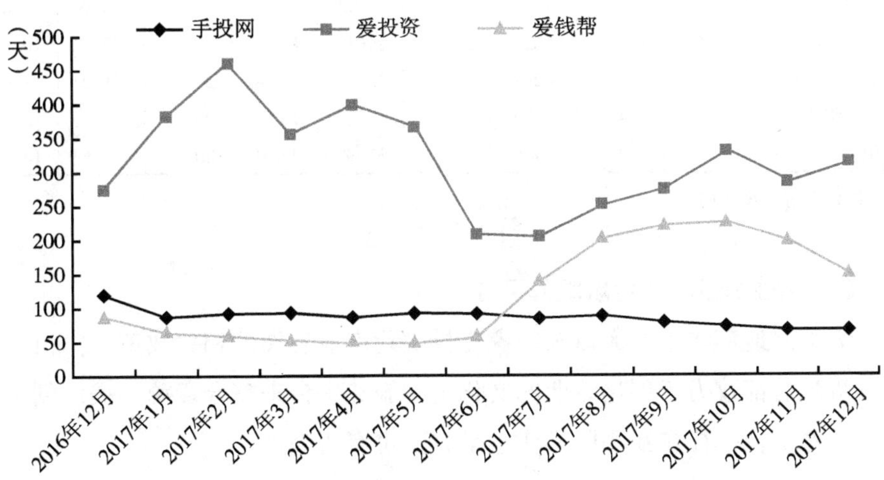

图 12　手投网、爱投资、爱钱帮平均借款期限变化趋势

资料来源：零壹财经。

第三，从借款人的角度来看，三个平台的定位不尽相同。爱投资的人均借款额在亿元以上，并且仍存在上升趋势，不过通过增加借款笔数使得笔均借款额维持在百万元以下；爱钱帮则真正做到小额分散，与网贷行业整体趋势一致，借款人数显著增长，而人均借款额则显著下降，到2017年下半年人均借款额仅有10余万元；手投网在借款人选择方面则处于前两者之间，人均借款者始终处于200万～300万元之间，并且也在一定程度上存在虚增借款笔数的情况（见表4）。

表4　手投网、爱投资、爱钱帮借款人情况

时间	借款人数量(人)			人均借款额(万元)			笔均借款额(万元)		
	手投网	爱投资	爱钱帮	手投网	爱投资	爱钱帮	手投网	爱投资	爱钱帮
2017年1月	11	6	1690	232.73	17099	29.46	37.10	759.97	22.32
2017年2月	12	4	1405	221.67	25957	32.33	36.44	952.53	25.59
2017年3月	12	6	1793	234.17	15845	38.21	36.97	833.93	27.91
2017年4月	14	5	1818	226.43	21354	45.87	35.62	861.03	31.40
2017年5月	14	4	2127	207.29	35263	47.25	25.23	815.34	32.61
2017年6月	17	5	2084	200.18	25483	34.59	19.90	463.33	22.80
2017年7月	15	5	3218	240	25144	25.06	20	528.23	18.91
2017年8月	15	4	7153	237.33	34071	12.57	20	584.90	10.47
2017年9月	11	5	5625	290.91	25618	13.61	20	162.55	10.87
2017年10月	—	4	4291	—	32971	10.44	20	81.21	8.60
2017年11月	—	4	3669	—	34069	16.84	20	72.60	13.60
2017年12月	—	4	2506	—	31590	20.79	20	83.57	14.13

资料来源：零壹财经。

3. 政府主导的文化金融服务平台

为更好地落实十八大以来国家支持文化产业发展的相关政策，中央和地方各级政府都致力于创建专业的文化金融服务平台来整合资源，提供创新服务，这些平台往往在互联网文化金融方面也有所突破。

在中央层面上，最有代表性的是文化部文化产业公共服务平台。文化部文化产业司为增强综合信息服务、项目宣传推介、公共技术支撑、投融资服务、资源共享、统计分析等功能，组织建设了文化部文化产业公共服务平台，并委托中国人民大学创意产业技术研究院建设运营。目前该平台主要包括如下几个子平台：第一，文化部文化产业项目服务平台。作为文化部文化产业司统一的项目征集管理、展示、推广、交易平台，现已征集到各类文化产业重点项目8000多个，项目覆盖全国31个省份涉及演艺、动漫、娱乐、游戏、文化旅游、艺术品、工艺美术、文化会展、创意设计、网络文化、数字文化服务等文化产业重点行业，并于每年甄选出本年度重点项目编印成册，在深圳文博会期间发布。第二，文汇天下。作为配合拉动城乡居民文化消费东部试点工作建设的一个一站式文化消费信息集成服务平台，集成了众多文化商户、文化产品信息。消费者可通过平台可以对市场上的电影、演艺、图书音像、玩具、珠宝首饰等各类文化商户、文化产品信息、优惠活动“一网打尽”，省时、省力、省钱。同时，平台为广大文化商户提供公益性的宣传推广服务，广大文化商户均可登录平台，按照要求注册并提供相关信息，通过认证后，可在平台上随时发布、更新产品信息和优惠活动。第三，文化部文化产业人才培养平台是文化部文化产业司为更好的为文化产业人才提供服务，于2016年组织建设。平台是集文化产业培训管理系统、文化产业人才库管理系统、文化产业人才服务系统于一体的综合型服务平台。现已建成平台一期功能，包括双创扶持计划申报、培训班报名、资料下载、成果展示、政策资讯。此外还陆续建立文化产业投融资平台、文化品牌服务平台、文化消费数据库、文化产业示范园区管理平台、文化产业统计平台等子平台。截至2017年底，已接入文化金融机构231个。部分金融机构通过与各子平台合作，在线上提供文化金融服务。例如，中国人保财险为配合投融资平台而专门开发了“E－CULTRUE”电子商务平台，按照“产业链分析——风险分析——出险案例分析——保险保障介绍”向文化企业提供了一整套风险分析和保险转移方案，并提供了文化保险专业服务咨询服务。中国银行则与文汇天下平台合作发行了用于全国文化消费的专属信用卡“文化消费信用卡”，为消费者和文化商户提供金融惠民、金融利商服务。

各地方政府也积极建设支持本地文化企业的文化金融平台。其中比较有代表性的当属南京市文化投资控股集团旗下的一系列文化产业服务平台。为

进一步深化文化体制改革、整合文化产业资源、推动文化产业跨越发展、建立科学规范的国有文化资产管理体制，南京市委市政府于2009年9月决定成立南京市文化投资控股集团。作为市政府直属的国有独资公司、全市唯一的国有经营性文化资产运营主体、新兴文化业态投资主体和重大文化项目投资建设主体，南京市文投集团共有市演艺集团、市影剧公司、南京文物公司、南京大明文化公司、金陵文化科技小贷公司所等20余家全资、控股及参股企业，涵盖影视投资及影院运营、演艺、艺术品综合经营、文化金融、重点文化项目投资建设等五大产业板块。南京市文投集团从“文化+互联网+金融”产业融合的角度，通过开展文化金融中介服务、大数据信用服务、专业化特色融资服务、综合文化消费服务等解决文化小微企业发展难题。莫愁信融是南京市文投集团旗下最主要的互联网文化金融综合服务平台，成立于2015年，由南京金电文创信用信息服务有限责任公司负责运营，通过创新金融服务致力于发展普惠金融，打造文化金融领域内国内领先的互联网金融服务平台，为企业、个人提供专业的互联网借贷服务、众筹服务，并为政府部门、金融机构、企业提供专业的大数据信用服务。截至2017年底，平台用户总人数为4916人，融资总额为33700万元，投资人已获收益1297万元。2017年上半年，平台新增用户370人，发标数量57件，新增成交金额10380万元，成交笔数1311笔。由南京市文投集团旗下的南京文化金融服务中心联合金电文创公司于2016年3月推出大数据征信服务，在全国率先建立大数据征信模型，并联合文化银行推出“文化征信贷”业务。截止2017年4月，“文化征信贷”合作银行已增至4家，分别为南京银行、中国银行、交通银行、广发银行，累计放款、授信企业12家，总额达1795万元。在9月22日举办的第九届中国南京文化创意产业交易会上，“文化征信贷”成为最大亮点。

2017年6月23日，北京市国有文化资产监督管理办公室发起“北京市文创金融服务网络平台”。该平台在市文资办官网上线试运行。该平台是为深入破解文化企业融资难题，由市文资办授权北京市文化科技融资租赁股份有限公司发起建立的。北京再担保公司于今年3月份开始与市文资办及文化科技租赁公司开展密切合作，承担了“文创金服”债权融资板块的运营职责，主要负责该平台债权板块的前期设计和后期项目初审、分配及金融机构对接等运营工作。北京市文创金融服务网络平台是北京市文创产业“投贷奖”联动体系的重要组成部分。“投”，是指股权投资机构为文创企业提供股权融资服务；“贷”，是指金融机构为文创企业提供低利率、速度快的贷款；“奖”，是指财政资金对文创企业在“投贷奖”体系内成功获得股权融资、债权融资后进行的股权融资、发债融资、贴息、贴租等奖励支持。文创金服致力最大化整合产业发展资源，为文创企业提供全流程、全方位的融资和增值服务，实现文化与资本、文化与政策的高效对接，破解文创企业融资难、融资慢、融资贵等问题。文创金服创新性采用“政府授权+市场化专业运营”的方式，由北京市文科金融信息服务有限公司作为平台运营商建设运营，在接轨北京市文创产业“投贷奖”联动体系政策的同时，引入商业银行、融资租赁、融资担保、小额贷款、股权基金、投资银行、证券公司、会计师事务所、税务师事务所、律师事务所、专业咨询公司等各类专业化机构，形成涵盖债权融资、股权融资、创新性金融产品推广以及第三方服务等全方位服务的线上投融资体系，有效破解文化企业融资难、融资慢、融资贵的问题。目前已接入的合作金融机构包括中国建设银行、北京银行、招商银行、华夏银行、杭州银行、华融证券、北京市文化科技融资租赁有限公司、北京国华文创融资担保有限公司、北京市中小企业信用再担保有限公司等。

4. 文化企业的互联网金融探索

由文化企业主导，与金融机构合作，辅助企业自身业务开展互联网文化金融服务，是另一种互联网文化金融探索。

例如华侨城集团于2015年提出“文化+旅游+城镇化”“旅游+互联网+金融”的创新发展模式，在全国开拓布局。其中，华侨城旅游投资集团是“旅游+互联网+金融”战略的主力实施平台，具有多年的旅游项目运作能力和管理输出经验。2017年4月，华城侨重组云南世博旅游控股集团有限公司、云南文化产业投资控股集团有限责任公司正式进入实施阶段，这是继华侨城与云南省政府签订战略合作协议之后的又一重大举措，标志着华侨城“文化+旅游+城镇化”“旅游+互联网+金融”创新发展战略的布局在云南正式拉开大幕，成为央企参与地方国资改革的重要样本。通过云南智慧旅游项目——“云南旅游E卡通”，统筹二十多个4A级以上景区及其市场运营，并以旅游资产证券化手段，构建“旅游+互联网+金融”大平台，实现产业策划、运营管理和金融资本全要素的整合。除云南外，华侨城集团还在旅游胜地四川、陕西、海南、北京、河北、广东等地广泛布局。

另一个文化企业借助互联网文化金融的例子是宜兴市中超利永紫砂陶有限公司，其是江苏中超控股股份有限公司子公司，通过建立的“紫砂文化金融平台”与保险、商业银行等金融机构合作，综合利用互联网技术、防伪鉴定技术和大数据技术，为紫砂壶消费、投资提供支付、小额贷款、分期付款、保险，以及租赁、回购交易、质押融资等金融服务，通过金融服务促进紫砂文化产业的发展。2017年上半年，为满足公司成长及战略发展需要，中超控股与“互联网+”和互联网金融的相结合、相促进，使之与现有业务及投资的项目形成协同与互补，进一步增强公司盈利能力。其作为主发起人在宜兴设立中超科贷，将为紫砂文化产业提供金融服务与支持，解决艺人、藏家及相关公司的资金需求，提供相关资金服务，推动整个行业的发展，使利永紫砂陶能够快速成长。

此外，2017年3月，凤凰卫视的文化旗舰平台——凤凰卫视领客文化发展有限公司与中国光大银行在京达成战略合作伙伴关系，双方将基于在互联网金融与中国传统文化相结合的领域中达成的共识，在艺术金融、文创电子商务以及整个社区文化品质的提升等领域共同发力。作为凤凰卫视的文化旗舰平台，“凤凰领客”近年来以面向都市人群的人文消费平台“有盐APP”、高端艺术资讯平台“凤凰艺术全媒体”为基石，搭建起线上线下文化体验消费系统，共联艺术、科技、生活方式与多元文化。此次，双方将抓住合作发展机遇，发挥光大电子银行服务在云缴费、云支付、e点商等品牌方面积累的优势以及领先的金融服务和凤凰卫视以凤凰领客在“互联网+

艺术文化”的产业优势，形成极大程度上的优势互补，强强联合开创“互联网金融+艺术文化”的全新领域。凤凰领客和光大银行将研发具有投资理财性质的艺术金融产品，同时运用互联网大数据系统，对消费者习惯进行深入追踪与分析，这也将帮助艺术金融真正与消费人群的实际需求相结合，推动艺术金融走向理性化、规范化、产业化。

5. 清理整顿文交所

作为近些年在文化金融领域的一支重要的创新力量，文交所在推进文化金融与互联网相结合方面十分活跃，然而在艺术品份额化与互联网结合后，以及更为标准化的邮币卡电子盘推出后，文交所也成为乱象最多的领域之一。针对近一个时期部分交易场所违规行为死灰复燃、违法违规手法花样百出、问题和风险隐患依然较大的情况，2016 年 12 月，清理整顿各类交易场所部际联席办公室（简称“清整联办”）发出《关于交易场所从事非法风险证券活动风险提示》，揭开了对文交所新的一轮清理整顿。2017 年 1 月 9 日，清理整顿各类交易场所部际联席会议第三次会议宣布开展一次交易场所清理整顿“回头看”活动，将用半年时间集中整治，解决文化交易场所存在的违法违规问题，防范和化解金融风险。3 月，清整联办下发《关于做好清理整顿各类交易场所“回头看”前期阶段有关工作的通知》（清整联办〔2017〕31 号文），要求 6 月 30 日前，除确有必要保留并取得交易场所所在地及注册地省级人民政府批准的以外，其他会员、代理商、授权服务机构一律限期停止交易业务。4 月 27 日，证监会表示要督导处理地方交易场所涉嫌非法集资问题。5 月 5 日，在福建召开的“回头看”工作交流会为整顿再添一把火，会上强调，对“微盘”交易平台、严重违法违规的交易场所、违法违规且拒不整改的交易场所、未取得省级人民政府批文的非法交易场所等四类交易场所要下决心取缔关闭。总体来看，这是近几年针对文交所力度最大的一次整顿，清理整顿细化到全国各地每个角落，全面覆盖的“回头看”排查清理，人员、资金和技术支持都被禁止，线下体验店被要求关停，其范围之广，规定之细致，下沉之深，都是前所未有的。

配合对文交所的清理整顿，各家银行也陆续暂停相关的业务。2016 年

11 月起，中国建设银行停止全国所有 E 商贸通交易所商户的商户代理出入金功能；广东省农业银行系统从 12 月起不再为商品交易场所提供结算业务；工商银行交易所市场交易客户端出入金功能将暂停使用；2017 年 1 月 5 日起，中国银行宣布，暂停所有交易市场的交易客户端出入金功能；3 月 1 日起，工商银行将逐步暂停所有市场交易客户端的转账功能；农业银行总行 5 月对国内交易场所市场所普遍使用的入金通道“银商通”业务做全面暂停处理；5 月 18 日，平安银行在官网宣布将暂停银行清算系统，暂停工作从 5 月 20 号开始。

在清理整顿大势之下，主要开展邮币卡交易的交易场所已先后停止交易。与此同时，有部分交易场所已开始转型，或更改交易模式，或变身商城。有部分交易场所为尽快通过验收、恢复营业，则更改交易模式，选择 T+5 或 T+1、T+2 模式。一直以来，邮币卡都是以 T+0 交易模式为主，此模式相对来说操作更为灵活，随时交易，但这种无限制交易模式也存在投资人自由出入反复套利的弊端，风险较大。T+5 模式可以有效抑制交易投机性，但也降低了市场的流通性，活跃度或大大降低。此外，部分文交所在监管和自身运作不利，逐渐开始走向退市道路。截至 7 月中旬，有媒体报道在全国涉及邮币卡、艺术品等文化商品交易服务的 149 家机构中，有 97 家交易场所已做出相关调整，其中 32 家停止交易，有 15 家更改为 T+5 模式。包括“邮币世界”等公众号也陆续暂停公众号，解散 QQ、微信上的交流群。此外，按照 31 号文要求，6 月 30 日是各地交易场所清理整顿的最后截止日，不过在实际清理过程中进度则有所延后，在其后陆续仍有省份公布涉嫌违规的交易场所名单，例如河北省于 8 月 7 日公布 29 家涉嫌违规的交易场所“黑名单”，贵州省则于 10 月 11 日公布了第二批涉嫌违规的 21 家交易场所名单等。

不过，在高压整顿之下，在互联网上依然可查到一些非法交易场所的存在，同时还有一些在香港等地注册，因此后期整顿仍不可掉以轻心。只有通过清理整顿规范发展环境，文交所在互联网文化金融方面才能真正做到支持文化产业发展。

三　发展趋势及政策建议

在针对互联网金融的监管逐步升级的趋势下，合规发展将成为大势所趋。在此背景下，尽管互联网金融和文化金融的结合仍属起步阶段，但诸如网络众筹、P2P网贷等机构在继续拓展文化金融的过程中，重心应更多地从创新探索转向合规经营。

对于文化众筹来说，未来的发展应着重从如下两方面入手。从监管的角度来说，与针对P2P网贷构建的较为完善的监管体系相比，目前仍存在监管的缺失，未来仍需针对性地对众筹进行较为严格的规范和管理，应将功能监管和行为监管与持牌经营相结合，将各类众筹而非仅仅股权众筹纳入监管视野，避免众筹平台变相成为新的监管套利通道。从文化众筹平台的角度来说，应努力增加其文化领域的专业性，而不能仅仅将自身视为一个撮合平台，避免质量不高的项目在平台上泛滥，影响投资者投资信心；另外也应尽可能给优秀的文化项目提供更加专业的资源支持，促使项目能够最终落地。

网贷行业的监管顶层设计已经基本完成，按照57号文的要求，网贷机构最后接受监管验收的期限将在2018年6月，届时网贷平台的数量可能会大幅减少。作为资金、资产的撮合中介，部分平台凭借其资源和技术能力在资产端更具优势，部分平台则由于股东背景以及营销获客能力突出，在资金端更有优势。这使得平台之间的合作可能会进一步增多，平台之间的并购整合以及其他金融机构对网贷平台的并购可能也会增加。但合规经营同时也意味着平台将能得到更多资源的支持，从而提升其对实体经济的支持力度。在此背景下，对于文化类P2P网贷来说，按照合规红线进行整改是最基本的要求，同时应更加注重对文化细分领域的把握，以增强自身的核心竞争力，增加对文化产业的支持力度。

与针对互联网金融机构高压整治不同，在国家鼓励金融机构支持文化产业发展的大背景下，由政府主导的文化金融服务平台建设或将进一步普及。由政府牵头推动文化企业与金融机构的合作，同时再辅以政策支持，不仅有

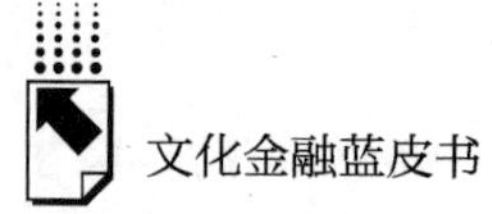

助于降低交易成本，而且极大地提升金融支持文化产业的积极性，同时本身在规范性和风险防控上也有足够的保障，更加符合服务实体经济、防范金融风险、深化金融改革的大方向。不过在进一步支持小微文化企业、文化项目，增强文化金融普惠性方面，中央和各地方政府或许还可以更进一步，而更有效的方式借助于互联网则可作为一种有效的途径。另外，文化企业和金融机构合作推进的互联网金融探索必然也将进一步深化。尽管互联网金融存在诸多问题，但其大胆的探索也为文化企业和金融机构的进一步结合提供了借鉴，近些年二者的联姻越来越普遍。不过目前更多的是文化企业主导的合作，而这类文化企业必然以大企业为主，未来应更多鼓励金融机构主动探索文化产业的互联网金融创新，以更好地支持小微文化企业和项目。

各地文交所在文化产权交易及相关投融资服务工作中发挥了重要的作用，对推动文化产权交易、企业改制、资产重组、融资并购、创意成果转化，促进文化与资本、文化与市场、文化与科技的紧密衔接作用重大，也是在互联网文化金融领域创新探索的主力军。然而前些年各地监管强度存在差异，同时在理念上也存在重发展轻监管的倾向，致使包括文交所在内的各类交易所出现混乱局面，特别是在交易所融入互联网金融元素后，更是将原本局限于区域内的金融风险放大。可以预期在这次最严整顿规范后，各类地方交易所将更好地回归到其服务的本源，而对于文交所来说，同样也将更有效地服务于地方文化产业的发展。

总之，在新时代对于各级政府、各类金融机构来说，在推进互联网文化金融发展过程中，同样应该遵循全国金融工作会议的要求，回归本源、优化结构、强化监管、市场导向，真正做到支持文化产业发展和有效防范风险二者的统一结合。

皮书起源

“皮书”起源于十七、十八世纪的英国，主要指官方或社会组织正式发表的重要文件或报告,多以“白皮书”命名。在中国,“皮书”这一概念被社会广泛接受，并被成功运作、发展成为一种全新的出版形态，则源于中国社会科学院社会科学文献出版社。

皮书定义

皮书是对中国与世界发展状况和热点问题进行年度监测，以专业的角度、专家的视野和实证研究方法，针对某一领域或区域现状与发展态势展开分析和预测，具备原创性、实证性、专业性、连续性、前沿性、时效性等特点的公开出版物，由一系列权威研究报告组成。

皮书作者

皮书系列的作者以中国社会科学院、著名高校、地方社会科学院的研究人员为主，多为国内一流研究机构的权威专家学者，他们的看法和观点代表了学界对中国与世界的现实和未来最高水平的解读与分析。

皮书荣誉

皮书系列已成为社会科学文献出版社的著名图书品牌和中国社会科学院的知名学术品牌。2016 年，皮书系列正式列入“十三五”国家重点出版规划项目；2013~2018 年，重点皮书列入中国社会科学院承担的国家哲学社会科学创新工程项目;2018 年,59 种院外皮书使用“中国社会科学院创新工程学术出版项目”标识。

S 基本子库
UB DATABASE

中国社会发展数据库（下设 12 个子库）

全面整合国内外中国社会发展研究成果，汇聚独家统计数据、深度分析报告，涉及社会、人口、政治、教育、法律等 12 个领域，为了解中国社会发展动态、跟踪社会核心热点、分析社会发展趋势提供一站式资源搜索和数据分析与挖掘服务。

中国经济发展数据库（下设 12 个子库）

基于“皮书系列”中涉及中国经济发展的研究资料构建，内容涵盖宏观经济、农业经济、工业经济、产业经济等 12 个重点经济领域，为实时掌控经济运行态势、把握经济发展规律、洞察经济形势、进行经济决策提供参考和依据。

中国行业发展数据库（下设 17 个子库）

以中国国民经济行业分类为依据，覆盖金融业、旅游、医疗卫生、交通运输、能源矿产等 100 多个行业，跟踪分析国民经济相关行业市场运行状况和政策导向，汇集行业发展前沿资讯，为投资、从业及各种经济决策提供理论基础和实践指导。

中国区域发展数据库（下设 6 个子库）

对中国特定区域内的经济、社会、文化等领域现状与发展情况进行深度分析和预测，研究层级至县及县以下行政区，涉及地区、区域经济体、城市、农村等不同维度。为地方经济社会宏观态势研究、发展经验研究、案例分析提供数据服务。

中国文化传媒数据库（下设 18 个子库）

汇聚文化传媒领域专家观点、热点资讯，梳理国内外中国文化发展相关学术研究成果、一手统计数据，涵盖文化产业、新闻传播、电影娱乐、文学艺术、群众文化等 18 个重点研究领域。为文化传媒研究提供相关数据、研究报告和综合分析服务。

世界经济与国际关系数据库（下设 6 个子库）

立足“皮书系列”世界经济、国际关系相关学术资源，整合世界经济、国际政治、世界文化与科技、全球性问题、国际组织与国际法、区域研究 6 大领域研究成果，为世界经济与国际关系研究提供全方位数据分析，为决策和形势研判提供参考。

法律声明